Research Method for Social Welfare

제4판

사회복지조사론

강 종 수

KNOWLEDGE COMMUNITY 공동체

머리말 PROLOGUE

조사방법론은 내가 참이라고 알고 있는 지식이 진실로 참인가를 실증적으로 검증하는 방법이다. 따라서 기존의 거짓 지식을 바로 잡을 수 있고, 알려지지 않은 새로운 진실을 발견할 수 있는 유용한 수단이다. 가설을 입증하면 법칙이되는 토대가 된다. 또한 이미 사회복지와 관련하여 수행된 많은 조사연구들을 이해하기 위해서도 조사방법에 대한 이해가 필수적이다. 스스로 조사연구를 설계하고 수행할 수 있는 능력뿐만 아니라, 최소한 실증적 연구문헌을 읽고 이해할 수 있는 해독력을 갖추기 위해서는 사용된 분석과 그러한 기법을 사용하게 된 맥락을 이해하여야 한다.

오랫동안 사회복지조사론과 자료분석론을 가르쳤고 교재도 집필해 보았지만 항상 어렵다는 느낌을 갖는다. 학생들은 생소한 용어와 원리에 대해 어리둥절하고, 가르치는 입장에서도 이해시키려 애를 먹는다. 그래도 그 덕택인지 예전에 비해 실천현장의 조사연구 수준이 현저하게 높아진 것은 사실이다. 그러나 어느 기관의 조사보고서에 응답자의 성별을 평균과 표준편차까지 표시한 것을 보고 깜짝 놀랐다. 나름 수준 높게 분석한 것은 장한 일이지만 정도가 지나쳤다.

여타 학문에서는 학계가 아닌 실천현장에서도 수준 높은 조사연구들이 보고되지만 사회복지계에서는 그러한 사례가 드물어 교육방법을 회의하게 된다. 실천가가 어떤 방법이 클라이언트의 자활에 도움이 될 것이라 판단하고 실천했으나 결과적으로 오히려 자활에 실패하도록 유도한 결과일 수도 있을 것이다. 이러한 실천오류를 바로잡고 나아가 사회복지이론이 더욱 발달하려면 조사방법에 대한 엄격한 적용이 필수적이고 이러한 목적에 따라 이 책을 집필하게 되었다.

이 책은 15주 강의일정과 조사방법의 일반적 절차에 따라 15장으로 구성되어 있다. 매 주마다 각 장별로 강의를 진행하면 무리가 없을 것이다. 다만 제5장 단일사례설계는 제4장 조사설계의 한 방법이고, 제9장 설문지법 역시 제8장 자료수집의 한 방법이지만 보다 상세한 설명을 위해 별도의 장으로 분리하였다. 제14장 질적연구방법은 그 중요성을 감안하면 현재보다 분량이 현저히 많아져 조사연구의 각 단계마다 부연설명하여야 하지만 요약하는 정도에 그쳤다. 그리고 제13장에서 통계분석 기법을 간략하게 소개하였으나 1급 국가시험의 출제범위는 아니다. 자료분석론을 개설하지 않는 대학이 많은 현실을 감안한 것이므로 강의에서는 생략하여도 무방하다. 다만 조사과제를 병행하여 강의를 진행하는 것이 이해와 학습에는 큰 도움이 될 것이다. 그리고 매 장마다 요약과 주요 용어, 연습문제를 정리해 두었다.

읽어두면 유용한 사례나 부연설명을 팁(tip)으로 설명하여 이해를 높였다. 유익한 내용이므로 본문과 비교해 읽어보기를 권한다. 또한 1급 국가시험과 사회조사분석사 시험에 대비해 부록으로 객관식 130 문제를 첨부하였다. 기출문제를 중심으로 변형해 출제하였으므로 아무쪼록 도움이 되었으면 한다.

애초 집필 목적은 이 한 권의 책만으로 1급 국가시험을 어려움 없이 공부할 수 있도록 만드는 것이었고, 거기에 더해 실천현장에 나아가서도 실무적인 조사연구를 충분히 해 나갈 수 있도록 소장가치가 있는 교과서를 만드는 것이었다. 이러한 목적에 따라 한국사회복지교육협의회의 교과목지침서를바탕으로 1급 시험과 사회조사분석사 기출문제를 분석해 내용상 빠짐없이 서술하려 노력하였다. 그러나 집필을 마치고 스스로 반성해 보니 그 어느 하나도 충족하지 못한 것 같아 부끄럽기 짝이 없다. 그리고 미리 고백하건데 이 책은 저자 고유의 이론이나 연구결과가 아니라 앞선 연구자들의 저작을 요약·정리한 것에 불과하다. 이미 훌륭한 저서들이 많이 소개되어 쓸모없는 교재 하나 보태는 것 같아 민망하기는 하지만 아무쪼록 많은 도움이 되었으면 한다. 또 하나 양해를 구할 것은 오랫동안 사용한 강의노트를 책으로 묶다보니 인용표시가 빠진 곳이 매우 많다는 것이다. 고의가 아님을 밝히니 인용 저자들의 너그러운 양해를 바란다. 이 책의 내용에 관해 의문사항이나 부족한 점, 특히 오류가 발견되면 언제라도 기탄없이 연락주시기를 앙망한다.

마지막으로 이 책의 출판을 위해 유익한 조언과 격려를 해 주신 은사님들과 선후배님들 그리고 동료 교수님들에게 감사드린다. 특히 신설 학과의 어려움 속에서도 서로 정을 나누고 지지해 주시는 같은 학과의 정미경 교수님, 김혜선 교수님, 백학영 교수님에게 감사의 말을 전한다. 그리고 교정작업에 참여해 알찬 아이디어를 제공해 준 제자 김진아, 김으뜸 학생에게 고마움을 전하며, 실천현장에 나아가 훌륭한 사회복지사가 되기를 바란다. 오랫동안의 저술과정이 무척 힘들었지만 저자가 완벽히 이해해야만 좋은 책을 쓸 수 있다는 값진 교훈을 얻었다. 아무쪼록 책은 빈약하더라도 이 책으로 공부하는 사회복지학도 모두에게 공부에 큰 발전과 영광이 있고 모두들 참 좋은 사회복지사가 되시기를 바란다.

2009년 7월

강원대학교 언장골 연구실에서

강 종 수(jskang@kangwon.ac.kr)

제4판 머리말

사회복지조사론 강의에 오신 여러분을 환영합니다.

전문가인 사회복지사로서 사회복지실천 오류를 바로잡고 나아가 사회복지학이 더욱 발전하기 위해서는 조사방법에 대한 엄격한 적용이 필수임은 이미 밝힌 바 있다. 사회복지실천에서 클라이언트에게 가장 효과적인 개입을 제공하기 위해 최선의 과학적 근거를 기반으로 하는 증거기반실천(Evidence-Based Practice)이 강조되는 이유이다. 사회복지조사론은 법령 개정처럼 매년 새로운 이론이 개발되는 것은 아니지만 설명이 미진한 부분이 있어 개정이 필요하다. 제4판의 주요 개정내용은 다음과 같다.

첫째, 목차를 일부 조정하여 조사설계를 표집 뒤로 옮겨 측정에 이어 자료수집과 표집 순으로 전개하였다.

둘째, 사례와 부연설명은 추가하면서 반면에 다소 이론적이거나 불필요한 부분은 삭제하여 분량을 최대한 줄였다.

셋째, 자료수집 방법들을 실무중심으로 내용을 수정 보완하였다.

넷째, 연구윤리의 중요성이 강조됨에 따라 조사보고에서 연구윤리와 연구부정행위 등을 별도로 상세히 설명하였다.

다섯째, 기출문제 등을 대폭 정리하였다. 주관식, 객관식 순으로 간략히 첨부하고, 대신 저자의 블로그를 통해 기출문제를 상세히 제공한다.

그동안 이 책을 양서원에서 출판하였는데 제4판부터는 공동체에서 담당하게 되었다. 수고해 주신 양서원에는 깊은 감사의 말씀을 드리고, 새롭게 작업하게 된 공동체에는 잘 부탁드린다는 당부의 말씀을 드린다. 항상 그렇듯이 이번 개정에도 많은 분들의 도움이 있었다. 교재로 사용해 주신 교수님들의 조언과 수강학생들의 질의 등을 반영하고자 노력하였고, 교정을 맡아 준 서진우, 이동희 석사과정생에게도 감사드린다. 아무쪼록 이 책으로 공부하는 사회복지학도 모두에게 큰 영광과 행복이 가득하시기를 기원하며, 모두들 참 좋은 사회복지사 되시기 바랍니다.

2023년 7월

강원대학교 언장골 연구실에서

강 종 수(jskang@kangwon.ac.kr)

차례 CONTENTS

CHAPTER

01

사회복지조사의 개념

1. 사회복지조사의 의의

1) 사회복지조사의 의의

사회복지조사란 조사(research)의 이론과 기술을 사회복지에 응용한 과학적 연구방법이다. 조사는 일정한 논리적이고 과학적인 절차와 방법에 따라 수행되는 지식 탐구방법이다. 영어 research는 말 그대로 다시 탐색(re-search)하는 것으로, 우연이 아니라 과학적으로 훈련되고 일정한 절차와 규칙에 따라 반복해서 조사 대상에 대해 얻은 결과를 의미한다. 조사의 정의를 살펴보면 다음과 같다.

- 지식탐구를 위한 표준화된 절차의 이용(Greenwood, 1957)
- 일반현상 가운데서 관계가 있으리라 생각되는 가설적인 명제들을 체계적·통계적·비판적으로 탐구하는 활동(Kerlinger, 1986)
- 기존의 지식에 첨가하려는 의도에서 전달될 수 있고 입증될 수 있는 형식으로 체계적 발견을 하는 것(Polansky, 1960)

흔히 조사라 하면 설문지 서베이(survey)를 생각하는데 관찰이나 실험, 문헌연구 등을 통한 연구를 포함하며 따라서 연구방법(methodology)이 더 정확한 의미이다. 사회복지에 조사를 응용한 사회복지조사는 개인 욕구를 충족시키고 행복을 증진시키며, 사회문제를 해결하기 위한 방안을 강구함에 있어 문제에 대한 해답을 구하는 데 도움을 주는 지식탐구 절차이다. 사회복지 이론과 관련된 이슈의 해답을 구하기 위해 사회복지조사가 수행되므로 사회복지조사는 사회복지의 목적을 달성하기 위한 수단인 셈이다.

2) 사회복지조사의 목적

(1) 현상의 기술

연구의 일차적인 목적은 현상을 있는 그대로 기술(description)하는 것이다. 기술이란 어떤 사건이나 현상에 대하여 과학적으로 관찰한 사실을 요약하고 기록함으로써 현상 자체의 속성을 있는 그대로 묘사하는 것이다. 현상의 기술을 통해 무슨 사건이 언제, 어떻게 발생했으며, 어떻게 되었는지 등에 관한 정보를 제공한다. 이를 토대로 연구자는 현상에 대한 과학적 설명과 예측을 할 수 있다. 현상의 기술을 목적으로 하는 연구의 사례는 다음과 같다.

- 아동학대의 유형별 실태 분석
- 사회복지사가 경험하는 직급별 소진 수준
- 자활사업 참여자의 근로동기 분석

(2) 과학적 설명

설명(explanation)은 현상이 일어나게 된 이유 또는 원인을 밝히는 것이다. 즉, 어떤 현상에 관한 궁금증을 풀어주는 것으로, 현상의 기술을 넘어 왜 그러한 현상이 발생하고 있는지를 과학적으로 설명하는 데 관심을 둔다. 과학적 설명은 현상의 발생 원인에 대한 체계적이고 경험적인 분석을 토대로 가능하고, 설명을 통해 현상의 발생 원인을 알 수 있게 되며, 나아가 더 많은 현상을 설명해 주는 보편적인 법칙을 발견하게 된다. 과학적 설명을 목적으로 하는 연구의 사례는 다음과 같다.

- 학대를 경험한 아동의 성격 특성과 대인관계 성향
- 슈퍼비전이 사회복지사 소진에 미치는 영향
- 자활사업 참여자의 근로동기 유형별 탈빈곤 효과에 관한 종단 분석

(3) 미래의 예측

과학적 방법에 의해 얻은 지식을 토대로 미래를 예측(prediction)할 수 있다. 예측은 입증될 수 있는 미래의 사회 현상에 관한 예상 혹은 기대의 진술을 의미한다. 설명이 이미 일어난 현상에 대해 그 원인을 밝히는 것이라면, 예측은 일반적인 법칙과 사실을 통해 특정 현상이 발생하기 전에 그 현상을 예측한다. 따라서 예측의 정확도는 근거가 되는 법칙이나 사실이 얼마나 타당하고 신뢰할 수 있느냐에 따라 결정된다. 예측을 목적으로 하는 연구의 사례는 다음과 같다.

- 사회복지직 공무원의 이직 의도에 관한 연구
- 저출산·고령사회에 따른 국민연금 재정 추계
- 사회복지사의 역할갈등, 가치관, 상사 신뢰가 직무만족에 미치는 영향

(4) 현상의 통제

어떤 현상의 원인이나 조건을 인위적으로 조작함으로써 현상을 바람직한 방향으로 통제(control)할 수 있다. 사회복지조사의 궁극적 목적은 현상의 단순한 기술이나 설명을 넘어 그 원인을 적절하게 통제함으로써 문제를 해결하고자 하는 것이다. 가령 부모의 양육태도에 따라 아동의 자존감이 달라진다면, 가장 바람직한 양육태도를 탐구해 실천함으로써 아동의 자존감을 높일 수 있다. 프로그램 개발과 효과 측정은 전형적인 통제 목적의 연구에 해당한다. 현상의 통제를 목적으로 하는 연구의 사례는 다음과 같다.

- 교류분석 프로그램이 부부갈등 해소에 미치는 효과
- 방임아동의 자존감 회복을 위한 인지행동치료 프로그램 개발
- 초보 상담자를 위한 공감 훈련 프로그램 모형 구축

3) 사회복지조사의 필요성

(1) 학문적 기초와 응용적 역할

사회복지조사는 사회복지학의 지식과 기술 축적 등의 학문 발달에 이용되는 순수조사의 성격을 가지면서 동시에 문제해결에 필요한 지식 산출이라는 현실생활에서 실제로 사용되기도 하는 응용적 역할도 갖는다. 사회복지조사는 실제 문제에서 출발하고 그 목적은 사회복지 프로그램을 개발하고 실천해 나가는 데 활용될 수 있는 지식을 산출하는 것이다.

(2) 욕구조사와 사회개량

사회복지는 욕구조사·개입·평가의 연속과정이므로 사회복지조사를 통해 욕구 혹은 사회문제를 발견하고 이해할 수 있다. 욕구조사를 통해 대상자의 욕구 종류와 수준을 파악하

고, 그러한 욕구 충족을 위해 필요한 프로그램이나 정책을 개발하고 실시하며, 기존 프로그램의 효과성과 효율성을 평가하는 기초자료를 제공하여 사회복지서비스 계획을 체계적으로 수립하는 데 기여한다.

역사적으로 볼 때 부스(Booth, 1886)의 조사와 라운트리(Rowntree, 1899)의 조사는 빈곤대책의 수립을 통해, 르 플레이(Le Play, 1855)의 조사는 노동자계층의 생활개선 등을 통해 사회개량에 기여하였고, 이러한 조사연구에 기초하여 사회복지가 발전되어 왔다. 사회복지조사는 사회복지 증진에 필요한 정보와 지식을 사회복지현장에 제공하여 사회문제를 해결하는 대책과 노력을 이끌어 내는 사회개량적 역할을 한다.

Tip 부스(Booth)와 라운트리(Rowntree)의 빈곤조사, 르 플레이(Le Play)의 가계조사

- 부스(C. Booth)는 1886년 런던 빈민촌에서 빈곤조사를 실시해 수입과 지출의 관계나 생활·고용능력의 표준에 관한 통계적 방법을 통해 빈곤에 관한 과학적 근거를 밝혔다.
- 라운트리(B. S. Rowntree)는 1899년 요크 시에서 빈곤조사를 실시해 『빈곤, 도시생활 연구(*Poverty, A Study of Town Life*)』(1901)를 통해 빈곤선을 제시하였다. 그는 비용을 음식물·집세·가계잡비로 구분하고 실제 경비를 측정해 영양 기준을 기초로 빈곤선 이하를 1차 빈곤, 약간 상회하는 빈곤을 2차 빈곤으로 구별하고 빈곤의 원인 등을 해명하였다.
- 르 플레이(F. Le Play)는 광산노동자의 빈곤한 생활을 보고 사회개량에 대한 기초로서 현실 상태를 과학적으로 파악하고자 모노그래프조사법(하나의 사회적 단위를 대상으로 전 생활과정 또는 몇 개의 측면을 사회적 상황 속에서 상세히 기술하는 방식)을 노동자의 생활과 가족문제에 적용하였다.

(3) 개입방법과 효과측정

사회복지조사를 통해 효과적인 개입방법을 탐색하고 그러한 개입의 효과성도 측정할 수 있다. 사회복지의 개입활동은 다양한 형태를 통해 진행되므로 조사적 접근을 일반화하기 어렵지만 개입의 특성이나 개입 간의 상관관계 연구나 효과측정에 활용될 수 있다. 또한 개입방법의 모색뿐만 아니라 사회복지가 소기의 목적을 어느 정도 달성하였으며 효과가 얼마나 있었는지를 측정할 수 있다. 즉, 사회복지조사는 개입의 효과성을 측정하기 위한 평가조사로서 사회복지 프로그램이나 정책의 효과성을 평가하는 도구로 활용된다.

(4) 탐구의 과학화

사회복지조사는 사회복지에 관한 사실, 원칙, 현상, 경향 등을 체계적으로 분석하고, 실험을 통해 진실 여부를 증명하므로 사회복지조사는 탐구의 과학화를 통한 사회복지의 전문성과 과학성을 입증하는 방법이다. 특히 사회복지의 실태를 정확히 파악하고 이를 계량화함으로써 객관적이고 통계적으로 검증할 수 있는 과학적 연구를 지향하고, 또한 실험을 통한 사회복지의 임상적 기법은 프로그램이나 대안들의 개입효과를 과학적으로 측정하는 데 기여한다.

4) 사회복지조사와 증거기반실천

(1) 증거기반실천의 개념과 등장배경

최근 사회복지실천에 있어서 개입 효과성 확보와 클라이언트 중심의 개입을 강조하면서 증거기반실천(EBP : Evidence-Based Practice)이 강조되고 있다. 증거기반실천은 실천가가 구할 수 있는 최선의 조사연구 증거를 고려하여 실천의 의사결정을 하는 과정으로, 1990년대 초 의학분야에서 먼저 도입되어 보건 및 대인서비스 분야로 확대되고 있다. 사회복지분야의 증거기반실천은 조사연구와 실험연구, 메타분석과 같은 모든 과학적 조사연구 결과를 평가하고 응용하여 이를 증거로 사회복지실천개입을 체계적으로 실현하는 것을 말한다. 즉, 클라이언트의 문제 해결을 위해 사회복지사 개인의 실천현장 경험과 전문성에만 의존하지 않고 조사연구에 의해 그 효과성이 입증된 개입방법을 선택함과 동시에 효과적이지 않다고 조사연구에서 결론이 난 개입방법은 더 이상 사용하지 않는다는 것이다.

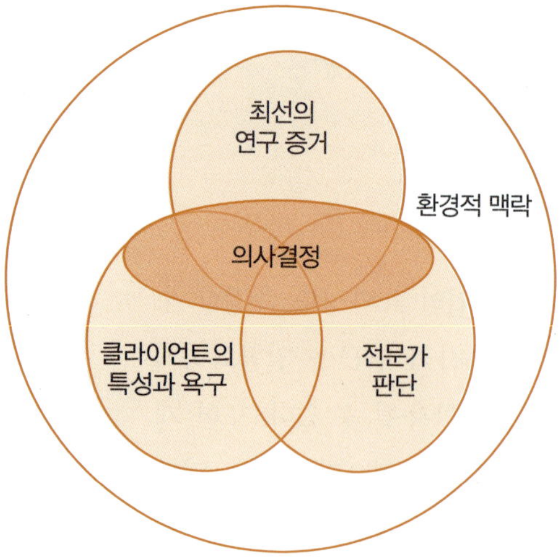

| 그림 1-1 | 증거기반실천의 개념

결국 사회복지사들이 그들의 직무에서 어떻게 하면 최선의 실천(best practice)을 제공할 수 있을 것인가에 대한 부분적인 답변이 바로 증거기반실천이 등장하게 된 배경이며, 사회복지사들이 실천현장에서 과학적 접근방법을

활용하도록 이끌어 주는 실천모델이라고 할 수 있다(Rubin, 2008). 그러나 최근에는 과학적인 근거뿐만 아니라 실천가의 전문성에 기초한 판단과 클라이언트의 가치와 선호도가 모두 포함되는 개념으로 확대되어 왔다.

(2) 증거기반실천의 과정

사회복지조사와 사회복지실천은 비록 많은 면에서 서로 차이가 있기는 하지만 비슷한 측면도 있다. 연구자와 실천가는 문제에 접근하는 데 있어서는 동일한 전략을 종종 사용한다. 증거기반실천의 과정에 대해서는 여러 학자가 다양한 모형을 제시하고 있지만 대체적으로 다음과 같은 5단계로 설명된다.

- 1단계(질문 만들기) : 클라이언트의 문제 해결을 위해 적절한 실천 질문을 제기한다.
- 2단계(답이 되는 증거 찾기) : 제기된 실천 질문에 대해 최선의 과학적 증거인 답을 최대한 효율적으로 찾는다. 인터넷이나 전자DB 등을 활용한다.
- 3단계(증거 평가하기) : 수집된 증거에 대해 타당성, 효과의 크기, 적용 가능성 등에 대해 타당성과 유용성을 엄격하게 평가한다.

읽어보기 교육학에서의 증거기반실천 사례

학생들의 수학 학업성취도를 높이기 위해 다음과 같은 방법들이 제시될 수 있을 것이다.
- 방법 A) 교사에게 성적 경쟁을 시켜 월급에 반영한다.
- 방법 B) 조기교육을 시켜 천재로 키워야 한다.
- 방법 C) 컴퓨터를 접목시켜 효율화를 도모한다.

어떤 방법이 효과적인지는 조사연구를 하지 않으면 확실하게 알 수 없다. 그래서 2006~2009년 내슈빌공립학교에서 2만4천 명을 대상으로 방법 A를 실험하였으나 오히려 악영향을 미치는 것으로 나타났다. 또한 3~4세 아동 4,700명에게 방법 B인 조기교육을 실시하였으나 당시에는 월등했지만 초등학생이 되자 별반 차이가 없었다. 그러나 컴퓨터를 접목시킨 방법 C는 전통적인 수업방식과 비교할 때 성적이 높게 상승하였고, 그 결과 현재 미국에서는 "I can learn" 프로그램이 교육현장에 널리 확산되고 있다. 방법 A·B를 검정하지 않고 실천현장에 도입했다면 오히려 학업성취도를 망치게 되었을 것이다.

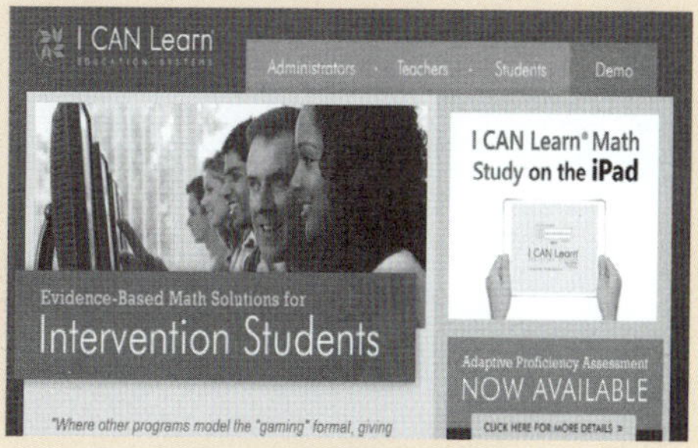

I can learn 교육프로그램

- 4단계(실천에 적용하기) : 증거를 엄격하게 검토하고 실천가의 전문성과 클라이언트의 특성 및 선호도, 기관의 환경 등을 고려하여 클라이언트에게 적용한다.
- 5단계(실천 평가하기) : 클라이언트에게 적용한 후에 나타난 결과를 평가한다.

(3) 사회복지조사와 사회복지실천

사회복지조사와 사회복지실천은 서로 별개의 분야로 보이지만 논리적 문제해결의 과정이라는 측면에서 매우 유사하다. 사회체계가 어떻게 변화하고 해결할 문제는 무엇이며 사회체계가 잘 작동하도록 사회복지실천이 어떠한 방법으로 개입하느냐 하는 사회복지실천의 문제는 사회복지조사의 연구와 유사하게 관련되어 있는 문제라 할 수 있다. 예컨대 클라이언트의 문제에 대한 연구보고서나 관련된 정보를 찾아내어 문제 해결을 위한 자료를 여러 출처에서 수집하고, 클라이언트의 변화에 대한 기록을 정리하여 때때로 보고서를 작성하기도 하며, 최종 종결보고서를 작성하기도 한다.

따라서 사회복지조사는 실천과정과 통합적으로 활용된다. 조사연구를 통해 문제 해결에 대하여 과학적 지식과 실천기술을 산출하며 효율적인 실천의 방법을 개발한다는 것이다. 사회복지조사에 대한 지식과 기술을 습득함으로써 유능한 사회복지실천가가 될 수 있으며 이는 곧 클라이언트의 문제 해결에 보다 효과적으로 개입할 수 있음을 의미한다. 사회복지조사와 사회복지실천의 두 분야가 모두 논리적인 문제 해결과정을 공유하고 있으므로 조사과정으로부터 사회복지실천에 대한 지식과 기법을 개발하여 클라이언트의 문제에 대해 과학적이고 효과적인 접근을 기할 수 있기 때문이다.

2. 과학적 지식과 방법

1) 지식형성의 방법

지식(knowledge)이란 무엇에 대하여 아는 상태 또는 어떤 현상이나 그 현상에 대한 설명을 사실(truth)이라고 믿는 것을 말한다. 따라서 지식은 우리가 단지 사실이라고 믿는 것에

당신은 지구가 둥글다는 사실을 어떻게 알게 되었나요?

불과하며 반드시 실재(reality)를 나타내는 것은 아니다. 이러한 지식을 습득하는 방법에는 많은 사람들이 사실이라고 믿는 '합의적 지식(agreement knowledge)'과 자신의 직접적 경험에 따라 알게 되는 '경험적 지식(experiential knowledge)'이 있다. 가령 지구가 둥글다는 사실은 그렇게 배웠기 때문에 아는 것이고, 물건이 땅으로 떨어진다는 사실은 경험을 통해 알 수 있다.

합의적 지식은 대부분 전통과 권위라는 두 가지 간접적 지식형성의 방법을 통해 습득되며, 직접적 지식형성의 방법으로는 직관과 경험이 있다. 네 가지 방법에 대해 구체적으로 살펴보면 다음과 같다.

① **전통(tradition)에 의한 방법** : 사회적으로 이미 형성되어 있는 선례나 관습, 습관 등을 비판 없이 그대로 수용하여 자신의 지식으로 형성하는 방법이다. 주로 축적된 지식을 말하며, 그로 인해 매번 동일한 탐구를 반복해야 하는 불필요한 시행착오를 줄일 수 있다. 전통적 지혜라고도 한다. 그러나 전통은 시대에 따라 변하고 사회적 관심 역시 동일하지 않다는 단점이 있다.

② **권위(authority)에 의한 방법** : 어떤 영역의 전문가나 권위자의 견해를 무조건적으로 수용하여 지식을 습득하는 방법이다. 즉, 이미 확립된 신념에 의존하는 방법이다. 그러나 권위의 원천이 서로 다른 경우 견해의 일치를 볼 수 없다거나, 같은 원천이라고 해도 전문가 사이에 의견의 일치가 어려운 단점이 있다. 권위에 의한 지식형성은 개인적 탐구력에 제한을 가져오며, 오히려 권위나 전통에 대한 의심이 개인적 탐구의 출발점이 되기도 한다.

③ **직관(intuition)에 의한 방법** : 의문에 대한 해답을 통찰에 의해 명백한 사실 또는 자명한 진리에 비추어 얻는 방식이다. 즉, 확고한 신념을 얻기 위해 계속적으로 시도하는 방법으로 소위 자명한 명제에 호소하는 방식이다. 그러나 이러한 명제가 항상 자명성을 갖는 것은 아니므로 끊임없이 의심을 품고 탐구해 경험의 세계에서 검증되어야 한다.

④ **경험(experience)에 의한 방법** : 개인이 자신의 직접적인 경험을 통해 지식을 얻는 방식이다. 인간이 지닌 감각기관을 직·간접적으로 사용하여 경험하며, 이러한 개인적 경험

은 때로는 강력하고 중요한 지식의 근거가 되기도 한다. 그러나 경험하지 않는 사실은 알 수 없고, 경험 역시 매우 주관적이므로 경험자에 따라 다르게 받아들여질 수 있다.

〈표 1-1〉 지식형성의 방법

간접적 방법	전통(tradition)	• 사회적인 선례나 관습, 습관을 비판 없이 그대로 수용하는 지식 • 불필요한 시행착오를 줄일 수 있으나 시대에 따라 변할 수 있음
	권위(authority)	• 전문가나 지위가 높은 사람을 인용하는 지식 • 전문가 사이에도 의견 불일치가 있을 수 있음
직접적 방법	직관(intuition)	• 통찰에 의해 명백한 사실 또는 자명한 진리에 비추어 얻는 지식 • 항상 자명성을 갖는 것은 아니므로 반드시 검증되어야 함
	경험(experience)	• 자신의 직접적인 경험을 통해 얻는 지식 • 경험하지 않으면 알 수 없고, 경험 역시 매우 주관적임
과학적 방법	과학(science)	• 사물을 이해하고 행동할 때 과학적 절차, 즉 체계적 관찰과 분석, 해석과 일반화의 과정을 통해 산출된 지식(과학적 지식)

2) 비과학적 지식형성의 오류

가령 권위나 전통, 직관과 같은 비과학적 방식을 통해 습득한 지식들은 과연 참일까? 물론 참일 수도 있고 거짓일 수도 있다. 그러나 이러한 방식을 통해 지식을 습득할 경우 지식의 탐구과정에서 다음과 같은 오류들이 나타나기 쉽다(Rubin & Babbie, 2004).

① **부정확한 관찰**(inaccurate observation) : 탐구의 기초는 관찰이다. 그러나 사전에 특별히 의도하지 않은 일상적인 관찰은 대부분 부정확하게 이루어진다. 인간은 선입관을 가지거나 무의식적으로 어떤 기대를 하면서 관찰하는 경우가 많기 때문이다. 그러나 과학적 방법으로 현상을 관찰하고 기록한다면 보다 정확할 것이다.

> 예 기억에만 의존한다면 지난 수업시간에 교수님이 무슨 옷을 입었고 어떤 넥타이를 맸는지 정확하게 기억하지 못할 것이다.

② **과도한 일반화**(over-generalization) : 일반화란 소수의 표본에서 얻은 결과를 전체에 확대 적용하는 것으로, 이것이 지나칠 때 과도한 일반화가 된다. 충분히 큰 표본을 확보

하고 표본이 전체를 대표하도록 표집하여 이러한 문제를 해결해야 한다.

> 예 기초생활보장 수급자를 불과 서너 명만 만나 보고서 모두 나태하다고 단정을 짓거나, 경상도 남자 몇 명을 만나 보고 모두 무뚝뚝하다고 결론 내리는 경우이다.

③ **선별적 관찰**(selective observation) : 과도한 일반화의 또 다른 위험은 그것이 선별적 관찰을 초래한다는 것이다. 즉, 일정한 결과를 미리 단정해 버리면 그러한 결과와 일치하는 것에만 주의를 기울이고 일치하지 않는 것은 무시하게 될 가능성이 크다.

> 예 경상도 남자는 모두 무뚝뚝하다고 단정해 버리면 자신의 선입견과 다른 '상냥한 남자'를 만났을 경우 이를 무시하거나 별 의미를 부여하지 않는다.

과도한 일반화

선별적 관찰

④ **꾸며낸 지식**(ostentatious knowledge) : 만약 어떤 현상이 자신의 일반화된 지식과 다르거나 정면으로 모순된다면 그냥 무시할 수 없을 것이다. 그러면 자신의 일반화를 유지하기 위해 스스로 새로운 정보를 꾸며낼 수도 있다.

> 예 상냥한 경상도 남자를 만났고 이것이 부정할 수 없는 사실이라면, 아마 일찍 고향을 떠나 서울에서 살았다거나 부모나 친구들이 모두 타 지역 사람들일 것이라고 꾸며내게 된다.

⑤ **사후 가설설정**(expost facto hypothesizing) : 과학적인 방식은 먼저 가설을 설정하고 이후에 참인지 거짓인지를 검증해야 한다. 그러나 이와는 반대로 생각 없이 관찰이 먼저

진행되고 그 후에 설명을 붙이는 경우도 있다. 이러한 방식은 외형적으로는 경험적 연구로 보이지만, 사실은 우연한 설명이 될 가능성이 높고 그에 대한 검증방법도 없다.

> 예 잠을 많이 자는 것이 성적에 미치는 영향을 살펴본다면, 잠을 많이 자고 난 후에 나쁜 성적을 받아야 한다. 그러나 낮은 성적을 받고 난 후에 그 이유를 생각해 보니 잠을 많이 잔 것 때문이라고 결론 짓는다.

⑥ **자아 개입(self-intervention)** : 문제의 원인에 자아가 개입되어 자아가 손상된다면 누구라도 객관성을 유지하기 힘들 것이다. 그렇다면 심리적인 손상을 받지 않는 다른 원인으로 합리화될 것이므로 객관성을 잃게 된다.

> 예 무능력으로 인해 해고되었다면 그 사실을 받아들이기 어려울 것이다. 그렇다면 “사장님 친척인 김 과장 대신 내가 해고된 거야” 혹은 “적성에 맞지 않아 사직할 참이었다”와 같이 변명하게 된다.

⑦ **탐구의 조기종결** : 어떤 사실이 완벽하게 이해되기 전에 탐구를 조기에 종결하는 것을 말한다. 주로 과도한 일반화와 선별적 관찰, 꾸며낸 정보 등에 의해 발생한다. 지식의 역사를 살펴보면 우리가 알고 있는 사실들은 계속 바뀌고 있고, 과학은 결론이 항상 수정되는 개방성을 가지고 있다.

> 예 자활참여자의 근로동기를 살펴보고자 면담을 했더니 처음부터 연달아 3명 모두 ‘자아 실현’이라 답해 인터뷰를 종결했다. 사실은 이들을 제외하고는 대부분 경제적 빈곤이 주된 참여동기였다.

⑧ **신비화(mystification)** : 어느 누구도 모든 것을 완벽하게 이해할 수는 없다. 아무리 노력해도 이해할 수 없는 사건과 상황은 항상 존재한다. 그럼에도 알고는 싶지만 도저히 알 수 없는 경우에는 가끔 초자연적이거나 신비한 원인에 의존하게 된다.

> 예 우주의 탄생과정을 모두 신의 뜻으로 이해하거나, 최근의 사업 번창을 조상님께서 돌봐주신 덕분으로 이해하는 것이다.

3) 과학적 방법

(1) 의의

과학(science)이란 현상에 내재하는 진리를 객관적인 방법에 의해 규명하는 과정 또는 해결 가능한 문제를 과학적 방법을 통해 이론을 도출하는 과정과 그 소산인 합리적인 지식이라 할 수 있다. 'science'는 라틴어 'scientia(알다)'에서 유래되었다. 따라서 모든 현상은 과학의 대상이 될 수 있으므로 과학에서 중요한 것은 대상이라기보다는 진리규명을 위해 지식을 축적하는 방법, 즉 과학적 방법론과 그 결과가 중요하다. 방법론의 영어 단어인 methodology는 '…로부터'라는 뜻을 가진 'meta'와 '여행'을 의미하는 'hodos' 그리고 '논리, 이해 능력'을 의미하는 'logos'가 합쳐진 것이다. 단어의 뜻을 직설적으로 풀어쓰면, "지식을 얻기 위해 사용되는 계획에 대한 연구"라는 의미를 지닌다. 즉, 과학적 조사를 함에 있어서 사용되는 방법에 대한 연구이다(채서일, 2008).

일반적으로 과학은 논리와 경험(관찰)이 중요한 핵심이다. 사물에 대한 과학적 이해는 뜻이 통해야 하고 관찰한 것과 일치해야 한다. 연구하려는 대상을 체계적으로 관찰하고, 분석하고, 해석하고, 일반화하는 접근방법을 과학적 방법이라 한다. 과학적 방법은 연구절차가 논리적이고 체계적이어야 하며, 경험적으로 검증 가능해야 하고, 다른 사람에 의해 연구되어도 동일한 결과를 얻을 수 있도록 객관적이어야 한다. 지식은 과학적 활동의 소산이다.

읽어보기 논리와 관찰

15세기 어느 수도원에서 말의 이빨(teeth)이 몇 개인가라는 의문에 논쟁이 벌어졌다. 많은 수사들이 말은 인간보다 몸집이 크므로 32개의 이를 가진 사람보다 더 많은 이빨을 가졌을 것이라고 생각했다. 말 또한 신의 창조물이며 신은 완전하기에, 말이 생활하기에 충분한 수의 이빨을 가지도록 창조하였을 것이라고 생각하였던 것이다. 토론이 장기화되자 싫증을 느낀 젊은 수사들이 수도원을 벗어나서 실제로 말의 이빨을 세기 시작하였다. 전자는 이성에 의하여 지식을 얻고자 하는 입장이며, 후자는 경험에 의하여 지식을 얻고자 하는 입장이다. 즉, 지식은 논리(이성)와 관찰(경험)을 통해 얻어짐을 알 수 있다.

Tip 콩트의 지식습득 3단계

사회과학의 출발점이라 할 수 있는 사회학의 창시자 콩트(A. Comte)는 종교적 신념이 아닌 인간의 감각기관에 의한 관찰을 통해 사회를 객관적이고 과학적으로 연구할 수 있다는 실증주의(positivism)를 주장하였다. 실증주의 시각에서 과학적 방법은 논리적 명제가 과연 그러한지 관찰하여 확인하거나 혹은 그 반대의 경우이며, 따라서 과학적 방법은 논리와 경험(관찰)을 핵심적 요소로 하는 절차라고 할 수 있다. 콩트는 지식습득의 진보 단계를 다음의 3단계로 설명하였으며, 실증적 단계를 과학적 지식의 단계라고 하였다.

- 신학적(공상적) 단계 : 현상에 대한 설명을 초현실적인 것에서 찾음
- 형이상적(추상적) 단계 : 현상을 설명하기 위해 논리를 중시
- 과학적(실증적) 단계 : 현상에 대한 설명을 할 때 경험적 실증을 중시

(2) 과학적 연구의 특징

① **객관성**(objectivity) : 동일한 현상을 연구하는 복수의 연구가 있을 때 연구자마다 각자의 사전 스키마(schema; 사고체계, 신념, 가치관, 가정 등)는 상이할 것이다. 객관성이란 그러한 연구자 개인의 스키마가 연구과정과 결과에 영향을 미치지 않아야 하며 따라서 다른 스키마를 가진 연구자라 하더라도 동일한 실험을 했다면 연구결과 역시 동일해야 함을 의미한다. 즉, 연구자가 각기 다른 주관적 판단과 지식을 바탕으로 연구를 계획하고 수행해도 그 결과만은 모두 같게 나와야 한다. 객관성은 간주관성 혹은 상호주관성(intersubjectivity)이라고도 한다.

② **결정론성**(deterministic) : 모든 과학적 현상은 스스로 발생하는 것이 아니라 반드시 어떤 원인 때문에 발생하는 것이며, 그 원인이 논리적으로 확인되어야 함을 의미한다. 그러나 대부분의 경우 어떤 현상에 대해 다수의 원인이 존재하며, 어느 원인이 가장 직접적인 영향을 미쳤는지를 판단하기는 쉽지 않다.

③ **일반성**(generalization) : 과학적 연구는 특정한 개별적인 사건이나 현상만을 설명하는 것을 목적으로 하지 않고, 유사한 대부분의 사건이나 현상에 포괄적으로 적용하여 설명

할 수 있어야 한다. 즉, 경험을 통해 얻은 구체적인 사실들을 바탕으로 보편적인 원리를 추구한다.

④ **간결성**(parasimony) : 어떤 현상을 설명할 때 최대한 적은 수의 요인이나 변수로 설명해야 한다. 설명은 단순할수록 좋다. 오컴의 면도날(Occam's razor) 비유에 의하면 가장 단순한 설명이 진실일 가능성이 높으므로, 어떤 현상의 인과관계를 설정할 때 불필요한 가정은 모두 잘라내라고 하였다.

⑤ **검증 가능성**(empirically verifiable) : 연구자가 제시한 이론들은 반드시 현실세계에서 검증될 수 있어야 한다. 실제로 자료를 수집 조사하여 얻은 결론이 아니거나 자료 분석을 통해 예측된 것이 아니라면 과학적 이론으로 부르기에는 부족하다.

⑥ **수정 가능성**(open to modification) : 만고불변의 절대적 진리는 존재하지 않는다. 기존의 연구결과는 언제든지 반증되고 수정될 수 있다. 천동설과 지동설을 생각해 보자. 원시사회 이래로 천동설을 철석같이 믿었으나 1510년 코페르니쿠스(N. Copernicus)의 과학적 탐구에 의해 '지구가 태양을 돈다'는 지동설이 사실로 받아들여지고 있다.

⑦ **재생 가능성**(reproducibility) : 같은 방법을 사용한다면 누구나 같은 결과를 얻을 수 있어야 한다. 모든 이론은 여러 차례 반복적으로 검증하거나 관찰한 후에 정립되어야 신뢰성을 가진다. 이른바 '황우석 사건' 당시 황우석 박사는 본인이 주장한 방법대로 배아줄기세포를 재생하지 못했기 때문에 과학이 아니라 학술사기로 결론나게 되었다.

(3) 비과학적 방법과의 차이

지식에 대한 과학적 연구방법은 직관적이라기보다는 경험적이고 논리적·체계적이다. 과학적 연구방법과 비과학적(전통적) 연구방법의 차이점을 분석해 보면 다음과 같다.

〈표 1-2〉 과학적 방법과 비과학적 방법의 비교

비과학적 방법	차 원	과학적 방법
직관적이고 전체적임	일반적 접근	경험적이고 분석적임
우연적이고 비통계적임	관 찰	체계적이고 통계적임
편파적이고 주관적임	보 고	비편파적이고 객관적임
애매하고 여타의 의미들이 있음	개념들	명확한 정의와 조작적 특수성을 가짐
부정확하고 정밀하지 못함	도구들	정확하고 정밀함
타당성이나 신뢰성이 없음	측 정	타당성과 신뢰성이 있음
검증이 불가능함	가설들	검증이 가능함
무비판적이고 수용적임	태 도	비판적이고 회의적임

출처 : 강영걸 · 박성복(2008), p. 60.

4) 사회과학

(1) 의의

과학은 크게 사회과학(social science)과 자연과학(natural science)으로 나눌 수 있다. 사회과학은 사회현상이나 인간의 사회적 행위를 분석하고 종합하여 미지의 사실이나 일반적 법칙을 찾아내려는 인간의 지성적 활동에 의한 지식체계를 말한다. 자연과학이 자연의 모든 현상을 연구대상으로 하는 반면, 사회과학은 인간의 모든 행위를 연구대상으로 한다. 사회현상은 사회적 인간행위에 의해 일어나는 모든 현상으로, 사람들 사이에서 이루어지는 인간의 상호작용이나 상호소통의 사회과정 속에서 일어나는 일련의 사회적 형태들을 말한다. 사회과학은 성격상 경험과학이고, 역사과학이며, 실천과학이고, 사회현실에 대한 전체적 인식과학이다. 사회복지학은 사회과학에 해당한다.

사회과학과 자연과학의 차이점은, 자연과학은 항상 그렇다는 일관성이 있지만, 사회현상은 항상 그런 것은 아니지만 대체로 그렇다는 일정한 규칙성을 가진다는 점이다. 예를 들어, 물은 항상 100℃가 되면 끓는다. 반면 가정폭력은 이혼의 원인이지만 가정폭력이 있다고 하여 항상 이혼하는 것은 아니다. 그러나 가정폭력이 있으면 대체로 이혼하는 경향을 보여준다.

(2) 주류 패러다임

패러다임(paradigm)이란 사회현상을 기본적으로 이해하는 시각 또는 정신적 창문으로(Bailey, 1994), 사회현상이 어떻게 구성되어 있고 어떻게 작용하고 있으며 사회현상에 대한 지식을 어떻게 획득할 수 있을 것인가에 대한 일반적인 사고방식이다(최성재, 2005). 사회과학의 3대 주류 패러다임으로는 실증주의, 해석주의, 그리고 비판주의를 들 수 있다.

〈표 1-3〉 사회과학의 3대 패러다임 비교

구 분	실증주의	해석주의	비판주의
연구목적	사건의 예측과 통제	의미 있는 사회행동의 이해와 기술	사회변동에 대한 사람들의 권한
사회 실제의 본질	이미 존재하는 안정적인 유형과 질서의 발견	인간 상호작용에 의해 창조된 상황의 정의	숨겨진 근본적 구조를 통한 갈등관리
인간존재의 본질	자신의 이익과 합리적인 개인	의미를 생성하는 사회적 존재, 지속적으로 단어에 의미를 부여하는 사람	드러나지 않은 잠재성을 가진 창조적이고 적응적인 사람
이론의 연결 형태	정의, 공리, 법칙과 상호 연결된 논리적, 연역적 체계	집단의 의미체계가 어떻게 생성되고 유지되는가를 기술	더 좋은 세상을 위한 비판
진리의 설명	법칙과 사실에 기반하여 논리적으로 연결	연구자의 감정	세상을 변동시키는 데 필요한 도구
증 거	반복적인 정확한 관찰	사회적 상호작용의 맥락	발표된 이론
가치의 준거	과학은 가치중립적	가치는 사회생활의 통합적 부분	모든 과학은 가치 중심

출처 : Neuman(2000), p. 85.

① **실증주의 연구**(positive study) : 실증주의 철학에 기반하여 사회현상을 설명하고 예측하는 접근방법이다. 설명하고 예측하는 기반은 인과관계를 통해 제시되며, 이를 위해 연역적 방법과 귀납적 확률론 모델을 이용한다.

② **해석주의 연구**(interpretive study) : 현상학, 해석학 등에 기반하여 사회적 상황 속에서 삶을 살아가는 인간들의 말과 행동을 이해하고 의미를 파악하는 데 관심을 두는 접근방법으로, 인간생활에 궁극적 관심을 두고 과학적 방법은 부차적이라고 본다. 사회현상

을 이해하려는 해석적 접근방법은 '상황'을 이해하기 위해서는 해석이 필요하다는 견해를 가진다.

③ **비판주의 연구**(critical study) : 막스이론과 비판사회이론 등에 기반하여 사회적으로 왜곡된 모순구조를 파악하여 사회변동을 촉진시키려는 의도를 가진다. 여기서 비판이란 지식의 조건과 사회제약에 대한 성찰로서, 사회적 상황 속에서 무엇이 진리이고 허위이며, 어떤 것이 선이고 악인지를 지적하여 인간들로 하여금 진리와 선에 따라 행동하도록 하는 데 관심을 가진다.

(3) 자연과학방법론과의 차이

사회과학방법론은 자연과학방법론과는 달리 관찰대상물과 관찰자가 분명히 구별되지 아니하고 경우에 따라서는 이들 양자가 대부분 혼연일체가 되는 경우가 많다. 이를 피란델로 효과(Pirandello effect)라 하며, 사회과학이 자연과학과 원천적인 차이를 보이는 이유이다. 사회과학에서는 관찰의 대상이 관찰자 자신이 되기도 하므로 사회현상을 분석하는 과정에서 객관성이 결여될 가능성이 크다.

〈표 1-4〉 **사회과학과 자연과학의 비교**

사회과학	구분의 기준	자연과학
제한	사고의 가능성 범위	무한
공식화에 관한 타당성에 의문제기	사고의 공식화	공식화 강조
중요하지 않음	분석기법의 중요성	매우 중요함
독창적	연구의 누적성	누적적
영향 받음	사회문화적 요인	영향 받지 않음
영향 받음	연구자 개인의 영향	영향 받지 않음
명확한 결론은 어려움	결 론	명확한 결론
기존 이론과 단절되지 않음	새로운 이론과 기존 이론의 연결성	새로운 이론이 빈번히 대두됨

출처 : 강영걸 · 박성복(2008), p. 24.

사회과학방법론은 사고의 가능성이 제한되어 있고, 사회문화적 특성에 영향을 많이 받으며, 연구자 개인의 심리상태나 개성 또는 가치관이나 세계관에 영향을 받아 동일한 사안이라도 해석이 달라질 수 있으며, 명확한 결론을 내리기 어렵고, 새로운 이론이라도 기존의 이론과는 단절되지 않은 성격을 가진다. 반면에 자연과학방법론은 사고의 가능성이 무한하고, 사회문화적 특성에 영향을 받지 않으며, 연구자의 개성이나 사회적 지위에 영향을 받지 않는다. 또한 조사결과에 따라 명확한 결론을 내릴 수 있으며, 기존 이론과는 전혀 다른 새로운 이론이 빈번히 대두된다.

5) 과학철학

사회과학이 과학적 방법을 적용하여 사회현상이나 인간행동을 분석해 일반적인 법칙을 찾아내는 과학분야이고, 이러한 과학적 지식이나 수용이 가능하도록 하는 것이 과학철학이다. 즉, 과학철학은 사회과학에 대한 지식의 검증과 논리적인 토대를 제공한다. 과학철학은 크게 경험에 의한 지식의 객관성을 추구하는 절대론적 입장과 주관적 개입을 인정하는 상대론적 입장으로 나누어진다. 절대론적 입장을 대표하는 이론으로는 논리실증주의와 반증주의가 있고, 상대론적 입장으로는 과학혁명론이 있다.

(1) 논리실증주의

슐리크(M. Schlick) 등의 빈(Wien)학파가 주장한 논리실증주의(logical positivism)는 형이상학적 접근을 부정하고 경험적으로 검증이 가능한 사실만을 인정한다. 그들은 '논리적으로 자명하거나 경험적으로 검증할 수 있는 명제만이 의미 있다'고 주장하며 지식의 유일한 토대로서 경험을 강조하며 과학적 방법에 의한 방법론적 통일을 주장하였다. 따라서 형이상학과 같이 객관적으로 입증할 수 없는 것들은 과학이 아니라고 하였다. 경험을 바탕으로 형성된 이론을 통해 가설을 설정하고 그러한 가설이 검증을 통해 잠정적인 것으로 인정되면 다시 관찰과 검증을 통해 보편적이고 완전한 결론에 도달하게 된다는 것이다.

(2) 반증주의

칼 포퍼
(1902~1994)

칼 포퍼(Karl Popper)는 『과학적 발견의 논리(The Logic of Scientific Discovery, 1934)』에서 귀납법을 근거로 하는 경험주의의 한계를 극복하고자 연역법에 바탕한 반증주의(falsification)를 주장하였다. 과학적 지식의 발전은 기존의 이론과 상충되거나 모순되는 현상을 토대로 기존 이론을 계속 반증하는 과정을 거쳐 이루어진다고 하였다. 반증이란 어떤 법칙이나 이론이 틀렸음을 증명하는 과정으로, 과학적 이론은 그것의 진위가 검증되었기 때문이 아니라 숱한 반증을 견뎌냈기 때문에 채택된 것이다. 이러한 반증과정을 통해 과학이 진리에 더욱 근접하게 된다. 따라서 포퍼는 과학과 비과학의 판단 기준은 반증 가능성에 있다고 하였다.

(3) 과학혁명론

토마스 쿤
(1922~1996)

토마스 쿤(Thomas Kuhn)은 『과학혁명의 구조(The Structure of Scientific Revolution, 1962)』에서 과학의 발전은 점진적인 지식의 축적에 의해서가 아니라 변칙적이거나 무작위적인 발견 등에 의해 혁명과 같은 급격한 변화를 통해 이루어진다고 보았다. 패러다임은 우리가 어떤 현상에 대한 인식을 형성하는 기본적인 구조나 틀, 즉 동시대의 학자들이 공통적으로 인식하고 있는 신념체계로서, 기존의 패러다임에 치명적인 오류가 발견되어 위기에 봉착하면 새로운 패러다임으로 이동하게 된다는 것이다. 예를 들어, 태양이 지구를 돈다는 천동설이 더 이상 설명할 수 없는 한계에 봉착하자 지구가 태양을 돈다는 지동설로 대체되는 것이 과학혁명이다. 과학혁명은 곧 패러다임 전환이다. 쿤에 의하면 새로운 패러다임은 갑자기 나타나지만 그 패러다임이 완전히 종전의 것을 교체하는 과학혁명은 서서히 이루어진다고 하였다. 또한 이러한 과학혁명은 자주 일어나는 것은 아니라고 보았다.

3. 사회복지조사의 종류

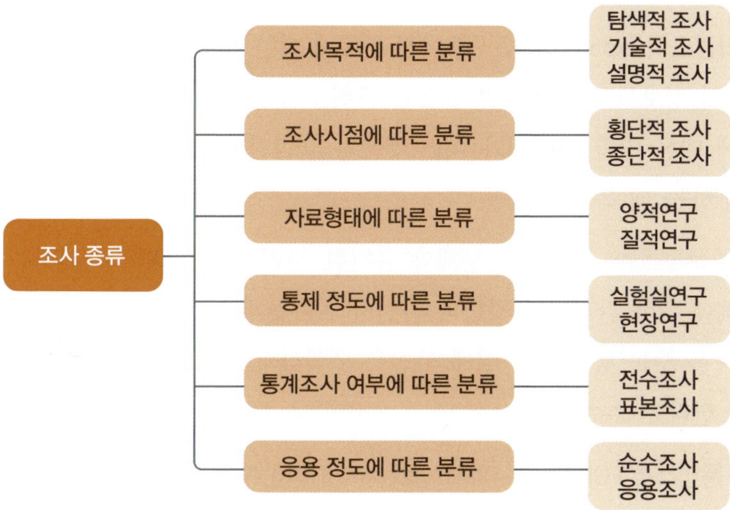

|그림 1-2| 조사의 종류

1) 조사목적에 따른 분류 : 탐색적·기술적·설명적 조사

(1) 탐색적 조사

탐색적 조사(exploratory research)란 연구문제의 발견이나 변수의 규명, 가설의 도출을 위해서 실시하는 조사로서 주로 본조사를 위한 예비적 조사로서 실시한다. 탐색적 조사는 조사연구의 문제와 개념을 분명히 하여 연구의 우선순위 파악이 가능하고, 상황에 따른 변수들 사이의 관계에 대한 통찰력을 제고할 수 있으며, 조사를 시행하기 위한 절차와 행위를 구체화할 수 있고, 최종적인 조사를 시행하는 데 필요한 관련된 정보를 입수할 수 있다는 특징이 있다. 탐색적 조사의 방법으로는 문헌조사와 전문가 의견조사, 사례조사, 포커스그룹인터뷰 등이 있다.

① **문헌조사**(literature review) : 기존에 발간되어 있는 문헌을 이용하는 방법으로, 연구대상에 대해 잘 모르는 경우 행하는 최초의 과정으로 가장 경제적이고 신속하다. 문헌조

사는 연구주제의 명확화, 연구에 대한 이론적인 연구 경향, 자료수집 및 분석방법에 이르기까지 포괄적인 지식을 얻고자 하는 데 목적이 있다.

② **전문가 의견조사**(expert survey) : 주어진 문제에 대한 전문적인 지식과 경험을 가진 전문가들로부터 정보를 얻어내는 방법으로 문헌조사의 보완적인 수단이다. 주로 연구문제의 성격에 대한 명확한 이해와 여러 전문가의 의견을 참조해 새로운 아이디어를 찾고 조언을 구하는 데 목적이 있다.

③ **사례조사**(case study) : 주어진 문제와 유사한 사례를 찾아내어 분석하는 방법으로 주어진 문제에 대한 간접적인 경험과 사전지식을 갖게 하여 현 상황에 대한 논리적인 유추에 도움을 주는 방법이다. 실제 사건을 분석하기도 하고 가상적인 현실을 만들어 분석하기도 한다.

④ **포커스그룹인터뷰**(FGI : Focus Group Interview) : 전문지식을 보유한 조사자가 조사주제에 대해 경험이나 식견을 가진 소수의 응답자들을 대상으로 자유로운 토론을 벌여 필요한 정보를 획득하는 방법이다. 초점집단면접 또는 좌담회라고도 한다.

(2) 기술적 조사

기술적 조사(descriptive research)란 조사대상의 현황을 전체적으로 나타내고, 영향요인 간에 어떤 관계가 있을지를 파악하기 위해 실시하는 조사이다. 주로 현상이나 모집단의 특성에 대한 분포, 발생빈도, 크기나 비율 등의 특성 파악을 위하여 행하는 조사이다. 어떤 현상에 대한 탐구나 명백화가 주목적이지만 설명적 조사를 위한 자료를 제공하거나 지침적 역할을 하기도 한다.

(3) 설명적 조사

설명적 조사(explanatory research)란 기술적 조사연구의 결과 축적된 자료를 통해 어떠한 사실 간의 인과관계를 파악하거나 규명결과를 토대로 미래를 예측하는 조사이다. 설명적 조사의 종류로는 순수실험설계와 유사실험설계 등이 있다.

〈표 1-5〉 탐색적 · 기술적 · 설명적 조사 비교

구 분	탐색적 조사	기술적 조사	설명적 조사
목 적	통찰력과 이해 제공	모집단의 특성 파악	원인과 영향관계 결정
가 설	불명확	추론적이나 명확	구체적이고 인과적
특 징	•과정이 유연하고 융통적임 •예비적 성격의 조사연구 •표본이 작고 대표성 없음	•과정이 공식적이고 구조화 •자료분석이 정량적임 •표본이 크고 대표성 있음	•둘 이상 변수 간의 인과관계 •표본이 크고 대표성 있음
결 과	시험적	기술적	확인적
방 법	•문헌조사 •전문가 의견조사 •사례조사 •초점집단면접	•설문조사 •관찰조사	•순수실험설계 •유사실험설계

2) 조사시점에 따른 분류 : 횡단적·종단적 조사

(1) 횡단적 조사

횡단적 조사(cross-sectional approach)란 일정 시점을 기준으로 모든 관련 변수에 대한 자료를 수집하는 연구방법으로 대부분의 사회과학 조사연구가 이 방식에 해당한다. 주로 연구대상이 지리적으로 넓게 분포되어 있고 연구대상의 수가 많으며 많은 변수에 대한 자료를 수집해야 할 필요성이 큰 경우에 사용된다. 그러나 횡단적 연구는 시간적 전후의 문제를 정확히 밝히기 힘들므로 엄밀한 인과관계의 추리에는 상대적으로 약점이 있다. 횡단적 조사의 방법으로는 현황조사와 상관적 연구설계 등이 있다.

① **현황조사**(status study) : 어떤 사건과 관련된 상태나 상황을 정확하게 파악하여 기술하는 것을 주목적으로 하며, 자료수집은 설문지나 면접을 통해 자료를 수집하는 서베이와 각종 통계연감에서 자료를 수집하는 2차 자료를 이용한다.

② **상관적 연구설계**(relational study) : 어떤 변수와 다른 변수와의 관련성을 파악하기 위한 연구로서 둘 또는 그 이상의 변수들 간의 관계나 연관성을 상관계수를 통해 확인한다. 그러나 연구자가 독립변수의 발생을 통제하거나 조작할 수 없고 대립적인 설명 가능성을 배제할 수 없기 때문에 변수 간의 인과관계를 증명할 수 없는 단점이 있다. 따라서 정교한 통제된 연구를 실시해야 하며 실험적 연구가 필요하다.

(2) 종단적 조사

종단적 조사(longitudinal approach)란 한 연구대상을 일정 기간 동안 관찰하여 그 대상의 변화를 파악하는 데 초점을 두고 둘 이상의 시점에서 동일한 분석단위를 연구하는 방식이다. 따라서 어떤 연구의 동태적 변화와 발전과정의 연구에는 최적이다. 종단적 조사는 시간을 두고 변화를 기술한다거나 추세를 추적하고 미래의 추세를 예측할 수 있는 특징이 있다. 그러나 종단적 연구는 비용이 많이 들고, 한 대상자를 여러 번 조사하는 경우가 많으므로 검사효과가 발생할 수 있으며, 사생활 침해의 우려가 높다. 종단적 조사의 방법으로는 추세연구, 코호트연구, 패널연구가 있다.

① **추세연구**(trend study) : 시간의 흐름에 따라 대상집단의 변화를 관찰하는 방법으로, 연구대상의 특정 속성을 여러 시기를 두고 관찰·비교하여 시간의 흐름에 따라 어떻게 변화하는가를 연구한다. 추세연구는 매번 측정하고, 매번 동일 모집단에서 새로운 표본을 독립적으로 추출한다. 표본에서 비록 측정값이 변화하더라도 동일 모집단 내의 변화이므로 새로운 표본 때문이 아니라 모집단의 변화로 간주한다. 따라서 추세연장기법에 의해 미래 예측이 가능하다. 추세연장기법은 과거와 현재의 역사적 자료를 토대로 하여 미래의 사회적 변화량과 변화율을 측정하는 기법이다.

> **예** 인구센서스, 물가경향조사, 실업률경향조사

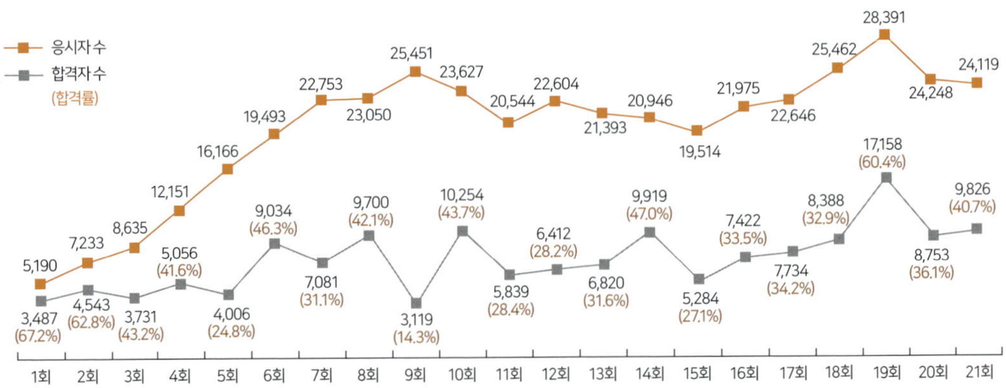

사회복지사 1급 국가시험 합격률 추이

② **코호트연구**(cohort study) : 일명 동기생 혹은 동시경험집단연구라 하는 것으로, 특정 경험을 같이하는 사람들이 갖는 특성들에 대하여 두 번 이상의 다른 시기에 걸쳐서 비교·연구하는 방법이다.

> 예 • 대학생 때 IMF를 경험한 세대의 경제적 태도를 연구하기 위해 매 5년마다 그들을 대상으로 조사하는 연구
> • ○○프로그램 참가자를 대상으로 매년(혹은 매달) 변화 정도를 측정하는 연구

③ **패널연구**(panel study) : 동일집단반복연구라 하는 것으로 패널이라 불리는 특정 응답자집단을 정해 놓고 그들로부터 상당히 긴 시간 동안 지속적으로 연구자가 필요로 하는 정보를 획득하는 방법이다. 시계열적 자료의 획득이 어려운 서베이나 리서치의 단점을 보완하기 위해 개발되었다.

패널의 유형으로는 ⓐ 정기적으로 패널 구성원에게 정보를 얻는 지속적 패널, ⓑ 특정한 목적을 위해 일정 기간 동안만 유지되는 임시적 패널, ⓒ 패널 구성원에게 한 가지 주제에 대해서만 일정한 시간 간격을 두고 동일한 변수에 대해 여러 차례 질문을 하는 순수(또는 고정) 패널, ⓓ 필요에 따라 다른 변수도 조사 가능하도록 패널 구성원을 조사 목적에 맞도록 표본을 재추출하여 그들에게만 반복적으로 조사하는 다목적 패널이 있다.

동기생 사이에도 앞으로 많은 변화가 있을 것이다.

Tip 한국복지패널

한국복지패널(KOWEPS)은 IMF 이후 빈곤층 및 차상위계층의 가구형태, 소득수준, 취업상태가 급격히 변화하고 있는 상황에서 이들의 규모와 실태변화를 동태적으로 파악해 정책 지원에 기여함과 동시에 정책에 따른 지원효과를 제고하고자 실시된 것으로, 한국보건사회연구원과 서울대학교 사회복지연구소가 공동생산하였다. 2006년 1차년도에는 7,072가구, 14,463명의 가구원을 패널조사하였고, 2차년도 유지율은 가구는 92.1%, 가구원은 90.5%, 3차년도 유지율은 가구는 86.7%, 가구원은 84.3%에 이른다. 조사표와 원자료(raw data)가 홈페이지(www.koweps.re.kr)를 통해 제공된다. 국내 대표적인 패널자료는 다음과 같다.

- 한국노동패널(한국노동연구원)
- 여성가족패널조사(한국여성정책연구원)
- 재정패널조사(한국조세재정연구원)
- 장애인삶 패널조사(한국장애인개발원)
- 한국아동·청소년패널(한국청소년정책연구원)
- 한국교육고용패널(한국직업능력연구원)
- 고령화연구패널조사(한국고용정보원)
- 장애인고용패널조사(한국장애인고용공단)

패널조사의 장점으로는 조사대상자로부터 추가적인 자료 획득이 쉽고, 사건에 대한 변화 분석이 가능하며, 초기비용은 많이 들지만 장기적으로 보면 독립적인 수차례의 반복적 조사보다 오히려 경제적이다. 반면에 단점으로는 매년 패널 구성원이 조금씩 이탈하기 때문에 패널의 대표성 확보와 패널관리가 어렵다. 또한 계속적으로 동일변수를 측정하므로 정보의 유연성이 적고, 조사요원과의 친밀감이나 지겨움 등으로 부정확한 자료를 제공할 위험이 있다.

〈표 1-6〉 횡단조사와 종단조사 비교

횡단조사	구 분	종단조사
•집단 간 특징 비교	목 적	•시간 경과에 따른 변화추세 분석
•1회 조사	조사 횟수	•반복적인 조사
•현황조사 •상관적 연구설계	종 류	•추세연구 •코호트연구 •패널연구
•자료수집 용이 •신속하고 저렴 •유사연구와 비교 가능	장 점	•측정대상의 시간경과에 따른 변화를 알 수 있음
•측정대상의 변화를 알 수 없음	단 점	•상당한 비용과 시간 소요 •테스트 효과

읽어보기 하버드대학교 인생성장보고서 · 라이프 프로젝트

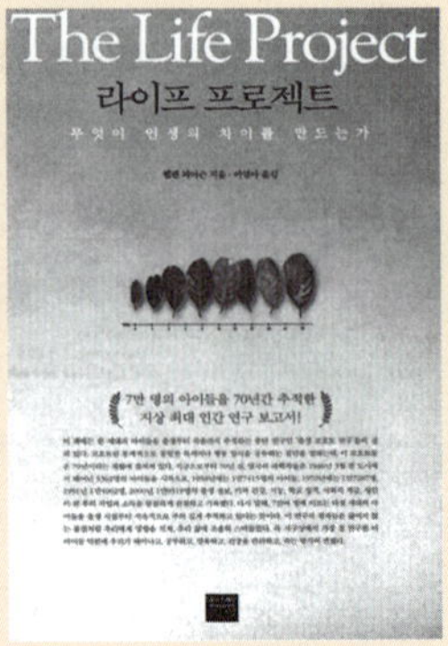

- 조지 베일런트(G. Vaillant)는 1930년대 말에 하버드대학교에 입학한 268명의 삶을 72년간 추적하며 연구하였다. 이 연구에 의하면 행복은 사람의 힘으로 통제할 수 있는 행복의 조건 7가지를 50대 이전에 얼마나 갖추느냐에 달려 있었다고 한다. 또한 삶에서 가장 중요한 것은 인간관계이며, 행복은 결국 사랑이라는 것이다.
- 영국에서 제임스 더글러스(J. Douglas) 등이 1946년 3월 한 도시에서 태어난 5,362명의 아이를 시작으로 1958년에는 17,415명, 1970년 17,287명, 1991년 14,062명, 2000년 19,519명의 출생 정보, 키와 건강, 지능, 학교 성적, 사회적 계급, 성인이 된 후의 직업과 소득을 지속적으로 추적하여 관찰하고 있다. 7만여 명을 대상으로 5개 출생 코호트연구가 지금도 지속되고 있다.

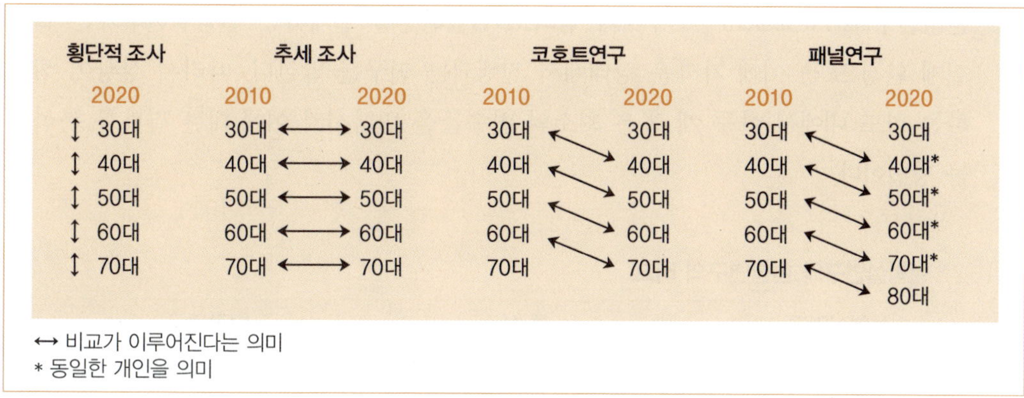

| 그림 1-3 | **횡단적 조사와 종단적 조사 비교**

3) 자료형태에 따른 분류 : 양적·질적연구

① **양적연구**(quantitative research) : 연구하고자 하는 연구대상의 속성을 가능한 한 양적으로 표현하고 그들의 관계를 통계분석을 통하여 밝히는 조사를 말한다. 사회현상의 사실과 원인을 탐구하는 논리실증주의의 방법으로 개인의 주관적 상태에는 관심이 없고 강제적이고 통제된 측정만 한다.

② **질적연구**(qualitative research) : 기존의 설문지나 면접에 의존하는 간접적·계량적 방법은 한계가 있으므로 이를 보완하면서 주관적·해석적 조류와 인식론적 방법론에 걸맞은 대안적 기법의 마련이 필요함에 따라 등장하였다. 인간의 상호 주관적 이해를 바탕으로 하여 인간의 행위를 그 행위자의 그것에 부여하는 의미와 파악을 통해 이해하려는 주관적·해석적 방법이다. 자세한 것은 제13장에서 설명한다.

4) 통제 정도에 따른 분류 : 실험실·현장연구

① **실험실연구**(laboratory research) : 연구에 관심 있는 변수 이외에 결과에 영향을 미칠 수 있는 모든 가능한 다른 변수들의 영향이 최소화되도록 연구자가 실험환경을 철저하게 통제한 후 연구가 진행되는 것을 말한다. 사회복지조사는 사람을 대상으로 하므로 실험실연구와 같은 인위적인 통제는 사실상 어렵다.

② **현장연구**(field research) : 연구자가 임의로 실험환경을 설계하는 실험실연구와는 달리 실제 환경 또는 이에 가까운 상태에서 진행되는 연구를 말한다. 따라서 상황이 허락하는 한도 내에서 한두 개 혹은 최소의 변수들을 변화시켜 이에 대한 결과를 분석하는 방법이다.

〈표 1-7〉 실험실연구와 현장연구의 비교

실험실연구	특 성	현장연구
적게 소요됨	시 간	많이 소요됨
적게 소요됨	비 용	많이 소요됨
높음	내적타당도	낮음
낮음	외적타당도	높음

5) 통계조사 여부에 따른 분류 : 전수·표본조사

① **전수조사**(complete enumeration) : 조사대상이라고 생각되는 모든 부분들(모집단이라 한다)을 전부 조사하는 방식이다. 정부의 인구조사 등이 대표적인 사례이다. 그러나 사회복지조사의 대상인 사회현상은 일반적으로 범위가 광대하기 때문에 전수조사를 하기란 사실상 불가능한 경우가 많고, 특히 표본조사의 기술과 방법이 발달함에 따라 꼭 필요한 경우를 제외하고는 잘 시행되지 않는다.

Tip 콩알 수 세기

큰 항아리 속의 콩을 서너 번 전수조사하더라도 세는 작업의 단조로움 때문에 오류가 생겨 매번 차이가 나게 된다. 차라리 한 그릇의 콩을 퍼내어 그릇 안의 콩을 정확히 센 뒤 항아리 속에 몇 그릇이 들어 있는가를 감안하여 전체 콩의 수를 추정하는 것이 쉽고 빠르다. 실제로 해인사 팔만대장경의 경판을 전수 조사한 결과에 의하면, 1915년 조사에서는 8만 1,384장이었고, 1975년 조사에서는 8만 1,240장(중복 92장 제외)이었다. 1995년 유네스코 세계문화유산에는 8만 1,340장, 2007년 세계기록유산에는 8만 1,258장이 등재되어 있다.

② **표본조사**(sampling study) : 비교적 많은 수의 대상자들을 상대로 그들로부터 추려낸 표본(sample)에 대해 일정하게 표준화된 도구를 사용해 자료를 얻어내는 방법이다. 즉, 가상의 모집단을 설정하고 이를 대표할 수 있는 표본을 선정한 다음에 표본에서 얻은 결과를 바탕으로 모집단의 특성을 파악하는 방법(일반화라고 한다)이다.

〈표 1-8〉 **전수조사와 표본조사의 비교**

전수조사	특 성	표본조사
모집단 전체	조사대상	모집단의 일부
많이 소요됨	시간과 비용	적게 소요됨
없음	표본오차	표본규모에 반비례
모수	자료값	통계량(모수에 대한 추정치)

6) 응용 정도에 따른 분류 : 순수·응용조사

① **순수조사**(pure research) : 순수하게 사회적 현상에 대한 지적인 이해와 지식 그 자체만을 획득하기 위해 수행되는 조사로서 직·간접적인 어떠한 이용도 의도하지 않는다. 따라서 현장 응용정도가 매우 낮은 조사를 의미하며, 기초조사(basic research)라고도 한다.

② **응용조사**(applied research) : 조사결과를 직·간접적으로 사회적 현상에 응용함으로써 문제의 해결이나 개선을 위해 수행되는 조사를 말하며, 따라서 현장 응용정도가 매우 높은 조사를 의미한다. 응용조사는 대부분 조사결과를 사회구성원이 안고 있는 실제 문제를 해결하기 위해 구체적으로 이용하는 데 있고, 조사과정에서 조사자의 노력은 조사결과를 구체적으로 이용하는 데 있다. 응용조사의 한 유형으로 평가조사가 있다.

4. 사회복지조사의 한계

사회복지조사를 통해 모든 인간문제의 해결을 기대한다면 과장된 평가이고, 그렇다고 아무것도 해결할 수 없다면 역시 지나치게 과소평가한 것이다. 사회복지조사는 분명 인간의 욕구를 충족시키고 사회문제를 해결하며 사회복지 관련이론과 기술을 개발하는 데 기여하지만 일정한 한계가 있는 것은 분명하다. 특히 사회복지조사와 같은 사회과학방법론은 그 대상인 인간행위가 갖는 속성 때문에 많은 한계를 가진다. 이를 구체적으로 살펴보면 다음과 같다.

1) 조사대상에 의한 제한

사회복지조사를 포함한 사회과학의 제 학문분야는 주된 연구대상이 인간이므로 공통적으로 여러 가지 제약을 받는다. 조사대상에 의한 제한은 다음과 같다(채구묵, 2005).

- 윤리성 문제 때문에 함부로 연구대상을 다룰 수 없어 실험적 처치를 할 수 없다.
- 통제나 조작이 불가능하다.
- 내면적 이해나 주변의 사회문화적 특성을 고려해야 하므로 접근이 어렵다.
- 연구자의 사회문화적 혹은 시간적 요건에 의해 많이 영향을 받는다.

2) 경험적 인식의 제한

사회복지조사는 다양한 방법을 통해 이루어지지만 조사는 경험적으로 인식된 내용만을 포함하므로 인간이 경험적으로 인식할 수 없는 대상이나 범위는 원천적으로 불가능하다. 또한 동일한 사건이나 현상이라 하더라도 연구자 개인의 인식방법의 차이로 인해 서로 다르게 인식될 수도 있다.

3) 시간적·지리적·비용적 제한

- 일정한 기간 동안에 조사가 수행되므로 제한된 기간 동안에 얻어진 정보는 양적으로나 질적으로 완벽할 수 없다. 특히 조사기간 이전의 상황이나 이후의 상황은 알 수 없다.
- 일정하게 한정된 지역 내에서 진행되므로 제한된 지역이나 공간에서 얻어진 정보가

전체를 얼마나 대표할 수 있느냐 하는 대표성의 문제가 표집과정에서 대두된다.

- 자원봉사자에 의해 조사가 진행되기도 하지만 전문성이 요구되는 연구를 위해 전문조사원을 이용할 경우 인건비 등으로 상당한 조사비용을 지불해야 한다.

4) 개인의 가치와 선호의 차이

사회복지학의 특성상 가치중립적이라기보다는 가치개입적 성격이 강하므로 사회복지조사 역시 연구자의 개인적인 가치가 조사과정에 영향을 미칠 가능성이 있다. 또한 개인적 선호나 감정, 열망 등이 연구문제의 선정이나 조사방법의 선택에 영향을 미칠 수 있다. 이러한 개인적 가치나 선호의 차이는 조사결과를 분석하고 해석하는 과정에도 영향을 미칠 수 있다.

5) 사회적 요인에 의한 제한

사회복지조사는 가령 우선권이 주어지는 문제, 재정적 후원이 쉬운 주제, 조사의 결과가 제공하는 여러 가지 반대급부 등과 같은 다양한 사회적 요인에 의해 제한을 받는다. 조사가 비록 학문적으로 우수하더라도 사회적 필요성이 없을 수 있고, 결과가 논리적 타당성이나 합리적 이유가 아닌 지배적인 사상과 이념 때문에 수용되거나 거부되기도 한다. 또한 정치적인 통제나 문화적인 요인으로부터도 영향을 받는다.

요약

1. 사회복지조사는 조사의 이론과 기술을 사회복지에 응용한 과학적 연구방법으로, 현상을 기술하고, 현상의 원인을 설명하고, 미래를 예측하며, 현상의 원인을 조작해 바람직한 방향으로 통제할 수 있다. 사회복지조사는 학문적 발달과 응용적 역할, 욕구조사를 통한 사회개량, 효과적인 개입과 개입의 효과성 측정, 탐구의 과학화 역할을 한다.

2. 지식습득을 위한 비과학적 연구방법에는 전통에 의한 방법, 권위에 의한 방법, 직관에 의한 방법, 경험에 의한 방법이 있다. 이러한 비과학적 연구방법은 부정확한 관찰, 과도한 일반화, 선별적 관찰, 꾸며낸 지식, 사후 가설설정, 자아개입, 탐구의 조기종결, 신비화 등의 오류를 나타내기 쉽다.

3. 과학이란 진리를 객관적인 방법으로 규명하는 과정과 그 결과인 합리적인 지식을 말한다. 따라서 과학적 방법의 핵심은 논리(이성)와 경험(관찰)이다. 과학적 연구는 객관성, 결정론성, 일반성, 간결성, 검증 가능성, 수정 가능성, 재생 가능성의 특성을 가진다.

4. 사회복지조사는 조사목적에 따라 탐색적 조사, 기술적 조사, 설명적 조사가 있고, 조사시점에 따라 횡단적 조사와 종단적 조사가 있고, 자료형태에 따라 양적연구와 질적연구가 있고, 통제 정도에 따라실험실연구와 현장연구가 있고, 통계조사 여부에 따라 전수조사와 표본조사가 있고, 응용 정도에 따라 순수조사와 응용조사가 있다.

5. 탐색적 조사에는 문헌조사, 전문가 의견조사, 사례조사, 포커스그룹인터뷰가 있고, 횡단적 조사는 일정 시점을 조사하는 것으로 현황조사와 상관적 연구설계가 있으며, 종단적 조사는 연구대상을 일정 기간 관찰하는 것으로 추세연구, 코호트연구, 패널연구가 있다.

6. 사회복지조사는 조사대상, 경험적 인식, 시간적·지리적·비용적인 제한이 있고, 이 외에도 개인의 가치와 선호의 차이, 사회적 요인에 의한 제한 등이 있다.

CHAPTER

02

사회복지조사의 기초

1. 과학적 이론

1) 의 의

이론은 사실들 간의 관계에 대한 논리적이고 경험적인 설명을 말한다. 컬린저(Kerlinger, 1986)는 과학적 이론을 "현상을 설명하고 예측할 수 있도록 변수들 간의 관계를 구체적으로 나타냄으로써 현상의 체계적인 모습을 제시해 주는 서로 연관된 정의 및 명제들로 이루어진 구성체"라고 하였다. 과학의 기본적 목적은 이론이며, 이론은 현상을 정확히 설명하고 예측하고 통제하는 것이다. 이론은 개념, 용어, 정의 등으로 구성된다. 이론은 지속적인 검증과 수정을 통해 정교화되므로 이론의 형성과 발전에는 조사방법론이 필수적이다.

2) 특 성

(1) 믿음이나 철학이 아닌 이론

과학적 이론은 '해야 한다' 혹은 '옳다'와 같은 가치나 규범이 아니라 '무엇이, 어떻게, 왜, 존재한다'는 등의 사실에 대한 설명이 주가 된다. 가치중립이 강조되는 이유들도 여기에 있다. 예를 들어, '신자유주의는 옳은 것인가'라는 문제는 가치의 문제로 다루어질 수밖에 없다. 따라서 믿음이나 철학은 엄격하게 본다면 과학적인 이론의 대상이 되기 어렵다.

(2) 사회적 규칙성

이론은 사회현상이나 인간의 행위 속에서 규칙적으로 나타나는 일정한 유형들을 찾으려는 노력이다. 인간들의 사회적 행위는 완전히 혼란이나 무작위적인 것이 아니라 일정한 규칙성을 가지고 있다. 사회현상에 규칙성이 없거나 그것에 대한 이해가 없다면 개인과 사회는 존속할 수 없다. 그리고 사회과학 이론은 결정론이 아니라 대체로 그러하다는 가능성(확률)을 다룬다. 열심히 공부하면 대체로 성적이 오른다는 규칙성이 중요하고 그렇지 않은 예외적인 개인에는 집중하지 않는다.

(3) 개인이 아니라 집합체

사회과학 이론은 비록 개인을 통해 관찰되기도 하지만, 특정한 개인이 아니라 개인들이 모인 집합체의 행동에 관심을 가지며 사회적 유형의 규칙성은 집합체로부터 도출된다. 개인들이 모인 집합이 어떤 성격을 가지고 있다는 것은 거기에 사회적 규칙성이 있다는 증거이다. 집합체를 구성하는 개인들은 계속해서 바뀌는데도 왜 개인들의 행동 유형은 사회적 규칙성을 띠고 있는지에 대해 알고자 한다.

사람들 사이에는 일정한 규칙이 있다.

(4) 변수에 대한 관심

연구자들이 사람들을 관찰하는 것은 그들이 변수들을 가지고 있기 때문이다. 사람들은 성별, 나이, 용모, 학력, 소득, 가족관계, 심리상태 등 이루 헤아릴 수 없는 무수한 변수들로 구성되어 있다. 이러한 변수들이 사람들이 살아가는 여러 행태들에 영향을 주는 것이다. 사회과학이 사회현상들을 이해하고 예측하기 위한 지식들을 만들어 내는 방법은 사회적 규칙성을 찾아가는 데 있고, 그러한 규칙성들을 찾는 방법은 개인들에게 구현되어 있는 다양한 변수들 간의 관계를 밝혀내는 것이다.

3) 이론의 형성방법

(1) 의의

모든 과학적 이론은 논리(이성)와 경험(관찰)에 기초한다. 이론은 먼저 논리적으로 그럴듯해야 한다. 논리가 허술하면 경험적인 검증도 필요 없이 이론에서 탈락된다. 반면에 훌륭한 논리라도 과학적인 이론으로 인정받기 위해서는 경험적인 검증을 거쳐야 한다. 비록 그럴듯하게 보이더라도 논리는 논리 자체의 한계를 벗어나지 못한다. 실제로 과학의 역사가 증명하듯이 그럴듯하게 보이는 많은 이론들이 경험적인 검증을 거치면서 부정되어 왔다. 그래서 과학적 이론에서는 논리와 함께 경험요소가 필수적이다.

과학적 이론을 만들기 위해서는 논리와 경험이 어떻게 결합되는지를 알아야 한다. 이론의 전개과정에서 논리와 경험의 결합방식을 논리체계라고 하는데, 과학이론의 발전과정에서 볼 때 이러한 논리체계는 연역법과 귀납법의 두 가지 접근법이 있다.

(2) 연역법

연역법(deduction)은 일반적인 사실이나 법칙으로부터 특수한 사실이나 법칙을 추론해 내는 방법으로, 전형적인 과학적 방법이라 불리는 실증주의(positivism)적 입장에서 이론을 만들 때 보통 사용된다. 이 방법은 '전체가 참이면 부분도 참이다'라는 법칙에 의거하여 보편적인 원리로부터 부분에 대한 지식을 이끌어 낸다. 연역법의 대표적인 예가 삼단논법(syllogism)이다.

(대전제)	모든 사람은 죽는다.
(소전제)	소크라테스는 사람이다.
(결 론)	그러므로 소크라테스는 죽는다.

여기에서 소크라테스의 죽음이라는 개별 사건에 관심을 갖는 것이 아니라 소크라테스의 죽음을 통해 '모든 사람은 죽는다'라는 일반적인 이론이 옳음을 검증한다. 연역법에 의한 이론형성에 대해 예를 들어 설명하자면, 우선 공부시간이 많을수록 시험 성적 역시 좋을 것이라고 가설(hypothesis)을 세운다면(a), 이러한 가설을 검증하기 위해 수백 명의 학생들이 실제 공부한 시간과 그들의 성적에 관한 관찰자료를 구한 다음(b), 가설과 관찰결과를 비교해 가설의 채택 혹은 기각 여부를 결정하게 된다(c).

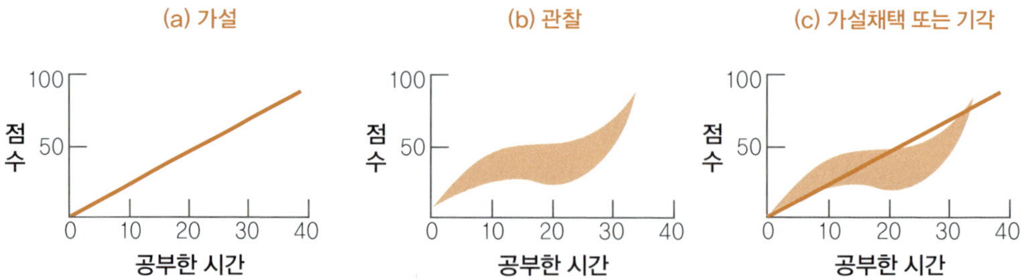

| 그림 2-1 | 연역적 논리

그러나 연역법은 구성의 오류(fallacy of composition)를 범할 수 있다. 구성의 오류란 어떤 원리가 부분적으로 성립해도 전체적으로 성립하지 않는 경우를 말한다. 부분적인 관찰을 통해 가설을 참이라고 검증했다고 결론 내리는 과정에서 발생할 수 있다. 앞의 사례에서 누군가 공부시간이 많았더니 시험 성적도 좋았다고 해서(부분), 공부시간이 많아진 모든 학생들이 시험 성적이 좋아진다고(전체) 단정할 수 없다.

(3) 귀납법

귀납법(induction)은 연역법과는 반대 방향으로 개별적인 사실들로부터 일반적인 원리나 이론을 전개해 나가는 방법이다. 귀납(歸納)이라는 말은 '이끌려 가다'라는 뜻을 지닌 라틴어 'inductio, inducere'에서 유래된 것으로, 귀납은 곧 개개의 구체적인 사실이나 현상에 대한 관찰로서 얻은 인식을 그 전체에 대한 인식으로 이끌어 가는 논리체계를 말한다. 귀납법은 연역법과는 반대의 순서로 논리와 경험을 결합한다.

(관 찰)	소크라테스는 죽었다.
(관 찰)	나폴레옹도 죽었다.
(잠정결론)	그러므로 모든 사람은 죽는다.

앞서 살펴본 공부시간과 시험 성적 간의 관계에 대해 귀납법을 적용해 보면, 우선 공부시간과 성적 간의 관계가 어떤지 관심을 가지고 관련 자료를 수집하고(a), 수집된 자료를 통해 그 관계를 가장 잘 표현할 수 있는 규칙성을 찾은 다음(b), 두 변수 간의 관계에 대한 잠정적 결론에 도달하게 된다(c). 그리고 |그림 2-2|를 자세히 보면 공부시간이 17시간부터 23시간까지는 시험 점수에 별 차이가 없음도 알 수 있다.

그러나 귀납법은 인과의 오류(post hoc fallacy)를 범할 수 있다. 인과의 오류란 어떤 일이 먼저 일어났다고 반드시 원인이 될 수는 없다는 것을 말한다. 앞의 사례에서 공부시간이 많았더니 시험 성적이 좋았다고 해서 시험 성적이 좋은 원인이 공부시간 때문이라고 단정할 수 없다.

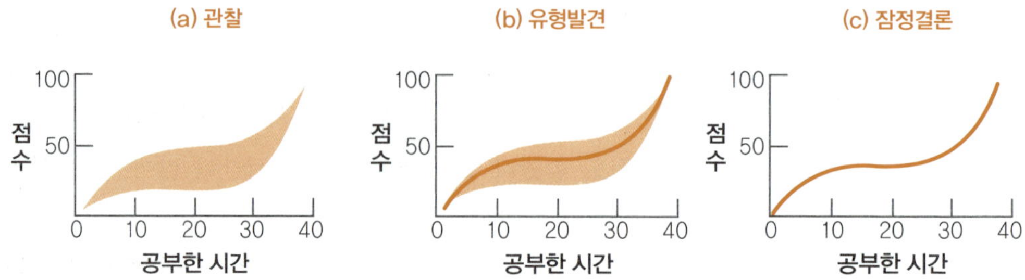

| 그림 2-2 | 귀납적 논리

〈표 2-1〉 연역법과 귀납법의 비교

연역법	구 분	귀납법
연역적인 가정에서 출발	전 제	객관적·중립적인 관찰에서 출발
기존 이론 및 가정이 처음부터 설정된 것으로 가정	행위의 규칙성	행위가 대립되는 이해관계들 간의 상호작용 관찰에서 추론
획일적인 연역적 전제	강조점	연구의 복잡성, 불확실성, 목적 및 수단의 모호한 관계 강조
전제의 타당성에 달림	결론의 타당성	일정한 정도의 확률값만 가짐

(4) 과학의 수레바퀴

논리적으로는 분석적인 연역법과 경험적인 귀납법은 서로 구별될 수 있지만, 과학적 지식의 축적과정은 상호보완적 내지 순환과정으로 볼 수 있다. |그림 2-3|과 같이 관찰에 의거해서 이론이 만들어지는 귀납적 과정과 그 이론을 검증하기 위해 관찰을 시도하는 연역적 과정이 되풀이되면서 사회과학의 이론들은 더욱 정교해져 간다. 예를 들어, 만일 어떤 새로운 사실을 관찰하게 되면 "왜 그럴까" 하는 질문을 갖게 되고, 이 질문에 답하기 위해 발견과정을 통하여 이론화를 모색한 후에 임시대답, 즉 가설을 제시하는 귀납적 과정을 거친다. 이후에도 새로이 정립된 가설이 그 사실을 잘 설명할 수 있는지 여부를 검정하는 연역적 과정을 또한 거치게 된다. 따라서 과학적 지식의 형성 혹은 과학적 이론의 발전과정에서 귀납법과 연역법은 상호배타적인 것이 아니라 끊임없이 순환하는 상호보완적인 접근법이다. 왈라스(W. Wallace, 1971)는 이러한 과정을 과학의 수레바퀴라고 하였다.

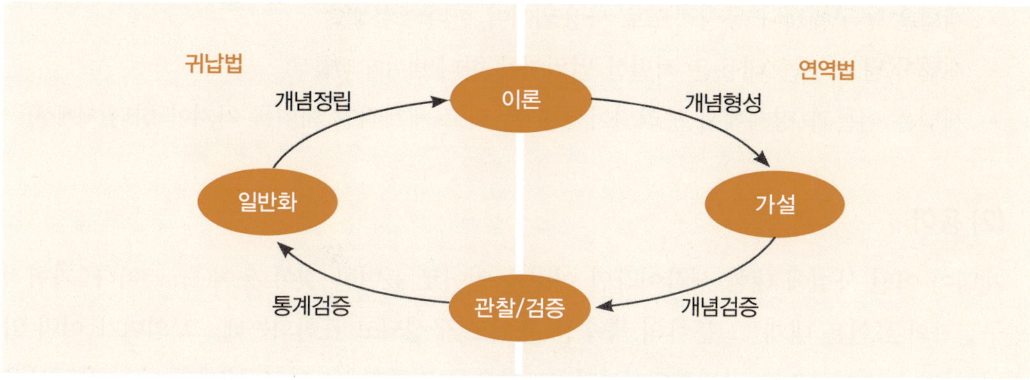

| 그림 2-3 | 과학적 이론의 순환과정

4) 이론의 구성요소

(1) 개념

개념(concept)이란 연구의 대상이 되는 경험세계에 관한 대표적인 현상의 속성을 추상적으로 표현한 것을 말한다. 개념은 현상을 실제적으로 경험하는 대상이 아니라 어떤 경험적인 현상을 전체적으로 대표하는 하나의 상징이다. 개념은 다수의 관찰을 통하여 얻어진 공통 특성을 가지는 사물 혹은 사건을 분류함으로써 생긴다. 과학적 연구에서 연구자가 현상을 측정하기 위해 제일 먼저 해야 할 일은 개념을 파악하는 일이다. 개념이 뚜렷하지 못하면 무엇을 말하는지, 앞으로 무엇을 측정하려는지 알 수 없다. 사람, 돈, 나이 등은 명확한 개념이지만, 빈곤, 자아존중감, 리더십 등은 정의하기 어려운 개념이다.

따라서 개념은 의사전달의 기초가 되며, 연구의 방향을 제시하고 범위를 설정해 준다. 연구문제가 선정되면 연구문제에 포함된 추상적 개념을 구체화해야만 개념의 속성이 지닌 의미를 전달할 수 있다. 이와 같이 추상적인 개념을 경험적 개념으로 전환하는 과정을 개념화(conceptualization)라고 한다. 개발된 개념에서 이론이 정립되므로 개념이 없으면 이론도 없다고 할 수 있다. 개념이 현상에 대한 추상적 표현이라고 하더라도 다음과 같은 요건을 갖추어야 한다(Hempel, 1952).

- 개념은 그것이 나타내는 사실 또는 현상을 명확히 한정적으로 나타내야 한다(한정성과 명확성).

- 개념은 누구에게나 통일적으로 사용되어야 한다(통일성).
- 개념이 담고 있는 내용은 적절한 범위여야 한다(범위의 적절성).
- 개념은 이론과 명제에서 분리되어서는 안 되고 체계적인 의미를 가져야 한다(체계성)

(2) 용어

개념이 어떤 사실에 대한 생각이라면 이것을 언어로 표현한 것이 용어(terms)이다. 과학적 연구결과의 표현은 대개 그 분야의 특수한 용어로 구성되고 표현되는데, 그 의미가 이미 알려져 있거나 명시적으로 구체화되어야만 그 서술을 검증할 수 있고 설명과 예측에도 사용할 수 있다.

(3) 정의

개념은 실질적으로 용어·기호로 나타나는데 이때 그 용어에 의미를 부여하는 과정을 정의(definition)라 한다. 즉, 어떤 용어를 다른 용어로 대체시킨 것 또는 한 용어를 다른 일련의 동의어로 그 내용을 밝힌 것을 말한다. 개념의 명백한 규정에 의하여 연구의 방향과 범위가 결정되므로 조사연구에 있어서 매우 중요하다.

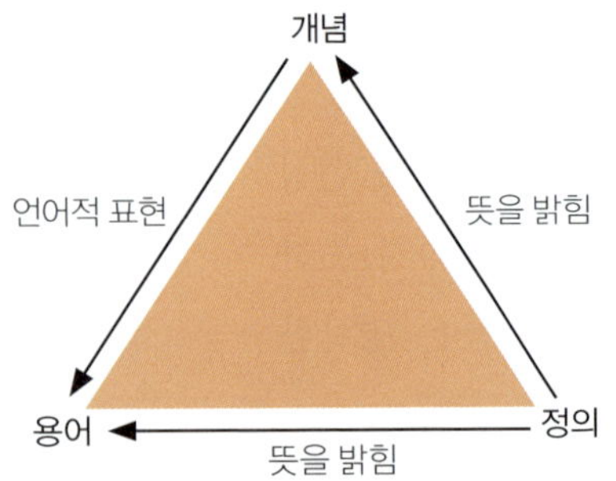

| 그림 2-4 | 개념 · 용어 · 정의의 관계

개념과 용어 그리고 정의의 관계를 살펴보면, 개념은 어떤 생각이고, 이것을 언어적으로 표현한 것이 용어이며, 용어의 뜻을 밝히는 것이 정의인데, 정의는 용어의 뜻을 밝히면서 동시에 개념의 뜻을 밝히는 것이 된다. 개념이나 용어가 무엇을 지칭하고 있는지도 정의를 통하여 밝혀진다(김환철·최희순, 2007). 정의의 종류는 다음 두 가지가 있다.

① **개념적 정의**(conceptual definition) : 연구의 대상이 되는 사람이나 사물의 형태, 속성, 그리고 사회적 현상을 다른 개념들을 사용하여 정의하는 것이다. 사전에서 찾아볼 수 있는 그 용어의 정확한 뜻이므로 사전적 정의라고도 한다. 한 용어가 갖는 뜻을 전제로 그 용어가 대표하는 개념 또는 실제 현상의 본질적 성격이나 속성을 그대로 나타내며, 보통 가장 중요한 본질이나 속성을 진술한다. 개념적 정의는 누구나 이해할 수 있도록 뜻을 분명하게 해야 하고, 동어반복적으로 표현하는 것은 바람직하지 않다.

| 그림 2-5 | 개념적 정의와 조작적 정의

② **조작적 정의**(operational definition) : 어떤 개념이나 변수를 가시적으로 측정하기 위하여 측정하고자 하는 개념이나 변수가 갖는 특성을 대표할 수 있는 경험적 지표로 구체화하여 정의하는 방법이다. 즉, 측정을 위해 추상적인 개념을 보다 구체화하는 과정이라고 할 수 있다. 개념으로 표현된 현상이나 사건들은 직접 관찰할 수 없는 경우가 많기 때문이다. 예를 들어, 지능을 지능검사점수로 정의하는 것이다.

따라서 연구문제에 포함된 개념을 분명하게 규정하고 이들 개념이 의미하는 것을 정확하고 완전하게 반영하는 지표를 선택하는 것이 이상적이다. 조작적 정의가 경험적인 것에 너무 치우쳐서 개념을 제대로 반영하지 못한다거나 이론과 동떨어지지 않도록 해야 한다. 조작적 정의를 내릴 수 없거나 잘못 내리게 되면 실증적 연구가 불가능해진다. 모든 사람을 만족시키는 조작적 정의는 어렵지만, 연구자는 어떤 조작적 정의가 그 연구문제에 가장 적합한지를 결정해야 한다.

〈표 2-2〉 변수(용어), 개념 및 조작적 정의 사례

변수(용어)	개 념	조작적 정의
실 업	근로할 의사와 능력이 있음에도 불구하고 취업의 기회가 주어지지 아니한 상태	매월 15일 현재 만 15세 이상의 자로서, 근로능력이 있고 지난 4주간 적극적으로 구직활동을 하였으나 수입 있는 일을 하지 않은 자(e-나라지표)
신앙심	신이나 초자연적인 절대자를 믿고 따르는 마음	예배참여율, 연간 전도활동 횟수
우 울	슬프고 불행한 감정에 놓여 있는 심리 상태	우울증검사(CES-D) 결과 16점 이상인 자

2. 변 수

1) 의 의

변수(variable)는 측정 가능한 개념으로, 관심을 가지고 있는 대상의 경험적 속성을 나타내면서 그 속성에 계량적인 수치를 부여할 수 있는 개념을 말한다. 개념은 추상적이어서 그 자체를 직접 측정할 수는 없지만, 변수는 조작적으로 정의된 개념을 측정 가능하도록 대상을 구체화시켜 준다. 가령 성(gender)은 개념이고, 성별은 변수이며, 성별을 남성=1, 여성=2로 나타내면 남성과 여성은 그 변수의 속성인 변수값이다.

변수의 반대는 변하지 않는 상수(constant)이다. 개념의 범주가 조작화되지 않았거나 단 하나의 속성(변수값)을 가진다면 상수에 해당한다. 예를 들어, 성별은 1=남자, 2=여자라는 두 개 이상의 속성(변수값)을 가지므로 변수가 되지만, '남성'만을 대상으로 하는 조사라면 성별은 변수가 아닌 상수이다.

2) 속 성

변수는 경험적 현실을 대표하므로 궁극적으로 우리의 감각기관을 통해 지각될 수 있는 현상을 전제한다. 따라서 계량화가 가능해야 한다. 그리고 변수는 하나의 개념을 대표하는 상징이므로 그것의 특성이 갖는 값이나 강도 또는 크기 차이를 나타낼 수 있어야 한다. 사회복지라는 개념을 '사회복지분야'라는 변수로 측정할 경우 1=아동복지, 2=노인복지, 3=장애인복지 등의 값을 갖거나 혹은 '사회복지 수준'이라는 변수는 1=상, 2=중, 3=하 등의 값을 가진다. 이와 같이 변수의 수준이나 범주를 속성(변수값)이라 한다. 속성을 갖지 못하면 변수가 될 수 없다.

〈표 2-3〉 **변수의 속성**

변 수	속성(변수값)
성 별	남성, 여성
학 력	중졸, 고졸, 대졸, 대학원졸
직 업	공무원, 회사원, 자영업, …
소득수준	100만 원 이하, 200만 원 이하, 300만 원 이상

3) 종 류

변수의 종류로는 연구모형에서 역할에 따라 연구자의 주된 탐구대상이 되는 독립변수와 종속변수가 있고, 이 외에 독립변수와 종속변수와의 관계에 개입하여 영향을 미칠 수 있는 제3의 변수가 있다. 제3의 변수로는 매개변수, 조절변수, 억제변수, 왜곡변수, 선행변수 등이 있다(Rosenberg, 1968).

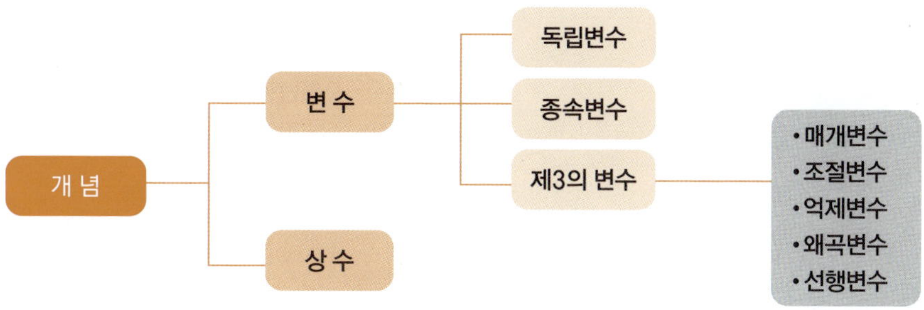

| 그림 2-6 | **변수의 종류**

(1) 독립변수와 종속변수

두 변수 X, Y가 있을 때 X변수가 Y변수보다 시간적으로나 이론적으로 선행하면서 X의 변화가 Y의 변화에 영향을 미친다면 X변수를 독립변수, Y변수를 종속변수라 한다. 즉, ⓐ 독립변수(independent variable)는 인과적 조사연구에서 일정하게 전제된 원인을 가져다주는 기능을 하는 변수를 말하며, 실험설계에 있어서는 연구자에 의하여 조작되는 변수이다. 따

라서 원인변수, 설명변수, 예측변수라고도 한다. ⓑ 종속변수(dependent variable)는 독립변수의 원인을 받아 일정하게 전제된 결과를 나타내는 기능을 하는 변수를 말하며, 실험설계에 있어서는 독립변수의 영향을 받아 변화되리라고 예측되는 변수이다. 따라서 결과변수, 피설명변수, 기준변수라고도 한다. |그림 2-7|에서 스트레스(X)가 자살(Y)에 영향을 미친다면 스트레스는 독립변수이고 자살은 종속변수이다. 만약 독립변수에 앞서면서 독립변수에 영향을 미치는 제3의 변수가 있다면 선행변수(antecedent variable)라 한다.

|그림 2-7| 연구모형

〈표 2-4〉 독립변수와 종속변수 비교

독립변수	종속변수
종속변인의 원인	독립변인의 결과
선행조건	후속결과
수학방정식에서 X	수학방정식에서 Y
연구자에 의하여 조작	독립변수의 변화에 따라 변화
다른 변인의 예측 근거	다른 변인의 예측 대상

출처 : 임병우 · 손용진(2006), p. 51.

(2) 매개변수와 조절변수

매개변수(mediating or intervening variable)는 독립변수와 종속변수의 관계를 설명하는 데 개입되는 제3의 변수로서, 독립변수의 결과인 동시에 종속변수의 원인이 되는 변수이다. 즉, 어떤 변수의 영향을 받아 다른 변수에 그 영향을 전달하는 매개역할을 하는 변수를 말한다. 예를 들어 |그림 2-8|에서 보는 바와 같이 '스트레스가 자살에 영향을 미칠 것이다'라는 가설에서 스트레스(X)가 자살(Y)에 직접적으로 영향을 미치기보다는 스트레스가 많아짐에 따라 우울증(Z)이 생겨나고 이것이 자살에 영향을 미친다면 우울증이 매개변수가 된다.

두 변수 X·Y 사이에 Z가 매개변수라 할 경우, ⓐ X가 Y에 직접적으로 영향을 미치지 않고 Z를 통해서만 영향을 미친다면 완전매개라 하고, ⓑ X가 Y에 직접적으로 영향을 미치면서 Z가 매개역할을 한다면 부분매개(불완전매개)라 한다. 매개변수를 고려하지 못하면 독립변수와 종속변수 간의 관계가 왜곡될 수 있다. 완전매개의 경우 X는 Y에 영향을 미치지 않는 것 같지만 사실은 매개변수 Z를 통해 간접적으로 영향을 미친다. 매개변수는 어떤 현상의 원인과 결과에 대한 지적인 탐색의 길잡이(landmark) 역할을 한다.

Example

- 노인의 사회활동 → 자아효능감 상승 → 우울증 감소
- 낮은 사회경제적 지위(SES) → 부부싸움(가정폭력) 증가 → 이혼율 증가
- 동료 사회복지사와의 좋은 관계 → 직무만족도 상승 → 이직률 감소

조절변수(moderating variable)는 독립변수와 종속변수 간의 관계를 강화시키거나 약화시키는 등 관계의 크기를 조절하는 제3의 변수를 말한다. 즉, 조절변수의 값에 따라 독립변수와 종속변수 간의 관계가 달라진다. 예를 들어, 스트레스(X)가 청소년비행(Y)에 영향을 미친다 하더라도 스트레스 대처방식(M)에 따라 그 영향관계가 변화될 수 있다.

조절변수와 매개변수의 차이점은 독립변수가 없으면 매개변수도 존재하지 않지만, 독립변수가 없어도 조절변수는 존재가 가능하다는 것이다. 특정변수가 독립변수가 되는지 아니면 조절변수가 되는지는 이론적 배경과 연구가설에 달려 있다.

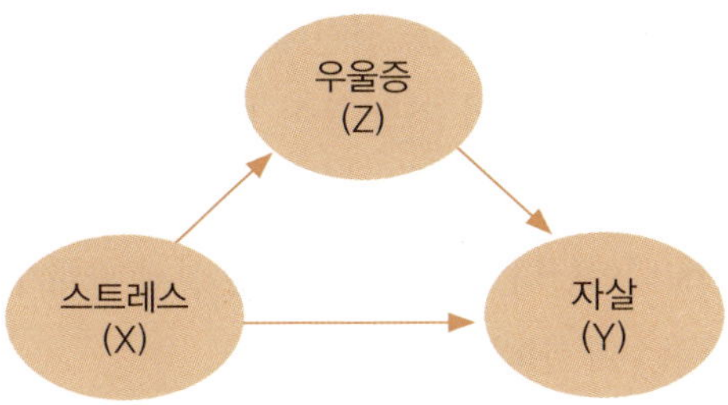

| 그림 2-8 | 매개변수

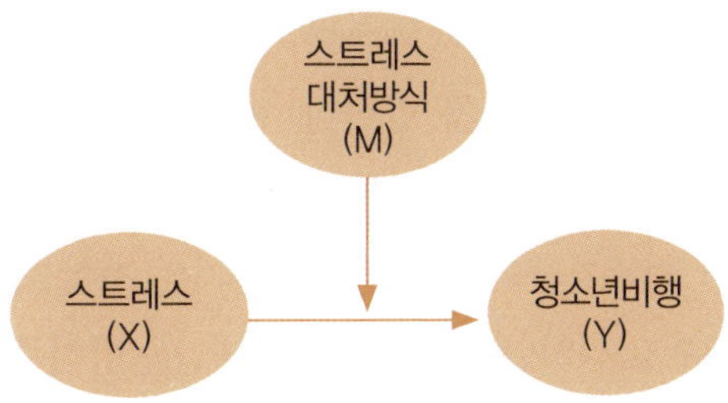

| 그림 2-9 | 조절변수

(3) 억제변수와 왜곡변수

억제변수(suppressor variable)는 실제로는 독립변수와 종속변수 간에 인과관계가 존재하지만 마치 관계가 없는 것처럼 보이게 하는 제3의 변수를 말한다. 독립변수와 종속변수 사이를 억제하여 가식적 영 관계(spurious zero relationship)의 원인이 된다 하여 억제변수라 한다. 흔히 하나의 변수와는 긍정적(+) 상관관계를 갖고 다른 하나와는 부정적(-) 상관관계를 가질 때 나타난다. 예를 들어, 실제로는 교육과 소득 사이에는 긍정적인 인과관계가 있지만 조사결과에서 관계가 없다고 나타났다면, 연령이 이들 사이를 억제할 수 있다. 즉, 연령이 높을수록 교육수준이 낮고(-상관), 또한 연령이 높을수록 소득수준이 높다(+상관). 따라서 낮은 연령은 교육수준은 높지만 소득을 낮추게 된다. 만일 동일한 연령대를 조사하면 교육과 소득의 관계가 밝혀진다.

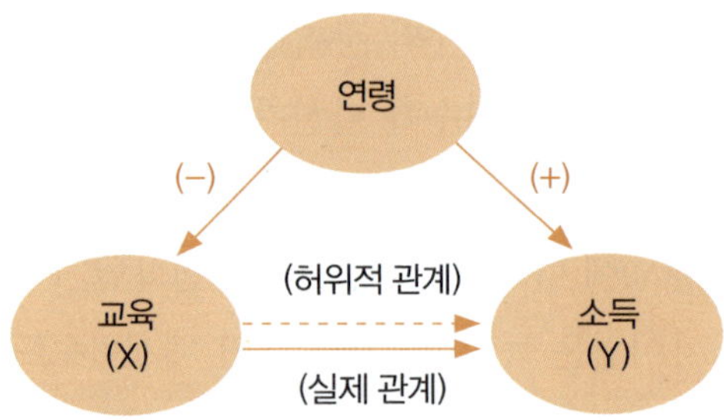

| 그림 2-10 | 억제변수

왜곡변수(distorter variable)는 독립변수와 종속변수 간의 관계를 정반대의 관계로 보이게 하는 제3의 변수를 말한다. 예를 들어, 조사결과에서 기혼자의 자살률이 미혼자의 자살률보다 높다고 하자. 이때 연령이라는 변수를 통제해 보면 실제로는 그 반대, 즉 같은 연령대라면 미혼자들의 자살률이 기혼자의 자살률보다 높게 나타난다. 이 경우 연령은 실제 관계가 표면적으로 나타난 관계와는 정반대임을 밝혀주는 왜곡변수가 된다.

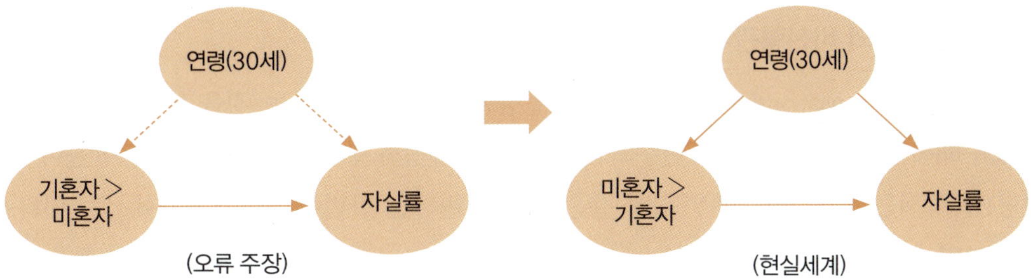

| 그림 2-11 | 왜곡변수

(4) 질적변수와 양적변수

독립변수와 종속변수, 제3의 변수 등은 연구모형에서 역할에 따른 분류이고, 변수의 측정수준에 따라 질적변수와 양적변수로 나눌 수 있다. 질적변수(qualitative variable)는 성별, 종교, 직업 등과 같은 불연속변수를 말하고, 양적변수(quantitative variable)는 키, 몸무게 등의 연속변수(continuous variable)와 자녀 수와 같이 정수값만을 가지는 이산변수(discrete variable)가 있다. 질적변수에서 양적변수로의 전환은 거의 불가능하고, 질적변수에서 변수값은 숫자의 의미가 없고 단지 분류에만 이용된다.

4) 변수 간의 관계

(1) 정의 관계와 부의 관계

정(+)의 관계(positive relationship)란 두 변수가 같은 방향으로 변하는 것을 말하고, 부(-)의 관계(negative relationship)란 두 변수가 각각 다른 방향으로 변하는 것을 말한다. 즉, 독립변수와 종속변수가 정(+)의 관계라 하면, 독립변수가 증가하면 종속변수도 증가하고 혹은 독립변수가 감소하면 종속변수 역시 감소하는 관계이다. 반면에 부(-)의 관계라 하면, 독립변수가 증가하면 종속변수는 감소하거나 독립변수가 감소하면 종속변수는 증가하는 관계이다. 예를 들어, X(근무시간)가 증가할수록 Y(소진)가 증가한다면 정(+)의 관계이고, X(자원봉사만족도)가 증가할수록 Y(중도탈락율)가 감소한다면 부(-)의 관계이다.

(2) 선형관계와 비선형관계

선형관계(linear relationship)란 두 변수가 일정한 비율만큼 변하는 것을 말하고, 비선형관계(non-linear relationship)란 두 변수의 변화비율이 일정하지 않거나 다른 것을 말한다. 즉, 선형관계에서는 X가 변할 때 Y 역시 같은 비율로 변하는 반면에, 비선형관계에서는 변화율이 다르다.

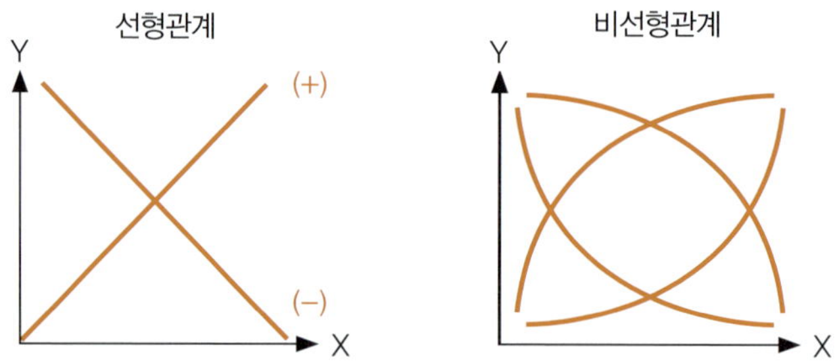

| 그림 2-12 | 선형관계와 비선형관계

(3) 상관관계와 인과관계

상관관계(correlation)란 X, Y 두 변수가 서로 쌍방적으로 영향을 주고받는 관계를 의미하고, 인과관계(causal relationship)란 독립변수(X)가 종속변수(Y)에 대해 일방적으로 영향을 주는 관계를 말한다. 가령 X가 증가할수록 Y가 증가(또는 감소)한다면 상관관계이고, X가 Y에 영향을 미친다면 인과관계이다.

(4) 대칭적 관계와 비대칭적 관계

대칭적 관계(symmetrical relationship)란 변수 간의 관계에서 어떤 변수도 다른 변수의 원인이 아닌 경우, 즉 두 변수 간에 상관관계 또는 공동변화만 있고 인과관계는 알 수 없는 경우를 말한다. 기호로는 X ↔ Y로 표시한다. 만약 X가 변화하면 Y도 변화하고, Y가 변화하면 X도 변화한다. 예를 들어, 장애인의 자아성취감이 증가하면 재활속도 역시 빨라지고, 반대로 재활속도가 빨라지면 자아성취감 역시 높아지는 경우이다.

반면에 비대칭적 관계(asymmetrical relationship)란 한 변수가 다른 변수에 영향을 미치는 관계로, 한 변수가 다른 변수를 유발하는 원인이 된다. 기호로는 X → Y로 표시한다. 만약 X가 변화하면 Y 역시 변화하지만, Y가 변화한다고 해서 X가 변화하는 것은 아니다. 예를 들어, 흡연은 폐암을 유발하지만, 폐암이 흡연을 증가시키지는 않는다.

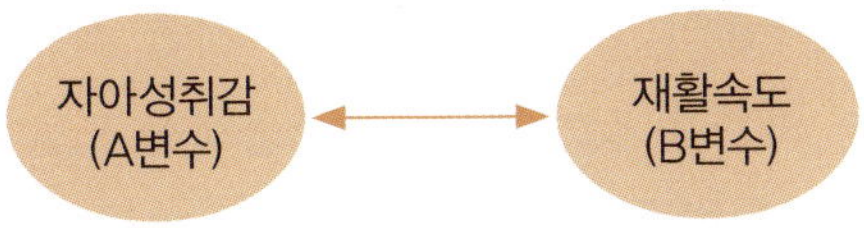

| 그림 2-13 | **대칭적 관계**

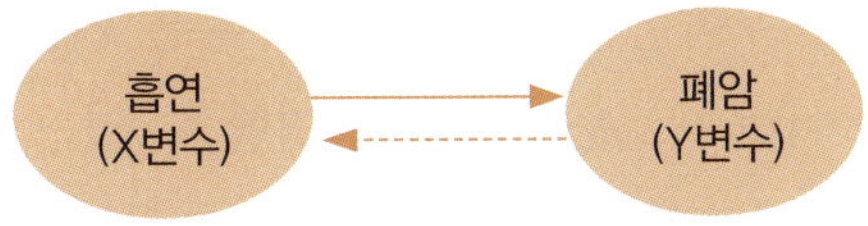

| 그림 2-14 | **비대칭적 관계**

3. 연구문제와 연구모형

1) 연구문제의 의의

연구문제(research question)란 둘 또는 그 이상의 변수 간의 관계에 대한 의문형의 문장을 말한다(Kerlinger, 1999). 즉, 일종의 학문적 의문이다. 연구문제는 연구의 출발이므로 연구문제 없이 연구를 시작하는 것은 출발선 없이 달리기 시합을 하는 것과 같다. 연구에는 검증해야 할 문제나 그에 대한 진술이 필요하다. 연구주제는 연구문제를 통해 구체화된다. 연구문제는 어떤 답을 제시하는 것이 아니라 연구의 방향과 틀을 제안하기 때문에 주로 질문의 형태로 제시된다. 그러나 연구문제는 명백하고 간결하면서도 그 문제에 대한 경험적 검증이 가능하도록 작성되어야 한다. 대부분의 연구들은 서론에서 연구의 필요성과 목적을 구체적으로 제시하기 위해 연구문제를 서술하고 있다.

Example

- 자원봉사자에 대한 인정과 보상은 봉사활동 지속성에 영향을 미치는가?
- 대학생의 경우 성별에 따라 자아존중감에 차이가 있는가?
- 교류분석 가족상담 프로그램이 부부친밀감에 영향을 미치는가?
- 일자리사업 참여가 노인의 정신건강에 도움이 되는가?

2) 연구문제의 원천

(1) 기존 지식의 한계 또는 축적

새로운 연구는 기존 지식체계를 바탕으로 한다. 만일 기존 이론이나 지식에서 미진한 부분이나 부족한 부분이 있거나 혹은 기존의 연구결과들이 상호 모순되거나 기존 지식체계로는 어떤 새로운 사실을 설명할 수 없는 경우에는 의문을 갖게 되고 연구문제를 도출하게 된다. 또는 기존 지식들에 대한 축적이나 보충을 위해 필요한 의문을 갖는다. 과학적 지식은 마치 벽돌쌓기와 같아 필요한 지식들이 밑에서부터 차근차근 쌓아 올려져 가는 것과 같다.

(2) 사회적 요청

새로운 사회문제가 대두되거나 사회적으로 이슈가 되는 문제가 제기되면 조사연구를 통해 그 해결방안을 찾도록 요청된다. 정부나 각종 연구재단에서 특정한 연구문제에 대한 조사연구를 요청한다. 이 경우 대체로 당면한 정치·경제·사회적 문제의 해결방안을 모색하기 위한 정책과제인 경우가 많다.

(3) 개인적 경험과 호기심

연구자들이 관심을 가진 분야의 기존 지식체계 내에서 일상생활이나 직장생활에서 겪은 개인적 경험으로부터 조사연구를 필요로 하는 의문이 도출될 수 있다. 이러한 연구 의문들은 대부분 개인적인 동기가 강하게 부여되므로 개인들을 조사연구로 이끌고 가는 힘이 강하다는 장점이 있다. 다만, 개인적인 의문들은 주관성이 강하므로 특정한 자료를 선호하게 되거나 결과해석에 감정이 개입될 위험이 높다.

3) 연구문제 서술방식

문제형성 과정의 최종 산물은 조사연구를 이끌어 갈 연구문제와 가설에 대한 정형화된 서술을 갖는 것이다. 연구문제는 다음의 네 가지 요건에 맞게 서술하는 것이 바람직하다.

- 첫째, 의문형의 형태로 서술되어야 한다(~하는가?).
- 둘째, 단순 명료하게 지적되어야 한다(한 문장으로 표현).
- 셋째, 변수들 간의 관계에 대한 서술이어야 한다(둘 이상 변수 제시).
- 넷째, 조사를 통해 진위를 입증할 수 있어야 한다(검증가능성).

변수들 간의 관계는 가령 변수 A와 변수 B는 관련이 있는가?라는 단순한 형태부터 A는 B에 영향을 미치는가? A가 증가하면 B도 증가하는가? A에 따라 B에 차이가 있는가? 등의 여러 형태로 진술된다. 더욱 복잡하게는 A는 C와 D의 조건하에서 B와 어떤 관계가 있는가? 등의 형태도 있다.

〈표 2-5〉 연구문제의 좋은 예와 나쁜 예

나쁜 예	좋은 예
① 실증적으로 검정할 수 없는 비과학적 질문 • 낙태는 합법화되어야 하는가? • 사형제도 유지가 올바른 것인가? ② 연구문제가 아닌 일반적인 주제 • 알코올과 약물 남용 치료 • 성과 노화 ③ 질문이 아닌 변수 열거 • 사형제도와 인종차별 • 도시 공동화와 갱단 ④ 너무 모호한 사례 • 경찰은 범죄에 영향을 미치는가? • 아동학대를 방지하기 위한 것은 무엇인가? ⑤ 구체화되지 않은 경우 • 아동학대 정도가 증가했는가? • 빈곤은 어떻게 어린이에게 영향을 미치는가? • 빈곤가정에서 자란 어린이는 무슨 문제를 가지는가?	① 탐색적 질문 • 지난 10년간 위스콘신에서 나타난 새로운 형태의 아동학대 정도는? ② 기술적 질문 • 아동학대, 폭력 혹은 성적 학대가 일반가정보다 이혼가정에서 더 자주 발생하는가? • 빈곤가정에서 자란 아이들이 그렇지 않은 아이들에 비해 의학적, 교육적, 사회적 감성 적응에 어려움이 있는가? ③ 설명적 질문 • 이혼으로 인한 감정적 불안정이 이혼부모가 그들의 자녀를 신체적으로 학대하는 것을 증가하게 하는가? • 예방적 치료를 위한 기금 부족이 심각한 빈곤가정 어린이 의료문제의 주요 원인인가?

출처 : Newman(2011), p. 192.

4) 연구문제 선정 기준

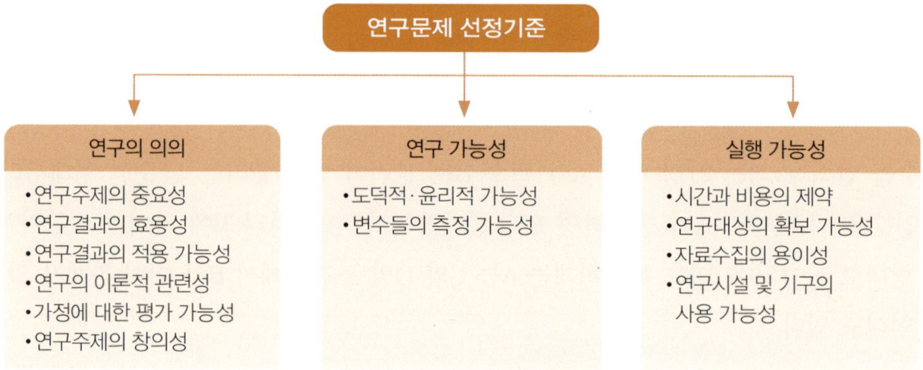

| 그림 2-15 | 연구문제 선정기준

(1) 연구의 의의

해당 연구가 사회복지분야의 지식축적에 공헌할 수 있어야 한다. 그러기 위해서는 제기된 연구문제가 연구주제의 중요성, 연구결과의 효용성, 연구결과의 적용 가능성, 연구의 이론적 관련성, 가정에 대한 평가 가능성 등과 같은 기준을 충족시킬 수 있어야 한다. 그리고 연구문제는 기존의 연구를 답습하거나 그대로 전달해서는 안 된다. 기존의 연구와는 전혀 다른 새로운 관점이나 견해를 제시하거나 또는 기존의 연구를 비교·분석하거나 재구성하는 등의 창의성을 가져야 한다.

(2) 연구 가능성

연구주제가 경험적으로 검증 가능한가를 확인해 보아야 한다. 즉, 연구주제를 해결해 나가는 데 도덕적·윤리적 문제는 없으며, 또한 조사하고자 하는 변수들이 경험적으로 측정이 가능한가를 검토해 보아야 한다.

(3) 실행 가능성

연구를 수행하는 데 현실적인 측면에서 문제점이 없는가를 확인해 보아야 한다. 연구수행에 필요한 시간적·경제적인 제약과 연구대상이 되는 대상자의 확보 및 연구시설이나 기구들의 사용 가능성, 자료수집의 용이성 등은 연구수행에 많은 영향을 미친다.

5) 연구모형

대부분의 연구는 연구문제(또는 가설)을 제시하거나 혹은 이를 시각적으로 나타낸 연구모형을 제시한다. 연구모형(research model)은 |그림 2-7|과 같이 복잡한 현상을 간결하게 이해하기 위해 현상들을 구성하는 핵심들을 모아서 구조화시켜 놓은 것을 말한다. 즉, 연구내용을 그림으로 축약한 것으로, 흔히 연구의 개념적 틀(conceptual frame)이라고도 한다.

연구모형은 ⓐ 주요 개념의 식별, ⓑ 변수들 간의 관계 설정, ⓒ 위치 선정의 3단계로 구성된다. 연구모형에서 화살표는 논리적 흐름을 의미하며, 일반적으로 실선은 관계 있음, 점선은 관계 없음을 의미한다. 보통 좌에서 우로, 위에서 아래로 진행됨이 원칙이다.

4. 가 설

1) 의 의

가설(hypothesis)이란 두 개 이상의 변수 또는 현상 간의 관계를 검증 가능한 형태로 서술한 잠정적 진술문을 말한다. 의문문의 형태인 연구문제를 서술문 형태의 잠정적 결론으로 바꾸어 놓은 것이다. 예를 들어, '가정폭력 경험이 청소년 비행에 영향을 미칠까?'라는 연구문제를 가설로 바꾸면 '가정폭력 경험이 청소년 비행에 영향을 미칠 것이다'가 된다. 가설은 일반적으로 독립변수와 종속변수의 관계, 예를 들어 '변수 A는 변수 B에 영향을 미칠 것이다' 또는 '변수 A가 높을수록 변수 B도 높을 것이다' 등의 서술문 형태로 표현된다.

가설은 연구문제에 대한 단순한 추측 수준의 잠정적 결론이 아니라 연구문제에 대한 연구자의 이해로부터 나온 최상의 추측이다. 가설은 연구문제를 정제한 결과로 도출되어야 하고, 자료 수집 이전에 설정되어야 한다. 가설은 연구결과에 따라 지지(채택) 또는 기각된다.

연구자들은 대체로 가설이 지지되기를 바라지만, 가설이 기각되었다고 하여 반드시 그 연구가 잘못된 것임을 의미하지는 않는다.

2) 기 능

① **이론의 검증** : 사회현상을 설명하기 위해 이론을 개발하지만 이론 그 자체를 직접 검증할 수는 없다. 따라서 이론에서 도출한 가설을 검증하게 된다. 즉, 가설은 이론을 검증 가능한 형태로 진술한 문장이라 할 수 있다.

② **이론의 제시** : 가설을 검증한 결과를 토대로 이론이 구성되기도 한다. 가설들 중에서 현상을 설명할 수 있는 잠재력이 큰 가설을 선택하여 이를 토대로 현상과 설명을 연결시키는 명제·가정·정의의 논리체계를 구성할 수 있다.

③ **사회현상의 기술** : 가설의 검증결과로 축적된 정보는 사회현상의 발생원인에 대하여 연구자가 가지고 있는 지식을 증가시킨다.

④ **부차적 기능** : 가설의 검증결과 얻은 지식으로 사회복지정책을 수립하는 등 여러 사회문제의 해결방법을 찾아서 집행한다.

3) 종 류

|그림 2-16| 가설의 종류

(1) 연구의 목적에 따른 분류

① **설명적 가설**(explanatory hypothesis) : 인과관계를 규명하기 위한 가설로서, 두 변수 간에 일어날 수 있는 관계를 나타내는 문장 형식으로 나타낸다. 예를 들어, '가정폭력경

험이 청소년 비행에 영향을 미칠 것이다' 혹은 '성별에 따라 자원봉사 참가율에 차이가 있을 것이다' 등이 이에 해당된다.

② **기술적 가설(descriptive hypothesis)** : 어떤 변수의 크기나 성질과 같이 현상의 정확한 기술 및 사실을 밝히는 것에 관한 가설을 말한다. 보통 '무엇은 ~이다'라는 형태로 표현된다. 기술적 가설은 어떤 사실의 묘사에 관한 가설, 즉 문제에 대한 해답이 나와 있고 연구자는 여러 대답 가운데 그 문제가 어디에 해당되는지를 식별하고 선택하게 되는 가설이다. 자연과학 분야에서 많이 이용되고, 식별가설(identification hypothesis)이라고도 한다.

(2) 통계적 검증단계에서의 분류

① **연구가설(research hypothesis, H_1)** : 연구문제에 대한 잠정적 해답으로 두 변수나 집단 간에 관계가 있다거나 혹은 차이가 존재한다고 나타내는 가설이다. H_1으로 표현되며, 경험적으로 검증 가능하도록 진술한 가설로서 '무엇이 무엇보다 크거나 작다' 혹은 '무엇이 무엇에 영향을 미친다' 등과 같이 주로 방향이나 차이 유무를 나타낸다. 작업가설 혹은 대안가설이라고도 한다.

② **귀무가설(null hypothesis, H_0)** : 연구가설과는 반대로 두 변수 간 혹은 집단 간에 '관계나 차이가 없다'라는 형태로 진술된 가설을 말한다. H_0로 표현되고, 통계적인 분석을 위해 사용된다. 즉, 관계나 차이가 없다는 귀무가설이 부인되면 연구가설을 받아들이게 되어 원래 입증하고자 하는 연구가설이 참이라고 결론짓게 된다. 영가설 혹은 통계적 가설이라고도 한다.

4) 좋은 가설의 조건

가설이 설정되면 실제로 검증이 가능한지, 일반화가 가능한지 등 적절성 여부를 평가해 볼 필요가 있다. 가설이 너무 추상적이거나 혹은 너무 구체적이면 좋지 않다. 너무 추상적이면 검증이 곤란하고, 너무 구체적이면 이론적 의미가 떨어진다. 그리고 가설은 가치중립적으로 표현해야 한다. 가설에 '~하여야 한다', '~하는 것은 나쁘다' 등은 피한다. 좋은 가설이 갖추어야 할 요건은 다음과 같다.

- 가설은 실증조사를 통해 옳고 그름을 판단할 수 있어야 한다(검증 가능성).
- 가설은 연구문제의 정답에 대한 잠정적인 추정이므로 개연성이 큰 것이 좋다(가설 자체의 개연성).
- 동일 분야의 다른 이론과 연관성이 있어야 한다(이론과의 연관성).
- 두 개 정도의 변수들 간의 관계를 간단한 논리로 설명할 수 있어야 한다(논리적 간결성).
- 가설에 포함된 변수의 계량화가 가능해 통계적인 분석을 할 수 있어야 한다(계량화 가능성).
- 검증결과를 광범위하게 이용할 수 있어야 한다(일반화).
- 가설검증을 통해 얻을 수 있는 지식이나 정보의 양이 많아야 한다(유용성).

5) 잘못된 가설의 유형

① **비교대상의 모호성** : 비교대상의 명확한 제시 없는 막연한 가설은 바람직하지 않다. 가령 'A 상담기법을 사용하면 인간관계가 더 개선된다'는 주장을 할 경우 다른 상담기법과 비교하여 더 개선된다는 것인지, 혹은 인간관계 이외의 다른 측면보다 더 개선된다는 것인지 불분명하다.

② **연구자 임의 기준** : 연구자가 임의로 좋고 나쁨의 기준을 설정하면 아니 된다. 연구결과에서 어떤 사건이 발생하거나 유의한 차이가 발견되는 것을 연구자가 임의로 좋거나 나쁨의 기준을 설정하여 이를 판단하고 연구가설에 표현하는 경우이다.

③ **연구자의 주관적 가치** : 연구자가 특정의 주관적 가치를 가지고 연구문제를 설정할 경우, 연구자는 그러한 주관적 가치가 가설에 반영되지 않도록 하여 연구자가 설정한 가치를 판단하는 검증이 되지 않도록 해야 한다.

요약

1. 과학적 이론은 사실들 간의 관계에 대한 논리적이고 경험적인 설명을 말한다. 이러한 과학적 이론은 믿음이나 철학이 아닌 이론이며, 사회적 규칙성을 가지고 있고, 개인이 아닌 집합체를 대상으로, 변수에 대한 관심을 가진다.

2. 이론을 형성하는 방법으로는 일반적 사실로부터 특수한 사실을 이끌어 내는 연역법의 방법과 특수한 경우를 통해 일반적인 원리를 이끌어 내는 귀납법의 방법이 있다. 이 양자는 구별될 수는 있지만 상호 순환적인 연속과정을 통해 이론들이 보다 정교해져 간다.

3. 개념은 경험세계에 관한 대표적인 현상의 속성을 추상적으로 표현한 것으로, 개념을 언어로 표현한 것이 용어이며, 개념을 용어로 나타내는 것을 정의라 한다. 정의는 개념적 정의와 조작적 정의가 있다.

4. 연구대상의 경험적 속성에 계량적인 수치를 부여한 것을 변수라 하며, 연구모형에서 그 역할에 따라 주된 탐구대상이 되는 독립변수와 종속변수가 있고, 양자 사이에 개입해 영향을 미치는 제3의 변수가 있다. 제3의 변수로는 매개변수, 조절변수, 억제변수, 왜곡변수, 선행변수 등이 있다.

5. 연구문제는 변수 간의 관련성에 대한 의문형의 문장이고, 가설은 두 개 이상 변수 간의 관계를 검증가능한 형태로 서술된 문장 혹은 연구문제에 대한 잠재적 설명이다. 가설은 연구목적에 따라 기술적 가설과 설명적 가설, 통계적 검증단계에 따라 연구가설과 영가설로 분류된다.

CHAPTER

03

사회복지조사의 과정

1. 조사연구의 과정

1) 일반적 과정

연구란 문제해결을 위하여 진행하는 탐구절차이다. 연구자는 현실문제에서 결과를 야기하는 원인을 찾아내서 진정한 인과관계가 있는지 여부를 조사한다. 조사연구마다 나름대로의 고유성이 있고 다루는 문제 역시 다르므로 거쳐야 할 과정은 다양하다. 그러나 모든 조사연구는 기본적으로 일정한 과정을 거치게 된다. 일반적으로 조사연구는 |그림 3-1|과 같이 ① 문제제기→② 조사설계→③ 자료수집→④ 자료분석→⑤ 결과해석 및 보고의 5단계 과정을 거친다. 하나의 조사연구는 이러한 과정으로 마무리되지만, 이렇게 하여 도출된 결과들은 다시 이론형성과 문제제기의 과정으로 반복된다.

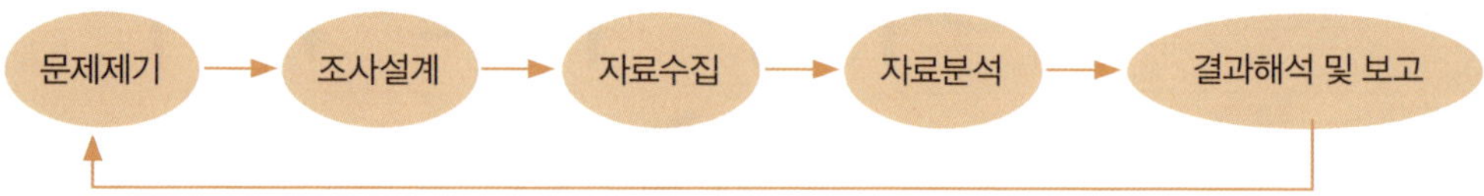

|그림 3-1| 조사연구의 5단계 과정

(1) 문제제기

조사연구의 출발점으로 무엇을 왜 조사하는가를 정해야 한다. 따라서 연구문제가 정해지고, 개념들이 구체화되며, 조사연구의 쟁점이 명시되고, 가설·분석 단위·변수·조작적 정의 등이 등장한다. 이 단계에서는 조사의 동기가 무엇이며 연구자는 조사를 통하여 얻고자 하는 목적이 무엇인지를 분명히 해야 한다. 따라서 기술적 수고보다는 생각과 고뇌가 요구되는 단계이고, 문헌검토가 필요하다. 모든 조사연구에서 가장 중요한 단계로서 적절한 연구문제를 설정하는 것은 연구의 절반을 수행하는 것과 같다.

(2) 조사설계

연구문제가 결정되면 연구자는 연구문제에 대한 해답을 얻는 데 필요한 경험적 증거를 수집하기 위해 사용되는 조사연구의 계획을 설계해야 한다. 즉, 문제해결을 위한 가장 적합한 논리적 배열은 무엇이고 그에 따른 자료수집 방법은 어떤 것이 좋을지를 검토한다. 넓은 의미의 조사설계는 앞으로 수행할 조사연구의 전반적인 틀, 즉 연구대상과 표집방법, 주요변수의 개념화와 조작화, 자료수집 및 분석방법 등에 관한 계획이 수립되어 연구의 전체적인 윤곽을 보여주는 하나의 지침이 마련되는 과정으로 1단계와 거의 동시에 진행된다. 조사설계는 논리적으로 타당하고 질서정연해야 한다.

(3) 자료수집

조사설계에서 결정된 자료수집 방법에 따라 자료를 직접 수집하는 단계이다. 설문지를 회수하거나 관찰내용이나 면접내용을 기록한다. 또한 이러한 1차 자료 이외에 정부기관이나 조사기관의 간행물 같은 2차 자료를 포함한다. 자료수집은 실제로 사전조사와 본조사의 두 단계를 거쳐 실시되지만 본조사를 통해 본격적으로 자료를 수집한다.

(4) 자료분석

수집된 자료를 편집, 분류, 코딩하여 입력하고, 입력된 자료들을 분석하고 해석하여 경험적 자료가 연구문제 및 가설과 부합하는지 여부를 평가하게 된다. 자료분석 단계에서는 통계적 기법들이 사용되며, 사용되는 기법들은 연구문제와 가설, 조사설계 등에 따라 결정된다. 변수들 간의 관계에 대한 양적연구에서는 가설검증이 주된 분석목적이 된다.

(5) 결과해석 및 보고

연구결과를 정리하여 보고서나 학술논문 형태로 기술하는 단계이다. 자료분석의 결과 연구문제가 참인지 거짓인지, 그러한 결과를 일반화할 수 있는지, 방법론상의 한계는 무엇인지, 연구결과가 갖는 함의성은 무엇인지 등을 포함한다. 연구자는 사실적 자료에 근거하여 진실되게 일정한 양식에 따라 작성해야 한다. 특히 조사보고서는 조사연구의 전 과정을 담고 있어야 한다.

2. 연구계획서

1) 연구계획서의 의의

연구계획서는 선택된 연구문제의 해답을 얻기 위하여 작성하는 것으로, 그 계획에 따라 문제해결에 필요한 증거를 수집하게 된다. 훌륭한 연구계획서는 주어진 문제에 해답을 도출하는 데 필요한 증거를 수집할 수 있는 연구의 절차와 방법을 기술한 계획서를 말한다. 연구계획서가 어떠한 방식으로 얼마만큼 잘 짜여 있느냐에 따라서 그 연구의 성패가 좌우된다고 할 수 있다.

2) 연구계획서 구성요소

연구계획서에 포함될 내용은 조사의 목적과 방법, 조사의 중요성과 의의, 기존 연구들의 검토와 본 조사와의 관계, 조사설계와 가설, 조사연구 기간과 진행일정, 표집방법과 자료수집 방법, 자료분석 방법 등이다. 조사계획서를 실제로 작성할 때에는 이러한 내용들을 5~10페이지 정도로 간단히 작성한다. 만약 어떤 기관에 연구비를 신청할 경우에는 연구계획서에 소요예산표, 참여연구자의 인적사항, 연구에서의 기대효과, 연구 착수 전의 준비실태 등을 포함시키기도 한다. 연구계획서에 포함되어야 할 항목들을 순서대로 나열하면 다음과 같다.

① **연구제목** : 연구내용의 전체를 포괄하면서도 연구내용을 대표하여 잘 설명해 줄 수 있도록 분명하면서 구체적이고 간결하게 표현한다. 일반적으로 독립변수와 종속변수를 포함해 이들 간의 관계를 나타내며, 핵심어(key word)를 활용하는 것이 좋은 방법이다. 학회지 투고논문의 경우 핵심어를 3~5개 정도 정하도록 하고 있으며, 이를 통해 독자들은 논문의 주제를 쉽게 파악할 수 있다. 각종 검색 엔진에서 제목과 핵심어를 통해 논문을 검색할 수 있다. 연구제목을 정하는 요령은 다음과 같다.

- 핵심어를 포함해서 구체적이면서 명확하게 서술한다.
- 지나치게 길어지지 않도록 간결하게 표현한다(12단어 이내)
- 감정적 · 부정적이 아닌 가치중립적인 단어를 사용한다.
- 가능하면 부제 사용을 피해 원제에 포함시킨다.
- '~에 관한 연구(a study on)', '~의 결과(a result of)' 같은 표현을 피한다.

② **연구 필요성 및 목적** : 가장 중요한 부분으로, 왜 이 연구를 해야 하는지의 문제 제기와 정당성이 제시되어야 하고, 어떤 연구결과를 알고자 하는지 그 목적이 명시되어야 한다. 연구의 궁극적 가치는 연구를 통해 사회문제를 해결하는 정책적 함의(시사점)를 제시하는 것이다. 따라서 연구를 통해 해결하고자 하는 문제의 심각성을 통계자료 등을 통해 제시하고 왜 이 문제를 해결해야 하는지 목적을 구체적으로 기술하여야 한다. 목적을 기술할 때에는 '~하기 위하여' 같은 목적지향적 단어를 사용하면 좋다. 이 부분에 포함되어야 할 내용은 다음과 같다.

- 연구내용과 관련된 국내외 선행연구 분석
- 연구수행의 필요성
- 선행연구와의 차별성(연구의 창의성)
- 연구의 궁극적 목적

Example

본 연구의 목적은 사회복지사의 소진에 미치는 영향요인을 발견하는 데 있으며, 보다 구체적인 연구목적은 다음과 같다.

첫째, 사회복지사의 소진에 미치는 영향요인은 무엇인지를 발견한다.
둘째, 특히 리더십이 사회복지사의 소진에 미치는 영향을 확인한다.

③ **연구방법** : 연구목적을 달성하기 위한 연구수행 방법들, 가령 연구모형, 연구대상 및 표집방법, 측정도구, 자료수집 방법과 기간, 변수의 개념적·조작적 정의, 통계분석 방법 등이 포함된다.

④ **기대효과 및 활용방안** : 연구결과의 중요성과 연구결과에 의해 얻어진 정보가 어떻게 사회복지정책 및 실천 등에 반영될 수 있는지에 대한 활용성과 경제·사회적 기여도, 예상되는 파급효과 등을 제시해야 한다.

⑤ **참고문헌** : 일정한 형식에 따라 본문에서 인용한 국내·외의 문헌을 가나다 또는 알파벳 순으로 열거한다.

⑥ **추진 일정** : 연구수행 절차를 간트 도표(Gantt Chart)와 같이 연구내용별로 일정을 알기 쉽게 표로 나타낸다. 조사일정을 감안하여 약간의 시간적 융통성을 부여하여 적절히 안배한다.

〈표 3-1〉 **연구추진 일정표(예시)**

연구기간 (20○○.○○.○○. ~ 20○○.○○.○○)						
연구내용	1월	2월	3월	4월	5월	6월
문헌고찰	→					
설문지 작성		→	→			
예비조사			→			
⋮						

3) 조사 일정과 예산

정보이용자가 요구하는 정보의 필요 시기가 연구자의 전반적인 조사계획에 영향을 미친다. 정보가 필요한 시기와 연구자가 그 정보를 획득할 수 있는 시기가 일치해야만 그 정보를 유용하게 사용할 수 있기 때문이다. 따라서 연구자는 정보의 이용자가 요구하는 기간 내에 조사를 완료할 수 있는지를 판단하여야 한다. 이를 위해 획득해야 할 정보의 양과 질 그리고 분석 및 보고서 작성에 소요되는 시간을 정확히 추정하고 의사결정 시기에 늦지 않도록 치밀한 조사일정을 사전에 작성하여야 한다.

또한 모든 활동에는 활동을 위해서 사용할 수 있는 비용의 제약을 받게 된다. 조사비용과 조사로부터 얻어지는 정보의 가치와의 비교과정을 거쳐서 조사의 시행 여부를 결정하게 되므로 조사비용의 결정은 조사계획에 매우 중요한 위치를 차지한다. 조사비용은 보통 정보의 정확성에 좌우되며, 비용은 약 ±10%의 오차를 두고 추정하게 된다.

3. 분석 단위

1) 분석 단위의 의의

분석 단위(unit of analysis)는 무엇을 혹은 누구를 연구할 것인가, 즉 연구자가 서술하거나 설명하고자 하는 초점이 되는 대상이나 요소를 말한다. 무엇을 혹은 누구를 연구할 것인지는 거의 한계가 없지만, 조사대상이 무엇인지 혹은 누구를 조사하는지는 명확해야 한다. 분석 단위는 표본 추출과도 관련이 깊다. 대부분의 조사연구는 전수조사가 아닌 표본조사를 하므로 무엇을 대표성 높은 표본으로 추출할 것인가는 분석 단위에서 시작된다. 분석 단위는 자료수집이 끝나고 자료분석에 필요한 것이 아니라 연구계획을 수립할 때부터 고려되어야 한다. 분석 단위는 다음과 같은 요건을 갖추어야 한다.

- 조사 및 연구 목적에 적합해야 한다(적합성).
- 모든 사람들에게 동일한 의미로 명확하고 객관적으로 정의되어야 한다(명료성).
- 현상과 반응에 대한 기술적인 분류를 위해 측정이 가능해야 한다(측정 가능성).
- 사실관계의 규명을 위해 시간 및 장소 등의 비교가 가능해야 한다(비교 가능성).

2) 분석 단위의 종류

① **개인** : 사회복지조사에서 가장 많이 사용되는 분석 단위는 개인이다. 개인의 성별, 연령, 학력, 종교 등과 같은 개별적 특성으로 서술된다. 분석 단위가 개인인 경우에 기술적 연구에서는 개인들의 총합인 모집단(population)의 특성을 서술하는 것이 연구의 목적이고, 설명적 연구에서는 모집단 내에서 발생하는 변수들 간의 역동적 관계를 발견하는 것이 연구의 목적이다(Babbie, 1998).

② **집단** : 가족이나 부부, 동아리 같은 소집단부터 도시, 국가 같은 대집단 모두 분석 단위가 될 수 있다. 가장 흔한 경우는 가족으로, 가족 유형, 가족 구성원의 연소득, 노인 부양 여부, 가족관계 등을 연구한다면 분석 단위는 가족이라는 집단이다. 분석 단위로서 집단은 집단에 속하는 개인을 연구하는 것과 다르다.

③ **조직** : 사회복지기관, 학교, 기업체 등과 같은 조직이 분석 단위가 되기도 한다. 사회복지관별로 모금액, 프로그램 수, 예산, 클라이언트 만족도 등을 조사한다면 분석 단위는 사회복지관이라는 조직이 된다. 분석 단위가 개인이냐 혹은 집단 내지 조직인지는 매우 중요하다. 가령 사회복지관 사회복지사 개인을 분석 단위로 연구할 수도 있고, 또는 사회복지관들 간의 차이를 연구한다면 비록 사회복지사 개인을 조사하지만 분석 단위는 사회복지관이라는 조직이 된다.

④ **사회적 가공물** : 사회적 가공물은 이혼, 범죄, 폭력, 논문, 우정 같이 사람의 행위에 의하여 양산된 유형과 무형의 산출물이나 행위의 결과를 말한다. 학생시위나 국회청문회, 뉴스 댓글 같은 사회적 상호작용도 사회적 가공물에 해당한다. 그러나 개인이나 집단을 대상으로 조사연구를 수행하면서 분석 단위는 사회적 가공물이 될수도 있다. 예를 들어, 여성 개인을 대상으로 저출산을 조사하면서 조사대상은 여성 개인이 되지만 분석 단위는 사회적 가공물인 저출산이 된다.

〈표 3-2〉 **분석 단위의 예**

연구문제	분석 단위	변 수
성별에 따라 부모부양의식에 차이가 있는가?	개인	성별, 부모부양의식
결혼 기간이 길수록 부부친밀도가 높은가?	부부	결혼 기간, 부부친밀도
학생의 학업 성적은 가출에 영향을 미치는가?	개인	학업 성적, 가출
도시별로 인구수가 많으면 자살률이 높은가?	도시	인구수, 자살률
경제 성장은 출산율을 낮추는가?	국가	경제성장률, 출산율

3) 분석 단위 오류

(1) 생태학적 오류

생태학적 오류(ecological fallacy)란 집단단위 분석결과에서 개인단위의 특성을 추론하는 문제, 즉 생태학적 단위인 집단이나 집합체에 관한 사실을 그 단위를 구성하는 개인에게 적용하는 오류를 말한다. 예를 들어, 흑인인구가 많은 도시의 범죄율이 낮은 도시의 범죄율보다 높다고 하여 흑인이 더 많은 범죄를 저지른다고 결론을 내린다면, 흑인인구가 많은 도시의 백인이 주로 범죄를 저질렀을지도 모르므로 그 결론은 타당하지 않다.

Example

- W. Robinson(1950)이 문맹률과 출생지와의 상관관계를 분석한 결과 외국태생 거주자가 많은 지역이 적은 지역보다 문맹률이 높았다(집단단위 분석). 그렇다면 외국태생 사람은 미국태생 사람보다 문맹률이 높다(개인단위 분석)는 추론을 할 수 있다. 그러나 같은 지역의 외국태생 거주자와 미국태생 거주자를 비교해 본 결과 외국태생 사람이 미국태생 사람보다 문맹률이 더 낮은 것으로 나타났다.

(2) 개인주의적 오류

개인주의적 오류(individualistic fallacy)란 생태학적 오류와는 반대로 개인단위 분석의 결과에서 집단단위 분석의 특성으로 추론하는 것, 즉 개인적 특성에 대해 알고 있는 것으로 그 개인이 속하는 집단이나 사회의 특성을 파악하려고 할 때 발생하는 오류이다. 예를 들어, 복지국가에 대해 긍정적으로 대답한 국민이 많다고 하여(개인단위 분석), '그렇다면 그 국가는 복지국가이다(집단단위 분석)'라고 하면 잘못이다. 논리학에서는 생태학적 오류를 '구성요소로 분해하는 오류', 개인주의적 오류를 '집합으로 구성하는 오류'라고도 한다.

Example

- A대학교 학생들을 대상으로 설문조사를 한 후에 'A대학교는 OO하다'라는 결론을 내린다면 개체주의적 오류이다. 왜냐하면 조사연구의 분석 단위는 학생 개인임에도 개인에 대한 분석 결과를 토대로 A대학교라는 집단의 특성을 추론하기 때문이다.

4. 문헌연구

1) 의 의

연구를 수행하면서 가장 먼저 시작하는 첫 단계이자 필수적인 과정이 문헌연구이다. 자신의 연구문제에 대한 답을 찾기 이전에 다른 사람들은 어떻게 설명했는지를 찾아보는 것이 현명하다. 문헌연구(literature review)란 설정된 연구문제와 관련된 책이나 논문 등의 인쇄된 자료를 찾아 종합하고 분석하는 일련의 과정을 의미하는 것으로, 연구자가 연구문제와 관련된 영역에서 현재까지 수행된 연구상태를 파악하여 이를 자신의 연구문제 해결을 위한 종합적 준거 기준으로 사용하기 위하여 수행한다. 문헌연구의 주된 검토사항으로는 연구문제와 관련하여 다른 연구자가 기존에 어떠한 사실을 발견하였으며, 어떠한 연구설계를 사용하였고, 어떠한 측정방법을 사용하였고, 어떠한 통계분석을 적용하였는지 등이다.

선행연구자의 연구내용은 자신의 연구의 중요한 초석이 되며, 자신의 연구는 기존 연구에 한 단계를 높이는 역할을 하게 된다. 오늘의 연구는 어제의 연구 위에서 이루어진다. 연구란 어찌 보면 이미 오랜 과거부터 존재해 왔던 것에 불과한 내용을 연구라는 방법론의 틀을 사용하여 새로이 정립해 보는 과정이라 할 수 있다. "한 사람의 것만 참고하면 표절이고, 여러 사람의 것을 참고하면 연구가 된다"는 우스갯소리가 있을 정도이니 문헌연구를 충실히 할수록 수준 높은 연구성과를 기대할 수 있다. 문헌연구를 통해 얻을 수 있는 이점은 다음과 같다(Lang & Heise, 1984; 성태제·시기자, 2006).

- 연구 가능한 주제를 선택할 수 있다.
- 연구문제를 구체화할 수 있다.
- 연구문제의 해결을 위한 새로운 접근방법을 모색할 수 있다.
- 연구과정에 발생할 수 있는 시행착오를 피할 수 있다.
- 연구수행에 관한 새로운 아이디어를 얻을 수 있다.
- 새로운 자료원을 접할 수 있다.

2) 시 기

일단 연구문제가 설정되면 즉시 해당 분야의 연구문헌을 탐색 및 검토해야 하고, 가능하다면 구체적인 연구문제가 설정되기 전에 연구 분야가 정해지면 그때부터 하는 것이 좋다. 문헌연구가 미진할 경우 자신의 연구문제에 대한 해답이 나와 있는지도 알 수 없고, 다른 연구자가 겪었던 개념상의 문제나 실질적인 장애요인을 파악하기 어려우며, 또한 그러한 장애요인의 극복방법도 알 수 없게 된다.

따라서 문헌연구를 일찍 시작할수록 연구과정에서 발생할 수 있는 여러 문제를 사전에 피할 수 있고, 또는 타당도 높은 기존의 측정도구를 찾아내거나 연구자가 미처 생각하지 못한 다른 개념정의를 발견할 수도 있다. 또한 문헌연구는 연구의 초기뿐만 아니라 전 과정에 걸쳐 수행되어야 한다. 왜냐하면 연구과제를 수행하면서 연구문제의 설정단계부터 연구가 끝날 때까지 추가적인 문헌검토를 필요로 하는 새로운 이슈가 끊임없이 나타나기 때문이다.

3) 원천과 탐색방법

가장 일반적인 문헌연구의 대상은 한국사회복지학회지와 같은 국내·외 학술지와 각 대학에서 출간된 학위논문이다. 대학도서관이나 국회도서관을 직접 방문하여 사서의 도움을 받을 수도 있지만 최근에는 학술논문을 대상으로 구축된 데이터베이스가 많으므로 컴퓨터를 통한 검색 및 출력이 가능하다. 특히 인터넷의 발달 덕택으로 국회도서관이나 국립중앙도서관 사이트에서 문헌정보에 대한 서지정보 검색을 손쉽게 할 수 있고, 원문을 볼 수도 있다. 국내 주요 자료 검색 사이트는 다음과 같다.

〈표 3-3〉 국내 주요 자료 검색 사이트

기관명(웹사이트)	특 징
한국교육학술정보원 (KERIS) (www.riss.kr)	• 국내 학술지 17만 건 및 학술지논문 315만 건, 해외학술지논문 3,931만 건 수록 • 학위논문 107만 건, 단행본 809만 건 수록 • 공개강의 19만 건 및 기타 자료 143만 건 제공
국가전자도서관 (www.dlibrary.go.kr)	• 9개 참여기관 70여 종의 데이터베이스 검색 및 원문 제공 • 국내·외 도서관, 유관기관, 국제기구들의 웹사이트 링크
국회도서관 (www.nanet.go.kr)	• 석·박사학위, 국내학술잡지, 세미나자료, 정기간행물 원문 DB 구축 • 단행본, 국내 정부간행물, 신문검색 목록, 외국학술잡지 색인 제공
누리미디어 DBPIA (www.dbpia.co.kr)	• 285개 학회, 협회 등이 발행하는 1,600여 종의 정기간행물 DB • 논문 144만 건, 전자책 1만 1천 권, 웹DB 3만 8천 건 등
한국학술정보(주) (www.kiss.kstudy.com)	• 80만 편의 국내학술지, 대학간행물, 연구논문집 제공
학지사 학술논문원문서비스 (www.newnonmun.com)	• 어문학, 인문과학 분야, 사회과학 분야, 교육 분야, 기타 분야의 국내 학위, 학술 논문 검색과 원문 제공 • 국내·외 기관과 학교 도서관 홈페이지 검색 사이트 링크

KERIS

국회도서관

국가전자도서관

DBpia

서지정보 웹이나 DB 등을 통해 문헌연구를 진행하는 절차는 다음과 같다.

① 연구주제와 관련된 핵심어(key word)를 찾는다.
② 핵심어를 통해 2차 자료를 열람한다.
③ 1차 자료 목록집을 열람한다.
④ 해당 논문을 찾아 참고한다.

문헌연구의 특별한 유형으로 메타분석이 있다. 메타분석(meta-analysis)은 동일한 연구문제에 대한 누적된 연구결과들을 종합적으로 검토해 공통적인 결과를 확인하는 계량적 연구방법으로 선행연구의 결과를 객관적으로 요약할 수 있다. 메타분석에서는 분석 대상이 선행연구들이며, 각 연구에서 연구변수들의 효과 크기(effect size)를 산출하여 효과 규모가 연구들 사이에 통계적으로 유의미한 분산이 있는가를 검정하고, 유의미한 분산이 발견되는 경우에는 효과 크기에 영향을 미치는 연구설계요인을 통계적 검정절차를 거쳐서 밝히는 분석을 시행한다. 메타분석은 다음의 5단계로 진행된다.

① 특정한 주제나 연구문제에 대한 모든 잠정적 연구들을 찾아낸다.
② 변함없는 기준은 발전시키고 연구 간 관련성과 혹은 연구의 질에 따라 연구를 가려낸다.
③ 각 연구에 대해 관련 정보를 확인하고 기록한다.
④ 정보들을 분석하고 통합해 포괄적인 연구 결과를 찾아낸다.
⑤ 연구 결과에 기반해 요약적인 결론을 맺는다.

4) 검토 기준과 결과의 기술방법

(1) 문헌연구의 검토 기준

연구자는 문헌연구를 진행하면서 항상 기존 연구에 대하여 비판적인 자세를 갖는 것이 좋다. 우선 기존 연구가 제대로 수행되었는지를 파악하기 위해 ‘평가 체크리스트’를 활용하는 것이 바람직하다. 체크리스트에 포함될 항목은 다음과 같다.

- 개념적인 틀과 관련된 항목 : 문제의 진술이나 개념정의, 문헌검토 등
- 방법에 관련된 항목 : 자료수집 방법, 측정과 척도, 통제, 일반화 등
- 결론에 관련된 항목 : 요약의 공정성, 해석, 추론 등

문헌연구를 할 때는 연구자가 조사하고자 하는 주제와 구체적으로 밀접한 관련이 있는 문헌만 찾아서 선택한다. 즉, 관련이 없거나 관련이 적은 문헌은 과감하게 무시할 필요가 있다. 그리고 자신의 연구주제와 연관된 문헌만 직접적으로 논의하고 평가하며, 기존 문헌과 자신의 연구 사이의 논리적 연계성을 제시한다. 또한 기존 문헌과 자신의 연구 사이의 차이점이나 논란이 되는 점을 찾아보고, 가능하면 가장 최근 문헌을 활용하고 인용한다(Marlow, 2005). 문헌고찰 부분은 과거형으로 서술하며, 특히 인용인 경우에는 반드시 일정한 형식에 따라 인용표시를 해야 하고 직접인용인지 아니면 간접인용인지 여부를 구별해야 한다.

(2) 검토결과의 기술방법

문헌연구를 통해 검토한 기존 연구로부터 필요한 정보를 모두 얻었는지를 확인하기 위해 혹은 다양한 자료원에서 얻은 정보를 체계적으로 구성하기 위해 검토한 기존 연구는 반드시 요약하고 정리해야 한다. 이러한 과정을 통해 모든 자료원의 정보를 체계적으로 정리하여 다양한 관점을 이해해야 한다.

검토결과의 기술방법은 대부분 문헌연구 또는 선행연구라는 별도의 장(chapter)을 할애하여 기술하고 있지만 연대순으로 검토하거나 개별논문의 장·단점을 선택적 혹은 비공식적으로 설명하는 방식을 취하고 있어 다소 체계적이지 못하다. 초보 연구자는 흔히 문헌연구 결과를 기술하면서 관련 이론이나 개념 등을 마치 베끼다시피 하는 서술적인 나열에 그치곤 한다. 따라서 관련문헌을 비판적으로 검토한 후 그 결과를 제시하고, 기존 문헌이 연구자의 연구문제(혹은 연구방법 등)와 어떤 관련성이 있는지를 밝히고, 관련연구들을 개괄적인 표제로 분류하고, 검토한 모든 연구문헌의 내용 및 방법에 관하여 소결론을 내리고 그러한 결론이 자신의 연구와 어떻게 관련이 되는지를 간략하게 설명하는 방식이 바람직하다.

5) 문헌연구의 고려사항

(1) 상반된 연구결과

연구자가 설정한 연구문제와 상반된 주장을 하는 기존 연구가 있다면 간과하지 말고 주의 깊게 분석하여야 한다. 기존의 문헌연구를 하다 보면 동일한 주제에 대하여 서로 상반된 결과를 주장하는 논문이 있는데, 이는 연구모형이나 연구진행 방법의 차이로 인해 나타날 수 있으므로 반드시 상반된 그 결과를 설명하도록 노력해야 한다. 만일 상반된 결과를 설명할 수 없다면 최소한 이러한 사례가 있다는 사실만이라도 확인하고 언급해야 한다.

(2) 선행연구가 없는 문제

연구자가 설정한 연구문제와 동일한 기존 연구를 찾을 수 없다면 비슷한 기존 연구를 찾도록 해야 한다. 연구자의 연구문제가 지나치게 구체적이거나 편협하다면 기존 연구가 존재하지 않거나 있어도 매우 한정될 것이다. 그렇다면 동일하지는 않지만 비슷한 연구, 즉 개념적으로 연관된 연구를 찾도록 노력해야 하고, 종종 기존에 사용한 연구설계와 변수 중에서 관련 변수를 찾을 수도 있고 또는 기존에 접목한 새로운 연구설계와 변수를 구성할 수도 있다.

(3) 1차 자료원과 2차 자료원

1차 자료원은 문헌연구 과정에서 연구자가 이미 발견된 기존의 사실을 직접 접할 수 있는 책이나 논문을 의미하고, 2차 자료원은 직접 연구를 진행한 사람이 아닌 다른 사람에 의하여 인용되어 설명된 논문이나 책을 말한다. 2차 자료원은 연구결과를 다른 사람이 설명한 것이므로 전달과정에서 오류의 가능성이 있고, 혹은 중요한 연구결과를 빠뜨리거나 다른 결과를 부각시켜 그 의도를 흐리게 만들 수도 있으므로 최대한 1차 자료원을 이용하는 것이 바람직하다.

(4) 경험적 연구가 아닌 경우

최근의 연구방법론은 주로 양적연구를 사용하고 있지만 특히 사회복지학과 관련된 연구는 질적연구를 수행하는 경우도 많다. 질적연구는 연구문제와 밀접한 관련을 갖는 중요한 역할을 하는 연구도 많고, 이러한 기존 연구는 연구자에게 연구주제에 대한 개념적이고 이론적인 배경과 경험적 연구의 필요성을 제시해 준다는 측면에서 매우 중요하다.

요약

1. 사회복지조사는 일반적으로 문제제기, 조사설계, 자료수집, 자료분석, 결과해석 및 보고의 5단계를 거친다. 이렇게 하여 도출된 결과들은 다시 이론형성과 문제제기의 과정으로 반복된다.
2. 연구계획서는 연구의 절차와 방법을 기술한 것으로, 연구제목, 연구 필요성 및 목적, 연구방법, 기대효과 및 활용방안, 참고문헌, 추진일정 등이 상세히 계획되어 있어야 한다.
3. 연구의 분석 단위는 연구자가 서술하거나 설명하고자 하는 초점이 되는 대상으로, 개인뿐만 아니라 집단, 조직, 사회적 가공물도 분석 단위가 될 수 있다. 분석 단위를 혼동할 경우 생태학적 오류, 개인주의적 오류를 범할 수 있다.
4. 연구문제가 설정되면 다양한 원천을 대상으로 문헌연구를 시작해야 한다. 문헌연구는 연구 초기뿐만 아니라 전 과정에 걸쳐 지속적으로 실시한다.

CHAPTER

04

측정과 척도

1. 측 정

1) 측정의 의의

측정(measurement)이란 일정한 기준에 따라 대상 또는 사건에 수치를 부여하는 과정이고, 대상 또는 사람들의 속성에 일정한 규칙을 부여하는 과정이며, 질적 속성을 양적 속성으로 전환하는 작업이다. 즉, 추상적인 개념을 경험화하는 작업으로, 경험적인 특질들에 대해 규칙에 의거해서 숫자나 기호 등을 배정하는 절차라고 할 수 있다. 측정은 추상적이고 이론적 세계와 경험적 세계를 연결시켜 주는 수단이다.

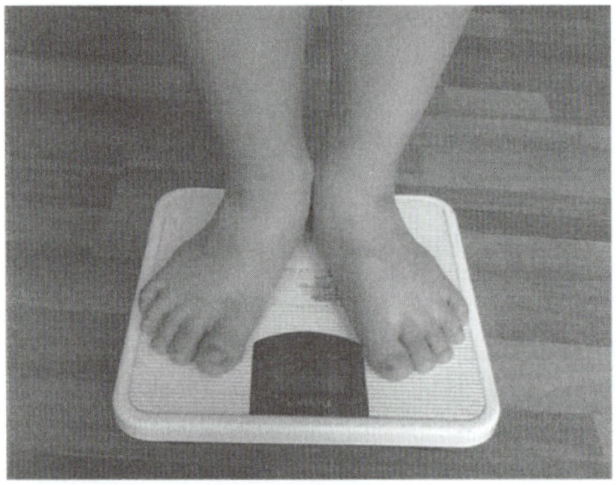

무게라는 추상적인 개념을 저울이라는 도구를 통해 구체적인 수치로 측정한다.

예를 들어, 무게란 '물건의 무거운 정도'를 의미하는 추상적인 개념이지만 저울이라는 도구를 사용하면 40kg이라는 구체적인 수치로 측정할 수 있다. 또는 자아존중감(self-esteem)이란 '자아 개념의 평가적인 측면으로 자신의 가치에 대한 판단과 그러한 판단과 관련된 감정'을 의미하는 추상적인 개념이지만 로젠버그(Rosenberg, 1965) 자아존중감척도(RSE)를 통해 개인의 자아존중감 수준을 구체적인 점수로 측정할 수 있다. 이와 같이 측정은 추상적이고 이론적인 세계를 구체적이고 경험적으로 관찰 가능하도록 바꾸어 준다.

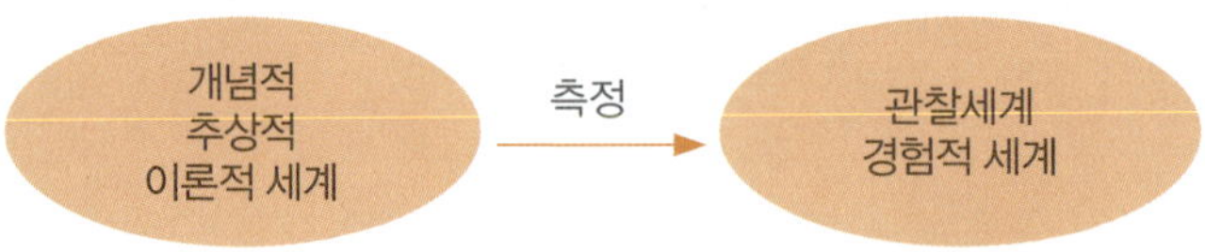

|그림 4-1| 측정의 의미

측정의 대상은 사람이나 사물(대상)이 아니라 그 대상이 지니고 있는 특성, 즉 속성 그 자체이다. 그러나 측정하려는 대상이 가령 '소외감', '만족감', '존중감', '우울감' 등과 같이 추상적인 개념이 많고, 다른 개념과 복합되어 있는 경우가 대부분이며, 자연과학에서 널리 이용되는 측정을 위한 표준과 같이 일정한 규칙이나 표준화된 도구가 부족하여 사회과학에서는 측정이 대단히 어렵다.

측정은 가설검증에 매우 중요한 역할을 담당한다. 측정을 통해서 숫자 형태의 자료를 획득함으로써 객관적인 표현이 가능하고, 정확한 의사소통이 가능하며, 각종 수학적 통계적 기법이 적용 가능하기 때문이다. 측정은 이론과 가설을 연결시켜 주는 고리에서 사실과 가장 가까운 위치에 있으면서 이론을 경험적으로 검증해 주는 수단이 된다.

2) 측정의 원칙

측정은 대상의 속성을 나타낼 수 있도록 일정한 규칙에 따라 숫자를 할당하는 과정이므로 상호배타성의 원칙과 포괄성의 원칙이 지켜져야 한다. 사회과학에서는 연구 변수가 관념적이고 주관적 차원의 속성을 지니는 경우가 많기 때문에 과학적이고 객관적인 측정이 되기 위해서는 변수 측정에 많은 주의를 기울여야 한다.

① **상호배타성의 원칙** : 하나의 대상이 두 개 이상의 범주에 해당하지 않아야 한다. 예를 들어, 성별은 인간이 남성이거나 여성으로 구분될 뿐이지 남성이면서 여성일 수는 없다. 연령을 구분하자면 한 대상은 반드시 한 연령집단에만 속하도록 해야 한다. 다음의 (예1)을 보면, 가령 20세인 경우라면 ① 20세 이하에도 해당하고, ② 20~30세에도 해당하므로 상호배타성의 원칙에 위배되어 잘못된 측정 범주이다. 따라서 (예2)가 맞다. 참고로 이 경우 (예3)이 간단하고 이해가 명확하므로 보다 타당한 방식이다.

(예1)	(예2)	(예3)
① 20세 이하	① 20세 이하	① 10대
② 20~30세	② 21~30세	② 20대
③ 30~40세	③ 31~40세	③ 30대
④ 40~50세	④ 41~50세	④ 40대
⑤ 50세 이상	⑤ 51세 이상	⑤ 50대 이상

② **포괄성의 원칙** : 범주 분류는 모든 분류대상이 전부 포함될 수 있도록 총망라해야 한다. 만일 응답자의 종교를 묻는 질문에 응답 범주로 ① 불교, ② 천주교, ③ 기독교,

④ 종교 없음만 제시되었다면 원불교나 이슬람교인 경우에는 응답할 수가 없다(예1). 최소한 ⑤ '기타'가 제시되어야 한다(예2).

(예1) ① 불교 ② 천주교 ③ 기독교 ④ 종교 없음
(예2) ① 불교 ② 천주교 ③ 기독교 ④ 종교 없음 ⑤ 기타( )

3) 지표와 지수

(1) 지표

지표(indicator)란 개념 속에 내재된 속성들이 표출되어 나타난 결과들을 의미한다. 예를 들어, 지능을 측정하기 위해 IQ 테스트라는 지표를 사용한다든지 혹은 공동체의식을 측정하기 위해 헌혈 참여율을 지표로 삼는 것 등이다. 이러한 지표는 성별이나 연령과 같이 단일지표로 측정될 수 있는 것도 있지만 클라이언트의 욕구, 프로그램의 이용자 만족도와 같은 개념들은 여러 개의 지표를 합성하여 측정하게 된다.

(2) 지수

지수(index)란 공통요인을 반영하는 여러 개의 지표들을 모아 만든 지표군으로, 하나의 지표를 측정하기 어려운 개념을 용이하게 측정하기 위하여 여러 개의 지표를 하나로 묶어 점수화한다. 지수는 자료의 복잡성을 줄이며, 측정의 신뢰도와 타당도를 높이는 데도 유리하다. 예를 들어, 자녀 수, 월소득 등은 단일 지표를 통해 측정할 수 있지만, 사회경제적 지위, 생활만족도, 복지욕구 등은 단일 지표를 통해 측정할 수 없다. 사회경제적 지위(SES : Socio-Economic Status)는 교육수준, 소득, 직업 등의 지표를 합성하여 측정된 개념이다. 이와 같이 두 개 이상의 항목이나 지표들을 합성하여 측정된 개념을 지수라 한다. 지수와 지표의 차이점은, 지표는 하나의 변수(variable)에서 추출한 하나의 숫자를 의미하고, 지수는 2개 이상의 지표에서 가공한 하나의 숫자를 의미한다(Ott, 1978).

2. 측정수준

측정대상이 어떤 특성을 가졌는지에 따라 측정할 수 있는 수준이 다르다. 가령 성별을 조사하면서 남성을 1, 여성을 2로 측정했다면 단순히 구분의 의미만 있고 평균을 구하는 등의 양적인 의미는 없다. 그러나 무게나 길이처럼 부여된 숫자가 비율을 의미할 때는 사칙연산(+, −, ×, ÷)이 모두 가능하다. 측정수준은 명목측정, 서열측정, 등간측정, 비율측정으로 구분된다.

1) 명목측정

명목측정(nominal measurement)은 측정대상의 속성을 단순히 분류하거나 확인할 목적으로 수치를 부여하는 것이다. 여기서 숫자는 단지 구별하기 위한 것이므로 숫자가 가지는 수량적인 의미는 전혀 없다. 수치를 부여하는 방법은 연구자가 임의로 결정하면 된다. 다만, 분류를 체계적으로 하지 못할 경우에는 측정이 잘못될 가능성이 있으므로 명목측정은 반드시 상호배타성의 원칙과 포괄성의 원칙이 지켜져야 한다.

등번호는 선수 구분의 의미밖에 없으므로 명목측정이다.

Example

종교를 측정하면서 이를 구별하기 위해 임의로 불교를 1, 기독교를 2, 천주교를 3이라 수치를 부여하였다면, 여기서 1, 2, 3 등은 숫자로서의 의미가 아니라 그냥 불교, 기독교, 천주교를 의미하는 것에 불과하다. 따라서 명목측정의 변수값은 평균을 구할 수 없다.

- 종교 : ① 불교, ② 기독교, ③ 천주교, …
- 결혼 여부 : ① 기혼, ② 미혼
- 거주지 : ① 대도시, ② 중소도시, ③ 농 · 어촌
- 장애 유형 : ① 시각장애, ② 청각장애, ③ 지체장애, …

2) 서열측정

등수에는 순위가 있으므로 서열측정이다.

서열측정(ordinal measurement)은 측정대상을 그 속성에 따라서 서열이나 순위를 매길 수 있도록 수치를 부여하는 것이다. 순위 또는 순서측정이라고도 한다. 측정대상을 분류한 다음에 범주 간에 서열이나 대소관계의 구분이 가능하고, 수치 자체가 어떤 절대적인 수나 양, 크기 등을 나타내지 않으므로 분류된 범주 간의 거리나 간격에 관해서는 정보를 제공할 수 없다. 예를 들어, 석차의 1, 2, 3, …… 등은 단지 순서적 관계에 불과하므로 '1등이 3등보다 2단계 높다'라는 표현은 잘못이다. 수치는 속성 간의 상대적인 순위, 즉 단지 상징적으로 높고 낮음만 알려줄 뿐이다.

학력의 경우 초등학교 이하를 1, 중학교 졸업을 2, 고등학교 졸업을 3, 대학교 졸업을 4라고 했다면, 1부터 4까지는 서로 다른 학력수준을 나타내며(분류의 기능), 1보다는 2가, 2보다는 3이 학력이 높다는 것을 알 수 있다. 그러나 중학교 졸업자와 고등학교 졸업자인 응답자의 학력 평균을 2.5라고는 하지 않는다. 계량적인 의미가 없기 때문이다.

- **학점** : A, B, C, D, F
- **교육수준** : ① 초졸 이하, ② 중졸, ③ 고졸, ④ 대졸
- **자격급수** : 사회복지사 1급, 사회복지사 2급, 사회복지사 3급
- **생활만족도** : ① 매우 불만족, ② 불만족, ③ 보통, ④ 만족, ⑤ 매우 만족

3) 등간측정

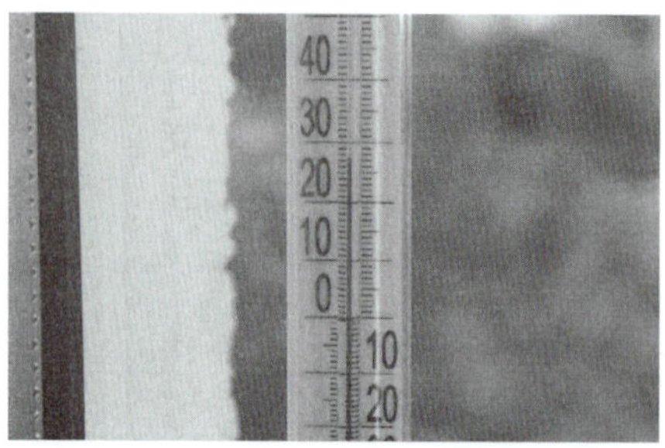

온도는 영하가 있으므로 등간측정이다.

등간측정(interval measurement)은 측정대상을 속성에 따라 서열화함은 물론 서열 간의 간격이 동일하도록 수치를 부여하는 것이다. 측정치는 측정대상이 갖는 속성의 양적 정도의 차이를 나타내 주

며, 해당 속성이 전혀 없는 상태인 절대 0은 존재하지 않는다. 예를 들어, 0℃라고 하여 온도가 없다는 것은 아니며, 20℃와 25℃ 간의 온도차는 25℃와 30℃ 간의 온도차와 같다. 그리고 오늘이 30℃이고 한 달 전이 15℃라면 30/15=2이지만 오늘이 한 달 전보다 2배 덥다고 할 수는 없다. 비율이 의미가 있으려면 절대 0점이 필요하다. 사회복지학을 포함한 사회과학에서 태도측정 등에 등간척도로 공인된 것은 거의 없다.

Example

IQ는 측정에 따라 90, 95, 100 등이 나올 수 있다. 이러한 각각의 값은 서로 구별되며, 어떤 IQ값이 더 높은가를 쉽게 판단할 수 있다. 이러한 서열뿐만 아니라, 각 값과 값 사이의 간격의 단위가 1이므로 90과 100의 차이는 10이라고 할 수 있다. 등간측정은 평균값을 산출하거나 보다 다양한 통계분석이 가능하므로 매우 유용하다.

- 지능지수(IQ) : ..... 90, ... 100, ... 110, ... 120, ...
- 온도 : -20, ... -10, ... 0, ... 10, ... 20, ... 30, ... (℃)
- 자아존중감검사 : ..... 40, ... 50, ... 60, ... 70, ... 80, ... (점)
- 우울증검사 : 0, ... 20, ... 30, ... 40, ... 50, ... 60, ... (점)

4) 비율측정

비율측정(ratio measurement)은 측정대상의 속성에 절대적인 영(zero) 또는 자연적인 영을 가진 척도를 가지고 수치를 부여하는 것이다. 절대기준점이나 영의 의미는 그 값보다 더 작은 값이 존재하지 않는다는 것이며 모든 값의 시작점이라고 볼 수 있다. 예를 들어, 자녀 0명은 자녀가 전혀 없다는 뜻이다. 비율측정은 측정 간의 간격이 동일하므로 사칙연산을 할 수 있다. 자녀 2명보다 자녀 4명이 두 배 더 많다고 할 수 있고, 시속 60km가 30km보다 두 배 더 빠르다고 할 수 있다. 사회복지학 등의 사회과학 분야에서는 이 같은 비율척도는 찾아보기 어렵다.

자녀 수에는 0명이 있으므로 비율측정이다.

Example

나이의 경우 태어날 때부터 0 또는 1세로 시작하기 때문에 음(-)의 값을 가질 수 없다. 그리고 10세인 사람은 20세인 사람의 절반, 20세인 사람은 10세인 사람보다 2배의 나이를 가지고 있다. IQ의 경우 140인 사람은 70인 사람보다 머리가 2배 좋다고 하지는 않는다.

- 신장 : 0, ... 150, ... 160, ... 170, ... 180, ... (㎝)
- 소득 : 0, ... 1,000,000, ... 2,000,000, ... 3,000,000, ... (원)
- 투표율 : 0, ... 40, ... 50, ... 60, ... 70, ... 80, ... (%)
- 결혼기간 : 0, ... 5, ... 10, ... 15, ... 20, ... 25, ... (년)

5) 측정수준 비교

명목측정과 서열측정은 주로 질적 영역을 측정하고, 등간측정은 질적인 영역을 측정하는 경우가 많지만 질적·추상적 영역을 계량화하므로 양적 측정으로 보는 것이 타당하다. 비율측정은 전형적인 양적 측정이다. 따라서 등간측정이나 비율측정은 높은 수준의 측정자료이므로 다양한 산술적인 조작을 할 수 있어 보다 다양한 통계분석을 사용할 수 있다. 반면에 명목측정의 구분된 범주는 단순한 분류에 가깝다.

그러나 측정수준 간의 이러한 구분은 반드시 그대로 적용되지는 않는다. 가령 서열측정처럼 안 함(0), 가끔 함(1), 자주 함(2)이라는 측정들을 모두 합산한 다음에 점수화하여 이를 등간측정처럼 사용하는 경우도 종종 있기 때문이다. 특히 표준화된 리커트(Likert)척도의 경우 '매우 만족'과 '만족' 사이의 간격에 등간성이 없으므로 엄밀하게는 서열측정에 해당된다. 그러나 등간측정이 서열측정보다 정보의 양이나 이용 가능한 통계 기법이 더 많은 이점이 있고, 개별 문항별로 분석하는 것이 아니라 총합으로 사용하므로 등간측정으로 간주한다. 각 측정수준을 비교하면 다음과 같다.

〈표 4-1〉 측정수준 비교

구 분		명목측정	서열측정	등간측정	비율측정
예		성별, 종교	학년, 선호도	온도, IQ	소득, 나이, 길이
특성	구분 · 분류	○	○	○	○
	서열 비교	×	○	○	○
	등간격	×	×	○	○
	절대 영점	×	×	×	○
자 료		정성적 자료		정량적 자료	
사칙연산		불가	원칙적 불가, +, − 예외적 사용	+, −	+, −, ×, ÷
수량적 엄밀성		없음	거의 없음	다소 높음	매우 높음
통계량	평균 측정	최빈값	중앙값	산술평균	기하평균, 조화평균
	추론통계	카이스퀘어, 이변량검정	순위서열상관, ANOVA	단순상관, t−검정, ANOVA, 회귀분석, 요인분석	분산의 계수

6) 측정수준에 따른 통계기법

독립변수와 종속변수가 어떤 측정수준으로 측정되었는가 하는 것은 통계기법을 결정하는 매우 중요한 핵심이다. 통계방법은 측정수준과 인과관계에 근거하여 만들어지는 경우가 대부분이기 때문이다. 예를 들어, 독립변수가 성별과 학력이고 종속변수가 월평균급여라 하자. 성별이나 학력에 따라 월평균급여에 차이가 있는지를 확인하고자 할 경우에 연구자가 교차분석(x^2)을 사용한다면 월평균급여가 서열측정이나 범주가 적은 등간측정으로 이루어져 있어야 한다. 반면에 연구자가 t-검정이나 분산분석(ANOVA)을 사용하려면 월평균급여가 등간측정이나 비율측정이어야 한다. 측정수준과 인과관계에 따른 통계기법을 분류하면 다음과 같다.

〈표 4-2〉 측정수준별 통계기법

독립변수 / 종속변수	명목측정	서열측정	등간·비율측정
명목측정	교차분석, 독립성 검증	교차분석, 독립성 검증	로짓, 프라빗분석
서열측정	교차분석, 범주형 분산분석 등 비모수 통계	교차분석, 범주형 분산분석 등 비모수 통계, 서열 상관분석	더미정준상관분석, 로짓, 프라빗분석, 서열 상관분석
등간 · 비율측정	t-검정, 분산분석, 다변량 분산분석	t-검정, 분산분석, 다변량 분산분석	피어슨 상관분석, 회귀분석, 다변량 분산분석
종속변수 없음			요인분석, 군집분석

보다 많은 통계적 정보를 얻고 고차원적인 분석을 위해서는 명목측정이나 서열측정보다는 등간측정이나 비율측정이 유리하다. 가령 나이를 묻는 방식에서 방법 A를 통해서는 전체 응답자의 평균값뿐만 아니라 필요하면 방법 B의 응답범주별 빈도값을 구할 수 있다. 그러나 방법 B는 빈도값만 구할 수 있다.

[방법 A] 귀하의 나이는? (   )세
[방법 B] 귀하의 나이는? ① 20대 ② 30대 ③ 40대 ④ 50대 · 이상

다른 예를 들어보면, 복지관 선호도를 조사하기 위해 네 가지 측정수준을 이용한 사례를 만들면 다음과 같다.

[명목측정] 가장 선호하는 복지관은?
① A복지관 ② B복지관 ③ C복지관 ④ D복지관

[서열측정] 다음 복지관에 대해 가장 선호하는 순서를 표기하시오.
① A복지관 [ ] ② B복지관 [ ] ③ C복지관 [ ] ④ D복지관 [ ]

[등간측정] 다음 각 복지관에 대한 선호 정도를 표시하시오.

	매우 싫어함	싫어함	보 통	좋아함	매우 좋아함
① A복지관					
② B복지관					
③ C복지관					
④ D복지관					

[비율측정] 다음 네 복지관에 대한 상대적 선호 정도를 합계 100이 되도록 나타내시오.

① A복지관 [ ]　② B복지관 [ ]
③ C복지관 [ ]　④ D복지관 [ ]

합계 : 100

3. 척 도

1) 척도의 의의

척도란 논리적으로 또는 경험적으로 서로 연관되어 있는 여러 개의 문항 또는 지표로 이루어진 복합적 측정도구를 말한다. 사회복지분야의 경험적 조사연구에서, 예를 들어 역할갈등이나 주부우울, 소외감, 직무만족 등은 단일문항(지표)으로 구성된 간단한 측정도구로는 신뢰도나 오류 등의 문제를 야기하기 때문에 단일문항으로는 측정하기 어려워 척도를 사용한다. 여러 문항으로 구성된 척도를 사용하는 이유는 다음과 같다.

- 척도를 이용함으로써 하나의 문장이나 지표로는 제대로 측정하기 어려운 복합적인 개념을 측정할 수 있다.
- 여러 개의 지표(문항)를 하나의 점수로 나타냄으로써 자료의 복합성을 덜 수 있다.
- 척도의 단일차원성(척도를 구성하는 문항은 공통적인 특성을 나타내야 함)을 검증해 볼 수 있다.
- 복수의 지표로 구성된 척도를 사용하면 단일문항(지표)을 사용하는 경우보다 측정의 오류를 줄일 수 있고, 측정의 타당성과 신뢰성을 높일 수 있다.

2) 척도구성의 기본 전제

- 이론적으로 어느 한 측정대상에는 측정하고자 하는 속성을 나타내는 무한한 수의 항목 또는 문항(infinite items)이 존재한다.

- 측정대상은 그 항목 및 문항의 모집단으로부터 추출된 일정 수의 항목 또는 문항표본에 입각하여 측정되는 것이다. 따라서 문항분석(item analysis), 요인분석(factor analysis) 등의 척도분석이 필요하다.
- 하나의 척도는 단일차원의 연속체이다. 단일차원이란 척도를 나타내는 문항은 공통적인 속성을 나타내야 한다는 의미이고, 연속체란 척도를 대상의 성격·목적에 따라 무한히 많은 카테고리로 나눌 수 있음을 의미한다.

3) 척도구성의 유형

(1) 평정척도

평정척도(rating scale)는 측정대상의 어떤 속성을 단일연속선상에 배열하고 일정 기준에 따라 대상의 속성에 일정 수치를 부여하거나 또는 몇 개의 범주(category)로 구별하여 만든 척도이다. 예를 들어, 학생의 성적을 수, 우, 미, 양, 가 혹은 A, B, C, D, F로 등급을 매겨 평가하는 것이다. 평정척도는 등급척도라고도 하며, 서열측정(ordinal scale)에 해당한다. 평정척도는 ⓐ 만들기 쉽고 사용이 간편해서 매우 경제적이라는 장점이 있지만, ⓑ 문항의 적절성 여부를 평가할 방법이 없고, 평가자의 주관적 판단에 의존하므로 평가자의 태도와 성격, 심리적 편향 등에 좌우된다는 단점이 있다. 평정척도의 종류는 다음과 같다.

① **도표식 평정척도** : 일정 도표에 설명이 부가된 방식으로, 선을 긋고 중간 중간에 숫자 해설을 붙여서 응답자가 대상의 위치 또는 태도를 기호로 표시하도록 한다.

② **범주식 평정척도** : 어떤 속성을 나타내는 문장이나 항목을 범주별로 제시하고 가장 적합한 것을 고르게 하는 방식이다.

③ **숫자-언어식 평정척도** : 속성의 강도에 따라 일정한 척도점을 부여하거나 어떤 응답범주를 선택할 경우 이에 일정한 수치를 부여해 결과를 통계적으로 처리하는 방식이다.

④ **점수부여식 평정척도** : 조사대상의 속성이나 특성에 평가자가 그의 의견이나 태도를 수치로 평정하게 하는 방식이다. 평정의 양극은 0점에서 100점으로 지정되어 있으나 이 사이에는 아무런 구분이 명시되지 않는다.

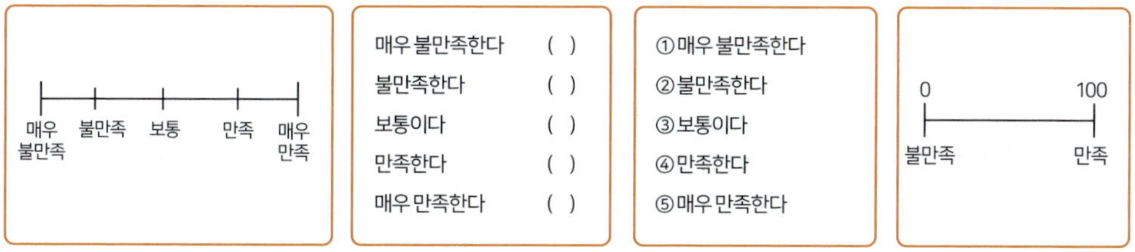

도표식　　범주식　　숫자-언어식　　점수부여식

(2) 리커트척도

리커트척도(Likert scale)는 여러 문항으로 응답자의 태도를 측정하고 해당 항목에 대한 측정치를 합산하여 평가대상자의 태도점수를 얻어내는 척도이다. 보통 각 문항마다 서술형 문제를 제시하고 일정한 범주(1=전혀 그렇지 않다, … 5=매우 그렇다)에 따라 응답하는 형식이다. 개발자인 리커트(R. Likert)의 이름에서 유래되었으며, 여러 문항을 합산하거나 평균을 구해 사용하므로 총화평정척도(summated rating scale)라고도 한다. 즉, 평정척도의 변형된 한 형태이며, 다만 평정척도는 하나의 문항으로만 측정하지만 리커트척도는 하나의 개념을 측정하기 위해 다수의 문항을 사용한다는 차이가 있다. 따라서 측정에 사용된 모든 문항은 측정하려는 태도를 올바르게 반영하여야 하며, 문항 간 내적일관성이 높아야 한다. 보통 5점 척도로 구성하며, 모든 문항마다 응답 형식을 반드시 통일할 필요는 없지만 범주의 일관성을 유지하는 것이 좋다.

리커트척도의 ⓐ 장점으로는 척도구성이 간단하고 편리하며, 평가자가 이해하기 쉬우면서 주관 개입을 배제할 수 있고, 동일 개념을 여러 문항으로 측정하므로 정확성을 확보할 수 있다. 개별 문항들이 액면으로 어떤 쟁점에 대한 태도를 분명히 나타내지 않더라도 내적일관성을 얻을 수 있는 것이라면 사용 가능하다. 이런 이유로 사회복지조사에서 가장 많이 사용된다.

그러나 ⓑ 단점으로는 문항들이 엄격한 의미의 등간측정이 되기 어려워 서열측정으로 분류되며, 총점을 구하므로 각 항목에 대한 응답이 묻혀 총점의 개념이 흐려질 수 있고, 문항들이 내적일관성을 갖는다 하여 반드시 이론적 타당성을 담보해 주지는 못한다. 사람마다 각 단계를 인식하는 정도가 다르므로 동일한 점수를 받은 사람이 항상 동일한 사람들이라 하기 어렵다.

Tip 리커트척도의 함정

리커트척도를 이용할 때 다음의 사항을 신중하게 고민할 필요가 있다(이종환, 2008; 성태제·시기자, 2006).

① '응답 범주에 긍정이 앞설 때와 부정이 앞설 때 응답이 어떻게 달라지는가'이다. 유사한 조건하에서 응답범주에 긍정이 앞서면 점수가 미미하지만 높게 나타난다.

② 중립적인 태도인 3점(보통이다, 그저 그렇다)은 언제나, 누구에게나 중립으로 인정될 수 있는가이다. 리커트척도에서 3점이 중립이라는 전제는 상당히 작위적인 기준이다.

③ 긍정문(상냥하다)에 대해 명시적 부정문(상냥하지 않다)과 달리 암묵적 부정문(퉁명스럽다)은 원래 의도와는 달리 새로운 요인을 형성할 수 있으므로 신중을 기해야 한다.

리커트척도의 사용절차는 다음과 같다.

〈표 4-3〉 리커트척도의 사용절차

단 계	주 제	주요 내용
1단계	의견 수집	측정하고자 하는 어떤 태도에 대한 의견을 수집한다.
2단계	응답범주 작성	각 문항에 대한 찬·반, 호·불호, 인정·불인정 등의 정도를 나타내는 범주(category)를 작성한다.
3단계	응답자에 적용	응답자에게 각 문항에 대하여 자기의 의견에 부합하는 범주 하나를 선택하게 한다.
4단계	점수 환산	각 문항에 대한 응답결과를 점수로 환산한다. 흔히 우호적일수록 높게, 비우호적일수록 낮게 점수를 매긴다.
5단계	문항 분석	문항 간의 내적일관성 또는 각 문항에 대한 응답과 총점과의 일관성을 분석한다.
6단계	총점 산출	응답자의 총점을 구해 그 사람의 태도를 측정한다.

(3) 서스톤척도

서스톤척도(Thurstone scale)는 어떤 사실에 대해 가장 우호적인 태도부터 비우호적인 태도까지 양극단을 등간격으로 구분해 여기에 수치를 부여하는 방식이다. 각 문항에는 응답범주가 없고 그 대신에 각 문항 자체에 일정한 가중치가 부여되며 그 척도치는 그 문항에 상응하는 찬반 태도의 강약 정도를 나타나게 된다. 개발자인 서스톤(Thustone)이 교회에 대한 사람들의 태도를 측정한 값에서 유래되었으며, 간격이 동일하다 하여 등간격척도(equal-appearing intervals scale)라고도 한다. 측정방식은 해당문항에 동의하면 해당문항의 척도값을 얻게 되고, 반대하면 0점으로 처리된다. 결국 동의한 문항에 대한 척도값을 합산하고 평균하여 해당개념에 대한 측정값을 얻게 된다. 리커트척도와의 차이는 서스톤척도의 응답범주가 리커트척도에서는 한 문항에 해당된다는 점이다.

Example

이타주의에 대한 서스톤척도

문 항	가중치	찬성 여부
① 사회 전체를 위해 개인의 행복을 희생시키는 것은 옳은 일이다.	4.5	
② 아동복지시설이 우리 동네에 신축되는 것은 반가운 일이다.	5.4	
③ 주말에 자원봉사하는 것이 그 시간에 돈 버는 것만큼 즐거운 일이다.	9.2	○
④ 소득이 많을수록 높은 비율의 소득세를 내는 것은 바람직한 일이다.	3.8	○
⑤ 장애인의무고용제도는 사회를 발전시키는 데 기여한다.	6.7	
⑥ 건강보험 적자분을 세금으로 메우는 것은 옳은 일이다.	4.2	
⑦ 농어촌 출신 고등학생들의 대학우선입학제도는 바람직한 일이다.	5.6	○

※ 응답자의 이타주의는 응답자가 찬성하는 모든 문항의 가중치를 합쳐 평균을 내서 구한다. 평균치가 높을수록 이타주의가 강하다는 것을 의미한다.
이타주의 = (9.2 + 3.8 + 5.6) / 3 = 6.2

이 척도는 ⓐ 타당성은 높지만, ⓑ 등간격성이 비현실적이고, 평가자의 편견이 개입될 수 있으며, 평가작업에 과다한 비용과 인원이 소요되어 거의 사용되지 않는다. 사형제도 의견에 대한 서스톤척도의 작성 사례를 보면 다음과 같다(Newman, 2000).

Example

- **1단계** : 사형에 관한 100개 정도의 문장을 개발한다.
  예 1. 나는 사형이 잔인하고 불필요한 벌이라고 생각한다.
  2. 사형이 없으면 흉악범죄가 늘어날 것이다.
  3. 나는 흉악범죄에만 사형이 사용되어야 한다고 믿는다.
  ⋮
- **2단계** : 각 문장을 하나씩 한 장의 카드에 적어 100세트 준비한다.
- **3단계** : 평가자 100명에게 한 세트씩 주고 11개 범주로 분류하도록 한다.
- **4단계** : 판단결과를 수집하여 결과를 표로 만든다.

문장	매우 반대				중립적			매우 찬성				합계
	1	2	3	4	5	6	7	8	9	10	11	
1	23	60	12	5	0	0	0	0	0	0	0	100
2	0	0	0	0	2	12	18	41	19	8	0	100
3	2	8	7	13	31	19	12	6	2	0	0	100
⋮												

- **5단계** : 문장별로 평균과 동의 정도를 계산한다. 가령 1번 문장은 평균은 2 정도이며 동의 정도가 크지만, 3번 문항은 평균은 5 정도이나 동의 정도가 낮다.
- **6단계** : 동의문항을 중심으로 우호적부터 비우호적까지 골고루 최종 20문항을 고른다.
- **7단계** : 20문항으로 이루어진 설문지로 연구대상에서 동의 여부를 묻는다.

(4) 거트만척도

거트만척도(Guttman scale)는 척도구성에서 문항들의 단일차원성이 경험적으로 입증되도록 설계된 척도로서, 문항과 개인의 총평점 간의 누적관계가 성립되어 누적척도(commulative scale)라고도 한다. 단일차원이란 문항들이 하나의 잠재적인 차원에 일차원적으로 배열하는 것을 말하고, 누적적이란 강한 태도에 찬성하면 약한 태도에도 찬성한다는 의미이다. 학력수준에 관해 대학교 졸업자라면 당연히 고등학교도 졸업했다는 것이다. 다음 사례에서 우리 집 앞에 장애인시설이 들어오는 것에 찬성한다면 우리 시나 구, 동에 장애인시설이 들어오는 것도 역시 찬성하게 된다. 일반적으로 문항들은 부정적인 정도에서 긍정적인 정도로 배열한다.

Example

거트만 누적척도

항 목	찬 성	반 대
① 우리 시에 장애인시설이 들어오는 것에 대하여		
② 우리 구에 장애인시설이 들어오는 것에 대하여		
③ 우리 동에 장애인시설이 들어오는 것에 대하여		
④ 우리 집 근처에 장애인시설이 들어오는 것에 대하여		
⑤ 우리 집 앞에 장애인시설이 들어오는 것에 대하여		

거트만척도는 연구자가 만든 척도가 완벽한 거트만척도와 일치하는 정도, 즉 단일차원성과 누적성 가정에 얼마나 부합하는가를 검증하기 위해 재생계수(coefficient of reproducibility)를 통해 파악하는데, 재생계수가 1일 때 완벽한 척도구성 가능성을 가지며, 최소 .90은 되어야 한다. 즉, 100명 중 10명 이상 오차가 생기면 곤란하다.

재생계수(CR)=1-[응답자수/(문항수 × 응답자수)

이상에서 설명한 서스톤척도, 리커트척도, 거트만척도를 비교해 보면 다음과 같다.

〈표 4-4〉 **서스톤척도, 리커트척도, 거트만척도의 비교**

특징 \ 척도	서스톤척도	리커트척도	거트만척도
척도 종류	등간척도	서열척도	서열척도
사용 용도	새로운 사실 발견	새로운 사실 발견	가설확인
차 원	단일, 다차원	단일, 다차원	단일차원
문항수	20여 개 미만	20여 개 이상	10여 개 미만
집 단	평가자집단 필요조건	평가자집단 필요 없음	평가자집단 필요 없음

(5) 보가더스척도

보가더스척도(Bogardus scale)는 보가더스(E. S. Bogardus)가 인종별로 선호도를 조사하여 인종적 편견의 강도를 측정하기 위해 고안한 것으로 사회적 거리척도(social distance scale)라고도 한다. 이 척도는 개인, 집단, 인종 등을 대상으로 느끼는 친밀감, 무관심, 혐오감 등을 측정하는 데 사용된다. 척도의 구성은 우선 사회적 거리를 표시하는 많은 의견을 조사한 후 평가자에게 사회적 거리가 가장 먼 것에서 가까운 순서대로 배열시킨다. 이때 식별능력이 없거나 위치가 불분명한 것을 제외하고는 가능하면 등간격에 있는 항목을 선정해야 한다. 이 척도는 ⓐ 집단 상호 간의 거리를 측정할 수 있다는 장점이 있지만, ⓑ 단점으로는 척도점의 등간격을 경험적으로 입증할 수 없고, 명백하게 구별되지 않는 경우도 많으며, 신뢰도는 재검사법만이 가능하다는 것이다.

Example

인종 간의 거리척도

범주(관계를 맺을 용의도)	일본인	중국인	미국인	기 타
① 결혼해서 가족으로 받아들인다.				
② 개인적인 친구를 사귄다.				
③ 이웃으로 같이 지낸다.				
④ 같은 직장에서 일한다.				
⑤ 우리나라 국민으로 받아들인다.				
⑥ 우리나라의 방문객으로만 받아들인다.				
⑦ 우리나라에서 추방한다.				

만일 100명의 한국인 중에 일본인에 대해 문항 1에 30명, 문항 2에 70명이 응답하고, 중국인에 대해 문항 1에 50명, 문항 2에 50명이 응답했다면, 각각 1점과 2점을 부여해 다음과 같이 인종 간의 거리계수를 구한다.

- 한국인과 일본인 간의 거리계수 = {(30명 × 1점) + (70명 × 2점)} / 100명 = 1.70
- 한국인과 중국인 간의 거리계수 = {(50명 × 1점) + (50명 × 2점)} / 100명 = 1.50

(6) 어의차척도

어의차척도(semantic differential scale)는 오스굿(Osgood, 1957)이 제안한 방법으로 사물, 인간, 사건 등에 대한 개념이나 느낌을 일직선으로 도표화된 척도의 양극단에 서로 상반되는 형용사를 배열하여 양극단 사이에서 해당 속성을 평가하는 방법이다. 어의차척도를 이용하여 ○○복지관에 대한 이미지를 묻는 방법의 예는 다음과 같다.

Example

어의차척도

항 목	점 수	항 목
친절하다	7 －－ 6 －－ 5 －－ 4 －－ 3 －－ 2 －－ 1	불친절하다
꼭 필요하다	7 －－ 6 －－ 5 －－ 4 －－ 3 －－ 2 －－ 1	불필요하다
열심이다	7 －－ 6 －－ 5 －－ 4 －－ 3 －－ 2 －－ 1	대충한다
적극적이다	7 －－ 6 －－ 5 －－ 4 －－ 3 －－ 2 －－ 1	소극적이다
친근하다	7 －－ 6 －－ 5 －－ 4 －－ 3 －－ 2 －－ 1	어렵다

이 척도에서는 7점 척도를 주로 사용하며, 각 문항별 평균이나 중앙값을 계산하여 비교하는 프로파일 분석을 주로 사용한다. 이 척도의 ⓐ 장점으로는 다양한 연구문제에 적용이 가능하고 특히 연구대상을 비교하는 데 유용하다. 신속하고 경제적이며, 가치와 태도의 측정에 매우 훌륭하다. 반면에 ⓑ 단점으로는 실제 애매한 경우가 많아 올바른 평가자 집단을 구하기 어렵고, 적절한 개념이나 판단의 기준을 어떻게 선정하느냐가 어려우며, 각 문항 간의 수치가 엄밀히 말해 등간격인지 의문이다.

Tip 스타펠척도

어의차척도와 유사한 방법으로 스타펠(Stapel)척도가 있다. 이 척도는 한 가지 개념에 대하여 0점이 없는 −5에서 + 5점까지의 10점 척도로 측정하며, 점수가 높을수록 해당 항목에 대해 긍정적으로 표현한 것이다. 두 개의 상반된 형용사로 표현할 필요가 없다는 장점이 있지만, 다양한 문제에 적용하기 어렵다는 단점이 있다.

○○복지관에 대한 이미지										
−5	−4	−3	−2	−1	깨끗함	+1	+2	+3	+4	+5
−5	−4	−3	−2	−1	편리함	+1	+2	+3	+4	+5

(7) 소시오메트리

소시오메트리(sociometry)는 집단구성원 간의 친화와 반발을 조사하여 그 빈도와 강도에 따라 집단구조를 이해하는 척도로서, 정신과 의사인 모레노(J. L. Moreno)가 개발한 인간관계 측정방법이다. 소시오메트리 분석을 통해 집단 내 실질적인 지도자를 찾을 수 있고, 그 집단의 파당(cliques)이나 세력의 정도를 측정할 수 있다. 또한 집단구성원과 상호작용의 유형을 통해 개인의 사회적응도를 평가할 수 있으며, 하위집단, 의사소통의 경로, 집단 내 파당의 결속력, 집단의 공식적·비공식적 관계 등 집단 구조를 알 수 있다.

소시오메트리의 ⓐ 장점으로는 경제적이고 단순성과 신축성을 가지고 있으며, 적용범위가 넓고, 높은 계량화가 가능하다. 반면에 ⓑ 단점으로는 시간적·공간적 제약으로 인해 집단 크기에 제한을 받으며, 대상집단은 어느 정도 접촉이 있는 심리적 집단이어야 한다.

시행 절차로는 질문을 작성한 다음에 조사대상에게 면접이나 집단조사를 통해 실시해 결과를 분석한다. 결과분석은 조사대상자의 배열에 있어 순서와 등위를 고려하지 않고 한 사람의 다른 사람(N-1)에 대한 응답을 해당 칸에 적고, 종렬과 횡렬을 합계하면 각 구성원이 선택하고 선택받은 수를 계산할 수 있다(sociomatrix, N × N표). 그리고 이를 바탕으로 구성원 간의 선택이나 배척을 각종 선으로 표시하여 알기 쉽게 소시오그램(sociogram)으로 나타낸다. 소시오그램(sociogram)은 집단구성원들 간의 좋아하는 관계, 무관심, 거부 등의 관계를 나타낸 도표이고, 이를 행과 열로 된 표로 나타내면 소시오메트릭스(sociomatrix)라 한다.

구성원 간에 좋아하는 관계(1), 무관심(0), 거부관계(-1)로 표기한 후 모두 종합하여 집단 내의 자생적 서열구조와 선호인물을 계산해 낼 수 있다. 다음 |그림 4-2|에서 A·B·C와 E·D의 두 하위집단이 존재하고, 비공식 리더는 B이며, F와 G는 외톨이다. 구성원의 선택지위계수(CS : Choice Status index) 공식은 다음과 같다.

선택지위계수(CS) = 개인의 선택된 수 / (구성원 수 - 1)

〈표 4-5〉 소시오메트릭스

	A	B	C	D	E	F	G
A		1	1				
B	1		1				
C	1		1				−1
D	1	1			1		
E		1		1		−1	
F		1					−1
G		1	1			−1	
선택 계	3	6	3	1	1	−2	−2
CS	.50	1.0	.50	.17	.17	−.33	−.33

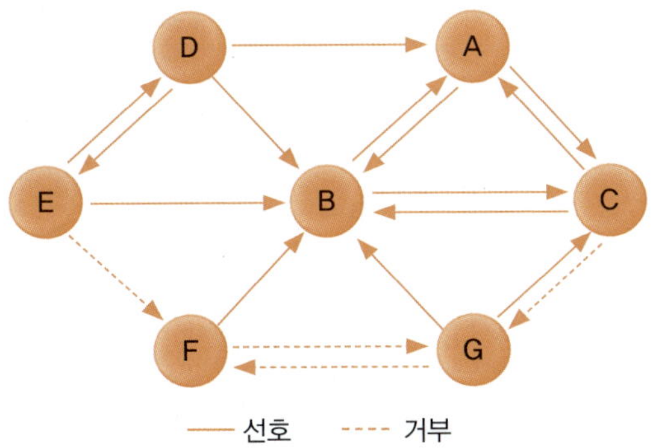

|그림 4-2| 소시오그램

〈표 4-5〉에서 A는 B와 C를 선택하고, B와 C와 D로부터 선택을 받았다. 따라서 A의 선택 지위계수(CS)는 3/(7-1)=0.5이다.

Tip 소시오그램의 활용

소시오그램을 통해 소규모 집단이나 공동체에서 인간관계의 역학구조, 즉 사람들 사이의 상호관계·상호작용·의사소통·리더십·집단구조 등을 잘 알 수 있다. 따라서 가령 학교사회사업에 적용한다면 한 반 내에서의 비공식 리더(짱), 끼리집단, 외톨이(왕따) 등을 가려낼 수 있다. 다음 그림에서 사람 1과 5는 서로 좋아하는 상호흡인쌍의 관계이고, 12번은 인기 있는 스타(혹은 리더)이며, 10번은 다수로부터 선택받지는 못했지만 스타로부터 선택받았으므로 숨은 실력자이다. 2번은 누구로부터도 선택받지 못한 외톨이이며, 9·13·15 세 사람은 집단 내의 다른 구성원들과는 고립되어 있는 일종의 끼리집단이다.

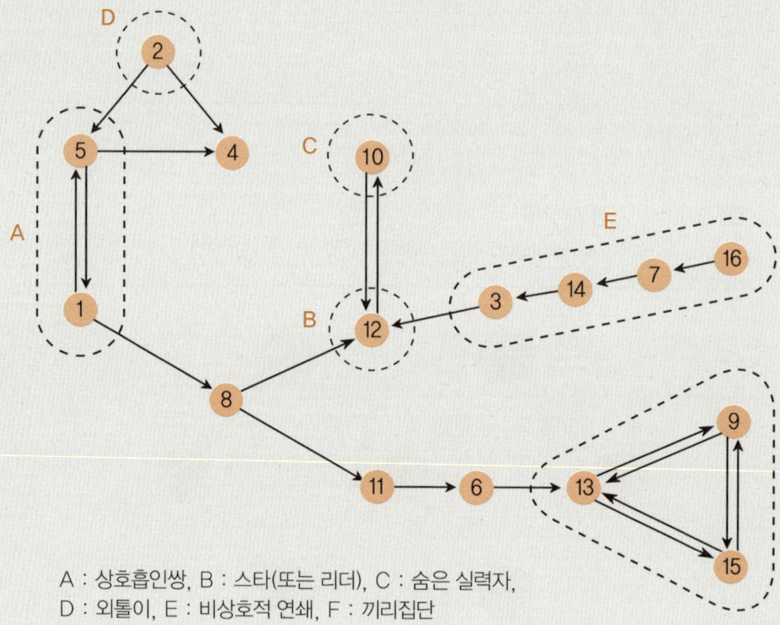

A : 상호흡인쌍, B : 스타(또는 리더), C : 숨은 실력자,
D : 외톨이, E : 비상호적 연쇄, F : 끼리집단

4) 척도형태 결정 시 고려사항

① 가설검정에 사용할 분석기법을 고려하여 적절한 척도형태를 결정해야 한다.

② 척도점의 수를 잘 결정해야 한다. 척도점의 수가 많을수록 민감도는 높아지지만 측정 상의 어려움이 따른다. 구분이 어려운 정의적 행동 특성이나 나이가 어린 집단이라면 2점(예-아니요 혹은 찬성-반대) 내지 4점(매우 찬성-찬성-반대-매우 반대) 정도로 척도점이 작아야 하고, 전문가집단이나 특성의 구분이 세부적으로 가능한 경우에는 척도점이 많을수록 좋다.

③ 척도점의 편중을 고려해야 한다. 객관적인 측정을 위해서는 긍정문과 부정문의 수가 같은 균형 척도가 권장되나, 응답자의 응답이 어느 한 쪽으로 치우친 분포를 가지고 있다는 사실이 알려져 있는 경우라면 이에 맞는 불균형 척도를 사용하는 것이 더 적절할 수 있다. 불균형 척도라면 분석과정에서 이에 대한 교정이 필요하다.

④ 중립점(예를 들어, '그저 그렇다' 혹은 '보통이다')에 대한 고려가 필요하다. 중립점이 없으면 강제로 어느 한쪽을 선택해야 하는 문제점이 있고, 중립점이 있으면 별다른 생각 없이 중립점을 선택하는 경우가 많다.

⑤ '무응답'이나 '모르겠다'는 문항을 두어야 한다. 잘 모르는 경우에 엉뚱한 문항에 대답하게 되어 신뢰도가 떨어지게 되므로 이런 가능성이 있을 경우에는 무응답을 두어 삭제하는 것이 바람직하다.

4. 임상척도 사례

1) 자아존중감 척도

※ 다음의 문항들은 당신 자신에 관한 일반적인 느낌에 관한 질문들입니다. 각 문항들을 잘 읽으시고 여러분의 생각을 잘 나타내 주는 칸에 체크해 주시기 바랍니다.

문 항	매우 그렇다	그렇다	그렇지 않다	전혀 그렇지 않다
1. 대체로 나는 내 자신에 대해 만족한다.				
2. 가끔은 내가 아무런 쓸모없는 인간이라고 생각한다.				
3. 나는 얼마간의 좋은 자질을 갖고 있다고 느낀다.				
4. 나는 대부분의 다른 사람들만큼 일을 잘 할 수가 있다.				
5. 나는 자랑할 것이 많이 없다고 느낀다.				
6. 내가 가끔은 쓸모없다고 확실하게 느낀다.				
7. 나는 최소한 다른 사람들만큼 내가 가치 있는 사람이라고 느낀다.				
8. 나는 내 자신을 좀 더 존중할 수 있으면 좋겠다.				
9. 대체로 나는 실패자라고 느끼는 편이다.				
10. 나는 내 자신에 대해 긍정적인 태도를 갖고 있다.				

척도설명

로젠버그(M. Rosenberg, 1965)의 자아존중감척도(Self-Esteem Scale)는 자신에 대해 느끼는 긍정형 질문 5문항과 부정형 질문 5문항(2·5·6·8·9번)으로 구성되어 있으며, 단일 차원으로 알려져 있다. 모든 문항은 강한 긍정(4=매우 그렇다)에서부터 강한 부정(1=전혀 그렇지 않다)의 4점 리커트척도로 측정하며 단순합계로 채점한다. 부정형 질문은 역점수로 처리해야 하며, 점수가 높을수록 자아존중감이 높음을 의미한다. 원척도는 뉴욕주의 무작위로 선정된 10개 고등학교 5,024명의 학생들을 대상으로 개발되었으며, 저작권이 없어 자유롭게 이용할 수 있다. 신뢰도는 Cronbach's α=.75~85로 보고되고 있다.

2) 우울척도(CESD-R, 2004)

※ 다음의 내용은 사람들이 느끼거나 행동할 (가능성이 있는) 방식을 열거한 것입니다. 지난 일주일 동안 얼마나 자주 이런 식으로 느꼈는지 표시해 주십시오.

문 항	지난 일주일				2주간 거의 매일
	1일 미만	1~2일	3~4일	5~7일	
1. 식욕이 없었다.	0	1	2	3	4
2. 울적한 기분을 떨쳐 버릴 수 없었다.	0	1	2	3	4
3. 무슨 일을 하든 정신을 집중하기가 힘들었다.	0	1	2	3	4
4. 상당히 우울했다.	0	1	2	3	4
5. 잠을 설쳤다(잠을 잘 이루지 못했다).	0	1	2	3	4
6. 마음이 슬펐다.	0	1	2	3	4
7. 도무지 뭘 해 나갈 엄두가 나지 않았다.	0	1	2	3	4
8. 나를 행복하게 하는 것은 아무것도 없었다.	0	1	2	3	4
9. 내가 나쁜 사람처럼 느껴졌다.	0	1	2	3	4
10. 일상 활동에 대한 흥미를 잃었다.	0	1	2	3	4
11 평소보다 훨씬 더 많이 잤다.	0	1	2	3	4
12. 내 움직임이 너무 둔해진 것처럼 느껴졌다.	0	1	2	3	4
13. 안절부절못했다.	0	1	2	3	4
14. 죽었으면 하고 바랐다.	0	1	2	3	4
15. 자해하고 싶었다.	0	1	2	3	4
16. 항상 피곤했다.	0	1	2	3	4
17. 내 자신이 싫었다.	0	1	2	3	4
18. (살을 빼려고) 노력하지 않았는데, 몸무게가 많이 줄었다.	0	1	2	3	4
19. 잠들기가 많이 힘들었다.	0	1	2	3	4
20. 중요한 일에 집중할 수가 없었다.	0	1	2	3	4

척도설명

역학연구 우울척도(CESD-R : Center for Epidemiologic Studies Depression Scale-Revised)는 래들로프 등(Radloff, et al., 1977)이 우울증상 평가를 위해 개발한 척도로, 문항이 간결하고 증상이 존재 기간을 기준으로 정도를 측정하여 지역사회 역학연구에 널리 사용된다. 위 척도는 DSM-IV에 따른 개정판(2004)으로, 총 20문항 5점 리커트 척도로 0점에서 80점까지 평가가 가능하다. 최적 절단점은 16점이고, 한국판에서는 13점이다. 신뢰도는 Cronbach's α=.98 정도이다.

3) 한국형 청소년 인터넷 중독척도(K-Index, 2003)

문 항	전혀 그렇지 않다	때때로 그렇다	자주 그렇다	항상 그렇다
1. 인터넷 사용으로 건강이 이전보다 나빠진 것 같다.	1	2	3	4
2. 인터넷을 너무 사용해서 머리가 아프다.	1	2	3	4
3. 인터넷을 하다가 계획한 일들을 제대로 못한 적이 있다.	1	2	3	4
4. 인터넷을 하느라고 피곤해서 수업시간에 잠을 자기도 한다.	1	2	3	4
5. 인터넷을 너무 사용해서 시력 등에 문제가 생겼다.	1	2	3	4
6. 다른 할 일이 많을 때에도 인터넷을 사용하게 된다.	1	2	3	4
7. 인터넷을 하는 동안 나는 더욱 자신감이 생긴다.	1	2	3	4
8. 인터넷을 하지 못하면 생활이 지루하고 재미가 없다.	1	2	3	4
9. 인터넷을 하지 못하면 안절부절못하고 초조해진다.	1	2	3	4
10. 인터넷을 하고 있지 않을 때에도 인터넷에 대한 생각이 자꾸 떠오른다.	1	2	3	4
11. 인터넷을 할 때 누군가 방해를 하면 짜증스럽고 화가 난다.	1	2	3	4
12. 인터넷에서 알게 된 사람들이 현실에서 아는 사람들보다 나에게 더 잘해준다.	1	2	3	4
13. 오프라인에서보다 온라인에서 나를 인정해 주는 사람이 더 많다.	1	2	3	4
14. 실제에서보다 인터넷에서 만난 사람들을 더 잘 이해하게 된다.	1	2	3	4
15. 인터넷 사용시간을 속이려고 한 적이 있다.	1	2	3	4
16. 인터넷 때문에 돈을 더 많이 쓰게 된다.	1	2	3	4
17. 인터넷을 하다가 그만두면 또 하고 싶다.	1	2	3	4
18. 인터넷 사용 시간을 줄이려고 해보았지만 실패한다.	1	2	3	4
19. 인터넷 사용을 줄여야 한다는 생각이 끊임없이 들곤 한다.	1	2	3	4
20. 주위 사람들이 내가 인터넷을 너무 많이 한다고 지적한다.	1	2	3	4

척도설명

정보통신부와 한국정보문화진흥원(2003)이 개발한 한국형 청소년 인터넷중독 자가진단척도로서, 초·중·고생 2,000명을 대상으로 표준문항을 개발하고 PC방 이용자 등 2,781명을 대상으로 타당성 작업을 거쳤다. 이 척도는 총 40문항의 축소형으로 1~4점의 총합을 계산한다. 고위험군(중·고 53점 이상, 초등 46점 이상)과 잠재적 위험군(중·고 48~52점, 초등 41~45점), 일반사용자군(중·고 47점 이하, 초등 40점 이하)으로 분류할 수 있다. 하위요인으로는 ① 일상생활장애(1~6), ② 긍정적 기대(7), ③ 금단(8~11), ④ 가상적 대인관계 지향성(12~14), ⑤ 일탈행동(15~16), ⑥ 내성(17~20)으로 구성되어 있으며, 요인별로도 고위험군 등을 구분한다. 신뢰도는 α=.87로 보고되고 있다.

요약

1. 측정은 추상적인 개념을 경험화하는 작업으로, 측정을 통해 숫자 형태의 구체적인 자료를 획득한다. 측정은 상호배타성의 원칙과 포괄성의 원칙이 지켜져야 한다.
2. 측정대상의 특성에 따라 측정수준은 달라진다. 측정수준에는 명목측정, 서열측정, 등간측정, 비율측정이 있다. 명목측정은 단순히 분류 내지 확인의 기능만 있고, 서열측정은 순위의 기능이 있다. 등간측정은 서열간격이 서로 동일하고, 비율측정은 측정대상의 속성에 절대적인 영의 값을 가진다. 독립변수와 종속변수가 어떤 측정수준으로 측정되었는가에 따라 사용되는 통계기법이 다르다.
3. 척도란 서로 연관된 여러 문항으로 이루어진 복합적 측정도구를 말하며, 척도를 사용함으로써 단일문항 사용에 비해 측정 오류를 줄이고 측정의 신뢰도와 타당도를 높일 수 있다.
4. 평정척도는 측정대상의 속성을 단일연속선상에 배열해 수치 부여 혹은 범주로 구별하는 방식으로 도표식, 범주식, 숫자-언어식, 점수부여식이 있다. 리커트척도는 여러 문항으로 응답자의 태도를 측정해 합산치를 통해 태도점수를 얻는 방식이고, 서스톤척도는 어떤 사실에 대해 양극단을 등간격으로 구분해 수치를 부여하는 방식이며, 거트만척도는 단일차원의 누적척도이다.
5. 보가더스척도는 흔히 사회적 거리척도라고 불리며, 어의차척도는 일직선의 양극단에 상반된 형용사를 배열하여 해당 속성을 측정하며, 소시오메트리를 통해 집단구성원 간의 친화와 반발의 빈도와 강도를 구조분석할 수 있다.
6. 척도형태를 결정할 때에는 가설검정에 사용할 분석기법, 척도점의 수, 척도점의 편중, 중립점 등을 고려하여야 한다.

CHAPTER

05

신뢰도와 타당도

1. 신뢰도

1) 의 의

신뢰도(reliability)란 측정하고자 하는 현상을 일관성 있게 측정하는 능력, 즉 동일한 개념을 반복 측정했을 때 동일한 측정값을 얻을 가능성을 말한다. 따라서 신뢰도는 측정의 일관성 내지 안정성을 나타낸다. 측정에서 신뢰도는 매우 중요하다. 신뢰도 없는 측정은 결과를 믿을 수 없다. 신뢰도는 측정오차의 크기에 반비례하므로 측정오차가 클수록 신뢰도는 떨어진다.

저울을 이용해 몸무게를 측정한다고 생각해 보자. 동일인을 1분 간격으로 5회 연속 측정했더니 각각 72kg, 65kg, 75kg, 70kg, 68kg으로 나왔다면 이 저울을 신뢰할 수 없을 것이고, 5회 모두 70kg으로 나왔다면 신뢰할 수 있을 것이다. 그러나 70kg이라는 일관된 측정치가 나왔다 하더라도 과연 몸무게가 70kg이 맞는지는 별개의 문제이다. 이것은 타당도에 관한 것이다.

2) 신뢰도 평가기준

① **안정성(stability)** : 하나의 측정도구를 동일대상에게 서로 다른 시점에 측정했을 때 동일한 결과를 나타내야 한다. 측정 시점 간의 간격이 길수록 신뢰도는 떨어질 것이고, 또는 진실값 자체가 변화할 수도 있다. 몸무게 측정에서 1분 간격이라면 진실값이 변화할 수 없지만, 1개월 간격이라면 실제 몸무게가 변화할 수 있다. 안정성은 하나의 측정도구를 동일집단에 대하여 두 번 적용하는 재검사법을 사용하여 확인할 수 있다.

② **동등성(equivalence)** : 하나의 개념을 복수의 문항(지표)으로 측정하더라도 상이한 문항들 사이에 일관성 있는 결과를 나타내는 정도를 말한다. 신뢰성이 높은 도구라면 모든 지표에서 동일한 결과가 나타나야 한다. 문항이 많은 측정도구의 동등성은 반분법으로 검사하며, 반분법을 발전시킨 것이 내적일관성 분석이다.

3) 측정방법

(1) 재검사법

재검사법(test-retest method)은 동일한 측정도구를 이용하여 동일한 상황에서 동일한 대상에게 일정 기간을 두고 반복 측정하여 최초의 측정치와 재측정치가 동일한지의 여부를 평가하는 방법이다. 보통 동일한 측정도구를 동일한 집단의 측정대상자들에게 서로 분리된 상황에서 두 번 측정을 실시하고 그 결과를 상관관계로서 비교한다. 만일 상관관계 계수가 높으면(최소 r≥.40 이상) 측정도구가 좋은 재검사 신뢰도를 가졌다고 결론을 내릴 수 있다.

이 방법은 장기간 변하지 않는 태도의 측정이나 하나의 개념을 하나의 항목으로 측정할 때 이용될 수 있다. 측정간격은 테스트효과를 고려하여 보통 2주에서 4주 정도가 적당하고 6개월을 넘지 말아야 한다. 그러나 이 방법은 두 번의 동일한 검사를 동일한 대상에게 반복하여 실시하므로 테스트효과가 나타날 수 있고, 인간의 속성들이 고정적이지 않고 계속하여 변화하므로 시간 간격을 통해 응답자의 성향이 변화될 수 있다는 단점이 있다.

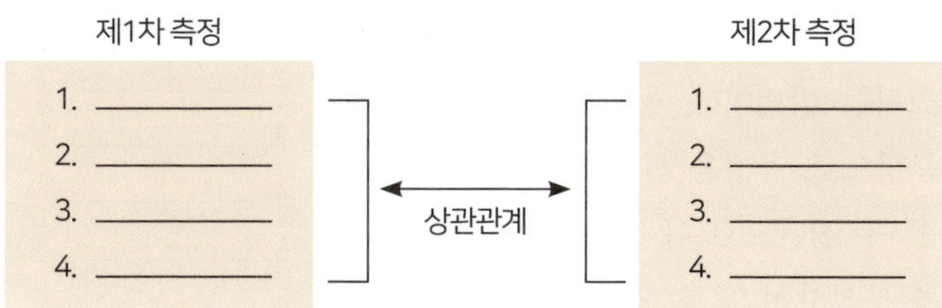

| 그림 5-1 | **재검사법**

(2) 복수양식법

복수양식법(multiple forms techniques) 혹은 유사양식법(parallel forms)은 동일한 개념에 대해 두 가지 유사한 양식의 측정도구를 개발하고 각각의 측정치 간의 일치 여부를 검증하는 방법이다. 이 방법은 동일한 측정을 두 번 실시하는 재검사법에서 나타날 수 있는 한계를 극복하기 위한 것으로, 두 가지 서로 다른 유사한 양식의 측정을 동시에 한 집단에 실시하고 그 결과를 상관관계를 통해 검증한다. 예를 들어, 측정도구 A의 값이 높다면 이와 유사한 측정도구 B의 값 역시 높게 나타난다는 것이다. 그러나 이 방법은 측정도구에 포함된 항목이나 문장들이 어떤 측정대상의 모집단의 한 표본에 지나지 않는다는 논리에 근거하고 있으나, 척도 간의 동등성(equivalence) 확보가 어렵고, 신뢰성이 낮은 경우 실제 신뢰도가 낮은 것인지, 동등성이 확보되지 않았기 때문인지 애매한 점이 있다.

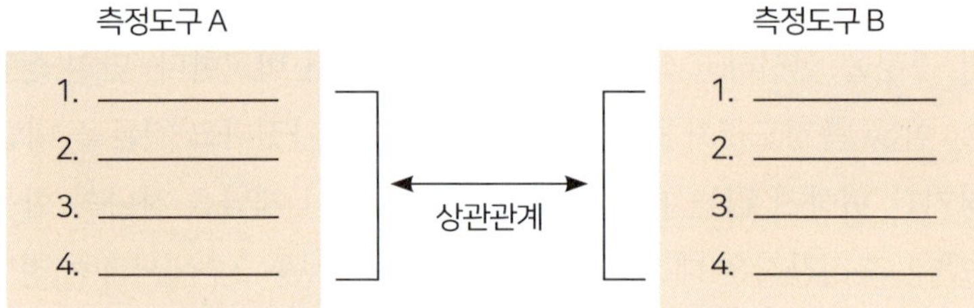

|그림 5-2| 복수양식법

(3) 반분법

반분법(split-half method)은 측정도구를 임의로 반으로 나누어 각각을 독립된 척도로 보고 이들의 측정결과를 비교하는 방법이다. 동일한 개념에 대해 여러 개의 문항으로 측정을 하는 경우에 사용되며, 측정도구를 두 집단으로 나누고 이들 측정치 간의 상관관계를 분석하여 알 수 있다. 측정도구를 두 집단으로 분리하는 방법은 각 문항에 붙여진 번호에 따라 홀수번 항목과 짝수번 항목으로 분류할 수도 있으나 최근에는 무작위로 분류하는 방법이 권고된다.

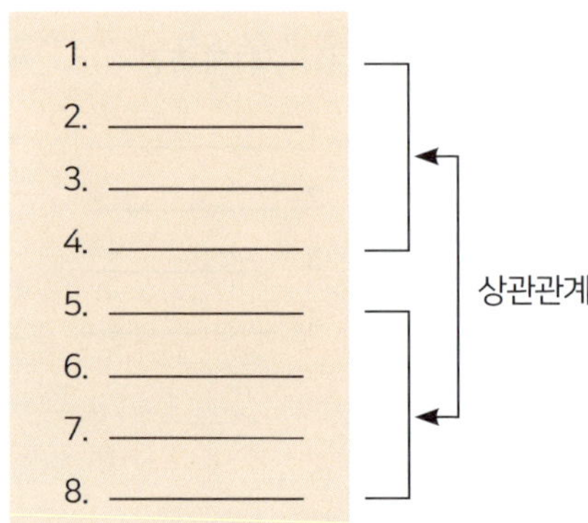

|그림 5-3| 반분법

만일 두 검사에서 얻어진 점수가 유사하다면 개별적 점수가 어느 한쪽의 표집된 문항에 의해서 영향을 받지 않았다고 생각될 수 있으므로 측정도구의 내적일관성을 측정하는 방법이기도 하고, 동등하지 않은 문항을 찾아내 배제할 수 있는 장점이 있다. 그러나 이 방법은 측정도구의 동질성(homogeneity)이 확보되어 측정도구가 같은 개념을 측정한다는 점이 명백

해야 하고, 양분된 측정도구의 문항·항목 수는 그 자체가 완전한 척도를 이룰 수 있을 만큼 충분해야만 이용할 수 있다.

(4) 내적일관성 분석

내적일관성 분석(internal consistency analysis)은 반분법이 지니는 문제점이 단일의 신뢰도 계수를 구할 수 없다는 점에 착안하여 동일한 개념에 대해 여러 개의 항목으로 구성된 척도를 이용할 경우에 해당문항을 가지고 가능한 모든 반분신뢰도를 구하고 이의 평균치를 산출하여 신뢰도를 측정하는 방법이다. 측정도구를 구성하는 여러 개의 항목들을 분석하여 신뢰도를 저해하는 항목을 제외함으로써 신뢰도를 높일 수 있다. 내적일관성 분석을 통해서 얻는 계수를 보통 Cronbach의 α값 혹은 알파계수라고 한다. 메타분석 연구에 의하면 국내 α값 평균은 .7685이고, 항목 수가 많을수록 그리고 척도점의 수가 많을수록 α값은 커지고 표본의 크기와는 부(-)의 관계가 있다(이학식·김영, 1997).

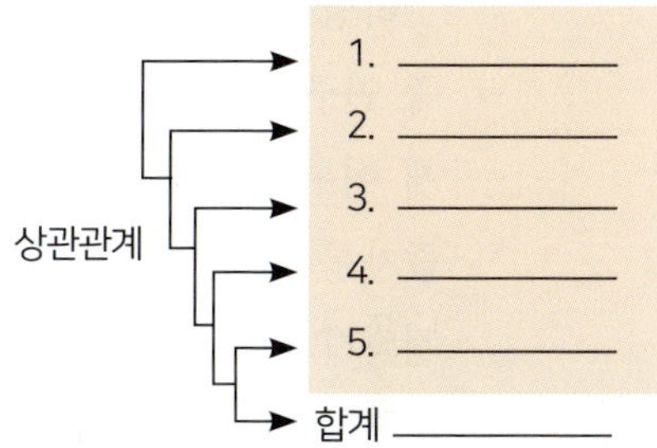

|그림 5-4| 내적일관성 분석

4) 신뢰도 제고방안

- 질문 문항을 분명하게 작성하여 모호성을 제거한다.
- 문항 간의 상관관계가 유사한 경우 문항수를 늘리면 신뢰도는 높아진다.
- 측정자의 태도와 측정방식의 일관성이 유지되어야 한다.
- 측정의 신뢰도를 떨어뜨리는 요인을 찾기 위해 측정 상황 자체를 분석해 본다.
- 응답자가 무관심하거나 잘 모르는 내용은 측정하지 않는 것이 바람직하다.
- 이미 신뢰도가 검증된 기존의 측정도구를 사용하는 것이 안전하다.
- 검사 결과 낮은 신뢰도가 나오도록 영향을 미치는 측정항목은 제외한다.
- 역점수로 된 질문을 사용할 경우 반드시 코딩변경(recoding)해야 한다.

2. 타당도

1) 의 의

타당도(validity)란 측정하고자 하는 개념이나 속성을 얼마나 정확하게 측정했는가의 정도, 즉 연구자가 측정하고자 하는 개념이 실제로 측정되었는가와 그러한 측정이 얼마나 정확하게 이루어졌는가를 의미한다. 지능(IQ)을 측정한다고 생각해 보자. 지능을 측정하기 위해 줄자를 이용해 머리둘레를 측정한 경우 반복 측정에서 동일한 값이 나온다면 신뢰도는 인정되지만, 머리둘레를 측정해서 지능을 알 수는 없다. 결국 타당도는 측정개념이나 속성에 대한 개념적·조작적 정의와 관련된다. 지능이라는 개념적 정의와 머리 크기라는 조작적 정의 사이에는 논리적 관계가 성립되지 않는다.

예를 들어 직업만족도를 측정한다면, 먼저 직업만족이라는 추상적 개념을 측정 가능하도록 개념화하고 조작화하여 측정도구를 만들어야 한다. 임금수준이나 근무시간, 근무환경, 사회적 평판 등과 같은 직업만족도와 관련된 많은 지표들을 선택하고, 이를 평가함으로써 직업만족도를 타당하게 측정할 수 있다. 이러한 다양한 지표들을 통해 측정해야 할 것(직업만족도)을 제대로 측정하고 있는가를 확인하는 절차가 측정의 타당도이다. 타당도는 종류도 많고, 신뢰도의 Cronbach α값 같은 대표적인 기준이 없어 다양한 방법들을 통해 확인한다.

머리둘레를 재서 지능(IQ)을 알 수는 없다.

2) 타당도의 종류

타당도는 내용타당도, 기준관련타당도, 구성개념타당도의 세 가지가 있다.

| 그림 5-5 | 타당도의 종류

(1) 내용타당도

내용타당도(content validity)란 측정도구가 측정하고자 하는 구성이나 개념의 모든 속성을 제대로 측정하고 있는지를 평가하는 타당도이다. 표본이 모집단을 잘 대표해야 하듯이 측정 문항들은 측정하고자 하는 개념이나 속성을 잘 반영해야 한다. 예를 들어, 시험범위가 1~5장까지인데 문제가 1장에서만 출제되었다면 시험의 내용타당도는 떨어진다. 내용타당도는 결국 측정도구가 그 개념을 대표하는 문항의 적절한 표본을 제공하고 있는가를 나타내는 측정도구의 대표성 또는 표본문항 추출의 적절성을 의미하고, 이런 이유로 표면 타당도(face validity) 혹은 논리적 타당도라고도 한다. 그러나 내용타당도는 본질적으로 통계적 검증이 어렵고, 전문가의 주관적 해석과 판단에 크게 의존함으로써 착오가 개입할 여지가 많다.

(2) 기준관련타당도

기준관련타당도(criterion-related validity)란 하나의 측정도구를 사용하여 측정한 결과를 다른 기준을 적용하여 측정한 결과와 비교하여 나타난 관련성의 정도를 의미한다. 이미 타당도가 입증된 다른 기준과 비교하여 타당도를 검토하기 때문에 경험적 타당도라고도 한다. 예를 들어, 영어 성적이 높으면 현재 영어를 잘해야 한다. 기준관련타당도는 검사결과의 효과 발생 기간에 따라 예측타당도와 동시타당도로 구분된다.

① **예측타당도(predictive validity)** : 현재의 검사 결과를 바탕으로 미래의 상황을 예측하는 것이다. 현재의 입사시험 성적을 바탕으로 입사 후 일정 기간이 경과한 후에 업무성

적을 상관분석해서 상관관계가 높다면 현재의 입사시험 성적은 예측 타당도가 높다고할 수 있다.

② **동시타당도**(concurrent validity) : 현재의 영어시험 성적과 현재의 영어회화 실력과 같이 기준변수가 현재 상태를 나타내는 타당도이다. 영어시험 성적이 높다면 영어회화 실력도 좋아야 한다.

(3) 구성개념타당도

구성개념타당도(construct validity)란 연구자가 측정하고자 하는 추상적인 개념인 구성개념이 실제로 측정도구에 의해 제대로 측정되었는지 혹은 추상적인 개념과 측정지표가 어느 정도 일치하는지를 말한다. 즉, 연구에 사용된 이론적 구성개념과 이를 측정하는 측정도구나 측정수단들 간의 일치 정도를 말한다. 구성개념타당도는 개념타당도, 구인타당도 등으로 표현된다. 구성개념타당도는 수렴타당도와 판별타당도를 확보함으로써 높일 수 있다.

① **수렴타당도**(convergent validity) : 동일한 개념을 측정하는 경우에는 서로 다른 측정방법을 사용하더라도 그 측정값은 하나의 차원으로 수렴해야 한다는 것이다. 가령 영어실력이 높은 사람이 TOEIC과 TOEFL 시험을 동시에 치뤘다면 두 시험 모두 높은 점수가 나타나야 한다.

② **판별타당도**(discriminant validity) : 서로 다른 개념을 동일한 측정도구를 사용하여 측정하면 측정값 간에는 차별성이 나타나야 한다는 것이다. 즉, 두 측정결과는 관계가 매우 낮거나 없어야 한다. 가령 영어는 잘하지만 수학을 못하는 A와 수학은 잘하지만 영어를 못하는 B가 동시에 TOEIC 시험을 치뤘다면 A는 점수가 높겠지만 B는 낮을 것이다.

〈표 5-1〉 타당도의 종류

유 형	정 의	타당화 방법	다른 명칭
내용타당도	측정지표(문항)가 지표의 모집단을 대표하고 있는 정도	전문가 검토	•액면타당도 •논리적 타당도
기준관련타당도 •예측타당도 •동시타당도	어떤 개념의 측정지표와 이미 타당도가 검증된 다른 기준과의 상관성의 정도 •기준의 측정시점이 미래인 경우 •기준의 측정시점이 현재인 경우	상관분석 회귀분석 인과모형	 •이해타당도 •경험적 타당도
구성개념타당도 •수렴타당도 •판별타당도	추상적 개념과 측정지표 간의 일치 정도 •동일개념에 대한 상이한 측정방법에 의한 측정값의 상관성 정도 •측정방법에 의한 측정값의 차별화 정도	다속성-다측정법 요인분석	 •집중타당도 •판별타당도

출처 : 남궁근(2010), p. 501.

내용타당도(측정의 자명성), 기준관련타당도(실용적 타당도), 그리고 구성개념타당도(이론적 타당도)라는 타당도의 세 종류는 일종의 단계적·누적적인 성격을 가지고 있다. 뒤의 것은 앞의 것을 이미 내포한다는 의미이다. 구성개념타당도를 판가름하자면 적어도 내용타당도와 기준관련타당도가 전제로 성립해야 하고, 기준관련타당도는 최소한도의 내용타당도를 바탕으로 한다.

3) 타당도 제고방안

- 측정문항을 이론적으로 또는 상식적으로 면밀히 분석한다(논리적 타당화법).
- 측정문항에 관해 전문가들의 의견을 구한다(전문가 의견법).
- 이미 그 태도와 특징을 잘 알고 있는 집단에 적용해 정확히 식별해 내는지 살펴본다[기지(旣知)집단법].
- 측정대상에 단 하나의 기준만이 존재하는 경우는 드물기 때문에 측정의 기초가 되는 몇 가지 독립적인 기준을 사용한다(독립기준법).

4) 신뢰도와 타당도의 관계

신뢰도와 타당도의 관계를 사격을 예로 들어 살펴보자. 사격의 정확성은 여러 번 사격한 결과 모두 표적의 정중앙을 맞추는 것이라고 할 수 있다. 우선 신뢰도가 높다는 것은 반복 사격하더라도 일관성을 의미하므로 탄흔이 좁은 범위에 집중되어야 한다. [그림 A]는 비록 표적의 정중앙을 벗어났지만 탄흔이 일정 부위에 집중되므로 신뢰도는 높다고 할 수 있다. 이 경우 정중앙을 벗어난 만큼 오차를 수정하면(영점조준) 정중앙을 맞출 수 있다.

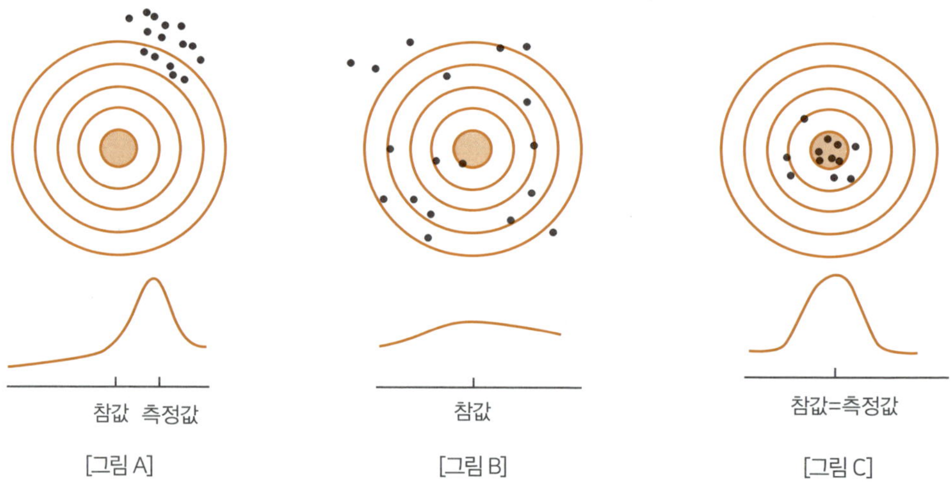

|그림 5-6| 신뢰도와 타당도의 관계

출처 : Rubin & Babbie(2005), p. 198.

한편 타당도란 맞추어야 할 정중앙을 과연 맞추었느냐 하는 것이므로, 탄흔이 모두 표적의 정중앙에 모여 있는 [그림 C]가 타당도가 높다고 할 수 있다. [그림 B]는 신뢰도와 타당도를 모두 상실한 경우이다.

정확한 측정을 위해서는 신뢰도와 타당도를 동시에 확보해야 한다. 신뢰도가 높다고 하여 타당도 역시 높은 것은 아니며, 타당하지만 신뢰할 수 없는 도구가 있을 수 있다. 일반적으로는 타당도가 높아지면 측정도구가 정확해지고, 그 결과 신뢰도 역시 증가한다. 따라서 타당도 확보가 더 중요하다.

타당도 있는 측정은 대체로 신뢰도가 있고, 신뢰도 없는 측정은 타당도 역시 없다. 따라서 측정도구의 신뢰도가 타당도에 비해 확보하기가 용이한 이점이 있기는 하지만 일반적으로 타당도의 수립이 보다 더 가치가 있다. 연구자는 측정도구를 만들 때 신뢰도와 타당도를 동시에 확보할 수 있는 측정도구를 작성하려는 세밀한 노력이 요청된다. 신뢰도와 타당도를 동시에 높이기 위해서는 다음 사항을 실천하여야 한다(강병서·조철호, 2005).

- 개념을 명확히 정의한다.
- 측정절차를 명시해 주는 조작적 정의를 명확하게 정의한다.
- 가능하면 다항목측정을 한다.
- 타당도와 신뢰도를 평가하며, 가능하면 예비 테스트를 실시한다.
- 측정자료가 연구목적에 합당한가, 그리고 연구질문에 답을 제시하고 있는가를 확인한다.

3. 측정오차

1) 의 의

모든 측정값은 어느 정도의 측정오차를 가진다. 측정오차(measurement error)란 조사대상이 가지는 본질적인 속성치(참값)와 조사에 의해 나타난 결과치(측정값)의 차이를 말한다. 추상적인 개념을 구체화하여 측정할 경우 실제의 측정값은 실제의 참값에서 오차가 발생한다.

측정값(X) = 참값(T) + 오차값(e)

실제로 사회복지조사에서 사용되는 대부분의 조사도구는 어떤 물리적인 사실에 대한 측정이 아니라 대상의 태도나 속성과 같은 추상적인 영역의 개념화나 증명이 대부분이므로 측정오차를 완전히 없애기는 사실상 불가능에 가깝다. 따라서 연구자는 실제의 참값을 정확하게 측정하기 위해 정교한 조사방법론의 사용을 통해 측정오차가 최소화되도록 노력해야 한다.

2) 종 류

오차는 표본오차와 비표본오차, 그리고 비표본오차는 체계적 오차와 무작위 오차가 있다. 표본오차와 비표본오차는 각각 독립적으로 발생하므로 두 개의 오차 근원을 동시에 통제해야 한다.

| 그림 5-7 | 측정오차의 종류

(1) 표본오차

모집단 전체를 조사하지 않고 표본을 추출하여 조사하기 때문에 모집단의 실제값과 표본조사의 결과는 정확하게 일치하지 않는다. 그렇게 해서 발생하는 표본통계량과 모집단의 모수와의 차이를 표본오차(sampling error)라 한다. 모집단이 동질적일수록, 표본의 크기가 증가할수록 그리고 표본의 분산이 작을수록 표본오차는 감소한다.

(2) 비표본오차

비표본오차(non-sampling error)는 자료의 수집이나 처리 등에서 발생하는 것으로 실제 측정상 나타나므로 측정상의 오차라고도 한다. 표본의 크기가 커지면 비표본오차도 커진다. 표본오차는 수치로 계산해 낼 수 있지만, 비표본오차는 언제 어디서 어떻게 발생했는지 모르기 때문에 계산해 낼 수 없다. 비표본오차는 체계적 오차와 무작위 오차로 나누어 볼 수 있다.

① **체계적 오차**(systematic error) : 측정대상에 대하여 어떤 영향이 체계적으로 또는 일정하게 미침으로써 그 오차가 항상 일정한 방향으로 나타나 측정결과가 항상 실제값보다 높거나 낮게 나타난다. 주로 ⓐ 측정도구가 적절하지 않거나, ⓑ 연구자의 편견, ⓒ 문화적 차이 등에서 발생하며, 일정한 일관성을 띠기 때문에 보완을 통해 제거할 수 있다.

② **무작위 오차**(random error) : 일정한 유형 없이 측정과정에서 우연히 일시적 사정에 의해 나타나는 오류이다. 주로 ⓐ 조사대상자의 기분이나 동기, 관심 등의 개인적 속성, ⓑ 조사장소의 소음, 조명, 좌석 배치, 시간 등의 상황적 요인, ⓒ 연구자의 외모와 성별, 연령 등의 사무적 요인 때문에 발생한다. 무작위 오차가 0이라면 그 측정은 신뢰도가 매우 높다. 무작위 오차는 우연히 일시적으로 발생하므로 오차값이 다양하고 통제하기 어렵다. 따라서 적절한 환경적 요소의 조정이 선행되어야 하고, 또한 지속적으로 측정도구와 측정방법을 개선해야 한다.

요약

1. 신뢰도란 동일한 개념을 반복측정했을 때 동일한 값을 얻을 가능성을 의미하며, 측정방법으로는 재검사법, 복수양식법, 반분법, 내적일관성 분석이 있다. 신뢰도를 높이려면 문항의 모호성을 제거하고, 측정자의 태도와 측정방식의 일관성을 유지하며, 유사한 여러 문항을 사용해 신뢰도를 떨어뜨리는 문항을 제거한다.

2. 타당도란 측정하고자 하는 개념이나 속성을 얼마나 실제에 가깝게 정확히 측정했는가의 정도로서, 내용타당도, 기준관련타당도, 구성개념타당도로 구분된다.

3. 내용타당도는 측정도구가 측정하고자 하는 개념의 모든 속성을 진정으로 측정하고 있는가의 정도이며, 기준관련타당도는 측정도구의 측정결과와 기준이 되는 다른 측정도구의 측정결과 간의 관계를 비교해 파악하며 예측타당도와 동시타당도로 구분된다. 구성개념타당도는 연구자가 측정하고자 하는 추상적인 개념이 실제로 측정도구에 의해 제대로 측정되었는지의 정도로서, 수렴타당도와 판별타당도로 구분된다.

4. 측정도구는 타당도와 신뢰도를 동시에 확보해야 한다. 보통 신뢰도가 있더라도 타당도는 결여될 수 있다. 그러나 타당도가 있으면 일반적으로 신뢰도가 있다. 신뢰도와 타당도를 동시에 높이려면 개념과 조작적 정의를 명확히 하고, 가능하면 다항목으로 측정하며, 예비 테스트를 실시한다.

5. 측정오차는 참값과 측정값과의 차이로서, 표본오차와 비표본오차로 나눌 수 있다. 비표본오차는 다시 체계적 오차와 무작위 오차가 있다. 체계적 오차는 일관성을 띠기 때문에 보완을 통해 제거할 수 있지만, 무작위 오차는 통제하기 어렵다.

CHAPTER

06

자료수집

1. 자료의 수집

1) 의 의

자료수집이란 연구문제에 대한 해답을 얻거나 가설을 위해 연구대상에 관한 정보를 일련의 숫자들로 전환하여 통계적으로 처리 가능하도록 가공하는 것이다. 연구자는 조사 목적이나 자료 특성에 맞게 적합한 자료수집 방법을 결정해야 한다.

2) 자료의 종류

(1) 자료 성격에 따른 분류

① **1차 자료**(primary data) : 연구자가 조사연구 목적 달성을 위해 직접 수집한 자료를 말한다. 1차 자료는 연구자가 적절한 조사설계를 통해 수집된 자료이므로 신뢰도와 타당도가 대체로 높다. 그러나 자료수집에 시간과 비용이 많이 소요된다. 적절한 2차 자료가 없는 경우에 한해 1차 자료를 수집하는 것이 경제적이다.

② **2차 자료**(secondary data) : 조사연구에 도움을 줄 수 있는 기존의 모든 자료, 즉 연구자가 직접 수집하거나 작성한 1차 자료를 제외한 모든 자료를 말한다. 주로 개인적 문서, 업무서류철, 공공기관에서 구하는 자료 등이 있다. 2차 자료는 기성자료(ready-made data)이므로 수집이 쉽고 비용이 저렴하며 시계열 자료 수집이 가능하다는 장점이 있는 반면에 측정단위, 조작적 정의 등이 연구자의 조사 목적에 일치하지 않는 경우가 많다.

문서는 조사연구의 2차 자료이다.

〈표 6-1〉 1차 자료와 2차 자료 비교

1차 자료	구 분	2차 자료
당면한 조사문제 해결	수집목적	다른 목적
상당한 노력 필요	수집과정	신속하고 쉬움
고비용	수집비용	저비용
오랜 시간	수집기간	짧은 시간

(2) 정보원에 따른 분류

① **자기보고 자료** : 연구대상자로 하여금 스스로 보고하도록 하는 것으로, 설문지에 응답하게 하거나 면접을 통해 질문에 답변하는 자료이다. 설문조사는 단기간에 적은 노력과 비용으로 다수의 응답자를 대상으로 조사가 가능하다는 장점이 있고, 면접법은 구두로 질문하고 대답을 듣는 방식이므로 응답률이 높을 뿐만 아니라 어려운 질문도 잘 설명해 주어 신뢰성 높은 대답을 얻을 수 있다.

② **행동적 자료** : 언어적 또는 비언어적 행동을 관찰하여 수집한다. 조사 목적에 맞게 사람들의 행동을 관찰하거나 기록하여 분석한다. 대화나 연설 내용을 기록하거나 행동 등을 비디오 등을 사용하여 행동적 자료를 수집할 수 있다.

③ **생리학적 자료** : 흔하지는 않지만 심장 박동, 동공 수축, 체온 변화 같은 생리학적 자료는 사회적 상호작용의 일반적 형태를 측정하는 데 사용될 수 있다. 생리학적 자료는 사이코캘버노미터, 동공카메라 같은 과학기기를 이용하여 측정하고 수집한다.

3) 수집방법의 선택 기준

(1) 현지 상황(field condition)의 특성

① **시간적 여유** : 관찰법이 가장 많은 시간을 소요하며, 면접법은 설문지법보다 많은 시간을 소요한다. 2차 자료는 이미 관찰되고 기록된 자료를 사용하므로 가장 적은 시간이 소요된다(관찰법 > 면접법 > 설문지법 > 2차 자료).

② **자료수집 현장의 복잡성** : 연구 상황이 복잡할수록 관찰법이 가장 적합하고 면접법이 설문지법보다 적합하다. 2차 자료의 경우 기존 보고서 외의 경우에는 단순한 사건만을 기술하므로 가장 부적합하다(관찰법 > 면접법 > 설문지법 > 2차 자료).

③ **모집단의 크기** : 모집단의 크기가 커질수록 2차 자료의 사용이 가장 적합하다. 원자료 사용은 시간과 비용의 제한이 있으므로 설문지법 > 면접법 > 관찰법의 순서로 적합하다.

④ **조사대상자 분포** : 공간적으로 널리 분포되어 있는 경우 2차 자료의 사용이 가장 편리

하고 관찰법은 비교적 공간적으로 밀집된 모집단에서만 가능하다.

⑤ **조사대상자 참여의욕** : 참여동기가 클 때에는 설문지법이 면접법보다 유리하고, 응답자가 정보제공을 꺼리거나 관찰되고 있다는 사실에 예민하게 반응하는 경우에는 관찰법이 적합하다.

⑥ **조사대상자의 자료제공능력** : 참여관찰법은 연구자의 개인적 경향에 근거하여 관찰하므로 자료제공자의 능력을 적게 필요로 하는 반면에 면접법은 면접자가 여러 가지 방법으로 응답자를 보호하여야 하고, 설문지법의 경우 필요한 정보를 스스로 해석하는 능력이 필요하고, 공공기관의 요청으로 개인이 기입한 2차 자료는 가장 높은 정보제공능력이 필요하다(2차 자료 > 설문지법 > 면접법 > 관찰법).

| 그림 6-1 | **현지 상황 특성에 따른 자료수집 방법**

(2) 자료수집 방법의 타당도와 신뢰도

자료수집 방법의 타당도는 어떤 기법이나 도구에 의해 수집된 자료가 연구자가 원래 얻고자 했던 자료와 일치하는 정도를 말하는 것이고, 신뢰도란 동일한 절차를 동일한 조건에서 반복 적용했을 때 동일한 자료를 얻는 정도를 의미한다. 자료수집 방법에서 일반적으로 타당도가 높은 자료는 신뢰도가 낮고(비구조화된 방법), 신뢰도가 높은 자료수집 방법은 타당도가 낮다(구조화된 방법). 따라서 비구조화된 직접참여관찰이나 면접은 2차 자료와 설문지에 비해 타당도가 높은 반면에 신뢰도는 낮다. 반대로 구조화된 방법인 2차 자료와 설문지는 신뢰도가 높다.

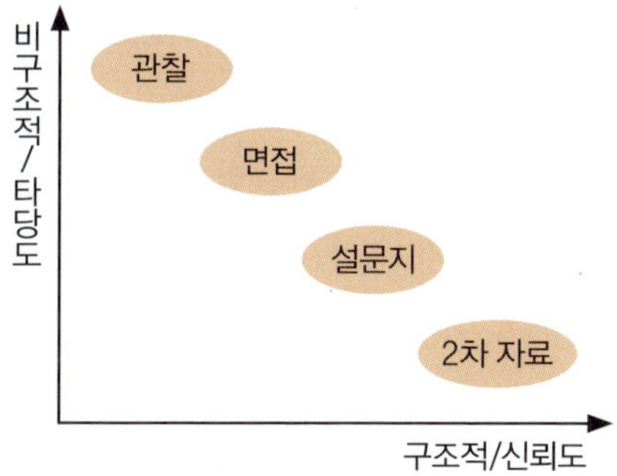

| 그림 6-2 | 자료수집 방법의 타당도와 신뢰도

(3) 자료수집 비용

일반적으로 연구자의 직접관찰법에 가장 많은 비용이 소요된다. 관찰자가 연구의 전 과정에 걸쳐서 연구현장에 참여하기 때문이고, 특히 비구조화 관찰법을 사용한다면 엄청난 양의 자료를 기록하고 재검토해야 하므로 자료처리 비용이 많이 소요된다. 다음으로 면접법이 설문지법보다 많이 소요된다. 면접자를 채용하고 여행비용을 책정하는 등 상당한 부대비용이 필요하기 때문이다. 따라서 2차 자료를 사용하는 방법이 가장 저렴하다.

그러나 자료수집의 비용은 항상 연구자의 연구목적의 달성 정도에 비추어서 결정되어야 한다. 비록 자료수집 비용이 저렴하다고 하더라도 수집된 자료가 연구목적을 달성하는 데 기여할 수 없다면 연구 자체의 질은 크게 떨어지게 된다.

2. 관찰법

1) 의 의

관찰법(observational method)은 연구대상을 통제하지 않고 일정한 시간에 걸쳐서 연구대상의 행태를 지켜보고 들으며 관찰결과를 기록하는 방법이다. 따라서 활동이나 행동을 주의 깊고 세심하게 주시하는 것과 관찰된 내용을 기록하는 일이 매우 중요하다. 일반적으로 관찰(observation)이란 인간의 감각기관을 매개로 하여 사물이나 현상을 인식하는 가장 기본적인 방법을 말하므로 사회복지를 비롯한 사람을 대상으로 하는 모든 연구는 어떤 형태로든 관찰을 포함한다.

보통 관찰법은 자료수집 방법일 뿐만 아니라 조사결과의 해석에 부가적 자료를 수집하기 위한 방법으로도 사용되며, 면접이나 설문지를 통해 얻기 어려운 자료를 얻는다거나 다른 조사에서 얻은 자료를 보완하는 데도 사용된다. 사실 실험연구가 주로 양적연구인 것과 달리 관찰은 특정 상황이나 행동 등이 지닌 질의 측정과 관련된 질적연구에 가깝다. 가령 1774년 페스탈로치(J. H. Pestalozzi)가 직접관찰을 통해 42개월 된 아들의 발달을 관찰·기록하여 연구물로 발표된 것이 체계적인 아동연구의 시초가 되었고, 피아제(J. Piaget)의 아동인지발달이론 역시 직접관찰에 의존하였다.

아기는 관찰해야 알 수 있다.

그러나 조사방법으로서의 관찰은 일상적 관찰과 구별되어야 한다. 이를 위해서는 계획된 조사목적에 공헌해야 하고, 체계적으로 계획되어야 하며, 관찰결과를 체계적으로 기록할 수 있어야 하고, 그 타당도와 신뢰도에 대한 검증과 통제가 가능해야 한다.

2) 장단점

(1) 장점

- 현장에서 직접적으로 자료를 포착하므로 살아 있는 자료를 수집할 수 있다.
- 비언어적 자료 등 자기보고를 하기 어려운 경우도 가능하다. 유아·동물 등 자기 행위나 감정을 표현하지 못하는 경우나 표현능력이 부족한 연구대상에 적합하다.
- 피조사자가 조사에 응하지 않을 때도 가능하다.
- 행동으로 나타나는 것을 관찰하므로 설문지법·면접법의 응답과정의 오차가 감소한다.
- 연구대상의 무의식적인 행동을 응답자가 정확히 인식하지 못하는 경우에도 측정이 가능하다.

(2) 단점

- 겉으로 드러난 현재 상태만을 관찰할 수 있고 내면적인 특성이나 과거 사실에 대한 자료를 수집할 수 없어 계량화가 어렵다.
- 관찰과 관찰시점의 해석상 관찰자의 주관이 개입된다.
- 관찰하고자 하는 사건이 발생할 때까지 기다려야 하므로 통제가 어렵다.
- 인간의 감각기능·시간·공간·지적 능력의 한계가 있다.
- 관찰조사는 연구자가 항상 현장에 있어야 한다.
- 범죄나 성행위와 같이 관찰이 불가능한 행동이 있다.
- 응답자가 관찰 당하고 있다는 것을 알고 있을 경우 평소와 다른 행동양식을 보이므로 익명성을 확보하기 곤란하다.
- 시간과 비용 등의 실질적인 부담이 크다.
- 행동양식은 태도나 신념에 비해 쉽게 변할 수 있어 조사결과가 일시적인 것이 될 수 있고 따라서 조사결과의 일반화에 제약을 받는다.

3) 종 류

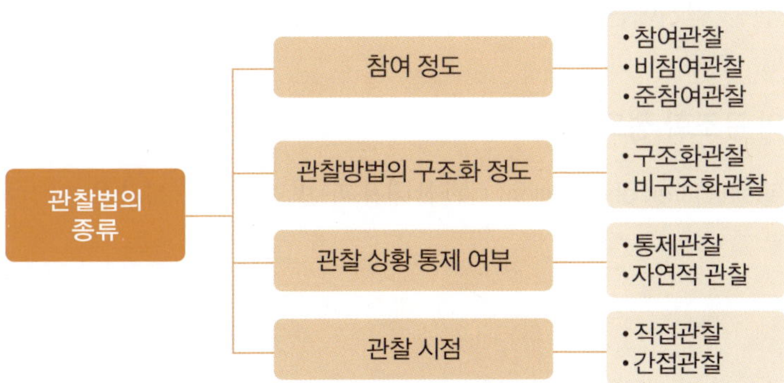

| 그림 6-3 | 관찰법의 종류

(1) 참여 정도

① **참여관찰**(participant observation) : 예를 들어, 노숙자의 행동 특성을 연구하고자 실제

서울역 앞에서 노숙자 노릇을 하며 다른 노숙자들과 어울리는 경우와 같이 관찰자가 관찰대상집단 내부로 침투하여 구성원의 하나가 되어 그들과 함께 생활하거나 활동하면서 관찰하는 방식이다. 따라서 피관찰자와 의미 있는 접촉을 유지할 수 있으며 대상집단이 숨기고자 하는 행위에 대해서도 자연스럽게 관찰할 수 있는 장점이 있다. 그러나 이 방법은 폭력조직이나 성매매여성과 같이 구성원으로 침투하기도 어렵고 구성원으로 행동하기도 어려운 경우와 같이 적용 가능한 범위가 제한되어 있고, 관찰대상과 융화되어 객관성을 잃을 우려가 있으며, 자료의 표준화가 곤란한 단점이 있다.

② **비참여관찰**(non-participant observation) : 연구자가 관찰대상집단의 외부에서 관찰대상의 행태를 관찰하지만 관찰대상집단의 구성원과 어떤 상호작용도 하지 않고 제3자적 입장에서 거리를 유지하는 방식이다. 따라서 연구자가 관찰대상집단에 자신의 신분과 조사목적을 알리고 허락을 받은 후에 실시하는 방식과 전혀 알지 못한 상태에서 실시하는 방식이 있다. 비참여관찰은 객관적인 사실을 얻기에는 유용하나 피관찰자가 관찰당한다는 사실을 알게 되면 자연스럽지 못한 행동을 유발할 수 있는 단점이 있다.

③ **준참여관찰**(quasi-participant observation) : 중간형태로 관찰자가 참여자임을 밝히고 관찰대상과 자연스럽게 어울리면서 객관성을 유지하는 방식이다. 비참여관찰과 같이 객관적인 사실을 얻기에는 유용하나 호손 효과와 같은 문제점이 발생할 수 있다.

(2) 관찰방법의 구조화 정도

① **구조화관찰**(structured observation) : 관찰내용과 방법·시기·시간을 사전에 결정해 놓고

읽어보기 길모퉁이 남자들·하루 동안의 갱단 두목

- 엘리엇 리보우(E. Liebow, 1925~1994)는 워싱턴 D.C. 슬럼가에서 1년여를 생활하면서 탤리 모퉁이 캐리아웃상점 주변에서 살아가는 남성들의 전형적인 표출행동과 습관 등 일상적인 삶을 직접관찰하여 자세히 기록하였다. 이를 통해 흑인 저소득층의 빈곤문제 실태와 빈곤정책의 문제점을 심층적으로 분석하였다.
- 수디르 벤카테시(S. Venkatesh, 1966~)는 갱단이 지배하는 시카고 도심의 빈민지역에 들어가 10년간 마약상·마약중독자·성매매여성·포주 등과 어울려 생활하며 도시 빈민의 일상을 참여관찰 하였다. 또한 갱단 두목과 친하게 지내며 비밀장부를 입수하여 『괴짜경제학』으로 유명한 스티븐 레빗(S. Levitt)과 함께 지하경제에 대한 여러 논문을 발표했다.

관찰하는 방식으로, 즉 무엇을 관찰하고 기록할 것인가를 사전에 구체적으로 결정한 다음 체크리스트와 같은 도구를 사용하여 관찰결과를 기록하고 자료의 계량적 분석에 대비하는 방식이다. 따라서 관찰내용을 구체적으로 정하고 관찰도구의 표준화를 시도한다는 의미에서 체계적 혹은 조직적 관찰이라고도 한다.

② **비구조화관찰(unstructured observation)** : 관찰대상·방법·시기·시간이 분명하게 규정되지 않은 상태에서 관찰하는 방식이다. 비구조화관찰은 참여관찰을 할 때 부수되는 여러 가지 문제, 예를 들어 인간의 감수성이나 편견, 선택적 지각 등에 항상 주의를 기울임으로써 객관적 연구태도를 유지할 수 있고 이 방법의 단점을 극복할 수 있다. 주로 탐색적 연구에 흔히 사용된다.

(3) 관찰 상황에 대한 통제 여부

① **통제관찰(controlled observation)** : 관찰자가 관찰 상황을 인위적으로 통제한 상황에서 관찰이 이루어지는 방식으로 실험실이나 현지실험의 상황에서 관찰결과를 체계적으로 기록한다.

② **자연적 관찰** : 자연적 상황에서 행동이 일어나는 시점까지 기다려 관찰이 이루어지는 방식이다.

(4) 관찰 시점

① **직접관찰** : 관찰자가 대상의 행동을 직접 관찰하는 방식이다. 따라서 대상자의 행위가 발생할 때까지 기다려야 하는 불편함이 있고, 시간과 비용이 많이 든다.

② **간접관찰** : 관찰대상의 행동이 일어난 후에 흔적이나 마모, 녹화 등을 관찰하는 것이다. 간접관찰은 ⓐ 직접관찰이 불가능할 때, ⓑ 관찰해야 할 행동이 이미 일어났을 때, ⓒ 직접관찰보다 더 유용한 관찰이라고 판단될 때 사용된다. 간접관찰은 주로 마모(erosion)나 쌓여진 첨증(accretion) 같은 물리적 흔적 관찰과, 신체 외형과 물리적 표식, 표현적 동작, 물리적 위치, 언어 행동 같은 단순관찰이 있다. 예를 들어, 잔디밭에 사람들이 다니기에 가장 편한 보행로를 만들 경우 잔디밭의 어느 부분으로 가장 많

이 다니는지 직접관찰하기보다는 몇 달 지나지 않아서 잔디밭 내에 사람들이 가장 많이 지나다닌 자연스러운 흔적이 남게 되므로 이를 간접관찰하면 된다(강영걸·박성복, 2008).

4) 관찰의 방법

(1) 관찰 절차

관찰 절차는 1단계에서 무엇을 위해 관찰을 하려고 하는지에 대한 연구목적을 분명히 설정하고, 2단계에서 누구를 관찰자로 할 것인지, 3단계에서 어떤 내용을 관찰할 것인지, 4단계에서 누구를 대상으로 관찰할 것인지, 5단계에서 관찰시기는 언제인지와 장소는 어디서 할 것인지, 6단계에서 관찰방법과 관찰된 결과를 어떻게 기록할 것인지를 결정해야 한다.

〈표 6-2〉 **관찰 절차**

단 계	연구주제	연구전략
1단계	연구목적 설정	• 무엇을 알아보기 위해 관찰할 것인가를 결정한다.
2단계	관찰자 결정	• 연구자가 직접 관찰할 것인가, 훈련받은 다른 사람들을 관찰자로할 것인가를 결정한다. • 관찰자료의 신뢰성을 확보하기 위해 복수의 관찰자를 두는 문제도 고려해야 한다.
3단계	관찰내용 결정	• 어떤 내용을 관찰할 것인가를 결정한다.
4단계	관찰대상 결정	• 누구를 관찰할 것인가를 결정해야 한다. • 연령, 성별, 지역, 소득, 학력 등 인구 특성을 고려해야 한다.
5단계	관찰시기 및 장소 결정	• 언제, 어디서 관찰할 것인가를 결정한다.
6단계	관찰방법 및 기록방법 결정	• 관찰방법(직접 현장관찰, 비디오카메라, 녹음기 등) • 행동적 내용은 필기도구로 기록할 것인지 결정해야 한다.

출처 : 김아영(2000), pp. 17-19.

(2) 관찰대상 표집

① **시간표집(time sampling)** : 관찰할 시간을 설정하여 그 시간 동안 발생하는 특정 행위나

사건을 주기적으로 기록하는 방법이다. 시간표집의 대상은 먹기, 놀기, 사회적 상호작용 등과 같이 비교적 자주 일어나는 대표적 행동이어야 한다. 이 방법은 비교적 짧은 시간 동안에 많은 행동을 표집할 수 있고, 기록과 분석이 용이하다는 장점이 있지만, 자주 나타나는 행동들에 대해 제한되며 행동의 원인이나 질적인 측면에 대해서는 분석하기 어렵다.

② **사건표집(event sampling)** : 특정 행동의 출현을 확인하고 행동이 일어나는 순서를 파악하기 위한 방법으로서 관찰의 단위가 시간 간격이 아닌 특정 행동이나 사건 그 자체이다. 이 방법을 적용하기 위해서는 우선 관찰하고자 하는 행동이나 사건을 명확히 정하고, 언제, 어디서 그러한 행동을 관찰할 것인지를 규정해야 한다. 이 방법은 특정 행동과 그 행동이 일어난 맥락에 대한 자세한 분석이 가능하지만, 특정 행동이 발생할 시간을 예측하기 어려운 단점이 있다.

〈표 6-3〉 **시간표집과 사건표집 비교**

시간표집	비교내용	사건표집
행동, 사건의 존재 유무	연구의 초점	행동, 사건의 특성
시간 단위	측정의 단위	특수한 사건 및 행동
행동의 빈도나 지속시간	정보의 종류	행동의 순서 및 전후관계
빈도표, 체크리스트	기록 방식	빈도표, 체크리스트, 서술

(3) 관찰 단위

관찰내용을 설화형식으로 서술하거나 척도에 맞추어 등급을 매길 경우에는 비교적 큰 단위를 사용하고, 범주체계를 이용하는 경우에는 보다 작은 단위를 사용한다.

(4) 관찰 목록

관찰을 시작하기 전에 우선 제반 여건을 기초로 관찰목록을 작성한 후에 이에 따라 관찰을 시작해야 한다. 관찰목록은 참여자, 환경적 배경, 목적, 사회적 행위, 빈도와 지속도 등이 포함되도록 작성한다. 다만, 이런 목록내용이 모든 경우에 동일하게 적용되는 것은 아니고 때에 따라 일부분만을 관찰하는 것이 더 필요한 경우도 있다.

(5) 피관찰자와의 관계

연구자는 관찰을 시작하기 전에 피관찰자에게 자신의 신분을 밝힐 것인지 여부를 미리 결정해야 한다. 일반적으로는 피관찰자들이 관찰되고 있음을 알게 하는 것이 인권과 도의적 차원에서 옳고, 경우에 따라 동의서를 첨부해야 하는 경우도 있다. 그러나 관찰사실을 알게 되면 의도적으로 다른 행동을 하여 부정확한 관찰이 될 수 있으므로 관찰자의 존재를 숨길 수 있다거나 관찰사실을 알리되 참여의 정도나 관찰대상을 정확하게 알리지 않을 수 있다. 위장에 의한 관찰이 피관찰자에게 해가 되지 않고 조사가 올바르고 효과적인 경우도 있기 때문이다.

5) 관찰의 기록

(1) 기록의 시기

가장 바람직한 관찰기록의 시기는 일반적으로 관찰이 끝난 직후 현장에서 기록하는 것이다. 그러나 촬영기나 녹음기 등 기구를 사용하는 경우라면 후에 이들 기구에서 추출하여 기록하게 되며, 관찰한 행위를 요약하기 위해서 설화적 설명이나 척도를 이용할 때에는 관찰기간이 지나간 뒤에 자료가 기록된다.

(2) 기록자의 관점과 추리

관찰의 단점 중 하나는 그 행위가 일어난 결과만을 알 수 있지 왜 그러한 행위를 하였는지 내심의 의사는 알 수 없다. 따라서 관찰자가 관찰결과를 기록할 때 누구의 관점, 즉 행위자인지 행위의 상대방인지 혹은 제3자적 관점에서 기록해야 할지 사전에 판단해야 한다. 대부분의 경우 부정확한 관찰과 무리한 추리를 막기 위해 제3자적 관점을 택하는 것이 바람직하다고 알려져 있다. 또한 관찰자는 행위의 원인이나 이유를 추리하게 되는데 행위자에게 묻지 않고서는 정확하게 알기는 어렵다. 따라서 추리의 정도는 관찰자로 하여금 정확한 동작이나 행동을 일어난 그대로 정확하게 기록하게 함으로써 최소화하여야 하고, 추리해야 할 경우라도 중간 정도만 하는 것이 바람직하다.

(3) 기록 방법

관찰기록 방법으로는 자필에 의한 방법이 주로 사용되었으나 최근에는 비디오가 많이 사용된다. 기록 방법으로는 다음과 같은 방법이 있다

① **일화기록법**(anecdotal record) : 개인의 특성을 이해하기 위하여 개인의 구체적 행동이나 어떤 사건과 관련된 일들을 직접 관찰하여 기록하는 방법이다. 구체적인 절차나 양식이 정해져 있지 않고, 일기 쓰듯이 기술하는 방식이다. 돌발적인 행동이나 사건을 관찰하여 기록할 때 유용하다. 따라서 사건 즉시 육하원칙에 따라 기록하여야 하며, 관찰한 사실과 관찰자의 해석은 명확히 구분하여 기록한다.

② **표본기록법**(specimen record) : 미리 정해 놓은 시간, 인물, 상황 등에 따라 관찰된 행동이나 사건내용을 기록하고, 그것이 일어나게 된 환경적 배경을 상세하게 이야기하는 식으로 서술하는 방법이다. 현장에서 일어나는 행동의 진행상황을 이야기식으로 기록하기 때문에 진행기록 또는 설화적 기술이라고도 한다.

③ **점검표**(check list)**와 평정지 기록법** : 점검표는 관찰하고자 하는 행위나 내용이 발생하였을 때 일정한 서식에 따라 이를 기록하는 방법으로, 행동유형의 분류나 관찰행동을 분류할 때 주로 사용된다. 평정지는 관찰자가 관찰한 내용을 3단계나 5단계의 척도에 의하여 평정하는 방법으로 면접뿐만 아니라 관찰연구에도 면접대상자의 태도, 인상, 가치관, 느낌 등을 평정하기 위하여 많이 사용된다.

(4) 기록의 내용

관찰기록의 내용은 관찰개요, 관찰기록, 총평으로 구성된다. ⓐ 관찰개요는 관찰의 일시와 장소, 프로그램명, 참가대상자, 관찰자, 관찰목표, 관찰내용 요약, 관찰평가 요약, 특기사항으로 구성되고, ⓑ 관찰기록은 현장 상황 묘사, 참가자의 특징, 담당 사회복지사의 특징, 프로그램 진행과정, 기타 현장활동의 특징 등으로 구성된다. ⓒ 총평에서는 프로그램에 대한

요약과 총평, 이를 토대로 한 결론을 정리한 후 프로그램 자체의 개선방안과 프로그램 활성화를 위한 정책적 제언, 그리고 기타 개인적 의견이나 느낌 등을 적도록 구성할 수 있다.

(5) 도구

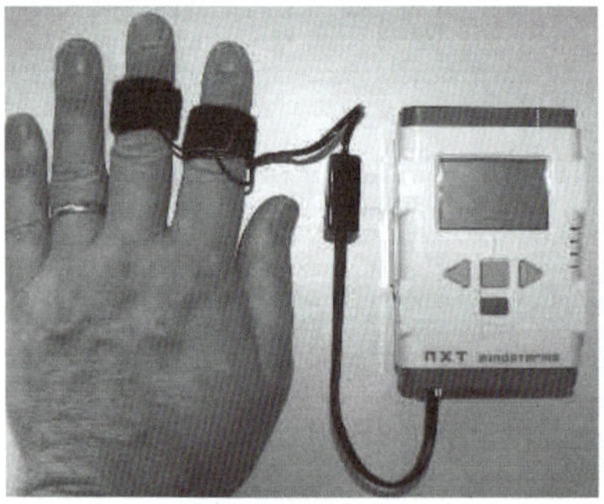
사이코갤버노미터

관찰한 것을 기록하기 위해 ⓐ 녹음기, ⓑ 영상카메라, ⓒ 오디미터(audimeter : TV 등을 켜면 작동하여 시청 프로그램이나 시간을 기록하는 장치), ⓓ 사이코갤버노미터(psychogalvanometer : 사람에게 말이나 그림 등의 자극을 주었을 때 감정상태를 측정하기 위해 땀 흘리는 정도를 측정하는 장치), ⓔ 동공카메라(eye camera : 눈동자의 움직임을 측정하는 장치), ⓕ 피플미터(people meter : 가족 중 누가 TV를 시청하고 있는지를 파악하기 위해 개인마다 고유번호 입력 기능이 부착된 시청률 측정도구) 등 다양한 도구가 사용된다.

Tip TV시청률 조사

역대 시청률 최고 프로그램은 1997년 KBS2 '첫사랑'으로 65.8%이고, 2위는 '사랑이 뭐길래'(MBC, 64.9%), 3위는 '모래시계'(SBS, 64.5%)다. 시청률은 방송이 나갈 때 전체 TV 소유 가정 중 해당 프로그램을 보는 가정의 비율을 말한다. 시청률 조사기관은 두 회사가 있는데 AGB닐슨미디어리서치는 전국 4,220가구를, 그리고 TNMS는 4,000가구를 대상으로 선정해 피플미터를 각 가정의 모니터에 연결해 초 단위로 시청 패턴을 기록한다.

피플미터

6) 관찰 오류

관찰연구의 가장 큰 문제는 관찰자의 주관이나 편견 등에서 나타나는 오류이다. 관찰연구의 오류는 대체로 지각과정과 인식과정에서 발생한다.

(1) 지각과정에서의 오류

지각이란 감각기관을 통해 대상의 성질, 형태, 관계 등을 의식하는 작용을 말한다. 관찰의 지각과정에서의 오류는 주로 신뢰도와 관련된 것으로, 관찰자마다 똑같은 현상에 대한 느낌이 다르고, 관찰대상이 많으면 정확한 관찰이 어려우며, 관찰자 자신의 환상이나 상상이 지각과정에 작용하고, 이질적이고 혼합된 관찰대상의 경우에 나타나는 현상 자체가 복잡하여 관찰 자체를 방해하는 경우 발생할 수 있다. 해결방안으로는 카메라 등 객관적인 관찰도구를 활용하고, 세세한 관찰단위보다는 큰 단위로 관찰하며, 관찰자 자신에게 혼란을 초래하는 영향이나 자극은 가급적 통제한다. 또한 감각기관 중 가장 예민한 것을 사용하고, 관찰기간을 짧게 한다.

(2) 인식과정에서의 오류

인식이란 대상을 감지하고, 분별·판단하는 작용을 말한다. 관찰의 인식과정에서의 오류는 대체로 타당도와 관련된 것으로, 관찰자마다 경험이 다르고 인식을 다루는 지적 능력과 추리능력이 다르며, 각자마다 인식하는 준거의 틀이 있다. 해결방안으로는 이론적 개념을 분명히 하고, 조사 시 필요한 개념을 경험적으로 정의하며, 개념 간의 관계를 한정하여 사고의 규칙이 주어지도록 하고, 관찰 즉시 기록한다. 또한 관찰자의 지적 자기 인식을 강화시키고, 관찰기간을 짧게 한다.

7) 신뢰도와 타당도

(1) 신뢰도와 타당도에 영향을 미치는 요인

① **관찰대상요인** : 관찰대상인 행위나 사건, 현상 등이 지속적이고 반복적이라면 고정된 요인으로 간주될 수 있고 따라서 신뢰도가 높은 반면에, 일회성이라면 그러하지 않다. 또한 피관찰자가 관찰자에게 동조하거나 잘 보이기 위한 행위를 한다면 이러한 피관찰자의 반응도 문제가 된다.

② **관찰도구요인** : 관찰도구의 명확성·구체성·복잡성 등이 영향을 미친다. 가령 관찰도구가 지정하는 범주체계와 적용규칙이 모호하거나 복잡하고 불분명하다면 관찰의 신

뢰도와 타당도는 떨어진다.

③ **관찰자요인** : 관찰자의 일관성과 편의, 오류 등이 영향을 미친다. 가령 관찰자의 피로나 권태, 예상되지 않은 의외의 상황전개 등이 문제를 야기하며, 또한 인간이 활용할 수 있는 지각기관의 한계나 관찰자의 사적·개인적 욕구, 가치관, 과거의 경험 등이 관찰사실을 왜곡시킬 수 있다.

(2) 신뢰도와 타당도를 높이기 위한 방안

① **관찰자의 선발과 훈련** : 우선 감각기관에 장애가 없는 자 중에서 관찰 상황과 요령을 이해할 수 있는 능력을 고려하여 선발하고, 자신의 편견을 통제할 수 있도록 훈련되어야 한다. 또한 관찰자에 대한 훈련은 관찰방법, 관찰 상황, 기록, 부호화 체계, 기록명부, 도구 등에 익숙하도록 교육해야 하며, 이론교육에 더하여 실습교육이 실시된다.

② **복수의 관찰자 활용** : 관찰자 개인의 편견이나 누락을 방지하기 위해 복수의 관찰자가 각자 관찰과 기록을 한 후 그 결과를 비교·검토하여 보완한다.

③ **피관찰자 활용** : 관찰자가 관찰 중 발견한 어떤 상황이나 행위가 어떤 의미를 가지는지 알 수 없을 경우 피관찰자에게 직접 설명을 들을 수 있다. 특히 관찰자가 이들과 친밀한 관계를 형성하고 있는 경우에는 조사에 대한 비밀을 유지할 수 있기 때문에 이러한 방법을 사용할 수 있다.

④ **모든 관찰사실의 기록** : 참여관찰의 경우 종종 피관찰자와의 친숙한 관계 때문에 객관성을 상실할 우려가 있으므로, 이 경우 관찰자가 관찰한 것을 선별적으로 기록할 것이 아니라 관찰된 모든 사항을 완전하게 기록하게 하여 객관성을 유지하도록 한다.

⑤ **다른 자료수집 방법의 활용** : 관찰조사 이외의 면접조사나 설문지 등의 다른 자료수집 방법을 병행하면 신뢰도와 타당도를 높일 수 있다.

⑥ **사실과 해석의 구분** : 관찰자가 관찰내용을 기록하면서 지나친 해석을 삽입하면 관찰자에 따라 동일한 사실에 대한 해석이 달라질 수 있으므로 실제적 사실과 이에 대한 해석은 명백히 구분해야 한다.

3. 면접법

1) 의 의

면접법(interview method)은 연구자와 응답자 간의 언어적 상호작용을 통하여 자료를 수집하는 방법으로 연구자와 응답자의 면대면(face to face)의 상호작용을 통해서 자료를 수집한다는 점에서 다른 방법과 구분된다. 면접은 연구목적을 달성하기 위한 자료수집의 주된 도구로서 역할을 하기도 하지만 때로는 문제를 설정하거나 가설의 정립, 설문지의 사전조사에도 유용하게 활용되며, 실험적 조사에서는 실험적 조작, 즉 자극의 도입 전에 실험대상에 관한 기술적인 자료를 수집하여 측정하거나 기술적 조사에서는 각 조사대상 및 외적 상황 등 제 변수의 상관관계 파악에 이용될 수 있고, 또한 관찰이나 설문지 등에 수집된 자료나 그 분석의 결과를 검증하거나 평가하는 기능도 있다.

2) 특 성

면접법은 필요한 정보를 면접자와 응답자의 상호작용을 통하여 얻는 방법이고 면접과정은 면접자와 응답자 사이의 끊임없는 의사소통으로 이루어지므로 그 자체가 하나의 사회적 상호작용이라 할 수 있다. 따라서 면접자료의 평가는 면접자와 피면접자가 교환하는 정보의 양과 질에 달려 있다. 면접의 의사소통 과정에 영향을 미치는 요인들은 면접자, 응답자, 면접 상황, 연구주제 등이 있다.

면접법은 심층적인 조사가 가능하다.

① **면접자** : 응답자들이 면접에 응하도록 동기를 유발시키고, 질문을 하고, 모호하거나 불충분한 대답에 대해서는 캐묻기(probing)도 하고, 응답을 기록하는 일을 하는데, 이러한 과정 중 어디에선가 면접자는 편견을 일으키거나 조사과정 자체를 왜곡시킬 수있다.

② **응답자** : 정보제공자로서 정확하고 진실하게 응답해야 하지만 응답자의 인구학적·사

회경제적·심리행동적 특성들이 면접과정에 영향을 미칠 수 있다.

③ **면접 상황** : 면접이 실시되는 장소와 시간, 제3자의 존재와 그들의 개입 여부, 지역공동체가 연구주제와 관련하여 일반적으로 지니고 있는 태도 등을 말한다.

④ **연구주제** : 내용이 면접자나 응답자의 흥미를 자극하여 원만하게 의사소통이 되도록 유도할 수도 있지만, 반대로 민감한 사안이나 사생활 침해, 난해도와 같은 요인들로 인하여 불안, 적대감, 공포 등의 반응이 유발되어 면접이 불가능한 경우도 있다.

3) 장단점

(1) 장점

- 응답의 회수율을 높일 수 있다.
- 표본의 편의를 줄일 수 있다. 설문지법은 회수율이 낮아 학력·경제적·사회적 지위가 낮거나 흥미가 없는 사람들은 빠지게 되어 편의의 위험이 높다.
- 표본의 폭을 넓힐 수 있다. 문맹자나 지식이 한정된 사람, 어린이 등에도 가능하다.
- 제3자의 개입을 방지할 수 있다.
- 면접자와 응답자의 신뢰관계(rapport) 형성이 가능하다.
- 캐묻기(probing), 질문의 반복, 쉬운 말로 해석하기 등으로 타당도 높은 자료를 수집할 수 있다.
- 면접자의 태도·기술 여하에 따라 개인의 사사로운 사항이나 민감한 내용도 응답이 가능하다.
- 순간적으로 자연스럽게 나오는 반응·응답을 얻을 수 있다.
- 개방형 질문을 유연하게 활용하여 폭넓은 자료를 수집할 수 있다.
- 누락자료를 최소한으로 줄일 수 있고, 보충자료를 얻을 수 있다.

(2) 단점

- 불편하고 인력·시간·비용이 많이 든다.

- 면접자의 편견(interviewer bias)이 개입될 위험이 높다.
- 면접자들을 감독·통제하기가 어렵다.
- 표준화된 자료수집의 실시가 사실상 불가능하다.
- 무기명조사인 경우 무기명이라는 것을 납득시키기 어렵다.
- 특수층의 사람, 즉 고위정부관리나 막일노동자 등은 면접을 하기 어렵다.
- 익명성을 확보하여 얻는 이점을 얻기 힘들다.
- 대답하기 어려운 민감한 질문에 대한 응답은 어렵다.
- 숙고할 시간이 적어 왜곡 가능성이 있다.

4) 유 형

(1) 표준화면접

표준화면접(standardized interview, 구조화면접)은 면접하기 이전에 일정하게 표준화된 질문, 즉 면접조사표에 의해 면접의 상황에 구애됨이 없이 모든 응답자에게 동일한 질문과 질문순서에 따라 수행하는 방식이다. 즉, 면접자가 면접 상황에서 자유재량의 여지가 없이 거의 기계적으로 자료수집을 집행한다. 이러한 방식은 측정이 용이하다거나, 신뢰도가 높고 언어구성의 오류가 적으며, 반복적 연구가 가능하다는 장점이 있다. 그러나 새로운 사실 및 아이디어의 발견 가능성이 낮고, 의미의 표준화가 어려우며, 면접 상황에 대한 적응도가 낮고, 융통성이 없고 타당도가 낮으며, 특정 분야의 깊이 있는 측정을 도모할 수 없는 단점이 있다.

(2) 비표준화면접

비표준화된 면접(non-standardized interview, 비구조화면접)은 조사표도 없고 질문의 형식이나 순서도 지정됨이 없이 비교적 자유롭게 면접자와 응답자의 상호작용에 따라 자료를 수집하는 방식이다. 대표적인 예로 심층면접법(depth interview)이 있고 기초조사에 많이 사용된다. 이러한 방식은 응답자와 면접자 간에 신뢰관계(rapport)를 형성하기가 용이하고 언어적 상호작용이 표준화면접보다 더 자연스럽기 때문에 타당성 있는 자료를 수집할 수 있고, 새로운 사실이나 아이디어의 발견 가능성이 높으며, 면접의 신축성이 높은 장점이 있다. 반면에 면접결과의 숫자화가 어렵고, 응답자가 단지 대답할 가능성과 면접자가 달리 질문할 가능성이 존재하기 때문에 응답의 차이가 측정기술상의 차이인지 응답자 본래의 특성의 차이, 즉 응답 자체의 차이인지를 구별하기 어려워 신뢰도가 낮은 단점이 있다.

(3) 반표준화면접

반표준화면접(semi-standardized interview)은 표준화된 면접과 비표준화된 면접의 중간 단계로 일정 수의 중요한 질문만 표준화, 즉 중요사항은 interview schedule, 부수사항은 interview guide에 의하는 방식이다. 주제와 내용을 표준화하되 질문순서나 방법 등은 면접자가 어느 정도 재량을 가지고 상황에 따라서 변경시킬 수 있다.

반표준화면접은 초점면접(focused interview)과 임상면접(clinical interview)이 있다. ⓐ 초점면접(focused interview)은 구체적인 질문 문항은 작성하지 않지만 면접의 목적과 얻고자 하는 정보가 분명한 경우에 특정한 경험과 그 결과에 집중하여 비교적 융통성 있는 질문을 전개하는 방식이고, ⓑ 임상면접(clinical interview)은 특정경험 대신 개인의 생활사 전체를 통한 동기·감정을 찾아내기 위해 융통성 있는 질문을 하는 방식으로, 비록 일정 정도의 초점은 있으나 응답자가 다른 부분을 언급하고자 하면 이를 수용한다.

〈표 6-4〉 면접 유형의 비교

구 분	표준화면접	반표준화면접	비표준화면접
구조화 정도	매우 높음	중간	완전 비구조화
질문 순서	정해져 있음	조정 가능	없음
사용 단어	정해져 있음	상황에 따라 변동	정해져 있지 않음
추가질문	불가능	가능	자유로움

5) 면접 절차

(1) 면접실시를 위한 준비

우선 면접을 실시하기 위해 예비조사와 사전검사(pilot study and pretest)를 실시하고, 면접원을 선정하여 조사의 의의와 목적, 형식 등에 대하여 훈련시키고, 면접용 휴대품을 확인하여 현지로 출발한 다음 숙소나 경찰·행정관서에 신고, 시설의 대표자나 통·반장의 협조 등 필요한 조치를 하여야 한다.

(2) 면접 훈련

일반적으로 면접자 훈련은 1 : 1의 개인훈련보다는 면접자 전체를 대상으로 하는 집단훈련 형태로 3~4시간가량 진행되며, 훈련과정은 사전준비, 일반교육, 심화교육, 역할놀이의 단계로 진행된다.

① **사전준비** : 면접자들에게 제공될 각종 자료나 물품들을 미리 준비하는 것으로, 훈련 일정표와 면접자 지침서, 설문지, 면접기술에 대한 조언, 필기도구, 면접대상자에 대한 각종 정보, 기타 관련 자료 등이 포함되어야 한다.

② **일반교육** : 일반교육에서 가장 중요한 것은 조사과정 전체에 대해 개괄적인 이해를 시키는 것이다. 즉, 면접자에게 연구 목적을 이해시킴으로써 개별 질문들의 이해를 높일 수 있고, 설문지 작성과정과 표집방법, 자료의 수집 및 분석방법 등을 이해시킴으로써 면접의 중요성을 인식하게 되어 적극적으로 참여하게 된다. 또한 정확한 자료수집이 얼마나 중요한지를 거듭 강조해 주어야 하며, 일정과 보수 등도 알려주어야 한다.

③ **심화교육** : 면접자에게 각각의 질문을 실시하는 방법과 응답자의 반응을 기록하는 방법을 교육시켜야 한다. 면접자들이 각 질문이 갖는 의미를 이해하여야 하고, 조사도구를 사용할 경우 충분히 숙달되도록 훈련되어야 한다.

④ **역할놀이** : 면접자들이 교육을 통해 면접방법을 숙지했는지 서로 짝을 지어 실제와 동일하게 면접과정을 연습해 보도록 하는 방법이 매우 유용하다. 역할놀이를 통해 면접내용을 확실하게 이해할 수 있고 상대방의 피드백을 통해 적절성 여부를 알 수도 있다.

(3) 면접의 진행

우선 면접 진행을 준비하기 위해 응답자를 확보하여야 하고, 면접원에게 인사말, 방문시각, 협력을 얻는 기술, 면접원의 태도 등에 대하여 숙지시켜 면접을 실시한다. 면접은 편안한 분위기에서 그대로 순서에 따라 빠짐없이 단계적으로 진술하여야 하고, 면접조사의 전략, 캐묻기, 면접조사에서의 주의사항, 당면문제의 처리요령, 응답의 기록, 면접완료와 뒤처리 등에 관해 유념하여야 한다.

면접자가 어법에 맞지 않는 질문이나 순서나 왜곡된 질문을 하게 되면 엉뚱한 결과를 초래할 수 있다. 면접자가 지켜야 할 면접지침을 요약해 보면 다음과 같다.

① 적게 말하고 최대한 많이 듣는다.
② 사전에 준비된 설문지와 유사하게 질문하라.
③ 설문지에 사용된 용어나 어법을 정확하게 사용하라.
④ 각각의 질문내용을 천천히 정확하게 읽어주라.
⑤ 이해하지 못하는 질문은 반복해서 읽어주라.
⑥ 지도지침이나 건너뛰기 패턴을 따르고, 조심스럽게 캐물어라.
⑦ 답변을 유도할 수 있는 방식으로 질문하지 않는다.
⑧ 응답자가 답변하고 있을 때 말을 끊지 않는다.
⑨ 응답자 답변에 대해 중립적인 태도를 유지한다.

(4) 면접의 기록

모든 면접자는 동일한 형식과 형태로 면접결과를 기록하여야 한다. 기록은 자신의 편견이 개입되지 않도록 최대한 객관적으로 해야 한다. 이를 위해 녹음기나 비디오를 활용하여 녹음한 후에 다시 정리하는 것이 기록과정에서 발생할 수 있는 오류를 줄일 수 있다. 면접자가 준수해야 할 면접기록 지침을 요약해 보면 다음과 같다.

① 면접조사를 진행하는 중에 응답을 기록하라.
② 응답자가 사용한 어휘 그대로를 기록하라.
③ 응답자의 응답을 요약하거나 의역하거나 부연하지 말라.
④ 질문을 객관화하기 위해 관계된 모든 것을 포함시켜라.
⑤ 모든 캐묻기와 코멘트를 포함시켜라.
⑥ 쓰여진 응답도 반복하라.

(5) 면접의 종결

면접이 끝난 후에도 응답자를 친절하게 응대해야만 추후 면접이 있다거나 다른 자료수집이 남아 있을 경우에도 응답자와 좋은 관계를 유지할 수 있다. 음료수를 제공한다거나 소정의 기념품을 전달하는 것은 관계 유지를 도와주는 좋은 방법이다. 또한 면접내용과 응답자에 대한 익명보장을 재차 언급해 줌으로써 응답자가 면접과정에 대해 안심하고 신뢰할 수 있도록 해준다.

(6) 면접의 오류

면접원으로부터 또는 면접진행 과정에서 오류가 발생할 수 있다. ⓐ 면접원으로부터는 면접원의 외모나 태도, 유도질문이나 응답자의 의견 속단과 같은 영향이 오류를 발생시키고, ⓑ 면접진행 과정에서는 질문어구나 순서, 중립적·비지시적 질문, 응답에 대한 면접자의 편견이 오류를 발생시킨다.

Example

면접자에 따른 왜곡된 결론

제2차 세계대전 중에 미국 국립여론조사기관이 남부지역 흑인 500명을 대상으로 인터뷰를 하였다. 조사단은 백인조사단과 흑인조사단으로 구성하였고, "만일 일본이 미국을 점령하면 흑인에 대한 차별은 심해지겠는가, 덜 하겠는가"를 질문하였다. 조사 결과 흑인조사단에서는 9%, 백인조사단에서는 2%만이 덜 할 것이라고 응답했다. 특히 더 심해질 것이라는 응답은 흑인조사단에서는 25%, 백인조사단에서는 45%나 되었다.

6) 면접 기술

(1) 면접자의 자세

면접자는 응답자를 상대하면서 면접 목적과 한계 등을 응답자에게 분명하게 전달해야 하며, 응답자에게 믿음성 있고 정중하며 친절해야 한다. 또한 응답자에게 응답에 관심 있는 이유가 연구목적을 위한 것이며 개인적인 이유가 아님을 알려준다. 무엇보다 면접에 임하는 면접자의 자세는 '친근한 관계(rapport)'를 형성하는 것이 가장 중요하다. 그래야만 응답자와 부담 없이 상호작용이 가능해져서 응답자로 하여금 분명하고 완전한 응답을 얻을 수 있다. 라포 형성을 위해서는 첫 인상부터 호감을 주도록 해야 하고, 면접 시작 전에 가벼운 농담이나 주변 이야기로 호의적인 분위기를 조성해야 한다. 면접을 시작하면서 끝날 때까지 면접자가 취할 일반적인 태도를 요약하면 다음과 같다(김경동 외, 2009).

- 의복에서부터 말씨·표정·태도·응답에 대한 반응 등 전반적으로 지나침이 없이 사무적이어야 한다(중립성).
- 어떤 종류의 응답자(interviewee)든 그의 지위·성향·나이·성 등 어떤 특성에서 차이가 나더라도 그가 자신감을 갖고 응답하도록 공정하게 대해야 한다(공평성).
- 너무 장난기가 있고 경박스러운 것도 곤란하지만, 그렇다고 지나치게 심각하고 경직된 자세로 임함으로써 상대방에게 위압감을 주어서는 안 된다(자연스러움).
- 일상의 대화처럼 자연스럽게 끌고 나가야 한다(일상회화의 분위기).
- 응답자를 편안하게 해주는 것이 중요한 만큼 친근감을 주고 친절할 필요가 있다(친절).
- 면접자가 진지하지 않다면 응답자의 진실한 대답을 기대할 수 없다(진지함).

따라서 면접조사원을 선발할 때에는 ⓐ 인상이 좋고 활발한 사람, ⓑ 어느 정도의 교육수준(보통 고졸 이상), ⓒ 발음이 정확하고 사투리가 심하지 않은 사람, ⓓ 상황에 따라 적극적으로 대처할 수 있는 사람, ⓔ 건강하고 기동력이 있는 사람, ⓕ 시간을 유동적으로 사용할 수 있는 사람을 선발하는 것이 좋다.

(2) 응답자의 협조

면접조사가 성공하기 위해서는 응답자의 적극적인 협조가 필요하다. 그러나 질문의 상당부분이 개인의 신상 등 밝히기 곤란한 것들이 많으므로 당연히 꺼린다. 따라서 응답자의 협조를 얻기 위해서는 연구의 중요성과 정당성을 납득시키고 그들의 참여결과가 가치 있는 것임을 보여줌으로써 그들이 이기적 관심을 끄는 것이 중요하다. 참고로 응답자와 처음 접촉했을 때 면접자의 행동과 관련하여 미시간대학의 면접자수첩을 요약하면 다음과 같다.

① 응답자에게 자기의 신분을 밝히고 이에 관한 증명서를 제시한다.
② 조사의 목적을 응답자의 관심을 자극하는 방법으로 소개하고, 면접자는 무엇을 할 것이며, 응답자의 답변과 신상 및 주소 등의 비밀은 보장된다는 점을 말해준다.
③ 어떻게 응답자로 선택되었는지를 알려준다.
④ 미리 면접을 알리는 편지를 보내거나 과거의 조사에 관한 기사를 가지고 가서 조사가 얼마나 중요한 것인지를 알린다.
⑤ 적극적인 접근법을 사용한다. 가령 "시간 있으십니까?"보다는 "말씀 좀 나누겠습니다"가 좋은 방법이다.

(3) 면접장소

면접이 실시되는 장소는 보통 사무실, 응답자의 집, 중립적 장소 등이 있다. 우선 조사를 실시하는 기관의 사무실에서 면접을 실시하면 비용과 시간 면에서 매우 경제적이고 비밀유지나 면접 상황의 통제 등에서 효율적이지만 응답자가 오지 않거나 사무실의 딱딱한 분위기가 오히려 응답을 왜곡하거나 거부하는 것으로 표현될 수 있다. 응답자의 집은 이동에 많은 시간과 비용이 들고 가족들의 왕래로 비밀보장이 어려울 수 있지만 편한 분위기에서 응답할 수 있으며 가족 간의 관계나 가정의 분위기 등도 관찰할 수 있는 장점이 있다. 경우에 따라서는 면접기관의 사무실이나 응답자의 집도 아닌 가령 공공장소와 같은 중립적인 장소에서 면접을 실시할 수도 있다.

(4) 면접자의 선발과 훈련

면접자의 자질과 능력에 따라 조사의 결과가 달라질 수 있다. 보통 면접자와 응답자가 그 특성에 있어 상이하거나 유사하다는 것이 수집될 자료의 유용성에 상당한 영향을 준다고 알려져 있으며, 면접자와 응답자가 서로를 동일시할 때 가장 좋은 결과가 나온다고 한다. 따라서 성별과 관련하여 면접자가 응답자와 동성일 때, 나이와 관련하여 서로 비슷할 때, 언어와 관련하여 사용하는 용어나 표현방법이 비슷할 때 서로 친밀한 관계가 형성되어 면접의 결과가 좋다고 한다.

또한 모든 면접은 반드시 사전에 일정한 면접자 훈련이 필요하며, 다만 훈련의 내용이나 기간, 강도는 연구가 필요로 하는 정도에 따라 달라진다. 가령 표준화면접은 비교적 훈련의 정도가 낮다. 면접자 훈련에서는 응답자와의 접촉에 관련된 것을 기본적으로 다루어야 하며, 특히 장비를 사용한다면 사용법 숙지와 사전연습을 반드시 해 보아야 한다. 참고로 미국 연구조사기관협의회(The Council of American Survey Research Organization)에서 제시한 면접조사원 훈련지침을 보면 다음과 같다.

① 조사과정을 알려주라. 어떻게 개발되고, 도구화되고, 보고서화되는지를 이해하도록 해야 한다.
② 이 과정에 있어서 면접조사원의 중요성을 인식시켜라. 정직과 객관성, 조직적 스킬 그리고 전문가가 요청된다는 것을 알려주라.
③ 응답자와 조사 의뢰자에 대하여 비밀을 지키도록 하라.
④ 마케팅 리서치와 관련된 용어와 친숙해지도록 하라.
⑤ 정확한 용어와 응답 그대로를 기록하는 것이 중요하다는 것을 주지시켜라.
⑥ 캐묻기와 명확하게 하는 기법의 사용과 목적을 알려주라.
⑦ 응답자 정보와 분류가 왜 필요한지 그 이유를 알려주라.
⑧ 교육과 설문지의 샘플을 보여주라.
⑨ 연구조사에 관한 응답자들의 긍정적인 감정이 중요하다는 것을 알려주라.

(5) 캐묻기

캐묻기 혹은 프로빙(probing)이란 응답자의 응답이 불충분하거나 정확하지 못할 경우 혹은 추가적인 정보를 얻기 위해 사용하는 캐묻는 추가질문을 말한다. 캐묻기의 유형으로는 일반적으로 다음의 네 가지가 있다.

① "더 하실 말씀은?"과 같이 이미 응답한 내용을 더 보완하도록 하는 완성형(completion) 질문
② "누구로부터 들은 이야기입니까?"와 같이 근거나 출처를 밝히고자 하는 경로형(channel) 질문
③ "한 번만 더 설명해 주세요"와 같이 보다 자세히 파악하고자 하는 명확화 질문
④ 면접자가 침묵이나 무언의 암시를 통해 응답자로 하여금 더 많은 정보를 스스로 말하도록 하는 방법

그러나 캐묻기를 할 때는 중립적이어야 하며, 모든 조사대상자에게 동일한 방법을 사용함으로써 캐묻기 방법 자체가 응답에 미치는 영향을 최소화하도록 해야 한다(김경동·이온죽·김여진, 2009). 또한 캐묻기를 할 때에는 적당한 곳에서 끝내야 한다. 계속해서 캐묻게 되면 응답자가 불안감을 느껴 신뢰관계(rapport)를 손상시킬 염려가 있다.

(6) 면접기술 향상을 위한 고려사항

전체적인 면접기술은 어느 한 단계에 집중해서 향상될 수 있는 것은 아니다. 면접은 연구자와 응답자 간의 언어적인 상호작용 과정이므로 사람의 특성에 적절한 면접기술이 필요하다. 면접기술 향상을 위한 고려사항을 정리하면 다음과 같다.

〈표 6-5〉 **면접기술 향상을 위한 고려사항**

구 분	고려사항	
면접 시작 시	• 응답자와 만나서 인사하기 • 응답자를 편안하게 하기	• 연구자 소개하기 • 면접목적을 설명해 주기
신체적 주의 기울이기	• 시선 접촉 • 간헐적인 긍정적 몸짓(gesture)	• 몸의 자세 • 적당히 긴장을 풀고 편안한가?
언어적 주의 기울이기	• 추가 질문 • 적절히 평이하게 바꾸어 말하기 • 자연스럽게 진심으로 말하기	• 짧은 휴식 갖기 • 응답자에 대한 격려하기
응답자의 문제 탐색하기	• 개인의 사회이력 알아보기 • 상황적 요인과 체계적 요인을 사정하기	• 다양한 측면에서 문제 조사하기
질문하기와 심층탐색하기	• 명확하고 간결하게 질문하기 • 개방형의 탐색적 질문하기 • 지나치게 많은 질문 피하기 • 중립적인 심층탐색으로 중요하고 구체적인 정보 얻기	• 고정관념이나 편견 없이 질문하기 • 개방형과 폐쇄형을 적절히 구사 • 사생활과 관련된 민감한 질문

출처 : 백욱현(2006), pp. 120-121.

7) 포커스그룹인터뷰

포커스그룹인터뷰(FGI : Focus Group Interview)는 특정한 주제에 대한 인식이나 생각을 얻기 위한 토론방식의 전형적인 질적연구방법이다. 초점집단면접이라고도 한다. 이 방법의 주요 목적은 선택된 주제와 관련이 있는 사람들을 초청해서 서로의 관심사에 대한 정보를 얻는 것이므로, 반드시 참가자들의 생각이나 의견의 합일점을 찾고자 하지는 않으며 선택된 주제에 대한 참가자들의 심도 있는 생각이나 의견을 이끌어 내어 그 경향이 어떤지를 알아보는 것이다. 인터뷰집단은 4~15명으로 구성되나, 적절한 양의 정보를 얻으면서 골고루 발언 기회를 가지려면 7~10명 정도가 적당하다. 집단의 수와 회기는 연구목적 등에 따라 달라질 수 있지만 보통 단일집단보다는 비동일집단을 둔 복수의 집단을, 그리고 단 1회보다는 복수의 회기로 하는 것이 적당하다. 포커스그룹인터뷰 진행절차는 다음과 같다.

① 연구자는 대략 7~10명 내외의 응답자를 한 방에 소집한다.
② 토의를 진행할 사회자 혹은 진행자를 둔다. 대개 훈련된 조교가 이를 수행한다.
③ 회기당 대략 90~120분가량 진행한다.
④ 진행자는 모든 참여자들이 자유롭고 열린 토론을 할 수 있도록 도와준다. 특히 한두 사람의 참여자가 토론을 독점하지 않도록 주의한다.
⑤ 참여자들은 가급적 동질적인 사람들로 구성하되, 친구나 친척 등 친분이 있는 사람들은 피하는 것이 좋다.
⑥ 때로는 연구자의 목적에 따라 집중면접집단을 4~6개 따로 운영하기도 한다.
⑦ 이 방법에서 다룰 수 있는 주제는 매우 다양하다. 가령 어떤 공공이슈에 대한 태도, 개인적 행동 유형, 새로운 서비스, 욕구조사 등이 있다.
⑧ 연구목적과 성격에 따라서는 이 방법을 양적 접근과 조합해서 자료수집을 할 수있다.
⑨ 토론내용을 녹음·녹화해서 분석과 해석에 활용한다.

진행 절차를 3단계로 단순화해 보면, 우선 ① 사전준비 단계에서는 진행방법과 질문 등을 계획하고, 토론 시간의 배정, 집단 규모와 설계방법, 집단의 수 등을 계획한다. 참가자들이 정해지면 전화와 메일을 통해 반구조화된 예상 질문지를 미리 보내어 개인 의견을 정리하여 인터뷰 당일 원활하게 토의가 될 수 있도록 한다. ② 인터뷰 실시 단계에서는 사전준비, 소개하기, 토의하기, 정리하기 순으로 진행하며, 무엇보다 미리 작성한 반구조화된 개방형 질문에 따라 훈련된 중재자(moderator)로서 인터뷰를 진행한다. 질문은 다음 요령에 맞게 해야 한다(Krueger & Casey, 2000).

- 질문은 참여자들에게 편하게 대화하는 것처럼 들려야 한다.
- 참여자들이 자주 사용하는 어휘를 사용해야 한다.
- 쉽게 말해야 한다.
- 질문은 명쾌하고, 짧게 해야 한다.
- 한 주제에 대해서만 질문해야 한다.
- 질문할 때 응답하는 방법을 명료하게 제시해 주어야 한다.

연구자는 인터뷰를 진행하면서 참가자들의 동의를 얻어 촬영 또는 녹음을 통해 토론 내용을 상세히 기록하고, ③ 데이터 분석단계에서 수집된 자료를 전사(transcription)하여 질적 연구방법의 과정을 통해 얻고자 하는 중요한 개념이나 정보를 분석한다. 조사보고에는 참가자(話者)의 실명은 표기하지 않고, 대표적인 코멘트를 원문 그대로 인용문 형태로 게재한다.

〈표 6-6〉 포커스그룹의 구조

구조요소	내 용
진행조정자	유연성과 초점을 가짐. 사전 면접 가이드를 준비하고 회의 진행
집단 참여자	동질성과 이질성의 필요성을 적절히 고려해서 선발
회합 양식	소규모의 대면적 상호작용이 가능한 집담회
집단 크기	한 회기당 최소 4명~최대 15명
회기 길이	매 회기당 1.5~2시간가량이 적절
자료 양상	대화의 내용과 톤(tone), 침묵, 몸동작과 인상 등까지를 포함
자료수집 도구	펜과 노트, 노트북 컴퓨터, 오디오 테이프, 녹취 등
보고서 양식	거듭 언급되는 주제(들)에 대한 분석, 대표적 코멘트들을 포함

출처 : 김영종(2007), p. 389. (일부)

포커스그룹인터뷰는 어떤 주제나 현상에 대한 예비적인 정보를 수집하는 데 주로 사용되며, 예비조사로서 다른 연구방법을 이용하는 조사를 발전시키기 위한 아이디어를 발견하는 데 사용된다. 저렴한 비용으로 동시에 다양한 의견을 들을 수 있지만, 포커스그룹인터뷰에서 얻은 결과를 일반적인 상황까지 적용시키기 어렵다는 단점이 있다.

〈표 6-7〉 포커스그룹인터뷰의 장단점

장 점	단 점
• 특정 주제에 대한 맥락적 정보를 획득한다. • 수집된 자료의 내용 타당도가 높다. • 비용효율적이다. • 자료수집 기간이 매우 짧다. • 시행하기가 비교적 쉽다.	• 조사자가 과정상의 주도권을 갖기 어렵다. • 개인의 독자적 견해인지 확인하기 어렵다. • 익명성이 보장되지 않는다. • 일반화하기 곤란하다. • 집단 구성이 어렵다.

4. 내용분석법

1) 의 의

내용분석(content analysis)은 신문 기사나 TV 프로그램 등의 기록물을 대상으로 내용적 특성을 객관적·체계적·계량적인 방법으로 측정하고 분석해서 그 동기나 원인, 결과, 영향 등을 추리하려는 분석기법으로 질적 내용을 양적 자료로 전환하는 방법이다. 즉, 어느 매스미디어 기록물에 담긴 총체적인 내용을 미리 설정한 연구주제와 관련된 몇 개의 범주로 분석하는 것이다.

이 방법은 애초 1920년대 미국에서 신문기사를 분야별로 분류하고 행수를 세어 그 신문의 경향을 파악하는 식의 형태로 시작하였으나, 제2차 세계대전 중 라스웰(H. D. Laswell)이 연설이나 선전 분석에 사용하면서 널리 이용되었고, 그 이후 사회과학분야에 있어서의 주요 자료수집 및 분석방법으로 일반화되었다. 특히 컴퓨터를 통한 내용분석이 개발됨에 따라 내용분석의 이용은 더욱 용이하게 되었다. 내용분석은 사회복지분야에서 사회문제 분석, 정책에 대한 여론 분석, 사회사업방법론의 분석 등에 유용하게 이용될 수 있다. 내용분석이 적용되는 경우는 다음과 같다.

- 자료 소스에 대한 접근이 어렵고 자료가 문헌일 때
- 실증적 자료에 대한 보완적 연구가 필요할 때
- 정신분석적 면담이나 투사적 검사내용 등 연구대상자의 언어·문체 등을 분석할 때
- 분석 자료가 방대할 때
- 기타의 경우로 매스미디어의 내용 경향 변천이나 논조분석, 주체분석 등

2) 특징 및 목적

내용분석은 메시지를 분석대상으로 하는 문헌연구의 일종이다. 근래에는 미술작품, 사진, 만화 등으로 연구대상이 확대되고 있으며 메시지의 현재적 내용뿐만 아니라 잠재적 내용도 분석대상이다. 내용분석법은 객관성과 체계성, 일반성을 요건으로 한다.

① **객관성** : 연구과정을 사전에 명확히 설정된 원칙과 절차를 바탕으로 시행함으로써 분석자의 주관을 최소화하여 배제시켜야 한다.
② **체계성** : 관련된 모든 내용이 관련된 모든 카테고리에 의해 분석되어야 한다.
③ **일반성** : 단순한 기술에 그치는 것이 아니라 연구결과가 이론적 관계성을 가져야 한다.

내용분석을 사용하는 주된 목적은 다음과 같다.

- 의사전달 내용의 특성, 원인, 결과를 분석
- 전달자의 태도와 의사소통의 원인, 조건, 동기, 의도의 추리·유추
- 전달내용의 효과에 대한 추리

3) 장단점

(1) 장점

- 2차 자료를 이용하기 때문에 비용과 시간이 절감된다.
- 안전성이 높다. 표본조사나 실험의 경우 재조사는 현실적으로 불가능하지만 문헌연구

는 기존자료를 다시 검토할 수 있다.

- 소급조사가 가능하기 때문에 역사연구에 적용 가능한 유용한 방법이다.
- 이미 기록되어 있고, 행해져 있기 때문에 피조사자가 영향을 받지 않으며, 조사자의 영향이 미칠 수도 없다.
- 가치·태도 등 다양한 심리적 변수를 측정 가능하다.

(2) 단점

- 기록된 의사전달 내용만을 다루어야 하므로 자료의 입수가 제한적이다.
- 분류 범주의 타당성 확보가 연구의 성패를 결정하나 매우 어렵다.
- 분석절차에 객관성이 확보되어야 하며 분석자 상호 간에 일관성을 가져야 하므로 신뢰도에 문제가 있을 수 있다.

4) 절 차

(1) 연구문제의 선정

사회문제의 형성과 일치하지만 내용분석법을 이용하려는 의도가 제대로 살아날 수 있는 연구문제이어야 한다. 문헌연구법이 아니고는 탐구할 수 없는 주제이거나 다른 연구방법보다 더 효율적일 때 사용한다.

(2) 대상 문헌자료의 모집단 규정

다른 방법과 같은 원리에 입각하여 연구문제의 탐색에 필요하고 적합한 문헌이나 기록의 종류와 범위를 확정한다. 즉, 설정된 연구문제에 대한 해답을 얻기 위하여 어떠한 의사소통의 기록물을 분석하는 것이 가장 적절한지를 결정해야 한다.

(3) 문헌자료의 표본추출

모집단 전체를 분석하기 위해서는 시간적으로나 경제적으로 어려움이 크므로 일부를 표본으로 선정하여 모집단으로 일반화시켜야 한다. 방법은 일반적인 표본조사의 표집원리와 절차를 그대로 원용한다. 경우에 따라서는 다단계 표집을 할 수도 있다. 즉, 신문분석 시 몇 년치, 몇 달치, 구분, 몇 면, 어떤 기사, 문장 선택을 구분해 검토한다.

(4) 분석내용의 범주(categories) 결정

분석내용의 범주는 분석하고자 하는 내용의 전체를 분석하는 기준 또는 분류항목을 말한다. 따라서 분석내용의 범주가 연구목적과 연구주제를 적절히 반영할 수 있어야 하고, 상호 배제적이며 포괄적이어야 한다. 또한 상호 독립적이어야 한다. 홀스티(Holsti, 1969)가 제시한 분석내용의 범주를 형성하는 데 도움이 되는 범주의 형태 중 내용 자체의 분석범주로는 주제나 방향, 기준, 가치, 방법, 특성, 행위자, 권위자, 정보의 원천, 위치, 갈등, 시간 등이 있다. 또한 어떻게 전하는가에 따라 의사전달의 형식 및 유형·진술의 형식·여타 수사적 방법 등이 결정된다. 사전에 이론적 틀이 확실하게 정립되기 전에는 자료를 충분히 검토하여 귀납적으로 범주를 설정하는 것이 좋다.

(5) 분석단위의 규정

분석단위란 주어진 카테고리에 넣어서 집계할 수 있는 메시지 내용의 최소단위로, 실제로는 분석작업을 하는 데 있어서의 부호화의 단위가 된다. 분석단위는 보통 다음의 다섯 가지로 나눌 수 있다(Nachmias & Nachmias, 1992).

① **단어**(word) : 구분이 뚜렷하다는 장점이 있으나 표본이 방대하면 양이 많아 다루기 어렵고 단어만으로는 맥락의 다른 의미를 알기 힘들게 된다.

② **주제**(theme) : 경계를 정하기 어렵고 더 중요한 주제를 구별하기가 곤란하다. 그러나 대량의 자료를 다루는 경우에 유리하고, 선전물이나 태도, 가치 등을 분석하는 데 많이 이용된다.

③ **인물**(character) : 의사소통에 등장하는 개인이나 집단을 말한다. 소설, 연극, TV 드라마 등의 분석에 유용하다.

④ **항목(item)** : 어떤 의사소통 전체의 단위로서, 예를 들면 논문 한 편, 책 한 권, 영화 한 편 등이다. 항목을 분석 단위로 사용하려면 항목 내의 내용 변화 정도가 약하고 큰 의미가 없어야 한다.

⑤ **문단(paragraph)** : 경계가 분명하여 좋기는 하나 한 단위 속에 여러 가지 상반되는 주제나 내용이 포함될 경우 부호화에 어려움이 있어 잘 이용되지 않는다.

(6) 수량화의 체계

내용분석은 자료를 일단 수량화(계량화)하여 분석하는 것이므로 수량화체계를 사용하여 자료를 분석할 수 있어야 한다. 주로 이용하는 수량화체계로 빈도체계, 강도체계, 출현체계가 있다.

① **빈도체계** : 분석의 단위 속에 주어진 속성이 나타나는 횟수를 파악하는 것을 계량적 기준으로 사용하는 것이다.

② **강도체계** : 어떤 진술의 강도를 측정하는 것으로 다문항으로 구성된 척도(scale)나 지수(index)로 측정하거나 단일항목의 척도를 측정한다.

③ **출현체계** : 분석의 단위 속에 연구자가 찾고자 하는 어떤 특정 속성이 나타나 있는지 없는지를 이분법적으로 파악한다.

(7) 분석 및 결론

내용분석의 최종단계는 수집된 자료를 의미 있게 분석해 결론을 도출하는 것이다. 자료분석은 주로 다음의 네 가지 방법이 활용된다.

① 출현빈도의 시간적 변화에 대한 결론을 내리는 경향 비교

② 내용의 상이성 비교

③ 특성 및 기법의 비교

④ 내용과 기준의 비교

Example

학교사회사업가의 면담기록 분석

가령 학교사회사업가의 개입방법이 문제학생 중심인지 아니면 가족환경 중심인지를 알고자 면담기록을 내용분석한다면, 면담기록에서 학생의 정신병리학적 평가 부분과 환경적인 개입이나 치료목표를 기술한 부분을 빈도분석하거나, 혹은 학교사회사업가마다 상담에 집중된 정도와 가족환경을 고려하는 정도를 평가할 수 있을 것이다(Rubin & Babbi, 2005).

사회사업가 일련번호	면담기록	주관적 평가*	가족문제에 대한 기록	가족에 대한 개입 기록	개인문제에 개입한 기록
1	37	2	10	6	25
2	26	4	25	24	2
3	44	3	30	23	14
…	…	…	…	…	…

* 1–개인상담 중심, 2–가족 조금 고려, 3–개인과 가족 동시 고려, 4–가족중심 개입

요약

1. 자료는 연구자가 직접 수집한 1차 자료와 기존 자료인 2차 자료가 있고, 관찰법, 면접법, 문헌조사법, 내용분석법, 설문지법 등의 방법으로 수집한다. 현지 상황의 특성, 자료수집 방법의 신뢰도와 타당도, 자료수집 비용 등을 감안해 수집방법을 선택한다.
2. 관찰법은 연구대상을 통제하지 않고 일정 시간 관찰하는 방법으로, 참여 정도·관찰방법의 구조화 정도·관찰 상황 통제 여부·관찰 시점 등에 따라 여러 종류가 있다. 관찰은 관찰대상 표집, 관찰 단위와 관찰 상황, 관찰 목록, 피관찰자와의 관계에 유의해야 하고, 관찰내용을 기록할 때는 시기, 관점과 추리, 형식, 내용, 도구를 고려해야 한다. 특히 지각과정과 인식과정에서 여러 오류가 발생한다.
3. 면접법은 연구자와 응답자 간 면대면의 상호작용을 통해 자료를 수집하는 방법으로, 표준화면접·비표준화면접·반표준화면접이 있다. 절차는 준비, 면접, 기록, 종결 순으로 진행되며, 면접자의 자세, 응답자 협조, 장소, 면접자의 선발과 훈련 등의 기술이 중요하고, 캐묻기에 능숙해야 한다.
4. 내용분석법은 각종 기록물의 내용적 특성을 분석하는 기법으로, 연구문제 선정·모집단 규정·표본추출·범주결정·분석단위 규정·수량화의 체계·분석 및 결론의 과정으로 진행된다.

CHAPTER

07

설문지법

1. 설문지법의 의의

1) 의 의

설문지는 연구자가 조사하고자 하는 조사항목을 체계적으로 배열하여 인쇄한 문서를 말하며, 따라서 설문지법(questionaire method)은 사전에 작성된 설문지의 질문항목에 따라 응답자가 직접 기록하는 자료수집 방법을 말한다. 설문지는 조사문제의 해결을 위하여 상호 연관된 다수의 문항으로 구성되며 설문의 형식은 문항마다 다를 수 있다. 설문지법은 많은 인원을 대상으로 일시에 자료를 수집할 수 있고, 수집한 자료의 통계적 분석이 용이해 조사연구에서 가장 많이 사용되는 방법이지만 또한 연구에서 오류를 범할 가능성이 가장 큰 방법이기도 하다.

설문지법과 관련하여 일차적으로 유념해야 할 것은 설문지의 완성 시점에는 이미 조사설계와 분석방법 등이 결정된 상태이어야 하며, 조사결과에 대한 개괄적인 방향도 추정할 수 있어야 한다. 왜냐하면 설문지가 일단 배포되면 오류가 발견되더라도 재검사를 하지 않는 이상 수정이 현실적으로 불가능하기 때문이다. 따라서 설문지 작성에 많은 시간과 노력을 투입하고 사전에 면밀히 검토해야 한다.

2) 장단점

(1) 장점

- 큰 표본에도 용이하게 적용할 수 있다.
- 비용이 비교적 적게 든다.
- 현장연구원이 필요 없다.
- 문제에 따라서는 보다 솔직한 응답을 구할 수 있다.
- 면접 시 발생할 수 있는 면접자 편견의 개입이 없다.
- 응답자가 충분한 시간을 가지고 응답에 신중을 기할 수 있다.
- 설문지를 통해서만 접근이 가능한 응답자(재소자 등)들이 있다.

(2) 단점

- 무응답률이 높다. 응답률이 낮으면 비용이 증가되고 연구가 지연된다.
- 설문지에 대한 통제를 제대로 할 수 없다.
- 생략된 부분의 보충설명이 곤란하다.
- 응답해야 할 사람이 응답했는지가 의문시된다.
- 응답내용이 허위나 과장일 수 있다.

3) 종 류

(1) 면접조사법

면접조사법은 면접자가 응답자를 일대일(face to face)로 만나서 설문지에 따라 질문을 하고 응답을 기록하는 방법이다. 따라서 다양한 조사내용을 비교적 긴 시간에 걸쳐서 상세하게 조사할 수 있고 회수율이 높으며 면접자가 응답의 내용을 점검할 수 있어서 응답의 오류를 줄일 수 있고 설문지에 포함된 내용 외에 연구에 필요한 기타 관련 정보의 수집이 가능하다. 그러나 비용과 시간이 많이 들고, 면접오류가 발생할 수 있으며, 조사원의 부정행위가 가능하고, 특수층의 사람을 만나기가 어려운 단점이 있다.

(2) 전화조사법

긴급하게 조사를 실시하거나 질문내용이 짧을 때 전화를 이용하여 질문하고 면접원이 기록하는 방식이다. 표준화된 설문지를 이용하여 질문하는 것이 보통이다. 이 방식은 조사가 간단하고 신속하여 조사비용이 절감되고, 조사하기 어려운 사람에게 접근하기 쉽다. 또한 전화번호부를 이용해 비교적 쉽고 정확하게 무작위표출이 가능하고 면접자의 외모나 차림새 등에 따른 응답자의 선입견에 의한 응답의 오류를 배제할 수 있다.

그러나 전화소유자만이 피조사자가 되는 한계가 있고, 시간적 제약을 받아 간단한 질문만 해야 하며, 상세한 정보의 획득이 곤란하고, 응답자가 응답을 거부하는 경우나 간단한 대답, 마지못해 하는 경우는 조사결과의 타당성이 문제된다. 또한 복잡하거나 지나치게 민감한 사적인 질문을 할 수 없으며 피조사자를 확인할 수 없어 응답자가 선정된 표본인가를 확인할 수 없는 단점이 있다.

(3) 집단조사법

전화조사는 단시간에 전국적인 조사가 가능하다.

일정한 장소에 피조사자를 모아 놓고 설문지를 배포하여 응답자가 기재하는 방식이다. 주로 기존의 조직체를 대상으로 그 구성원들로부터 자료를 얻고자 하는 것이므로 그 조직체의 적절한 협력을 얻는 것이 급선무이다. 이 방식은 비용과 시간이 절약되고 조사가 간편하며 조사원의 수를 줄일 수 있다. 또한 응답자들과 동시에 직접 대화할 기회가 있어 설문지에 대한 오류를 줄일 수 있고, 응답조건이 동등해진다.

그러나 피조사자를 한 곳에 모으는 것이 용이하지 않고 응답자의 개인별 차이를 무시하여 조사의 타당성이 낮아질 수 있다. 또한 옆 사람으로부터 영향을 받을 가능성이 있고, 피조사자에게 일당이나 교통비를 지불해야 할 경우 비용이 많이 든다.

(4) 배포조사법

직장 또는 가정에 설문지를 전달하고 응답자가 직접 기입하게 한 다음 나중에 설문지를 회수하는 방법이다. 공무원 등 조사대상이 한정된 집단인 경우 가장 많이 활용되는 방법이다. 다른 사람의 개입이나 방해가 없는 상황에서 응답하도록 하는 것이 중요하다. 이 방식은 회수율이 높고 비용이 적게 들며 응답자에게 생각할 시간적 여유를 준다. 그러나 글자를 아는 사람에게만 적용이 가능하고 조사표가 잘못 기입되어도 시정하기가 어렵다. 또한 피조사자 본인의 의견인지 다른 사람의 영향을 받았는지 알 수 없다는 단점이 있다.

(5) 우편조사법

우편조사법(mailed questionnaire)은 설문지를 선정된 피조사자에게 우송하여 기록하게 한 후 우편으로 회수하는 방법이다. 우송 시에는 반드시 주소와 반송우표가 붙은 별도의 봉투를 동봉한다. 회수율이 낮은 문제점이 있으나 방대한 지역에 걸친 조사 시에 가장 일반적으로 이용된다.

이 방식은 특히 지리적으로 광범위하게 분포된 조사대상에 대한 조사 시에 조사비용과 노력이 크게 절감된다. 또한 광범한 지역을 조사할 수 있고, 현지조사원을 고용할 필요가 없으며, 면접에서와 같은 면접자의 편견이 개입될 우려가 없다. 또한 피조사자가 충분한 시간을 갖고 솔직하게 답변할 수 있고(사생활과 익명성 보호), 독도경비대나 재소자와 같이 조사가 어려운 사람에 대한 접근이 가능하다.

그러나 회수율이 낮고 회수에 시간이 많이 걸린다. 면접조사는 회수율이 95%까지 가능하지만 우편조사는 대개 10~25% 정도에 불과하다. 또한 응답자 주위 사람의 의견이 반영될 염려가 있으며 가족이나 부하직원, 친구, 비서 등 대리응답자가 있을 수 있다. 또한 응답자의 응답능력에 따라 자료의 타당성이 좌우되며 비응답의 효과(non-response effect)를 추정하는 문제가 심각하다. 보충설명, 캐묻기(probing) 등이 불가능하여 질문을 오해할 우려가 있으며 응답자는 응답하기 전에 설문지에 담긴 모든 질문을 살펴볼 기회가 있으므로 앞뒤 질문의 독립성을 보장하기 어렵다.

우편조사의 회수율을 높이는 기법은 다음과 같다.

〈표 7-1〉 우편조사 회수율을 높이는 기법

방 법	최적조건
후속 독촉 (우편엽서, 전화)	• 보통 3회까지의 후속 독촉 필요 • 2회 이상부터는 설문지를 재발송하는 것도 필요
설문내용의 중요성	• 설문내용이 중요하다고 인식되어야 함
조사주체	• 조사기관이나 조사자가 권위나 사회적 지위가 있을 때
협조의뢰 편지	• 연구자와 연구기관 표시, 익명성 보장 등
유인책의 사용	• 사례금이나 기념품 지급 등의 유인책 사용 • 후원자, 대상집단, 설문 유형에 따른 적절한 유인책 사용
반송의 용이성	• 회송우표와 반송봉투를 동봉해야 함 • 회송우표 동봉보다는 요금후납봉투 사용

방 법	최적조건
발송시기	• 주말이나 연휴, 학생은 시험기간 등 바쁜 기간을 피해야 함
설문지 외관	• 설문지의 형태, 색깔, 글씨 크기 등 외관이 매력적일수록 좋음
민감한 질문의 처리	• 사적인 비밀이나 개인적인 이해를 침해할 경우 응답률이 낮음 • 이름이나 소득 등 개인 신상은 가능하면 생략해야 함
설문지 길이	• 짧을수록 좋으나 길이에 따라서는 큰 차이 없음

출처 : Miller(1983), pp. 110-113 재구성.

실제로 딜먼(Dilman) 등(1974)의 연구에 의하면 설문지를 우편으로 보냈을 때의 평균 회수율은 23.8% 정도이나, 1주 후에 회수요청 편지를 보낸 경우에는 42%가량의 회수율을 보였다. 3주 후에는 회수요청 편지와 함께 설문지를 재발송하자 회수율이 평균 59%나 되었다. 우편조사에서 회수율이 낮을 경우에는 연구의 일반화에 심각한 문제를 야기한다. 적정 응답률에 대한 분명한 기준은 없지만, 50% 이상이면 적절, 60% 이상이면 양호, 70% 이상이면 매우 훌륭하다고 할 수 있다(Babbie, 2001).

〈표 7-2〉 **회수 요청 우편물에 대한 응답률 비교**

질문지 발송과 회수 요청 우편물	시 기	평균 회수율
1. 질문지 발송		23.8%
2. 첫 번째 회수요청 편지(엽서)	설문지 발송 후 1주	42.0%
3. 두 번째 회수요청 편지+설문지	설문지 발송 후 3주	59.0%
4. 등기(회수요청 편지+설문지)	설문지 발송 후 6주	72.4%

출처 : Dilman et al.(1974), p. 756.

(6) 온라인조사법

온라인조사법은 인터넷의 발달과 함께 최근에 등장한 방법으로 전자서베이(electronic survey)라고도 한다. 컴퓨터 네트워크를 이용한 각종 서베이 조사들은 최근 빠른 속도로 확산되고 있다.

정부기관의 홈페이지에 접속하면 주요 현안에 대해 국민들의 의견을 조사하는 것을 흔히 볼 수 있다. 이 방식은 ⓐ 전자메일을 통해 설문지를 주고받으며 조사를 하거나, ⓑ 웹을 이용해 방문자들이 설문에 응답하도록 하는 방식 등이 있다. 전자의 방식은 메일을 주고받아야 하는 번거로움이 있는 반면에 후자의 방법은 디스플레이와 다양한 동영상 등을 통해 호감을 주어 응답률을 높일 수 있고 응답과 동시에 자료가 컴퓨터에 저장되므로 시간과 비용을 획기적으로 줄일 수 있다.

그러나 온라인조사법은 저렴한 조사비와 시·공간의 제약을 받지 않는다는 장점에도 불구하고 아직은 사용하는 인구계층이 청·장년층에 한정되어 표본추출에 약점이 있고 따라서 모집단의 대표성에 심각한 문제가 있으며, 응답자의 적격 여부와 중복응답 처리가 곤란하고 부정확한 응답을 거르는 장치가 없어 자료검증에 어려움이 있다는 단점이 있다. 예를 들어, 미국 어느 인터넷 사이트에서 세계 최고 미인을 뽑는 투표가 있었는데, 한국 여배우들이 압도적으로 나란히 상위권을 석권했다. 그 이유는 한국인 네티즌이 대거 몰려가 몰표를 줬기 때문이었다.

Tip 구글 설문지와 네이버 오피스

온라인 설문조사를 지원하는 대표적인 시스템이 구글 설문지와 네이버 오피스이다. 여기서 설문지 폼을 작성하고 URL 주소를 SNS나 문자로 발송해 응답자가 응답하면 데이터 파일이 엑셀로 자동 생성된다.

네이버 오피스에서 온라인 설문지 작성

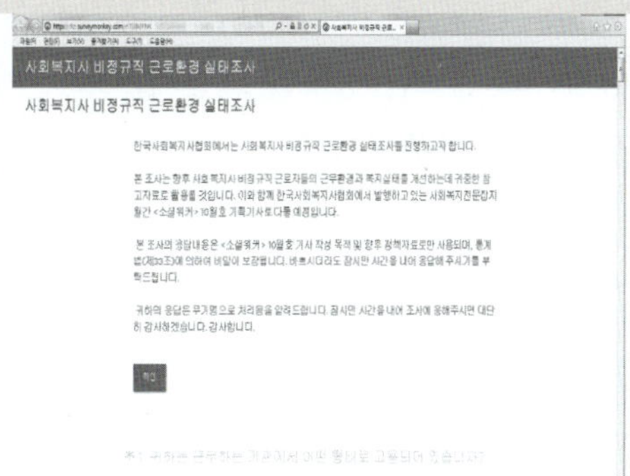

온라인 설문조사 사례

〈표 7-3〉 설문조사 유형 비교

기 준		면접조사법	전화조사법	우편조사법	온라인조사법
표본특성	교육수준 높음			○	○
	교육수준 낮음	○	○		
질문형태	복잡한 질문	○			
	단순한 질문		○		
	개방형	○			
	폐쇄형		○	○	○
응답률		높음	보통임	낮은 편임	낮은 편임
소요시간		보통임	매우 빠름	많이 소요	빠른 편임
비 용		많이 소요	적게 소요	많이 소요	적게 소요
다양성		높음	보통임	낮음	보통임

출처 : 고종욱 · 류 철(2004), p. 112.

2. 설문지의 구성요소와 작성과정

1) 설문지 구성요소

설문지는 가능하면 표준화된 형식으로 작성하는 것이 바람직하다. 일반적으로 응답의 오류를 방지하고 필요한 정보를 포괄적으로 얻어내기 위해서 설문지의 구성요소는 다음과 같이 다섯 가지로 이루어진다.

(1) 설문 표지

설문 표지(cover letter)는 연구자나 연구기관의 소개, 조사의 취지 설명과 개인적인 응답 항목에 대한 비밀보장을 확신시켜 줌으로써 조사의 응답률을 높이고, 응답을 보다 쉽게 얻어내기 위한 부분을 말한다. 기술적으로 인사말은 너무 길어서는 안 되고, 쉽게 이해할 수 있는 말로 써야 하며, 진지하면서도 되도록 중립적인 표현을 사용하여야 한다. 대체로 표지문에 포함되어야 할 사항은 다음과 같다.

① 연구의 목적을 간결하게 설명한다.
② 응답자의 솔직한 응답이 매우 중요하다는 인식을 주도록 한다.
③ 응답자료에 대한 비밀이 보장된다는 사실을 주지시킨다.
④ 응답에는 정답이나 오답이 없으므로 솔직하게 답해주도록 언급한다.
⑤ 응답에 소요되는 예상시간을 밝혀 둔다.
⑥ 우편조사라면 회수 마감일을 명확하게 적어 둔다.
⑦ 안내문의 앞과 끝에 정중한 감사의 표시를 한다.
⑧ 연구자의 소속이나 이름, 연락처를 밝혀 둔다.

Example

설문 표지

안녕하십니까? 소중한 시간을 내어주셔서 감사합니다.
본 설문조사는 (연구목적의 기술)을 살펴보고자 실시하는 것으로, 총 ○면으로 ○○분 정도 소요됩니다.
질문에는 정답이 없으므로 읽은 후의 느낌이나 생각을 사실 그대로 한 문항도 빠짐없이 응답해 주시기 바랍니다.
모든 자료는 무기명 통계 처리되어 연구목적으로만 사용되므로 개인 신상은 절대 밝혀지지 않습니다. 올바른 연구결과를 위해 솔직하게 응답해 주시기를 거듭 부탁드립니다. 원하시면 언제라도 중단하셔도 됩니다. 만일 본 연구에 대하여 궁금하시거나 결과를 알고자 하시면 아래 연락처로 연락주시면 성실히 답해 드리겠습니다. 귀하의 협조에 거듭 감사드립니다.

20○○년 ○○월 ○○일

강원대학교 사회복지학과 교수 강 종 수
연락처 : 033 - 570 - 6364
이메일 : jskang@kangwon.ac.kr

(2) 식별자료

식별자료란 각 설문지를 구분하기 위한 일련번호와 추후의 확인 조사를 위한 응답자의 이름이나 조사 또는 조사를 실시한 면접자의 이름과 면접일시를 기록하는 부분으로 대개 설문지의 첫 장에 위치한다.

(3) 지시사항

우편조사와 같이 응답자 혼자서 전체 설문지를 읽고 응답해야 할 경우라면 각 항목마다 응답방법이나 응답순서 등 응답자가 설문지의 모든 항목을 어려움 없이 완성하고 이를 조사기관이 회수하기까지 모든 과정에 대한 상세한 지시사항이 수록되어야 한다. 지시사항은 설문의 맨 앞에서 설문 전반에 걸쳐 준수해야 할 일반적 지시문과 문항별로 응답요령을 제시한 구체적 지시문 등이 있다.

(4) 설문 문항

설문지 작성에서 가장 중요한 부분으로 연구목적에 필요한 대부분의 자료가 수집되는 부분이다. 설문 문항의 내용은 주로 사실에 관한 질문, 행동에 대한 질문, 의견이나 태도에 관한 질문, 지식에 관한 질문 등이 있다. 설문지의 대부분을 차지하는 부분으로, 설문 문항은 조사연구의 목적에 적합해야 하고 효과적이며 효율적으로 작성되고 배열되어야 한다.

(5) 응답자 분류항목

응답자의 성별, 연령, 학력 등의 인구통계학적 특성을 파악하고 분류하기 위한 자료들이다. 이 부분은 응답자의 개인 신상과 관련된 질문이므로 프라이버시가 침해되지 않도록 연구에 반드시 필요한 항목만을 질문해야 한다.

2) 설문지 작성과정

설문지 작성은 크게 개발단계와 검정단계로 나눌 수 있다. 우선 개발단계에서는 ① 수집할 자료를 결정하고, ② 조사방법과 그에 따른 질문 유형을 정한 후, ③ 반응양식에 따른 문항을 개발하여 설문지 초안을 마련한다. 초안이 작성된 설문지는 검정단계에서 다시 ④ 검토와 수정을 하고, ⑤ 사전검사를 시행한 후에 ⑥ 최종적으로 편집과 완성의 절차를 밟는다.

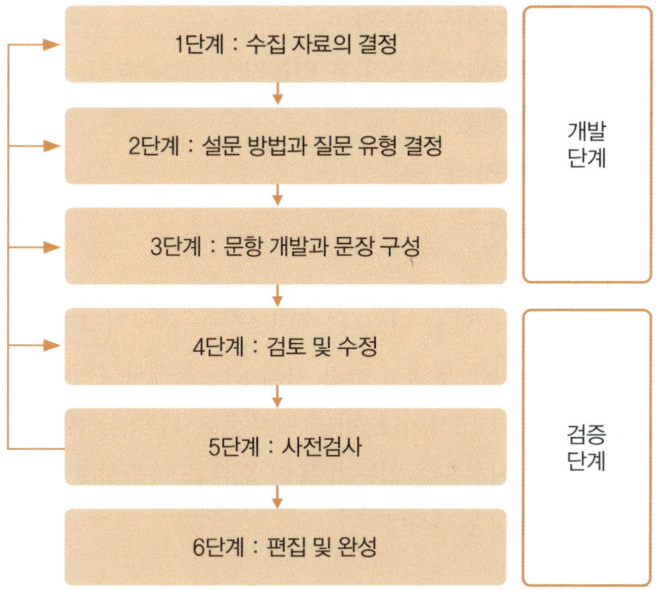

| 그림 7-1 | 설문지 작성과정

설문지 초안이 완성되면 본조사 전에 사전검사를 실시하는 것이 중요하다. 본조사가 실시된 후에 오류가 발견되더라도 수정할 방법이 없다. 사전조사(pretest)란 완성된 설문지 초안을 응답예정자 중 일부에게 본조사와 동일한 절차와 방법으로 설문조사를 실시하여 오류 유무를 확인하는 과정이다. 사전조사 대상은 무작위선정보다는 대표성 있는 대상을 유의적으로 골고루 선택하는 것이 좋으며, 모든 문항에 응답하게 하거나 혹은 일부 새롭게 개발된 문항같이 부분적인 문항에만 응답하게 하기도 한다. 연구자는 사전조사를 진행하면서 발견된 문제점을 확인하고 체크해야 한다. 사전조사에서 특히 주의해서 살펴볼 내용은 다음과 같다.

- 응답자가 잘못 이해하거나 혼동하는 문항은 없는지
- 응답자들이 제시한 가외적 의견(marginal comments)은 있는지
- 응답을 번복하는 문항은 없는지
- 설문의 표지나 지시문의 의미가 잘 전달되는지

- 기타 항목에 대한 응답이 너무 많은지
- 일정하게 누락되거나 무응답되는 문항은 없는지
- 체크(v) 표시를 정확하게 하는지
- 무응답이 많거나 전혀 하지 않는지
- 문항의 난이도는 적절한지 등

사전조사는 예비조사(pilot test)와는 다르다. 예비조사는 연구하고자 하는 문제의 핵심요소를 정확하게 알지 못할 때 이를 명백히 하기 위해 연구문제와 관련된 자료수집이나 기초자료를 조사하는 탐색적 성격의 조사이다. 반면에 사전조사는 설문지 완성 후에 그 의미가 제대로 전달되는지, 응답상의 어려움은 없는지 등의 오류를 파악하고 수정하기 위해 본조사 전에 실시하는 리허설적 성격의 조사이다.

〈표 7-4〉 **사전조사와 예비조사 비교**

예비조사	구 분	사전조사
연구주제에 대한 자료를 수집할 목적으로 실시(조사문제의 규명, 연구가설 명확화)	조사목적	• 설문지 확정을 위해 각종 문제점과 오류를 파악하고 수정하기 위해(설문지의 타당성과 신뢰성을 위해) • 설문조사의 시간, 비용, 업무량 파악을 위해
설문지 작성 전	조사 시기	설문지 작성 후 본조사 실시 전
비구조적 조사(탐색적 조사)로 문헌조사, 전문가조사, 사례조사 3가지	조사방법	구조적 조사(본조사와 똑같이 조사하여 표본의 수만 줄여서)

사전조사를 통해 오류가 완전히 해결되어 본조사 문항이 확정되면 편집과정을 거쳐 완성하게 된다. 응답자가 설문지를 읽고 응답하기 편리하도록 문서를 편집하는 과정 역시 중요하다. 설문은 '과학적'으로 설계되고, '예술적'으로 제작되어야 한다(Payne, 1951). 여기서 예술적이라는 표현은 설문지의 문항과 도표 등의 외관이 응답자의 반응과 이해도를 높이도록 배치되고 편집되어야 함을 의미한다. 훌륭한 레이아웃(layout)은 응답자의 정확성과 신뢰성을 확보할 수 있을 뿐만 아니라 추후 코딩과정에서 실수를 줄이고 데이터의 명확성을 높일

수 있다. 설문지의 레이아웃은 깔끔하게 편집되어 쉽게 읽혀져 응답에 혼동을 주지 않아야 한다. 또한 설문지는 선명하게 인쇄하고 글자체와 크기 역시 읽기 쉽고 편하도록 제작되어야 하며, 지시문과 겉표지 등도 적절하게 배치되어야 한다.

3. 문항 작성방법

1) 쉽고 간결하게 표현한다

설문 문항은 보통사람이라면 누구나 이해할 수 있는 쉽고 평이한 수준의 단어와 문장을 사용해야 한다. 설문 문항에는 전문용어, 축약어, 속어나 은어 등을 사용하지 않는다. 만일 일반인이 다음과 같은 설문지를 받았다면 아무도 질문 내용을 이해하지 못할 것이며, 설사 응답했다 하더라도 신뢰할 수 없을 것이다. 의외로 자주 발생하는 잘못이다.

> 예 유아의 대상과의 투사적 동일시가 대상표상과의 공격성 함입으로 이어져 결국 비행청소년이 된다고 생각하십니까?
> ① 예 ② 아니요

만약에 부득이하게 어려운 용어나 개념을 사용해야 한다면 누구나 쉽게 이해할 수 있도록 먼저 설명하고 질문해야 한다. 이 경우에 설명과 질문이 구별되지 않으면 응답자는 어디까지가 설명이고 무엇이 질문인지 분간하기 어렵다. 설명과 질문은 뚜렷하게 구별해야 한다.

> 예 용어설명 : 님비(NIMBY : Not in my backyard) 현상이란 화장장, 교도소와 같이 공공의 이익은 되지만 자기 지역에 설치하는 것을 반대하는 지역이기주의를 말합니다.
>
> 당신은 주민들이 사회복지시설 설치를 반대하는 것을 님비 현상이라고 생각하십니까?
> ① 예 ② 아니요

Tip "귀하의 수입은 얼마입니까?"

매우 단순한 질문처럼 보이지만 사람들이 막상 이 질문에 응답하려면 매우 모호하고 막연하다. '월수입'인지 '연봉'인지 아니면 '주당수입'인지 불분명하고, 또한 '개인'의 수입인지 '가계'의 수입인지도 불분명하다. 더구나 이자나 배당금, 임대수입 등의 기타 소득을 포함하는지 아닌지도 명시되어 있지 않다. 따라서 연구자는 '수입'에 대해 명확히 조작적 정의를 해야 한다. 예를 들어, '한 개인이 월별 노동의 대가로 받는 금전 형태의 근로소득'으로 수입을 정의한다면 이자나 배당금, 임대수입과 같은 불로소득은 측정에서 제외될 것이다. 따라서 다음과 같이 질문한다(양병화, 2013).

"귀하의 월평균 수입(이자, 배당금, 임대수입 등의 기타소득 제외)은 얼마입니까?"

2) 명시적이고 직접적으로 표현한다

질문이 추상적이고 막연하다면 응답자마다 그것을 해석하는 데 차이가 있어 결국 부정확한 정보를 획득하게 되므로 질문은 명시적이고 직접적으로 표현해야 한다. 다음과 같이 질문할 경우 응답자는 지역사회를 시·도라고 생각할 수도 있고, 구나 동 혹은 아파트단지로 생각할 수도 있다. 이러한 불명확이 동일한 질문에 서로 다른 인식을 가져올 수 있다.

예 당신이 살고 있는 지역사회에서 가장 필요한 시설은 무엇입니까?

3) 이중질문은 피한다

한 문항에 두 가지 이상의 응답이 있는 질문은 피해야 한다. 만약 다음과 같이 질문을 하게 되면 복지관은 필요하지만 장애인학교는 불필요하다고 생각할 경우 응답하기 곤란하거나 비록 하나를 선택했다 하더라도 틀린 정보이다. 질문에는 '그리고'라는 단어가 없어야 한다.

예 당신은 우리 동네에 복지관이나 장애인학교가 필요하다고 생각하십니까?
① 예　　　　② 아니요

4) 가치중립적이어야 하고 유도질문은 피한다

질문이나 응답항목에 편견을 내포하는 용어나 서술이 있으면 질문 자체가 의도하는 정확한 측정이 불가능해지고, 특정 방향으로 응답을 유인하는 결과가 초래된다. 만약 다음과 같은 질문을 받는다면 진심과는 달리 아무도 반대라고 응답하지 못할 것이다. 이 경우 앞 문장을 삭제해야 한다.

> 예 불쌍한 고아들을 위한 고아원 설치를 반대하는 일부 몰상식한 주민들이 있습니다. 당신은 우리 동네에 고아원 설치를 어떻게 생각하십니까?
> ① 찬성 ② 반대

5) 응답자의 능력을 고려한다

응답자로부터 얻어낼 수 있는 정보의 정확도에는 일정한 한계가 있기 때문에 지나치게 자세한 응답을 요구하는 것은 무리이다. 따라서 응답자의 능력과 수준을 파악해서 그에 맞추어 질문해야 한다. 다음과 같은 질문을 받는다면 아무도 정확히 응답하지 못할 것이다. 이 경우에는 "하루에 몇 잔의 물을 마십니까?"라고 묻는 것이 바람직하다.

> 예 지난 한 달간 몇 cc의 물을 마셨습니까? ____________________cc

6) 긍정형의 질문을 한다

설문지 문항에 부정적인 질문이 있으면 오해를 낳기 쉽고, 때로는 부정적인 단어를 보지 못해 긍정문으로 오해하여 정반대의 결과를 선택할 수도 있으므로 피해야 한다. 다음과 같은 질문보다는 "장애인에 대한 채용차별을 어떻게 생각하십니까?"가 좋다.

> 예 장애인에 대한 채용차별이 바람직하지 않다고 생각하십니까?
> ① 예 ② 아니요

7) 응답하기 곤란한 질문은 피한다

응답자에게 수치심을 주거나 감정을 상하게 하는 질문 또는 사생활 정보 등은 응답자를 당황하게 하여 솔직한 답변을 하지 못하도록 한다. 수입 정도, 성생활, 정신질환 등에 관한 질문은 응답하기 곤란한 질문들이다. 다음 예시에서 ③~⑦은 응답하기 곤란하고 만약에 응답한다 하더라도 빈도가 매우 낮아 쓸모없는 경우가 대부분이다. 꼭 필요한 경우가 아니라면 "① 미혼, ② 기혼, ③ 기타"가 바람직하다. 민감한 질문은 최대한 친근하고 정중하게 표현해야 한다.

> 예 당신의 결혼상태는?
> ① 미혼 ② 기혼 ③ 사별 ④ 별거 ⑤ 이혼 ⑥ 재혼 ⑦ 동거 ⑧ 기타

8) 객관식 질문이 좋다

주관식 질문은 자유로운 의견을 수렴할 수 있고 미처 예상하지 못한 문제를 찾아낼 수 있는 장점이 있다. 그러나 이를 통계처리하기 위해서는 유형화하고 다시 번호를 부여하는 등의 번거로운 과정을 거쳐야 하고, 때로는 사장되는 경우가 많다. 따라서 미리 응답의 유형을 정해두고 선택하는 객관식이 좋다. 주관식이 필요하다면 다음과 같은 질문을 후반부에 배치하는 것도 좋은 방법이다.

> 예 이 설문조사와 관련된 귀하의 의견을 자유롭게 적어 주시기 바랍니다.
> ______________________________
> ______________________________
> ______________________________

9) 질문은 최소화한다

질문문항이 많으면 응답자가 부담을 느껴 처음부터 응답을 기피하거나 무성의하게 반응할 우려가 있고, 조사 진행이 더디게 진행되거나 조사요원까지 지치게 된다. 따라서 연구목

적이 훼손되지 않고 가설검증이 가능한 범위 내에서 질문의 양을 최소화해야 한다. 연구와 직접적인 관련이 없거나 적은 것은 과감하게 삭제한다. 또한 질문 문항이 길고 복잡할수록 의미가 정확하게 전달되지 않을 수 있다. 질문은 짧을수록 좋고 부연설명이나 단어의 중복 사용을 피해야 한다.

〈표 7-5〉 설문지 작성 시 피할 사항과 개선방안 예시

피해야 할 사항	좋지 않은 문항	개선한 문항 예시
은어 · 비속어 · 생략어	간밤에 술독에 빠질 만큼 마셨습니까?	어젯밤에 맥주를 얼마나 마셨습니까?
모호성	외식은 자주 하십니까?	음식점 같은 데서 일주일에 몇 번 외식을 하십니까?
감성적 · 신분적 위신을 가미한 언어	존경하는 위원회의 보고서에서 우리 정부가 엄청난 적자에도 그 사업에 예산을 쓴다고 하는데, 귀하는 그 사업이 중요하다고 보십니까?	국회가 예산낭비를 막는 일이 중요하다고 보십니까? 매우 중요하다, 중요한 편이다, 중요하지 않다.
겹치기 질문	귀하는 복지 및 군대 예산의 증액에 찬성입니까? 반대입니까?	복지예산 증액에 찬성하십니까? 군대예산 증액에 찬성하십니까?
유도질문	귀하는 애국심을 발휘하여 지난 번 시장선거에 투표하셨습니까?	귀하는 지난 번 시장선거에 투표하셨습니까?
응답자의 능력범위 초과	2년 전에 매달 몇 시간씩 TV 시청을 하셨습니까?	지난 2주 동안 하루 몇 시간가량 TV 시청을 하셨습니까?
잘못된 전제	귀하는 여자(남자) 친구에 대한 구타를 언제 그만두셨습니까?	귀하는 여자(남자) 친구에게 손찌검하신 적이 있습니까?
너무 먼 장래	대학졸업 후 취업 및 정착을 한 뒤 주식투자를 예정하십니까?	앞으로 두 달 후쯤에 주식에 투자할 계획이 있습니까?
이중부정법	우리 도시의 새로운 체육관 건립에 반대하는 분들의 의견에 반대하십니까?	우리 도시에 새로운 체육관 건립계획이 있는데, 이에 대해 어떻게 생각하십니까? 찬성 또는 반대
불균형적 응답	귀하는 저희 호텔이 서비스가 뛰어나다, 멋지다, 우수하다, 양호하다 중 어느 것이라고 보십니까?	저희 호텔의 서비스에 대해 뛰어나다, 훌륭하다, 적당하다, 아니면 빈약하다 중 어느 것이라고 보십니까?

출처 : Newman(2000), p. 273.

4. 질문 형태

1) 개방형 질문과 폐쇄형 질문

개방형 질문(open-ended response question)은 자유응답형 질문으로 응답자가 할 수 있는 응답의 형태에 제약을 가하지 않고 자유롭게 표현하는 방법이다. 연구자들이 응답의 범위를 아는 데 도움이 되어 탐색적 조사연구나 의사결정의 초기단계에 유용하며 강제성이 없어 다양한 응답이 가능하다. 반면에 응답의 부호화가 어렵고, 세세한 정보의 부분이 유실될 수 있다. 또한 응답의 표현상의 차이로 상이한 해석이 가능하고 편견이 개입될 수 있으며 표현능력이 부족한 응답자에게는 사용하기 어렵다. 따라서 꼭 필요한 경우를 제외하고는 객관식의 폐쇄형 질문이 좋다.

폐쇄형 질문(close-ended response question)은 사전에 응답할 항목을 연구자가 제시해 놓고 그중에서 택하게 하는 방법이다. 따라서 응답항목의 구성은 항목 간에 포괄성과 상호배타성이 있도록 구성해야 한다.

① **포괄성(총망라성)** : 다지선다형 응답에서는 가능한 응답을 모두 제시해야 한다. 따라서 응답의 선택항목은 예비조사 때 충분히 검토하여 빠지는 것이 없도록 해야 하며 그 외에도 다른 응답이 있다고 생각되면, 기타 항목의 (　) 안에 기입하게 한다. 그러나 '기타'라는 항목이 논리적으로 불필요한 경우에 넣으면 오히려 응답을 고의로 또는 무의식적으로 회피시켜 타당도를 낮추는 요인이 될 수 있으므로 주의해야 한다.

> 예 "현재 기르고 있는 애완동물은?"이라는 질문에 응답으로 ① 개, ② 고양이만 있다면 물고기나 새를 키우는 사람은 응답할 수 없다. 최소한 '③ 기타'가 있어야 한다.

② **상호배타성(중복금지)** : 응답항목들 간에는 내용이나 범위가 중복되지 않고 각기 다른 속성들은 서로가 엄격하게 구분되어 한 응답자가 반드시 하나의 항목만을 선택하도록 해야 한다. 응답이 상호배타적이지 못하면 속성들에 대한 측정이 혼란을 가져오게 된다.

> **예** "우리 동네에 복지관 설립에 찬성하십니까?"라는 질문에 응답으로 ① 매우 찬성, ② 종종 찬성이 있다면 이는 잘못이다. '매우'는 강도를 나타내고, '종종'은 빈도를 나타내므로 매우 찬성하면서 종종 찬성할 수도 있다.

2) 직접질문과 간접질문

직접질문은 사실에 관한 응답자의 태도나 의견 등을 직접적으로 질문하는 것이고, 간접질문은 그 응답이 응답자의 반감을 일으켜 정확한 응답을 회피할 경우 전혀 다른 질문을 하여 그 질문에 대한 반응으로 필요한 정보를 얻는 방법이다. 응답자가 사회적 규범, 집단이나 인간관계로 인한 압력, 자신의 체면 때문에 본래 자신의 의견과는 전혀 다른 응답을 하는 경우가 있는데, 이러한 경우 응답자의 의견을 정확히 파악하여 조사의 타당성을 높이기 위해 간접질문이 필요하다.

- 신뢰도와 타당성의 불확실성 때문에 각별한 주의와 기술이 요구된다.
- 조사자의 응답을 해석하는 객관적인 방법을 마련하는 것이 중요하다.
- 조사표 작성상의 유의점, 특히 언어구성이나 순서결정 시 유의점을 최대한 지켜야 한다.
- 특별한 심리적 저항 없이 직접질문이 가능한 경우에는 응답의 타당도가 낮은 간접질문을 굳이 사용할 필요가 없다.

간접질문은 직접질문이 갖는 문제점을 보완하여 조사의 타당성을 높이는 방법이기는 하나 그 응답을 해석하는 과정에서 진의를 왜곡할 우려가 매우 높다. 따라서 다음의 사항을 유의해야 한다. 간접질문의 방법으로는 투사법, 오류선택법, 정보검사법, 토의완성법, 연상법 등이 있다. 간접질문 방법은 다음과 같다.

① **투사법**(projective method) : 응답자에게 자극을 주어 우회적으로 응답을 얻어내는 방법이다. 주로 응답자에게 다른 사람의 의견을 묻는 형식을 취하지만 사실은 응답자 자

신의 의견을 반영한다고 본다. 예를 들어, '당신은 여성이 상사가 되는 것을 싫어하십니까?'라고 묻는다면 응답자들은 자신의 성차별적 정서가 밝혀지는 것을 꺼리게 될 것이다. 그렇다면 다음과 같이 물어볼 수 있다.

> 예 당신 동료들은 여성이 상사가 되는 것을 싫어한다고 생각하십니까?

② **오류선택법(error-choice method)** : 어떤 질문에 대해 틀린 답을 여러 개 제시해 놓고 그것을 선택하게 함으로써 응답자의 태도를 알아보는 방법이다. 다음 예시는 관장의 소득을 묻는 것이 아니라 관장에 대한 개인적 평가를 하는 것이다. 관장에게 좋은 감정을 가지고 있는 사람은 적은 금액을, 좋지 않은 감정을 가졌다면 많은 금액을 적을 것이라고 본다.

> 예 관장의 연봉은 대략 얼마라고 생각하십니까? (　　)만 원

③ **정보검사법(information test)** : 어떤 주제에 대해 특정인이 지닌 정보의 양과 종류가 그 개인의 태도나 행동을 결정한다고 보고 그 개인이 가진 정보를 파악해 응답자의 태도를 알아보는 방법이다. 다음 예시에서 딜도를 알고 있는 사람은 성(性)적인 것에 관심이 많다는 뜻이다.

> 예 딜도(dildo)가 무슨 뜻인가?

④ **토의완성법(argument method)** : 응답자에게 문장이나 스토리 등의 미완성품을 제시해 놓고 그것을 빠르게 완성하게 하는 방법으로, 태도나 의견조사에 많이 이용한다.

> 예 나는 홈리스를 볼 때마다 (　　　)라는 생각이 든다.

⑤ **연상법(association technique)** : 응답자에게 어떤 대상을 보여주거나 자극을 주었을 때 가장 먼저 연상되는 것을 응답하게 하는 방법이다. 대표적인 예가 로샤 검사

(Rorschach test)이다. 카드 10장을 보여주며 무엇으로 보이는가를 질문해 성격이나 심리상태를 분석한다. 그리고 연상되는 단어를 열거해 응답자의 심리상태를 파악하는 단어연상법 등이 있다.

> 예 '사회복지사' 하면 가장 먼저 연상되는 것은?
> ① 전문가 ② 박봉 ③ 천사 ④ 복지관 ⑤ 헌신

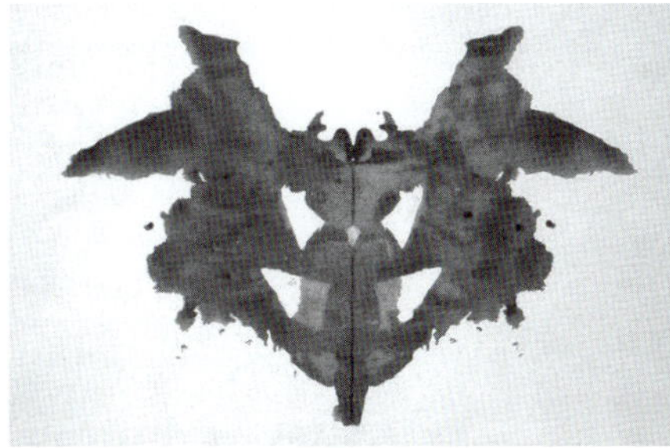
로샤 검사의 첫 번째 그림

3) 질문형태

① **다항선택형(multiple choice question)** : 여러 응답 중 하나 혹은 그 이상을 선택하게 하는 방식이다. 예상되는 모든 응답을 예시해야 하며, 따라서 응답항목 선택의 폭을 넓혀 응답내용을 깊이 있게 파악할 수 있지만 중복응답된 경우 별도의 자료처리 절차를 거쳐야 한다.

> 예 현재 가장 시급한 복지정책은 무엇이라 생각하십니까?
> ① 아동복지 ② 노인복지 ③ 장애인복지 ④ 가족복지 ⑤ 청소년복지

② **찬부/양자택일형(dichotomy question)** : 다항선택형 중 가장 극단적인 형태로, 보통 찬성/반대, 있다/없다, 좋다/싫다 등 양자택일하도록 하는 방식이다. 이 방식은 간편하여 자료처리가 쉽지만, 지나치게 극단적인 평가로 결과가 과장되는 경향이 있다.

> 예 귀하는 현 정부의 사회복지정책에 대해 찬성하십니까?
> ① 예 ② 아니요

③ **서열형(ranking question)** : 가능한 응답을 나열해 놓고 중요한 순서, 좋아하는 순서, 싫어하는 순서 등에 따라 순서대로 선택(번호 기입)하게 하는 방식이다. 응답 항목이 너무 많으면 응답자가 판단하기 어려우므로 수를 제한(보통 5개 이내)해야 한다.

> 예 현재 가장 시급한 복지정책을 우선 순위에 따라 1, 2, 3위로 선택해 주세요.
> ① 아동복지 ② 노인복지 ③ 장애인복지 ④ 가족복지 ⑤ 청소년복지

④ **평정형(rating question)** : 어떤 질문에 대한 대답의 강도를 요구하는 방식이다. 이때 응답항목은 종류가 상이한 것이 아니라 한 개의 종류에 대한 강도가 다를 뿐이다. 리커트척도가 대표적이다.

> 예 귀하는 현 정부의 다문화가족정책에 대해 만족하십니까?
> ① 매우 만족한다 ② 만족한다 ③ 보통이다 ④ 불만이다 ⑤ 매우 불만이다

⑤ **어의차형(semantic differential question)** : 사물이나 개념에 대한 반응을 평가하는 일종의 등급형 방식으로 응답항목이 상대적인 표현인 긍정적/부정적 표현을 주로 사용한다. 5점이나 7점 척도로 구분해 놓고 응답자로부터 해당 척도점에 표시하게 한다.

> 예 ○○ 복지관에 대한 귀하의 이미지를 표시해 주세요.
> ① 불친절하다 1 … 2 … 3 … 4 … 5 … 6 … 7 친절하다
> ② 필요없다 1 … 2 … 3 … 4 … 5 … 6 … 7 필요하다
> ③ 대충한다 1 … 2 … 3 … 4 … 5 … 6 … 7 열심이다

⑥ **개방형(open-end question)** : 응답자가 아무런 제한을 받지 않고 자유롭게 표현하도록 하는 방식이다. 응답자의 모든 의견을 얻어낼 수 있으므로 예비적 혹은 탐색적 조사에 적합하다. 다만, 설문지가 회수된 후에 응답을 분류하고 해석하는 작업을 거쳐야 한다.

> 예 저출산 고령화사회에 대비하기 위해 가장 시급한 것은 무엇이라 생각하십니까?
> (   )

⑦ **해당자 부수질문(contingency questions)** : 응답자의 일부에게만 해당되는 질문으로 폐쇄형 질문의 특수한 형태이다. 일부 응답자의 관련성을 그 앞의 여과질문(filter question),

선별질문(screening question)에 의해 결정한다. 그러나 우편조사나 자기기입법의 경우 혼동을 일으킬 가능성이 있으므로 질문양식이 단순하고 지시사항이 명확하지 않은 부수질문은 제거해야 한다.

예 1. 귀하는 현 정부의 장애인복지정책에 찬성하십니까 아니면 반대하십니까? (　　)
① 찬성한다　　　② 반대한다
→ 1-1. 반대하는 경우 그 이유는 무엇입니까? (　　)
① 예산 삭감　② 인력 감축　③ …

4) 질문형태 고려사항

(1) 범주의 수

평정형으로 개인의 태도나 견해를 묻는 경우 서열척도는 명목척도보다 주관적인 요소가 더 많이 개재될 수 있다. 일반적으로 많이 사용되는 평정척도는 다음과 같다.

- 3점 척도 : 매우 심각 - 다소 심각 - 별 문제 안 됨
- 4점 척도 : 매우 찬성 - 대체로 찬성 - 대체로 반대 - 매우 반대
- 5점 척도 : 매우 만족 - 대체로 만족 - 보통 - 대체로 불만 - 매우 불만

이 외에 7점이나 10점을 사용할 수도 있다. 응답범주를 3~10점 중 어느 것을 사용할지는 차후에 어떤 통계분석기법을 사용할 것인지를 염두에 두어 결정해야 한다. 또한 응답자가 식별할 수 있는 수준 이상으로 세분화하는 것은 별로 의미가 없을 수도 있다.

그리고 중요한 것은 응답자들마다 응답범주를 동일하게 이해하지도 않는다는 것이다. 〈표 7-6〉에서 보는 바와 같이 '교수와의 면담 빈도'를 묻는 질문에 '전혀 – 때때로 – 대체로 자주 – 매우 자주'라는 응답범주는 응답자에 따라 받아들이는 의미가 다르다. '대체로 자주'라는 의미를 '한 달에 1~2회 정도'로 이해한 경우가 51명, '일주일에 1회 정도'가 17명, '일주일에 1회 이상'이 15명이나 된다. 따라서 받아들이는 의미에 있어 개별 응답자별로 차이가 있고 다루는 주제에 따라 달라질 수도 있다(강현두·박은희, 1985).

〈표 7-6〉 응답범주에 관한 의미상의 비교 (단위 : %)

교수와의 면담 빈도	전 혀	때때로	대체로 자주	매우 자주
전혀	61	2	0	0
일 년에 1~2회 정도	34	34	10	14
일 년에 3~6회 정도	3	30	7	0
한 달에 1~2회 정도	2	30	51	20
일주일에 1회 정도	0	3	17	0
일주일에 1회 이상	0	1	15	57
계	100	100	100	100

출처 : 강현두 · 박은희(1985). p. 33.

(2) 판단유보 범주

평정형을 5점척도로 사용할 때 '보통이다', '그저 그렇다'와 같이 판단을 보류하거나 의견을 표명하지 않은 응답범주를 포함시킬 것인지 혹은 배제할 것인지는 매우 중요하다. 특히 '잘 모르겠다'는 응답은 실제로 잘 모를 경우의 응답이기도 하지만, 응답하기 귀찮을 때 흔히 표기하기도 한다. 따라서 해석에 상당한 주의를 기울여야 한다. 예를 들어, '우리나라 원자력발전소의 안정성에 대해 어떻게 생각하십니까?'라는 질문에 〈표 7-7〉과 같은 응답결과가 나타났다고 하자.

〈표 7-7〉 원자력발전소의 안정성에 대한 견해

① 매우 안전하다	0.5
② 안전한 편이다	15.1
③ 보통이다	26.7
④ 위험한 편이다	36.5
⑤ 매우 위험하다	5.0
⑥ 모르겠다	16.2
계	100.0 (N=1,527)

이때 위험성을 주장하는 사람들은 '불과 15.1%만이 안전하다고 응답하였다'고 주장할 것이고, 안정성을 주장하는 사람들은 '위험한 편이다와 매우 위험하다를 합해 41.5%만이 위험하다고 본다'고 주장할 수 있다. 따라서 판단유보의 응답범주를 포함시킬 경우에는 조사결과를 해석할 때 많은 논란을 불러일으킬 수 있다(홍두승·설동훈, 2012).

5. 문항 배열

1) 문항의 순서

응답자가 설문지를 받고 첫 질문부터 너무 어렵거나 민감한 질문이 나오면 응답을 포기하거나 불성실하게 응답할 가능성이 높아지게 된다. 응답 초기부터 무성의하게 응답하게 되면 이어지는 다른 문항들에게 영향을 미치므로 전체적인 설문지의 신뢰도는 떨어지게 된다. 일반적으로 설문지 문항은 쉽고 흥미로우며 쉽게 대답할 수 있는 질문으로 시작하여 순차적으로 중요한 핵심질문의 순서로 배열하며, 내용적으로는 도입질문-본 질문-종결질문 순으로 구성된다.

문항의 배열순서에 따라 응답이 달라질 수 있다. 이를 순서효과(order effect)라 한다. 응답자가 특정 주제에 대한 견해가 불분명하거나 교육수준이 낮은 경우에 자주 발생한다. 순서효과 발생이 의심되는 경우에는 ⓐ 응답자를 반으로 나누어 질문 순서를 바꾸어 조사하고 전체 응답은 평균으로 계산하거나 ⓑ 사전조사에서 문항 제거, 문장 구성 등을 통해 최소화하는 방법을 찾아야 한다.

2) 문항 배열방법

(1) 쉽고 일반적이며 흥미유발형 질문은 앞에 배치한다

응답자가 별 생각 없이 쉽게 응답할 수 있는 질문들, 예를 들어 성별이나 나이(경우에 따라서는 아닐 수도 있다), 지역 등과 같이 인구통계학적 변인들과 관련된 질문들은 앞부분에 배치하는 것이 바람직하다. 만약 첫 질문부터 까다롭다면 응답자는 응답을 회피하게 된다. 또한 응답자가 일단 설문지를 받고 흥미를 유발할 수 있는 질문이라면 앞부분에 배치하는 것이 좋다.

(2) 어렵고 민감한 질문은 뒤에 배치한다

응답자가 대답하기 곤란한 지극히 사적인 질문이나 자존심을 상하게 하는 질문은 뒷부분에 배치해야 한다. 만일 응답자가 설문지를 받고 첫 문항부터 응답하기 곤란하다면 아예 응답을 거부하거나 사실과 다른 응답을 할 가능성이 높다. 이른바 매몰비용(sunk cost) 효과와 같이 쉬운 문제를 앞부분에 배치하여 대부분의 질문에 응답했다면 비록 뒷부분에 까다로운 질문이 나왔다 하더라도 이제까지의 응답한 노력 때문에 쉽게 포기하지 못하게 된다.

(3) 중요한 질문은 앞에 배치한다

설문지의 분량이 많거나 응답시간이 길어지면 후반부의 응답은 부실해질 가능성이 높다. 따라서 중요한 질문을 앞부분에 배치하는 것이 좋다. 또는 문항의 배열을 앞뒤로 바꾸어 가령 A·B형의 두 가지 형태의 설문지를 만들어 응답자 반반에게 배부하는 것도 문항순서의 영향을 배제하는 한 방법이다.

(4) 고정반응이 발생하지 않도록 배열한다

응답자들이 질문의 내용이나 정확한 답을 깊이 고려하지 않고 특정한 응답반응들을 되풀이하여 대답하는 이른바 고정반응(response set) 혹은 일정한 응답 경향이 나타날 수 있다. 어떤 동질적인 내용의 질문을 계속 반복하거나 혹은 같은 형식의 문항을 한데 모아둘 때 이러한 고정반응이 나타날 수 있는 가능성이 높으므로 질문과 응답의 유형을 다양화하거나 변화감 있게 배치하는 것이 바람직하다.

(5) 논리적 연계에 따라 배열한다

유사한 주제에 대한 질문은 논리적 흐름에 따라 같이 배열하는 것이 좋다. 즉, 질문을 내용에 따라 주제별로 구분하여 한 주제에 관한 질문을 배열한 후 다른 주제와 관련된 질문들을 배열하거나 혹은 시간순서대로 질문하는 것이 바람직하다. 그러나 앞의 질문이 뒤의 질문에 연상작용을 유발하여 응답에 영향을 미칠 수도 있으므로 이러한 경우에는 질문을 서로 떨어뜨려 놓아야 한다.

요약

1. 설문지는 가장 널리 이용되는 자료수집법으로, 면접조사법·전화조사법·집단조사법·배포조사법·우편조사법·온라인조사법 등이 있다. 우편조사는 회수율이 낮고 많은 시간이 소요되므로 회수율을 높이기 위한 다양한 기법들이 동원된다.
2. 설문지는 설문 표지, 식별자료, 지시사항, 필요한 정보 획득을 위한 문항, 응답자 분류를 위한 자료로 구성되며, 작성 순서는 ① 수집 자료의 결정, ② 설문 방법과 질문 유형 결정, ③ 문항 개발과 문장 구성, ④ 검토 및 수정, ⑤ 사전검사, ⑥ 편집 및 완성 순으로 진행된다.
3. 설문문항은 쉽고 간결해야 하며, 최대한 명시적이고 직접적인 표현으로 긍정형의 최소 문항으로 작성해야 한다. 설명과 질문을 구별해야 하고, 이중질문과 유도질문은 피해야 하며, 또한 응답자의 능력을 고려해야 한다. 응답하기 곤란한 질문을 피해야 하고, 가급적 객관식으로 간단명료하게 질문하는 것이 좋다.
4. 질문 유형으로는 개방형과 폐쇄형, 직접질문과 간접질문이 있다. 폐쇄형 질문은 포괄성(총망라성)과 상호배타성(중복금지)을 갖추어야 하고, 간접질문으로는 투사법, 오류선택법, 정보검사법, 토의완성법, 연상법 등이 있다. 그리고 질문형태로는 다항선택형, 찬부/양자택일형, 서열형, 평정형, 어의차형, 개방형, 해당자 부수질문이 있다.
5. 질문을 배열할 때는 쉽고 일반적이며 흥미유발형 질문, 중요한 질문을 앞에 배치하고, 어렵고 민감한 질문은 뒤에 배치한다. 그리고 고정반응이 발생하지 않으면서 논리적 연계에 따라 배열한다.

CHAPTER

08

표집

1. 표집의 의의

1) 표집의 개념

사회현상을 정확히 분석하기 위해서는 조사대상 전체(모집단)을 조사하는 전수조사가 더 정확하다 생각하겠지만 시간과 비용 등의 이유로 사실상 전수조사가 불가능한 경우가 많고 심지어 여러 가지 측정오차 때문에 표본조사가 전수조사보다 더 정확할 수도 있다. 연구대상 전체로부터 선택된 일부를 표본(sample)이라 하며, 연구대상 전체로부터 표본을 선택하는 과정을 표본추출 또는 표집(sampling)이라 한다. 따라서 표집에서의 핵심은 표본의 특성이 전체 대상의 특성을 대표할 수 있는지의 여부, 즉 표본의 대표성(representativeness)이다. 잘못된 표집은 검증하고자 하는 변수들 간의 관계를 잘 나타내 주지 못하며 왜곡된 결과를 초래한다. 표본조사라 하더라도 수집된 표본 자료의 연구결과는 모집단을 대상으로 일반화(generalization)할 수 있어야 한다.

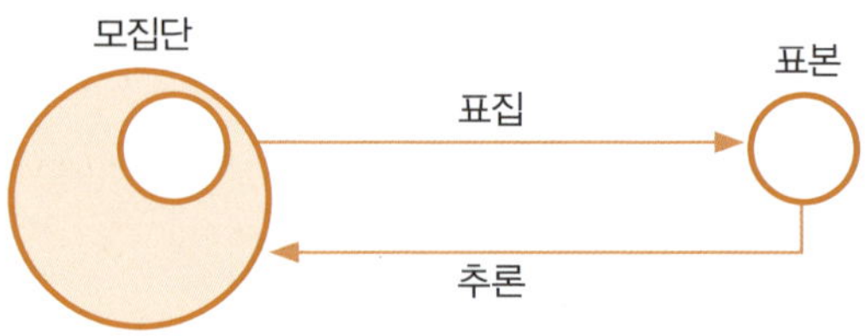

| 그림 8-1 | 표집과 추론통계의 과정

2) 표집의 장단점

(1) 장점

- 모집단을 대표할 수 있는 소수의 대상에서만 측정을 하게 되므로 시간과 비용을 크게 줄이면서도 비교적 정확한 결과를 얻을 수 있다.

잘 섞으면 한 숟가락으로 전체를 알 수 있다.

- 모집단이 무한히 많다거나 모집단의 정확한 파악이 불가능한 경우 또는 파괴적인 조사를 해야 할 경우와 같이 전수조사가 불가능한 경우에 적합하다.
- 경우에 따라서는 전수조사보다 더 정확한 자료를 구할 수 있다. 표본이 모집단의 대표성을 갖도록 추출된다면 소수의 대상에 대하여 측정을 하여 표본오차를 줄여 전체적인 측정오차를 감소시킬 수 있다.

(2) 단점

표집을 할 경우 대표성 있는 표본 선정이 대단히 어렵다. 거기에는 상당한 통계적 지식과 조사대상에 대한 지식이 있어야 한다. 또한 모집단 자체가 작은 경우에는 표본조사가 무의미하며, 복잡한 표본설계를 요하는 경우에는 시간이 많이 들고 오차가 많이 발생한다.

2. 표집 과정 및 표집 유형

1) 표집 과정

표집 과정은 일반적으로 모집단 확정, 표집틀 선정, 표집방법 결정, 표본 크기 결정, 표집의 5단계로 진행된다.

읽어보기 표본의 대표성

갤럽(G. H. Gallup)이 여론조사 전문가로 유명해진 것은 1936년 미국 대통령선거에서이다. 당시 리터러리 다이제스트(Literary Digest)사는 우편조사한 237만 명을 분석해 랜든의 당선을, 갤럽은 2만 명을 표본조사해 루스벨트의 당선을 예측했다. 투표 결과 루스벨트가 62% 득표하였다. 그 이유는 다이제스트사는 전화번호부와 자동차등록부를 표집틀로 사용했는데, 당시는 대공황 중이라 부자들만이 자동차와 전화기를 소유하고 있어 그 표본에는 공화당 지지자와 부자들이 불균형적으로 더 많았기 때문이다. 갤럽은 유권자의 인구통계적 특성에 따라 표본의 구성비율을 결정하고 유권자 전체의 구성비율과 같도록 표본을 추출했다.

구 분	루스벨트	랜 든	표본 크기
다이제스트	43%	57%	237만 명
갤 럽	56%	44%	2만 명
투표 결과	62%	38%	4,570만 명

그러나 1948년 선거에서 갤럽은 공화당 후보인 듀이의 당선을 예측했지만, 실제 투표 결과 민주당 후보인 트루먼이 당선했다. 그 이유는 할당표집을 사용하면서 조사원에게 어느 아파트에 가서 20대 고졸의 남자와 30대 대졸의 여자, 그리고 40대 무학의 여자를 조사하라는 지시만 내리고, 실제 표본 선택은 조사원에게 맡겼기 때문이다. 조사원은 편하게 응답할 수 있는 사람을 골랐고, 아무래도 경제적으로 형편이 좋은 공화당 지지자들이 편한 인상을 주어 조사대상이 편중되었다. 이후부터는 표본 선정까지도 미리 지정하는 표집방식으로 요즘은 예측 오차가 2% 이내로 정확해졌다.

G. H. Gallup

| 그림 8-2 | **표집 과정**

(1) 모집단 확정

모집단(population)이란 연구자가 관심을 갖고 조사하려는 대상 전체, 즉 연구자가 표본을 통해 발견한 사실을 일반화하고자 하는 집단을 말한다. 표본은 모집단의 일부이고, 표집은 모집단으로부터 표본을 추출하는 과정이다. 따라서 연구자는 우선 조사대상이 되는 모집단을 구체적으로 확정해야 한다. 모집단을 확정하기 위한 요소로는 연구대상, 표집단위, 범위, 시간의 4요소를 명확히 해야 한다. 예를 들어, ○○대학교 학생의 자원봉사활동 참여실태를 200명 표본조사할 경우에 연구대상은 ○○대학교 학생 전체, 표집단위는 대학생, 범위는 ○○대학교, 시간은 당해연도로 나눌 수 있다.

(2) 표집틀 선정

표집틀(sampling frame)은 조사대상 전체의 목록(list)을 말한다. 표집틀은 모집단의 조사대상 전체가 빠짐없이 수록되어 있고 모집단에 대한 정확한 정보를 제공할 수 있어야 한다. 왜냐하면 표집틀에서 누락되어 있다면 표본으로 선정될 수 없기 때문이다. 따라서 정확한 표집틀을 확보하느냐가 매우 중요하다. 가장 일반적으로는 재학생 명부, 전화번호부, 선거인

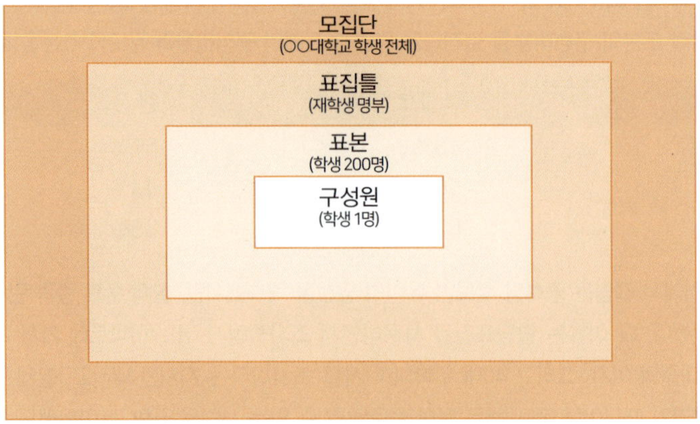

| 그림 8-3 | **모집단-표집틀-표본의 관계**

명부 등이 있다. 그러나 실제 조사연구에서 완전한 표집틀을 확보하기는 현실적으로 매우 어렵다.

(3) 표집방법 결정

모집단과 표집틀이 결정되면 모집단을 가장 잘 대표할 수 있는 표본을 추출하는 표집방법을 결정해야 한다. 표집방법은 연구목적과 조사도구, 표집단위의 특성 등을 고려하여 결정한다. 표집방법은 크게 확률표집과 비확률표집이 있으며, 구체적인 표집방법은 후술한다.

(4) 표본 크기 결정

표집방법이 결정되면 다음으로 몇 명의 표본을 대상으로 조사연구를 할 것인지 표본 크기를 결정한다. 표본 크기가 클수록 표집오차가 작아져 정확성이 높아지지만 시간과 비용이 많이 소요된다. 따라서 대표성을 확보하면서도 경제적으로 효율성이 높은 표본 크기를 결정하는 것은 매우 중요하다. 표본 크기를 결정하는 방법은 역시 후술한다.

(5) 표집

몇 명을 대상으로 조사연구를 할 것인지 표본 크기가 결정되면 실제로 표집을 실시해 자료를 수집한다.

2) 표집 유형

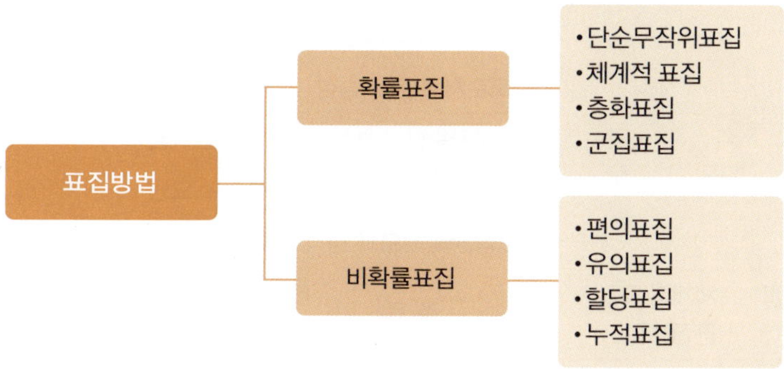

| 그림 8-4 | 표집 유형

표집방법은 매우 다양하므로 연구목적과 상황에 따라 적합한 방법을 사용해야 한다. 표집은 크게 확률표집과 비확률표집으로 구분된다.

① **확률표집**(probability sampling) : 연구대상이 표본으로 뽑힐 확률이 알려져 있고 모든 조사대상자가 표본으로 뽑힐 확률이 서로 동일하다. 모집단 추정에 있어 무작위를 기본으로 하여 연구자의 편의(bias)를 제거할 수 있으므로 모집단을 보다 정확하게 추정할 수 있고 일반화의 가능성이 높은 방법이다. 그러나 확률표집을 위해서는 모집단의 규모와 성격을 정확하게 알고 있어야 가능하다. 즉, 모집단 전체에 대한 구성원 목록(list)가 있어야 한다. 단순무작위표집·체계적 표집·층화표집·군집표집의 네 가지 방법이 있다.

② **비확률표집**(non-probability sampling) : 모집단에 대한 정보를 보유하지 못해 연구자의 주관적인 판단에 의해 표본을 추출하는 방법이다. 모집단의 구성원 목록(list)을 확보할 수 없거나 개별 요소의 추출확률을 동일하게 해야 할 필요가 없는 경우에 사용된다. 편의표집·유의표집·할당표집·누적표집의 네 가지 방법이 있다.

〈표 8-1〉 **표집 유형 비교**

확률표집	기 준	비확률표집
• 모두 표본추출이 가능함 • 사전에 확률값을 알 수 있음	**표본으로 추출될 확률**	• 표본으로 추출될 확률이 0인 경우도 있음 • 확률값을 사전에 모름
무작위적 표집	**표 집**	인위적 표집
정확한 표본틀이 필요함	**표본틀**	표본틀이 없어도 무방함
높음	**표본의 대표성**	대표성을 보장할 수 없음
추정 가능	**모수치 추정 가능성**	추정 불가능
측정 가능	**오차측정 가능성**	측정 불가능
많이 소요됨	**소요시간과 비용**	적게 소요됨
명확히 규정	**모집단의 규모와 성격**	불명확 또는 불가능
• 단순무작위 표집 • 체계적 표집 • 층화표집 • 군집표집	**종 류**	• 편의표집 • 유의표집 • 할당표집 • 누적표집

3. 확률표집

1) 단순무작위 표집

단순무작위 표집(SRS : Simple Random Sampling)은 가장 기본적인 방법으로 모집단을 구성하는 각 요소가 표본으로 선택될 확률을 동등하게 부여하여 표본을 선정하는 방법이다. 모집단의 크기가 N이고 표본의 크기가 n이면 각 구성요소가 표본에 뽑힐 확률은 n/N이 된다. 이 방법을 시행하기 위해서는 모든 표집추출단위에 고유번호가 새겨진 목록(list)이 필요하다. 특히 모집단의 구성요소를 정확히 파악하여 완전한 목록이 작성되어야 추출될 표본이 대표성을 확보할 수 있다. 구체적인 실행 절차는 다음과 같다.

① 모집단의 전체 구성요소를 파악하여 목록(list)을 작성한다.
② 모집단에 있는 각 사례들에 고유번호 혹은 일련번호를 매긴다.
③ 표본 크기를 결정하고, 계획된 표본규모에 도달할 때까지 제비뽑기, 추첨, 난수표(random number table) 등을 이용하여 무작위로 번호를 선정한다.

Tip 난수표 사용법

14113 62462 02798 54977 …
83214 59337 01695 60666 …
33210 60337 27976 70661 …
98310 70348 11317 71623 …
94953 55866 96283 46620 …
16498 80733 96422 58078 …
… … … … …

모집단의 각 사례에 숫자를 부여하고, 난수표의 아무 곳에서 시작하여 위, 아래, 옆, 대각선 등 일정한 방향으로 따라가면서 필요한 표본수에 이를 때까지 숫자를 선택한다. 같은 숫자가 나오면 버린다. 가령 모집단 5,000개에서 표본 500개를 뽑는다면, 4자리 수가 필요하므로 가령 4113에서 출발해 아래 3214, 3210은 선택하고, 8310은 버리면서 표본 500개에 이를 때까지 계속한다.

단순무작위 표집의 ⓐ 장점은 모집단에 대한 사전지식을 필요로 하지 않으며, 추출된 표본이 모집단을 잘 대표하고, 표본오차 계산이 용이하다. 그러나 ⓑ 단점으로는 연구자가 모집단에 대해 가지고 있는 지식을 활용할 수 없고, 동일한 크기의 표본이라면 층화표집에 비해 오차가 크고, 비교적 표본의 규모가 커야 하며, 표본목록 작성이 어려워 불완전한 목록에 의한 표집은 결과적으로 비확률표집이 된다.

2) 체계적 표집

체계적 표집(systematic sampling)은 모집단을 구성하는 구성요소들이 자연적 순서나 일정한 질서에 따라 배열된 리스트에서 매 n번째 요소를 추출해 표본을 만드는 방법이다. 계통표집이라고도 한다. 따라서 모집단 리스트는 비계통적인 무작위배열로 이루어져야 하고, 연구자의 편견을 피하기 위해 첫 번째 요소는 무작위로 선정한다. 구체적인 실행절차는 다음과 같다.

① 모집단의 규모를 파악한 다음에 표본 크기를 결정한다.
② 모집단을 형성하는 각 구성단위의 본래 배열 또는 순서를 파악한다.
③ 무작위로 하나의 번호가 선택되면 미리 정한 일정한 간격에 따라 계속하여 반복적으로 표집한다. 표집간격은 모집단/표본의 크기, 즉 N/n이 된다.

Example

체계적 표집의 사례

가령 400명의 사회복지과 학생 모집단에서 40명으로 구성되는 연구표본을 추출하고자 할 경우 매 10명마다 1명(400/40)을 표본에 포함시키는 것이다. 즉, 체계적 표집에서는 명단에 기재된 모든 학생들에게 일련번호를 부여한 다음 표본에 포함될 첫 번째 학생을 1과 10 사이에 있는 하나의 난수를 추출하여 결정한다. 가령 그 난수가 3이라면 3번째, 13번째, 23번째, 33번째 기록된 학생들이 선정되어 표본이 된다.

체계적 표집의 ⓐ 장점으로는 쉽고 간편하며, 특히 모집단이 클 경우에도 효과적이다. 모집단 전체에 걸쳐 공평하게 표집되므로 표본의 대표성이 높다. ⓑ 단점으로는 모집단의 배열이 일정한 주기성(periodicity)과 특정경향성을 보일 때 편견이 개입되어 표본의 대표성이 저해되고, 모집단의 구성배열에 지나치게 신경을 쓰면 층화표집과 같은 결과를 초래하여 오차의 개입 가능성이 높아진다.

3) 층화표집

층화표집(stratified sampling)은 모집단을 일정 기준에 따라 2개 이상의 동질적인 층으로 구분하고 각 층별로 단순무작위 표집하는 방법이다. 가령 성별이 기준이라면 남자집단과 여자집단으로 층을 나누고(층내는 동질적이고, 층간은 이질적), 각 집단에서는 단순무작위로 표본을 추출한다. 층을 나누는 기준이 두 종류 이상이면 층을 두 가지 이상으로 확장시킬 수 있다. 예를 들어, 사회복지사의 성별뿐만 아니라 자격등급에 따라 층을 분류하면 2단계(two stage) 층화표집이라 한다. 모든 표집단위는 하나의 층에 속해야 하고, 층화의 기준은 조사 목적과 관련이 있어야 한다. 층화표집의 종류는 다음과 같다.

① **비례층화표집** : 모집단에서의 크기에 비례하여 각 층에서 추출되는 표본 크기를 할당하여 추출하는 방법이다. 모집단에서의 구성 비율에 따라 표본을 추출하는 것이 모집단을 잘 대표할 수 있다.

② **비비례층화표집** : 각 층에 동일한 수로 표집하거나 상이한 가중치를 주어서 추출하는 가중표집 방법이다. 전체 모집단의 특성보다는 각 층이 대표하는 부분집단의 특성을 알고자 하는 경우 사용된다. 이 표집의 한 방법으로 최적분할비비례층화표집이 있다. 이 표집은 동질적인 층에서는 적게, 이질적인 층에서는 많은 표본을 선정하는 방법이다. 적은 표본 크기로 요구되는 정확성의 수준을 유지할 수 있다.

Example

층화표집 유형

구 분		주민수	비례층화표집	비비례층화표집	최적분할비비례층화표집
지역	교동	3,200	320	200	260
	정상동	1,700	170	200	185
	성래동	1,100	110	200	155
	전체	6,000	600	600	600

층화표집의 ⓐ 장점은 중요 집단을 빼놓지 않고 표본에 포함시킬 수 있고, 동질적인 대상은 표본수를 줄이더라도 대표성을 높일 수 있으며, 모집단의 각 층화집단의 특수성을 알 수 있다. ⓑ 단점은 층화 시 모집단에 대한 지식이 필요하고, 층화 시 근거가 되는 리스트가 필요하며, 모집단을 층화하여 가중하였을 경우 원형으로 복귀하기 어렵다. 또한 비비례층화표집에서 모집단의 대표치를 구하려면 특별한 통계적 조작이 필요하다.

4) 군집표집

군집표집(cluster sampling)은 모집단을 여러 개의 군집으로 나누고 그중에서 무작위로 몇 개를 표본으로 선정한 후에 일정한 수의 요소를 표본으로 추출하는 방식이다. 군집표집은 표집단위가 개인이나 요소가 아니라 집단이다. 즉, 개인을 조사하기보다는 어떤 집단에 속한 사람들에게 묻는 것으로, 집단을 추출한다는 개념이다. 군집은 기관이나 학교 등이 될 수도 있지만 일반적으로는 지역이 된다. 집락표집이라고도 한다. 층화표집은 모든 집단에서 표본이 선정되지만, 군집표집에서는 추출된 부분에서만 표본이 선정된다. 군집표집의 종류는 다음과 같다.

① **다단계군집표집** : 군집표집을 여러 단계에 걸쳐 실시한다.
② **층화군집표집** : 동질적인 층(strata)으로 층화표집한 다음에 각 층 내에서 군집표집한다.

Example

노인의 생활실태를 조사하기 위해 다단계군집표집을 실시하는 절차는 다음과 같다.

① 전국 16개 광역시 · 도 중에서 무작위로 3개 광역시 · 도를 선정한다(1단계 A).
② 선정된 3개 광역시 · 도별로 무작위로 3개 시 · 군 · 구를 선정한다(2단계 a).
③ 선정된 3개 시 · 군 · 구별로 무작위로 3개 동을 선정한다(3단계 ①).
④ 최종 선정된 동에서 65세 이상 노인을 무작위 선발하거나 전수조사한다(4단계).

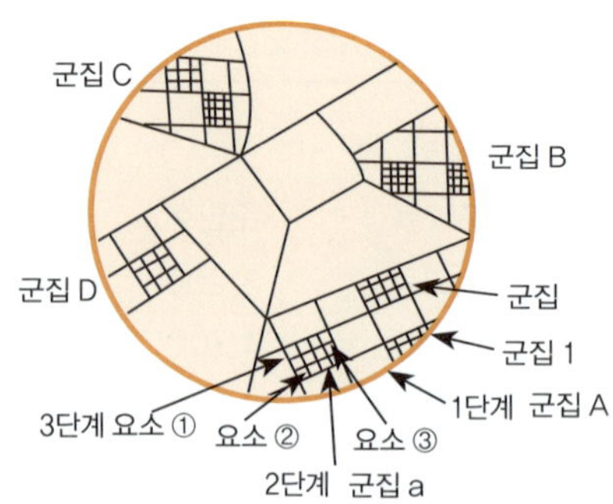

군집표집의 ⓐ 장점은 전체 모집단의 리스트를 작성하지 않아도 되므로 시간과 비용이 절약되고, 모집단의 특성에 대한 사전지식이 없을 때에도 사용이 가능하며, 표집오차 계산이 용이하다. ⓑ 단점은 소수의 군집만을 추출하거나 군집이 동질적이면 오차가 클 수 있고, 특정 군집을 과대 또는 과소 표현할 위험이 많다.

〈표 8-2〉 **확률표집방법 비교**

표집방법	특 징	장 점	단 점
단순무작위 표집	모든 사례를 포함하는 모집단목록에서 무작위로 표본을 추출	• 이해가 용이 • 활용이 용이	• 모집단목록 확보의 어려움 • 낮은 정밀도 • 대표성을 보장할 수 없음
체계적 표집	모집단목록에서 일정한 순서에 따라 매 n번째 요소를 추출	• 단순무작위표집보다 간편 • 대표성이 증대됨	• 대표성이 떨어질 수 있음 • 주기성 확인 필요
층화표집	모집단을 동질적인 몇 개의 층으로 구분하고, 각 층별로 단순무작위로 추출 → 집단 내 동질적, 집단 간 이질적	• 가능한 모든 부분집단이 포함 • 정밀도 역시 증가됨	• 층화가 관련된 변수선택 어려움 • 변수가 많을 경우 층화가 어려움 • 비용이 많이 소요
군집표집	모집단을 이질적인 여러 개의 군집으로 구분하고, 몇 개 군집을 추출한 다음에 구성단위를 전수조사 → 집단 내 이질적, 집단 간 동질적	• 적용이 용이 • 비용이 효율적임	• 정밀하지 못함 • 계산과 결과해석의 어려움

4. 비확률표집

1) 편의표집

편의표집 혹은 우연표집(convenience or accidental sampling)은 조사자가 임의로 확보하기 쉽고 편리하게 닥치는 대로 일정한 표본 크기가 될 때까지 표본을 추출하는 방법이다. 우연히 마주치는 사례를 표본으로 선택한다고 하여 편의표집 또는 우연표집이라 한다. 비용과 시간이 가장 효율적이어서 많이 이용된다. 그러나 접근하기 쉬운 사람만을 표본으로 선정하게 되므로 표본의 대표성이 떨어지고 표집의 편의가 생기기 쉽다.

편의표집의 종류로는 표집방법에 따라 ⓐ 특정 시간대를 정해 이 시간대 안에 포함된 대상자를 표집하는 시간표집, ⓑ 특정 공간에 거주 또는 이동하는 대상자를 표집하는 공간표집, ⓒ 복지관이나 프로그램을 이용하는 대상자를 표집하는 이용자표집이 있다. 자발성 유무에 따라서는 연구목적에 동의하는 사람만을 대상으로 실시하는 지원자 표집(volunteer sampling)과 특별한 계획이나 목적 없이 조사자가 임의대로 표집하는 우연적 표집이 있다.

2) 유의표집

유의표집 혹은 판단표집(purposive or judgement sampling)은 조사하고자 하는 모집단을 전형적으로 대표한다고 판단되는 사례를 표본으로 선정하는 방법으로, 조사자가 조사문제와 모집단에 대한 풍부한 사전지식을 가지고 있을 경우에 유용하게 쓰일 수 있다. 예를 들어, 노숙자를 조사할 경우에 노숙자시설의 사회복지사에게 노숙자를 잘 대표할 것으로 추정되는 사람을 추천받거나 혹은 직접 지하철 역사나 공원에 가서 선정하는 경우이다. 쉽고 편리하며 조사설계에 관련 있는 요소를 틀림없이 표본으로 선정할 수 있는 장점은 있지만, 단점으로는 표본의 대표성을 확신할 수 없고, 모집단에 대한 상당한 사전지식이 필요하며, 표본오차의 산정이 곤란하다.

3) 할당표집

할당표집(quota sampling)은 추출된 표본이 모집단을 잘 대표할 수 있도록 미리 모집단의 속성을 반영한 할당표에 따라 각 범주에 할당된 표본수를 임의표집하는 방법이다. 할당표집은 가능한 한 모집단을 대표하는 표본을 얻고자 하는 방법으로, 비확률표집 중에서 가장 정교한 기법으로 여론조사 등 사회과학조사에서 널리 사용된다. 할당표집법은 층화표집과 유사하지만 최종적인 표본 선정을 연구설계자가 아닌 현장조사자가 임의표집한다는 점에서 층화표집과는 다르다.

할당표집하는 방법으로는 우선 모집단의 주요 속성을 대표할 수 있는 일정 수의 범주(category)를 선정하고, 각 범주를 대표하는 사례의 수, 즉 할당량(quota)을 결정하여 할당표(quota matrix)를 작성한다. 그리고 각 범주마다 할당된 수의 표본을 추출하면 된다. 조사자는 작위적으로 선택하지만 각 범주의 구성비율만 유지하면 된다.

Example

할당표집 사례

인구 20만 명인 ○○시에서 지역복지계획 수립을 위한 주민욕구조사를 실시하기 위해 표본 2,000명을 선정하고자 할 경우 모집단의 구성비를 감안하여 다음과 같이 표본을 할당하였다.

구 분		모집단 구성비	표본 구성비	
			비 율	표본 숫자
성 별	남 성	48	48	960
	여 성	52	52	1,040
	전 체	100	100	2,000
연 령	10대 이하	34	34	680
	20~30대	31	31	620
	40~50대	24	24	480
	60대 이상	11	11	220
	전 체	100	100	2,000
교육수준	고졸 이하	73	73	1,460
	전문대졸	12	12	240
	대학졸업 이상	15	15	300
	전 체	100	100	2,000

이 방법은 ⓐ 표집비용이 적고, 쉽고 빠르며, 표본의 대표성을 높이는 장점이 있다. 그러나 ⓑ 단점으로는 무작위임을 보장하는 수단이 없어 결과의 일반화에 문제가 있고, 조사자가 친구나 친척 등 접근하기 쉬운 사람만을 조사할 가능성이 많아 표본오차가 커질 위험이 높다. 분류방법이나 분류에 영향을 미치는 관련 변수에 대한 지식이 부족하거나 분류의 작위성으로 분류오차가 발생할 소지가 많다. 또한 모집단에 대한 지식이 부족하여 이론적으로 의미가 있는 관련 변수를 통제하기 곤란하다.

4) 누적표집

누적표집(snowball sampling)은 눈덩이를 굴리듯이 처음에는 연구에 필요한 특성을 갖춘 소수의 표본을 찾고, 그 표본을 통해서 다른 사람을 소개받아 점차로 표본수를 늘려가는 표집방법이다. 눈덩이표집이라고도 하며 표본리스트가 없을 때 적합하다. 주로 약물중독, 성매매, 도박 등과 같이 일탈적인 대상을 연구하거나 노숙인, 이주노동자, 불법이민자 등 모집단의 구성원을 찾기 어려운 '숨어 있는 인구(hidden population)'를 연구하는 경우 효과적인 표집방법이다. 이 방법은 연구자와 연구참여자의 인맥, 인적 네트워크가 성공의 관건이다. 눈덩이표집은 일반화와 계량화가 어려워 양적연구보다는 질적사례연구 혹은 현장연구에 많이 사용된다.

〈표 8-3〉 **비확률표집방법 비교**

표집방법	특 징	장 점	단 점
편의표집	연구자가 쉽게 이용 가능한 대상을 표집	• 비용과 시간 절약	• 표집에 편의 발생 • 표본의 대표성 없음
판단표집	연구자가 판단에 따라 일정 기준에 적합한 사례를 표집	• 낮은 비용과 편의성 • 시간소비가 없음	• 일반화의 어려움 • 연구결과에 대한 신뢰성 한계
할당표집	모집단을 사전에 설정된 범주별로 할당한 다음에 편의표집	• 표본은 특정한 특성에 의해 통제	• 표집에 편의가 발생 • 대표성을 보장할 수 없음
누적표집	연구자가 임의로 선정한 첫 표본으로부터 추천받아 표집하는 과정을 되풀이	• 표집틀이 없는 경우에도 사용	• 많은 시간이 소요 • 일반화와 계량화의 어려움

5. 표본 크기

1) 표본 크기의 의의

표본 크기(sample size)란 통계적으로 신뢰성 있는 추정치를 얻기 위해 조사해야 하는 표본의 수를 말한다. 비용을 적게 들이고도 표본통계량으로 모수를 정확하게 알아내려면 표본의 크기가 어느 정도여야 적정한가 하는 것은 대단히 어려운 문제이다. 표본이 커지는 것만큼 정확성이 높아지는 것은 아니므로 표본이 무조건 커야 하는 것은 아니다. 일반적으로 알려진 표본의 크기에 대한 잘못된 편견으로는 다음과 같은 것들이 있다.

- 흔히 1/10법칙과 같이 모집단의 일정 비율 이상을 표본으로 해야 한다는 것은 정확한 근거가 없다. 모집단의 크기와 다른 요인에 의해 표본의 크기를 결정하는 것이 바람직하다.
- 표본은 일정 크기의 표본단위수 이상이어야 한다는 것 역시 잘못된 생각이다. 실제로는 오히려 표본의 규모가 줄어드는 경향이 있다.
- 표본이 크면 클수록 표본결과의 정밀도와 정비례한다는 것도 잘못된 생각이다. 정확도는 표본 크기의 제곱근($\sqrt{n}$)에 비례하기 때문에 정비례적으로 증가하는 것은 아니다. $\sqrt{500}$=22.3이고, $\sqrt{1,000}$=31.6이므로 표본수를 500에서 1,000으로 배 늘려도 정확도는 배만큼 증가하지 않는다.

Example

표본 크기

- 동전 던지기를 했을 때 앞면이 나올 확률은? 물론 50%이다. 그러나 실제로 동전을 10회 던졌더니 우연히 앞면이 8번 나왔다면 80%를 입증한 셈이다. 그러나 인내심을 갖고 1,000회 정도 던져보면 거의 반반의 확률에 이르게 된다.
- 공인된 실험을 바탕으로 '도크스(Doakes) 치약으로 충치 23% 감소'라고 광고하였다. 그러나 단지 12명을 대상으로 실시한 실험이어서 일반화하기 곤란하다.

2) 적정표본의 크기

통계적 유의성은 표본 크기에 매우 영향을 받기 때문에 사실 표본 크기가 증가할수록 항상 통계적으로 유의한 결과가 나올 확률은 높아진다(Erdfelder, E., Buchner, A., & Lang, 2009). 예를 들어, 작은 효과 크기의 차이를 통계적으로 유의하게 찾으려면 표본이 10,000명이 필요하지만, 애초부터 큰 효과 크기라면 표본은 30명으로도 충분하다. 통계에서는 표본수가 일정 수준까지 올라가면 정규분포를 이루기 때문에 그 이상의 표본수는 사실 무의해진다. 그러므로 자신의 연구에 필요한 적정 표본 크기를 구하는 것은 매우 중요하다. 많은 표본을 확보하는 데 적지 않은 비용과 시간이 소비되기 때문에 더욱 그렇다. 적정 표본 크기를 구해주는 프로그램으로 G*Power 프로그램이 널리 사용된다. 이 프로그램은 예측변인의 수와 효과 크기, 검정력, 유의수준 등을 입력하면 최소 표본 수를 산정해 준다.

(1) 표본 크기와 표집오차의 관계

표집오차는 표본에서 얻어진 측정치와 모집단에서 얻은 측정치의 차이로서, 따라서 표본 크기가 클수록 표집오차는 적어지며, 그 반대로 표본 크기가 적을수록 표집오차는 증가한다. 표본 크기를 크게 하면 할수록 표집오차가 적게 되므로 표본을 통해서도 전체 조사와 비슷한 결과를 얻을 수 있다.

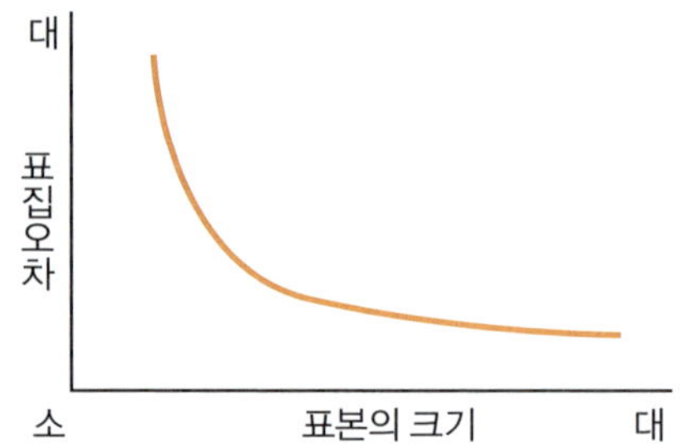

| 그림 8-5 | **표본 크기와 표집오차의 관계**

(2) 표본 크기의 이론적 방법

표본 크기를 결정하는 이론적 방법은 모집단의 분산(variance)이 알려져 있는 경우에 사용할 수 있는 신뢰구간 접근법과 모집단의 분산이 알려져 있지 않은 경우에 사용할 수 있는 가설검증 접근법이 있다.

① **신뢰구간 접근법** : 신뢰구간의 크기가 표본의 크기와 분산의 정도에 의해 결정된다는 사실을 역으로 이용하여 표본의 크기를 구하는 방법이다. 먼저 신뢰수준을 결정해 만약 95% 수준에서 표본의 크기(N)를 구하려면 표본오차=$1.96 \times \sigma/\sqrt{n}$ 이다. 따라서

표본오차=5, σ =50이라면, $5=1.96 \times 50 / \sqrt{n}$, $\sqrt{n}$ $=1.96 \times 50 \div 5=19.6$, N=384.16, 따라서 최소한의 필요한 표본의 크기는 385명이다.

② **가설검증 접근법** : 1종 오류와 2종 오류의 최대 허용치를 결정하고, 이를 통해 표본의 크기를 구하는 방법이다. 1종 오류와 2종 오류는 표본을 통해 모집단을 추정할 때 통계적 가설검증에서 범할 수 있는 판단 오류를 말한다. 1종 오류(α)는 실제로는 모집단에서 영가설이 참인데 영가설을 기각하는 오류이고, 2종 오류(β)는 그 반대로 모집단에서 영가설이 참이 아닌데 영가설을 채택하는 오류이다.

예를 들어, 형사재판에서 무죄추정의 원칙에 따라 피고인은 무죄라는 영가설(H_0)과 유죄라는 대립가설(H_1)을 설정할 경우 재판에서 죄 없는 사람을 유죄라 하면 1종 오류, 반대로 죄인을 석방하면 2종 오류를 범하는 것이다. 1종 오류가 더 심각한 오판이고, 2종 오류가 덜 심각한 오판이다. α와 β를 줄이는 방법은 표본 크기를 늘리는 것이다. 따라서 1종 오류가 발생할 확률과 2종 오류가 발생할 확률을 정하고, 이에 따른 값을 구해 모집단의 표준편차를 추정해 표본 크기를 구할 수 있다.

〈표 8-4〉 1종 오류와 2종 오류

영가설의 진위 / 의사결정	영가설(H_0)이 옳음	영가설(H_1)이 그름
영가설 채택	옳은 결정($1-\alpha$)	2종 오류(β)
영가설 기각	1종 오류(α)	옳은 결정($1-\beta$)

(3) 표본 크기의 고려사항

통계적으로 표본의 크기를 결정하는 방법은 있으나 실제로는 과거의 경험에 의하여 적당한 규모의 표본을 정하고 조사 후에 표집오차를 측정해 보는 방법을 많이 쓰고 있다. 표본 크기를 결정하기 위해 조사연구자가 고려해야 할 사항은 다음과 같다.

① **모집단의 성격** : 모집단의 규모가 크면 표본 크기도 크게 하는 것이 바람직하나 표본 크기가 모집단의 크기에 비례하는 것은 아니다. 모집단이 1천만 명이나 2억 명이더라도 표본이 2,500명 정도면 정확도는 비슷하다(Newman, 2000). 미국은 전국단위 조사

라 하더라도 표본 크기는 대략 2,000명 내외이고, 우리나라는 1,500명 정도이다. 다만, 모집단의 구성요소가 이질적인 경우에는 동질적인 경우에 비하여 그만큼 표본의 크기를 늘려야 한다. 극단적으로 모집단의 구성요소가 완전히 동질적이라면 표본 크기는 하나이어도 모집단을 대표할 수 있다.

② **연구 목적과 방법** : 탐색적 연구에서는 성격상 표본 크기가 작아도 문제되지 않지만 실태조사나 설명적 조사에서는 표본 크기가 커야 한다. 포커스그룹인터뷰는 연구 목적이 일반화가 아니므로 7~10명인 표본도 적당하고, 사전검사나 예비조사의 경우에도 소표본이 이용된다.

③ **시간과 비용** : 일반적으로 표본 크기가 증가하면 자료수집과 처리에 소요되는 비용과 시간이 증가한다. 또한 조사원 훈련, 자료수집, 처리·분석 과정에서 비표본오차가 증가할 가능성이 커진다.

④ **표집방법과 카테고리 수** : 층화표집의 경우 표본의 대표성이 커 비교적 적은 수의 표본을 요구하지만, 군집표집은 비교적 큰 표본을 필요로 한다. 그리고 분석하고자 하는 각 변수와 변수의 카테고리가 많을수록 표본 크기는 커져야 한다.

결국 표본 크기를 결정하는 최선의 의사결정은 비용과 정확성이 합리적으로 교차하는 지점에서 이루어져야 한다. 그 교차점을 판단하는 기준이 표본오차이지만 경험적으로 수용되는 기준이 있다. 보통 사회조사의 경우 무한모집단을 가정하여 n=1,000~2,000 정도가 가장 많이 사용되고, 소비자조사의 경우는 n=300 정도가 일반적이다. 한편 실제 표본의 n이 10,000 이상이면 거의 오차의 영향을 받지 않는 것으로 알려져 있다(Lin, 1976). 조사기관은 실무적으로 많은 경험을 축적하면서 엄격한 준거로 표본수를 산출하지만, 종종 통상적인 조사를 위한 대략적인 기준이 있는데, 다음의 〈표 8-5〉는 오차범위를 기준으로 수용되는 기준의 표본수를 나타낸 것으로 참고할 만하다.

〈표 8-5〉 오차범위별 표본수 n의 기준

오차범위	표본수
±9.8%	100
±6.9%	200
±4.4%	500
±3.1%	1,000
±2.5%	2,000

요약

1. 표본은 모집단에 대한 대표성을 가져야 하며, 표본조사의 결과는 모집단을 대상으로 일반화할 수 있어야 한다. 표집 과정은 일반적으로 모집단을 확정하고, 표집틀을 선정한 다음에 표집방법과 표본 크기를 결정하고 표집을 실시하는 단계로 진행된다.
2. 표집은 크게 확률표집과 비확률표집이 있다. 확률표집은 정확한 표집틀을 갖고 있고, 연구대상이 표본으로 뽑힐 확률이 알려져 있으며 무작위로 모집단을 추정하여 연구자의 편의를 제거할 수 있으므로 일반화의 가능성이 높다.
3. 확률표집에는 모집단 목록에서 무작위로 추출하는 단순무작위표집, 일정 순서에 따라 매 n번째 요소를 추출하는 체계적 표집, 동질적인 몇 개의 층으로 구분한 다음에 각 층별로 단순무작위로 추출하는 층화표집, 이질적인 여러 개의 군집으로 구분해 몇 개의 군집을 추출해 전수조사하는 군집표집이 있다.
4. 비확률표집에는 쉽게 이용 가능한 대상을 표집하는 편의표집, 일정 기준에 적합하다 판단되는 사례를 표집하는 판단표집, 사전에 설정된 범주별로 할당하여 편의표집하는 할당표집, 첫 표본으로부터 추천받아 계속 불려나가는 누적표집이 있다.
5. 적정 표본 크기를 결정하는 방법으로는 신뢰구간 접근법과 가설검증 접근법이 있고, 실제 표본 크기를 결정할 때는 모집단의 성격, 연구의 목적과 방법, 시간과 비용, 표집방법과 카테고리 수 등을 고려하여 결정한다.

CHAPTER

09

조사설계

1. 조사설계의 기초

1) 의 의

조사설계(research design)란 연구문제에서 나타난 이론이나 가설들 혹은 순수한 의문 자체들을 경험적으로 검증하기 위한 일종의 틀을 설계하는 것이다. 연구문제나 가설에서 제기된 명제들을 경험적으로 검증하기 위해 어떤 자료들이 필요한지, 그런 자료들을 어떻게 조합할 것인지 등을 계획하는 것이 조사설계이다. 그래서 조사설계는 곧 전반적인 조사과정을 이끌어 주는 프로그램과도 같다.

조사설계의 핵심은 연구대상인 변수들 사이의 인과관계를 알고자 하는 방법이다. 따라서 어떠한 경우에 인과관계가 성립하는가를 이해하는 것이 조사설계의 기본이다. 사회복지조사는 대부분 인과관계의 검증을 통해 이루어진다. 사회문제의 원인과 결과를 규명함으로써 정책 수립 혹은 실천이론이 형성된다.

2) 인과관계

(1) 인과관계의 의의

인과관계란 원인과 결과 간의 관계를 밝혀서 그 결과로 발생하는 현상을 설명하는 것을 말한다. 여기서 원인이란 어떤 현상을 일으키거나 변화시키는 요인 또는 어떤 현상이 일어나기 위해 반드시 존재해야 하는 선행요인을 의미한다. 결과란 원인의 작용에 의해서 일어나게 된 하나의 사건이나 사물의 상태를 말한다.

(2) 인과관계의 기초

① **필요조건** : 독립변수가 종속변수의 필요조건인 경우라면 독립변수 없이는 종속변수가 존재하지 않지만 독립변수의 존재가 항상 종속변수를 존재하게 하는 것은 아니다.

② **충분조건** : 독립변수가 종속변수의 충분조건이라면 독립변수의 존재는 종속변수의 발생에 영향을 미치지만 종속변수가 없어도 발생할 수 있다.

③ **필요충분조건** : 독립변수가 일어나지 않으면 종속변수는 절대 일어나지 않으며, 독립변수가 일어난다면 종속변수의 유일한 원인이고 어떤 대체원인이나 기여원이 존재하지 않으므로 독립변수는 종속변수가 단독으로 일어나는 경우는 있을 수 없다.

(3) 인과관계의 입증논리

어떤 현상 사이에 인과관계가 존재할 때 그 인관관계를 입증하는 논리는 다음의 네 가지가 있다.

① **일치법**(method of agreement) : 여러 개의 현상에서 오직 한 개의 공통적인 특성이 있다면 이것이 이 현상의 원인이다. 즉, 일치하는 요인을 원인으로 본다. 그러나 이 방법은 다른 요소도 제외될 위험이 있고, 원인과 결과의 관계가 우연일 수도 있으며, 조사자의 착각으로 선후를 반대로 인식할 수도 있다는 한계가 있다.

- 현상 1 : 소금(A)과 된장(B)을 넣었더니 음식이 짜다(Z).
- 현상 2 : 소금(A)과 고추장(C)을 넣었더니 음식이 짜다(Z).

➡ 그렇다면 소금(A)은 음식이 짠 것(Z)의 원인이다.

② **차이법**(method of difference) : 한 가지 원인을 제외하고 다른 원인들이 모두 같은 두 현상에서 차이가 발생한다면 두 원인들 중 공통되지 않은 하나가 원인이 된다. 즉, 차이가 나는 요인을 원인으로 본다. 그러나 조건의 차이가 하나밖에 없는 현상을 찾기가 어려운 한계가 있다.

- 현상 1 : 된장(B)과 고추장(C)을 넣은 음식의 맛(Z_1).
- 현상 2 : 소금(A)과 된장(B)과 고추장(C)을 넣은 음식의 맛(Z_2).

➡ 현상 1의 맛(Z_1)과 현상 2의 맛(Z_2)에 차이가 난다면 소금(A)이 원인이다.

③ **잉여법**(method of residues) : 어떤 현상의 일부가 어떤 조건이나 사실의 결과라고 이미 알려져 있다면 그 현상의 나머지 부분이 나머지 사실이나 조건의 결과이다

- 현상 1 : abc에 의해 ABC가 발생한다.
- 알고 있는사실 : b에 의해 B가 발생하고, c에 의해 C가 발생한다.

➡ 그렇다면 남는 a에 의해 A가 발생한다.

④ **공변법**(method of concomitant) : 어떤 현상이 특정한 방식으로 변화할 때마다 다른 현상도 특정한 방식으로 변화하면 두 현상은 인과관계가 있다.

- 현상 1 : 선행조건 a를 변화시키면 항상 A가 변화하고(B, C는 불변),
- 현상 2 : A의 변화가 발생할 때마다 선행조건 a가 변화한다(b, c는 불변).

➡ 그렇다면 a는 A를 발생시킨다.

(4) 인과관계의 추론

인과관계를 입증하는 논리는 앞에서 살펴본 네 가지가 있지만, 이 중에서 공변법이 가장 중요한 방법이다. 공변법에 의해 인과관계를 추론하기 위해서는 다음의 세 가지 요건이 충족되어야 한다.

① **공변성**(covariation) : 원인이 되는 현상이 변화하면 결과적인 현상도 항상 같이 변화해야 한다. 독립변수와 종속변수 중 어느 하나가 변화하지 않으면 두 변수 간의 인과관계는 성립될 수 없다. 까마귀는 날아갔지만 배가 떨어지지 않았거나, 혹은 배는 떨어졌지만 까마귀가 날지 않았다면 까마귀(X) 때문에 배(Y)가 떨어졌다고는 할 수 없다. 공변성의 강도(magnitude)는 인과관계 주장의 충분조건이 될 수 없지만 그 정도가 커지면 인과관계의 가능성은 높아진다.

까마귀 때문에 배가 떨어졌다고 하려면 공변성, 시간적 선후관계, 외부 설명의 배제(통제성) 요건이 갖춰져야 한다.

② **시간적 선후관계** : 원인이 되는 사건이나 현상이 시간적으로 결과보다 먼저 발생해야 한다. 예를 들어, 오비이락이 까마귀(X) 때문에 배(Y)가 떨어졌다면 시간적으로 볼 때 까마귀가 날고 난 후에 배가 떨어져야 한다.

③ **외부설명의 배제(통제성)** : 외부의 영향력을 배제한 상태에서 순수하게 원인(독립변수)과 결과(종속변수)라는 두 변수만의 공변성과 시간적 선후관계를 볼 수 있어야 한다. 즉, 두 변수 간의 인과성에 영향을 주는 제3의 변수를 통제하여야 한다. 가령 까마귀가 날고 배가 떨어질 때 돌풍이 불거나 하는 일이 없어야 한다.

Example

아이스크림 판매량과 익사

아이스크림 판매량과 익사 간에는 상관관계가 있다. 즉, 아이스크림이 많이 팔릴수록 익사자가 많으며, 그 반대도 마찬가지이다. 그러나 아이스크림과 익사는 직접적인 관련이 없다. 여기에 작용하고 있는 제3의 변수는 계절 또는 기온이다. 대부분의 익사는 여름에 일어나며, 이 시기는 아이스크림 판매가 절정일 때이다(Babbie, 2007).

3) 조사설계의 내적타당도

조사설계가 인과관계를 설명하기 위해서는 타당도가 높아야 한다. 즉, 조사설계가 원인과 결과 사이의 인과관계에 대하여 얼마나 정확한 정보를 제공하는가를 말하며, 제5장에서의 측정의 타당도와는 다르다. 조사설계의 타당도는 크게 내적타당도와 외적타당도로 구분된다. 내적타당도(internal validity)란 종속변수에서 나타나는 변화의 차이가 독립변수에 의한 것임을 확신할 수 있는 정도를 말한다. 즉, 추정된 원인과 결과 사이에 존재하는 인과성에 대한 추론 가능성이 얼마나 정확한지를 나타내는 것이다. 어떤 결과가 추정된 원인에 의한 것인지 또는 다른 원인에 의한 것인지를 판단하는 것이 내적타당도이다. 인과성에 대한 추론 가능성을 높이려면 결과에 영향을 미칠 것으로 추정되는 원인 이외의 것들이 영향을 미치지 않거나 혹은 영향을 분리할 수 있도록 연구설계를 해야 한다.

(1) 내적타당도 저해요인

내적타당도를 저해하는 요인은 다음과 같다(Campbell & Stanley, 1963).

① **외부사건(history)** : 조사과정에서 어떤 외부적인 사건들이 발생하면 연구결과에 영향

을 미칠 수 있다. 외부사건이란 조사기간 중에 연구자의 의도와는 관계없이 일어난 사건으로 결과에 영향을 미칠 수 있는 사건을 말한다. 외부사건은 역사적인 사건뿐만 아니라 외재적으로 발생하는 모든 상황을 포함한다. 외부사건이 발생하면 조사대상집단의 특성이 변할 수 있다.

노인생활시설에서 노인들의 생활의욕을 향상시키기 위한 6개월간의 프로그램을 도입하면서 사전과 사후를 비교 조사하였다. 그러나 그사이에 제주도 단체여행을 다녀왔다거나 대폭적인 시설 개선이 이루어졌다면 프로그램의 개입효과와는 무관하게 이러한 외부사건이 결과에 영향을 미칠 수 있다.

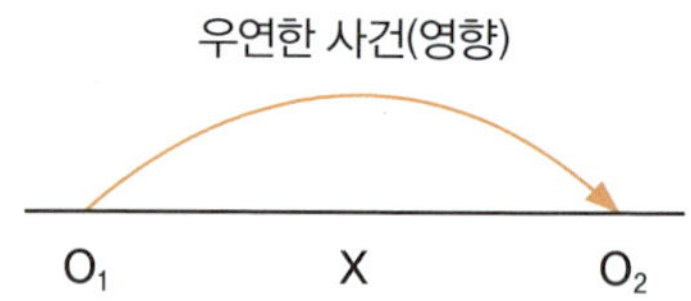

② **성숙효과(maturation)** : 성숙효과는 순전히 시간의 경과 때문에 발생하는 조사대상집단의 생물학적 또는 심리적 특성 변화를 말한다. 인간은 고정되어 있지 않고 시간이 경과함에 따라 자연적으로 성숙해 가는 특성이 있다. 안데르센의 동화 『미운 오리새끼』를 생각해 보라. 미운 오리새끼는 그냥 두어도 시간이 지나면 자연적으로 백조로 성장한다. 따라서 이러한 자연적인 성장들이 마치 서비스나 실험적 개입의 효과인 것처럼 여겨지는 경우에 발생한다.

피해자에게 상담서비스를 제공하고 그 효과를 알아보기 위해 사전과 사후를 비교 조사하였다면, 프로그램의 개입효과와는 무관하게 피해자의 자연적인 성숙에 따라 사후의 조사결과는 달라진다.

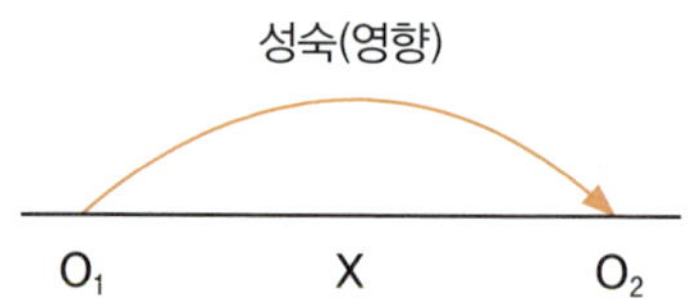

③ **테스트효과(testing)** : 동일한 설문지나 측정도구를 사전검사와 사후검사에 사용하게 되면 연구대상자는 테스트에 익숙해져 측정값에 영향을 미치게 된다. 연구대상자는 질문에 어떻게 대답해야 하는지, 연구자가 무엇을 요구하는지를 미리 알아차리게 된다. 원인변수의 개입 여부에 관계없이 테스트를 하는 자체만으로도 학습효과로 인해 결과에 영향을 미칠 수 있다. 이 경우 사전검사를 생략하거나, 서로 다른 검사를 실시

하거나, 솔로몬의 4집단설계와 같은 방법을 사용해야 한다.

만일 IQ검사를 하루 간격으로 동일한 검사지를 사용하여 측정하면 두 번째는 IQ가 높아지는 현상이 나타난다.

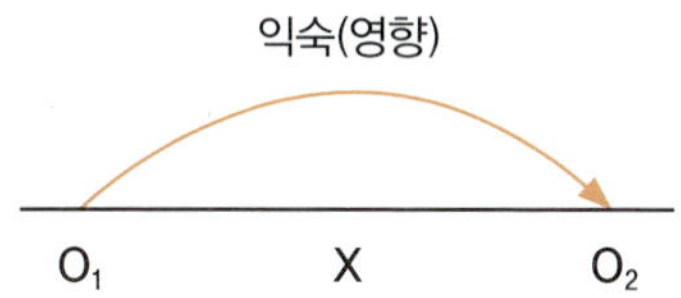

④ **도구효과(instrumentation)** : 사전과 사후의 테스트를 각각 다른 도구를 사용하여 측정할 경우에 발생하는 것으로, 결과의 차이가 프로그램의 개입효과인지 아니면 측정도구의 차이 때문인지 구분하기 힘들어진다. 즉, 도구효과는 측정기준이 달라지거나 측정도구가 변화함에 따라 개입의 효과가 왜곡되는 현상을 말한다. 도구효과를 통제하려면 측정도구를 표준화하여 측정도구의 동등성을 확보해야 한다.

IQ검사를 하면서 사전과 사후에 다른 검사지를 사용하였다면 그 결과를 서로 직접적으로 비교하기 곤란하다.

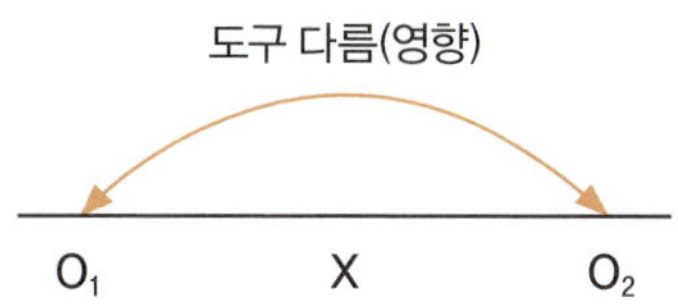

⑤ **통계적 회귀(statistical regression)** : 사전검사에서 평균값보다 지나치게 높거나 낮게 나타난 사람들은 프로그램의 개입효과와는 관계없이 사후검사에서는 평균값에 근접하려는 경향을 보이는 현상을 말한다. 이 경우 사전검사에서 극단값(최고치 혹은 최저치)을 보이는 대상자뿐만 아니라 다양한 유형의 대상자를 포함해서 측정해야 한다.

지능이 낮은 아동만 선별해 지능향상훈련을 실시하였다면 지능향상은 훈련의 영향일 수도 있지만 더 이상 지능이 낮아질 수 없는 아동이기 때문에 향상된 것으로 나타날 수도 있다.

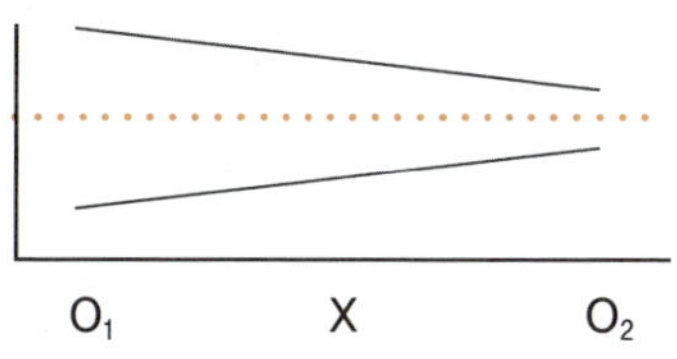

⑥ **편향된 선발(selection biases)** : 유사하지 않은 성격을 갖는 집단들을 대상으로 프로그램의 개입효과를 측정하려고 할 때 종종 발생한다. 비교되는 집단들이 애초부터 비교

될 수 없는 성격들을 가지고 있을 경우 이들을 서로 비교하는 것은 아무런 의미가 없다. 비교되는 집단 간에 동질성 여부를 검증해야 한다.

> 자원봉사론 과목을 수강하는 대학생들의 자원봉사 참가율이 그렇지 않은 대학생들보다 높게 나타났다. 그러나 이런 차이가 자원봉사론 과목 수강 때문인지, 아니면 원래 자원봉사활동에 참여하는 대학생들이 이 과목을 수강신청했기 때문인지 알 수 없다.

⑦ **실험 도중 탈락**(mortality) : 연구대상자들이 이런저런 이유로 연구 도중에 탈락할 가능성이 있다. 시험 도중에 탈락하는 사람들은 나름대로의 특성을 가지고 있으므로 그것을 배제한 상태에서 사전과 사후를 비교하는 것은 문제가 될 수 있다. 예산이 허락하는 범위 내에서 실제로 필요한 수보다 더 많은 대상자를 선정하는 것이 바람직하다.

> 가출소녀들을 대상으로 집단상담을 실시하면서 사전과 사후측정을 통해 그 효과를 검증하였다. 그러나 프로그램 중간에 절반가량이 집으로 돌아갔다면 잔류한 나머지를 대상으로 사후검사를 실시하여 사전과 비교하는 것은 바람직하지 않다.

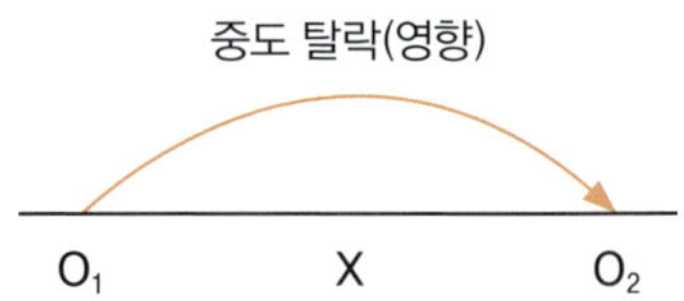

⑧ **인과적 시간순위**(casual time-order) : 원인과 결과 간에 시간적인 우선성에 대한 불확실성으로 인해 인과관계가 곤란하게 되는 것을 의미한다. 연구결과가 독립변수보다는 종속변수의 효과에서 기인하는 것일 수 있다.

> 지능이 낮은 아동만 선별해 지능향상훈련을 실시하였다면 지능향상은 훈련의 영향일 수도 있지만 더 이상 지능이 낮아질 수 없는 아동이기 때문에 향상된 것으로 나타날 수도 있다.

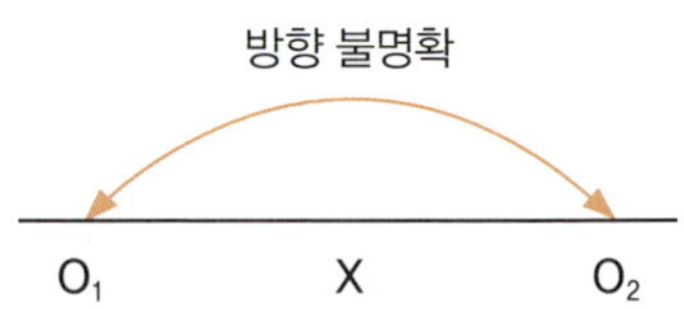

⑨ **개입효과의 확산 혹은 모방**(diffusion or imitation of treatments) : 실험집단과 통제집단에 속하는 사람들이 서로 대화하거나 만날 수 있다면 실험집단에 대한 프로그램의 개입효과가 통제집단까지 확산되거나 모방될 수 있다. 이 경우 실험집단에 대한 개입효과

를 통제집단과의 비교를 통해 알아보고자 한다면 통제집단에서도 이미 실험집단의 성격을 띠고 있기 때문에 비교가 어렵다. 분리된 집단들을 비교하는 조사에서 적절하게 통제하지 못할 경우 잘 나타난다.

> 경로당에서 일부 노인에게 매일 오전에 활동적 노화를 위한 집단 프로그램을 실시하였는데, 프로그램에 참여하지 않은 통제집단도 매일 오후에 참여자들과 함께 프로그램 내용을 즐기게 되면 두 집단 간에 별다른 차이가 발생하지 않을 수도 있다.

이 외에도 ⑩ 연구대상자가 연구목적을 알게 되면 진실이 아니라 연구자가 원하는 허위 답변을 할 수도 있고(실험목적 예상), ⑪ 통제집단 참가자의 손해를 다른 방식으로 보상해 줌으로써 통제집단으로서의 기능을 잃게 되거나(보상), ⑫ 통제집단 참가자들이 경쟁의식에 따라 실험집단보다 더 열심히 하거나(보상적 대항) 혹은 이와는 반대로 자포자기하는 경우(사기저하) 등이 있다.

(2) 내적타당도 확보방안

사회적 현상은 여러 변수가 복합적으로 얽혀 있기 때문에 어느 변수의 효과를 측정하려면 그 변수를 제외한 외생변수들을 통제해야 한다. 그래야만 독립변수와 종속변수 간의 인과관계를 규명할 수 있고 연구의 타당도를 높일 수 있다. 실험설계를 통해 외생변수를 통제해 내적타당도를 확보하는 방법은 다음과 같다.

① **제거**(elimination) : 인과관계에 영향을 미칠 수 있는 외생변수를 완전히 제거하는 것이다. 예를 들어, 특별한 경험이 실험에 영향을 미친다면 그런 경험을 가진 대상자를 제외시키거나 혹은 그런 경험을 가진 대상자들만 표본으로 선정해 그 경험에 따른 효과를 제거한다.

② **무작위할당**(random assignment) : 연구대상자를 실험집단과 통제집단에 무작위로 배정해 모든 사례가 동등하게 뽑힐 수 있는 기회를 가지도록 만든다. 무작위로 할당되면 모든 조건이 서로 동등하므로 외생변수의 체계적인 차이는 없을 것으로 기대된다. 가장 손쉬운 방법이지만 실제 조사연구에서는 실행하기 가장 어려운 방법이다.

③ **짝짓기(matching)** : 동일한 특성을 가진 대상자로 둘씩 짝을 지어서 하나는 실험집단에, 다른 하나는 통제집단에 배정해 집단 간 균형을 맞춰준다. 그 결과 집단 간 동질성이 확보되어 외생변수의 영향을 동일하게 받게 된다. 짝짓기 방법은 ⓐ 두 집단의 모든 사례가 동일하도록 배정하는 정밀통제법과, ⓑ 두 집단에 일대일 대응이 아닌 중앙경향치를 중심으로 유사하게 짝짓는 빈도분포통제법이 있다. 짝짓기는 무작위할당과 함께 사용되어야 효과적이다.

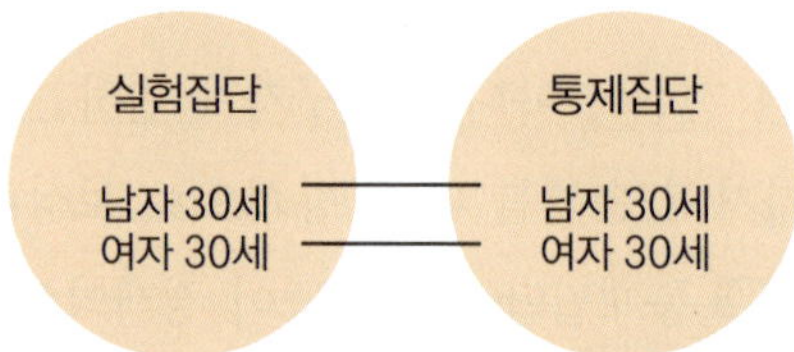

| 그림 9-1 | **성별과 나이에 대한 정밀통제법**

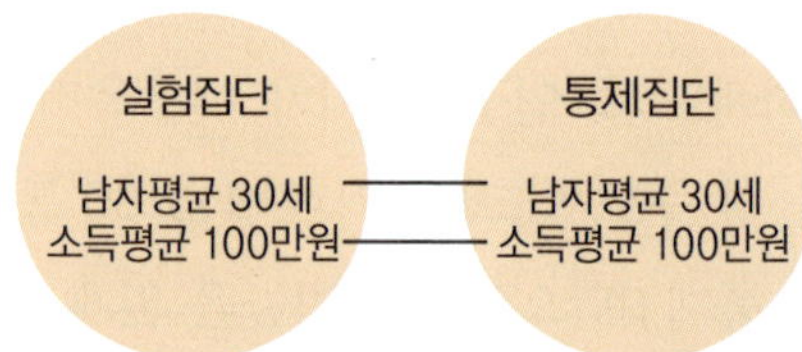

| 그림 9-2 | **성별과 소득에 대한 빈도분포통제법**

④ **상쇄(count balancing)** : 하나의 실험집단에 두 개 이상의 실험변수가 가해질 때 사용하는 방법으로, 외생변수가 작용하는 강도가 다른 상황에 대해서 다른 실험을 실시하여 비교함으로써 외생변수의 영향을 통제한다. 예를 들어, A방법과 B방법이 실험대상자에 미치는 영향을 비교할 때, A와 B의 순서를 균등하게 바꿔가며 실험함으로써 순서에 의해 발생하는 순서 효과를 상쇄시키는 방법이다.

표집을 통한 실험설계 과정에서 사전에 외생변수를 통제할 마땅한 방법이 없으면 사후적으로 통계적 방법을 이용한다. 가령 공분산분석(ANCOVA)에서는 통제변수를 통제한 상태에서 집단 평균을 비교할 수 있으며, 부분상관분석(partial correlation) 역시 제3의 변수를 통계적으로 통제하면서 두 변수 간의 상관관계를 구할 수 있다.

4) 조사설계의 외적타당도

외적타당도(external validity)는 표본에서 얻어진 연구의 결과를 두고 연구조건을 넘어선

환경이나 다른 집단들에까지 확대 해석 혹은 일반화할 수 있는 정도를 말한다. 내적타당도가 표본자료에 한정시켜 결과를 해석하는 것이라면, 외적타당도는 표본자료의 결과가 얼마만큼 일반화될 수 있는지를 다룬다. 외적타당도를 일반화가능성(generalizability)이라고도 한다.

(1) 외적타당도 관련 요인

① **연구표본, 환경, 절차 등의 대표성** : 대부분의 연구조사들이 전수조사를 할 수 없으므로 비용이나 시간 등을 고려하여 표본조사를 하게 된다. 따라서 전체 연구 대상자들 중에서 일부만을 뽑아 조사를 하게 되므로 이 표본(sample)들이 반드시 모집단을 적절하게 대표하는 것이어야 한다. 또한 표본뿐만 아니라 연구환경이나 절차 등도 모집단을 대표할 수 있어야 한다.

② **연구 반응성(research reactivity)** : 조사대상자들이 자신들이 특정한 조사연구의 대상이 되고 있음을 인식한다면 그에 따른 특별한 반응이 나타날 수 있다. 주로 실험 환경에서 연구대상자들은 연구자의 의도를 파악하려 하고, 그에 적절한 반응을 보이려 한다. 이러한 반응을 보이는 집단에서 나타난 결과들은 그렇지 않은 일반 인구들에서 나타나는 결과들과 다를 가능성이 높다. 따라서 연구대상자들이 갖는 심리적 반응성의 문제가 실험결과의 일반화에 지장을 초래할 수 있다. 연구 반응성은 다음의 세 가지가 있다.

ⓐ **호손 효과** : 연구대상이 연구목적을 알고 있거나 알게 될 때 평상시와는 다르게 행동함으로써 연구결과에 영향을 미치게 되는 것을 의미한다. 호손실험(Hawthorne experiment)은 하버드대학의 메이요(G. E. Mayo) 교수 등이 서부전기회사에서 1927년 조명실험부터 1932년 관찰실험까지 네 차례에 걸쳐 실시한 실험조사를 말한다. 당시 근로자들이 실험 중임을 알고 평상시보다 더욱 열심히 일을 해 사실과 다른 결과를 나타냈다.

ⓑ **존 헨리 효과** : 호손 효과와는 반대되는 현상으로 통제집단에 있는 연구대상들이 실험집단에 있는 연구대상자들보다 더 나은 결과가 나타나도록 노력하는 현상을

의미한다. 존 헨리는 기계보다 사람이 더 우수함을 보이기 위해 재래식 망치만 가지고 증기드릴과 시합해 승리했지만 너무 무리한 나머지 곧 사망했다는 미국의 전설적인 흑인노동자이다.

ⓒ **연구자 효과** : 연구자가 연구결과에 영향을 미치는 말이나 행동을 함으로써 연구대상이 평상시와 다르게 행동하는 것을 의미한다. 연구자 효과를 줄이기 위해서는 실험을 담당하는 사람이나 실험대상자 모두에게 연구의 목적에 대하여 알리지 않고 연구를 진행시키는 방법이 필요하다.

③ **플라시보(placebo) 효과** : 실제로 처치나 개입이 이루어지지 않았는데도 불구하고 그것을 받은 것과 유사한 효과가 나타나는 경우를 말한다. 예를 들어, 가짜 약을 먹은 집단에서 마치 진짜 약을 먹은 집단에서 나타나는 효과를 보이는 경우를 말한다. 위약을 뜻하는 플라시보(placebo)는 '나는 즐거워질 거야'라는 라틴어에서 유래된 말로서, 약학적으로 통제집단 참가자를 속이기 위해 제공되는 설탕으로 만든 가짜약을 말한다. 대부분 심리적인 반응에 의해 나타나는 효과이므로 구분되어야 한다.

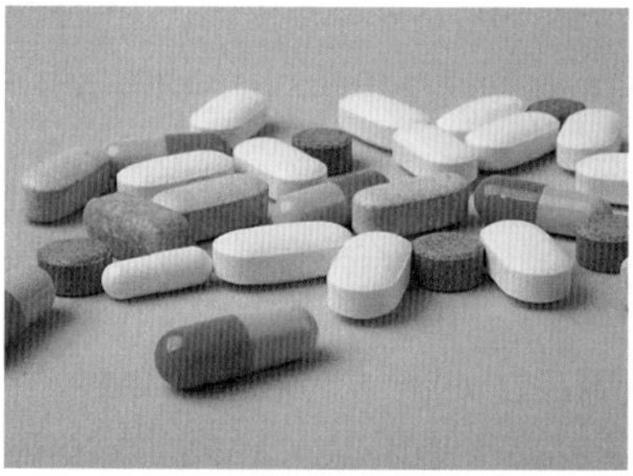

약이 아님에도 특효약이라 생각하여 병이 낫는 경우가 있다.

(2) 외적타당도 확보방안

외적타당도는 표본의 대표성을 향상시킴으로써 높일 수 있다. 따라서 ⓐ 연구대상을 모집단에서 무작위 표집(random sampling)으로 선발하거나, ⓑ 일반화하고자 하는 집단이나 상황 등이 모두 포함되도록 계획적 표집을 하거나, ⓒ 연구결과를 적용시키고자 하는 집단이나 상황 중에서 가장 대표적인 사례들만 표본으로 선정하는 방법 등이 있다.

2. 실험설계의 원리

1) 의 의

인과관계를 규명하는 가장 좋은 방법은 실험이다. 실험은 엄격하게 통제된 상황하에서 변수 간의 인과관계를 검증하는 것으로, 과학적 방법의 요체인 '통제된 연구(controlled inquiry)'의 정신에 가장 충실한 연구방법이다. 자연과학에서의 실험은 주로 실험실에서 이루어지지만 사회과학은 자연적인 상황에서 이루어지는 현지실험의 경우가 더 많다. 사회과학 실험도 자연과학의 원리를 적용하여 그와 유사한 논리로 진행된다. 따라서 실험설계는 연구조사를 수행하기 이전에 어떠한 형태로 어떤 조사를 수행해야 하는지를 미리 계획하여 조사의 타당성을 증가시키고, 조사과정에서 발생할 수 있는 오류를 줄일 수 있도록 해야 한다.

실험실과 같은 통제된 연구가 사실상 불가능한 사회복지연구에서 실험설계가 중요한 이유는 무엇일까? 그것은 최근 사회복지에 대한 책임성과 책무성이 강하게 요구됨에 따라 실천프로그램들에 대한 효과성을 검증하는 경우가 많아졌기 때문이다. 새로이 개발한 프로그램이 과연 클라이언트의 사회정서적 상태에 변화를 가져왔는가를 검증한다면 프로그램이 독립변수, 클라이언트의 사회정서적 상태가 종속변수가 되며, 이들 간의 인과관계를 규명하기 위해 실험설계의 원리가 적용된다.

개입의 효과를 어떻게 검증할 것인가?

2) 구성요소

〈표 9-1〉 실험설계의 원리

단 계	1단계 (무작위)	2단계 (사전검사)	3단계 (실험처치)	4단계 (사후검사)	5단계 (사후검사 비교)
역 할	대상자 배치	동질성 확인	독립변수 변화 유도	변화 확인	변화 차이 비교
도 식	조사대상 → 실험집단	O_1	→ X →	O_2	(O_2-O_1)
	조사대상 → 통제집단	O_3	→	O_4	(O_4-O_3)
	• X : 실험대상에 대한 처치(treatment)나 개입(intervention)의 조작 • O : 관찰 혹은 측정(O_1, O_3는 사전검사, O_2, O_4는 사후검사)				

(1) 결과의 비교

실험은 대부분 실험집단(experimental group)과 통제집단(control group)을 설정하여 연구를 진행한다. 실험집단은 실험조건을 조작하여 그에 따른 반응의 변화를 관찰하고자 하는 집단이고, 통제집단은 ⓐ 실험집단과의 차이를 비교하기 위해 어떠한 조작도 하지 않은 집단, ⓑ 사전검사를 한 집단과 비교하기 위해 사전검사를 하지 않은 집단, ⓒ 사후검사만 실시하는 집단 등을 말한다. 통제집단을 비교집단이라고도 한다. 이와 같이 두 집단 사이를 비교(comparison)함으로써 독립변수의 효과를 평가한다.

(2) 독립변수의 조작

독립변수의 조작(manipulation)은 연구자가 독립변수를 실험집단에만 인위적으로 제공하는 것을 말한다. 즉, 연구자가 의도적으로 실험집단에만 독립변수를 제공하고, 통제집단에는 아무런 변화를 주지 않는 것이다. 독립변수의 형태는 주로 생리학적 변인, 경험, 자극이나 환경변인, 연구대상의 일반적 특성 등이 있고, 이를 조작하는 방법으로는 ⓐ 실험집단에만 처치를 실시하는 처치 유무를 이용한 기법, ⓑ 처치의 정도나 양을 다르게 하는 기법, ⓒ

집단별로 독립변수의 형태를 각각 다르게 제공하는 기법 등이 있다. 실험연구에서 종속변수는 연구대상이 경험하는 독립변수의 수준에 따라 변화하는 변수가 된다. 실험을 계획할 때 종속변수를 무엇으로 할 것인지, 어떻게 기록하고 측정할 것인지를 결정해야 한다.

(3) 무작위할당

실험집단과 통제집단은 동질적일수록 실험의 내적타당도가 높아진다. 즉, 연구자가 처치의 효과를 밝히기 위해서는 처치 전에는 실험집단과 통제집단이 동일한 상태여야 한다. 따라서 두 집단의 동질성 확보를 위하여 가장 흔히 사용되는 방법이 무작위할당(random assignment)이다. 이는 연구대상을 무작위로 할당하는 것으로, 누구건 실험 내 각 집단에 할당될 확률이 동일하도록 연구대상을 각 집단에 배치하는 것이다. 그렇게 함으로써 독립변수 이외의 다양한 개인적 특성이 종속변수에 영향을 미치더라도 그 영향의 정도가 각 집단마다 비슷하게 분포되도록 하는 방법이다. 이 세 가지 조건을 어느 정도 갖추었는가에 따라 순수(진)실험설계, 유사(준)실험설계, 원시(선)실험설계로 나뉜다.

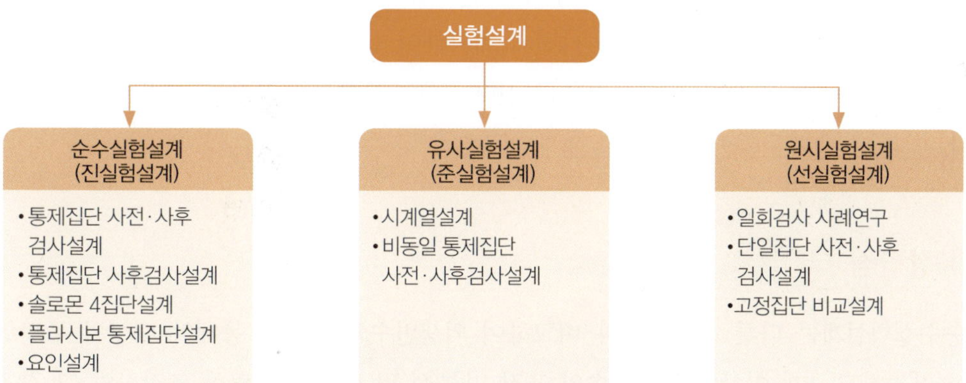

| 그림 9-3 | 실험설계 유형

〈표 9-2〉 실험설계 비교

구 분	순수실험설계 (진실험설계)	유사실험설계 (준실험설계)	원시실험설계 (선실험설계)
연구대상의 무작위할당	○	×	×
독립변수의 조작	○	일부 가능	×
외생변수의 통제	○	일부 가능	×
측정시기 및 측정대상 통제	○	○	×

3. 순수실험설계

1) 의 의

순수실험설계(true experimental design)는 실험설계의 세 가지 조건을 비교적 충실하게 갖추고 있는 설계로서, 엄격한 외생변수의 통제하에서 독립변수를 조작하여 인과관계를 밝힐 수 있는 설계이다. 따라서 연구자가 사전에 계획하여 실험집단·통제집단을 무작위로 배정할 수 있기 때문에 미래지향적 성격을 가진다. 그냥 실험설계 또는 진(眞)실험설계라고도 한다.

2) 장단점

순수실험설계는 다른 실험설계와 비교하여 외생변수의 철저한 통제와 대상의 무작위할당이 가능하고, 1개 이상의 독립변수의 조작 가능성 및 변수의 명확한 조작화와 그 강조의 정밀한 변화가 가능하다. 또한 재현 가능성이 높고, 명확한 인과관계의 검증이 쉽다는 장점이 있다. 반면에 인위적인 조건을 만들기 어렵고, 많은 수의 표본을 구하기 어렵다. 또한 윤리적인 문제로 실험이 불가능한 경우도 있으며, 독립변수의 강도가 실제 세계에서만큼 크게 작용하지 못한다는 단점이 있다.

순수실험설계의 사용목적은 ⓐ 순수한 독립변수의 효과와 변수 간의 인과관계를 검증하고, ⓑ 가설의 검증과 수정 및 새로운 가설을 도출하며, ⓒ 이론의 예측타당성을 검증하는 데 있다.

3) 종 류

(1) 통제집단 사전 · 사후검사설계

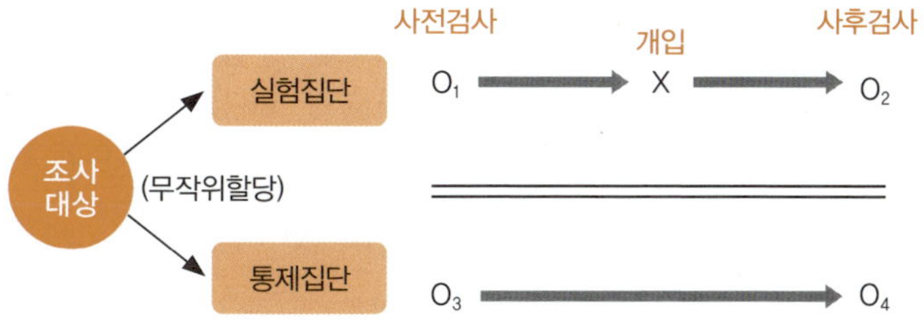

| 그림 9-4 | 통제집단 사전 · 사후검사설계

통제집단 사전·사후검사설계(prestest-posttest control group design)는 밀(Mill)의 차이법을 적용한 실험설계로 흔히 전형적인 실험설계라 한다. 무작위할당을 통해 선정된 두 집단에 대하여 실험집단에는 실험변수의 조작(X)을 가하고 통제집단에는 독립변수의 조작을 가하지 않는 방법이다. 개입이 종료되면 다시 두 집단을 대상으로 사후검사(posttest)를 실시하고, 결과를 비교하여 개입의 효과성에 대한 경험적 준거를 삼는다.

이 실험설계는 사전검사가 포함되므로 두 집단의 동질성을 검증할 수 있는 장점이 있다. 그러나 실험집단이나 통제집단 모두 검사요인을 통제할 수 없다거나 검사 또는 사전측정과 처리의 상호작용 효과가 발생할 수 있다는 단점이 있다. 즉, 테스트나 도구효과가 실험 개입의 효과와 결합하여 특정한 효과를 산출해 낼 가능성이 존재하게 된다.

테스트효과(testing effect)는 주 시험효과와 상호작용 시험효과로 나눌 수 있다. ⓐ 주 시험효과는 사전검사가 사후검사에 미치는 영향($O_1 \rightarrow O_2$)을 말한다. 즉, 검사를 두 번 하므로 사전검사의 기억이나 검사지혜가 사후검사에 영향을 줄 수 있다. ⓑ 상호작용 시험효과는 사전검사가 독립변수에 미치는 영향($O_1 \rightarrow X$)을 말한다. 사전검사와 실험변수 간의 상호작용으로 사후검사에 영향을 미친다면 이러한 상호작용 시험효과를 제거해야만 진정한 실험변수의 효과를 알 수 있고, 실험으로부터 얻은 결과를 일반화할 수 있다.

<실험효과 계산방법>

실험 개입(X)의 효과를 계산하는 방식은 우선 실험집단 내에서의 사전 · 사후검사의 차이(D_e)를 계산하고 (O_2-O_1), 다음으로 통제집단 내에서의 사전 · 사후검사의 차이(D_c)를 계산하여(O_4-O_3) 개입의 효과(D_e-D_c)를 계산한다. 만일 실험 개입 이전에 두 집단에 이미 차이가 있었다면, 즉 (O_1-O_3)>0이라면 개입효과는 (O_2-O_4)에서 (O_1-O_3)만큼을 빼주는 것이 된다.

① D_e (실험집단에서의 전후 차이)=O_2-O_1

② D_c (통제집단에서의 전후 차이)=O_4-O_3

③ E_x (개입의 효과)=D_e-D_c

(2) 통제집단 사후검사설계

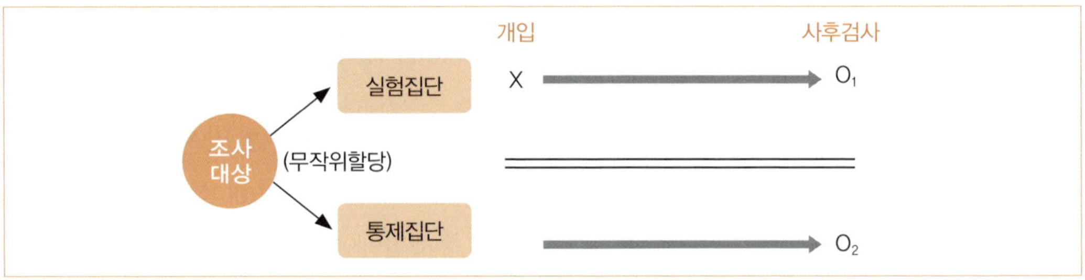

| 그림 9-5 | 통제집단 사후검사설계

통제집단 사후검사설계(posttest-only control group design)는 무작위할당에 의해서 동질적인 실험집단과 통제집단을 구성한 다음 실험집단에 대해서는 실험변수를 처리하고 통제집단에 대해서는 실험변수를 처리하지 않는 방식이다. 즉, 두 집단 모두에 대해 사후검사를 실시하고, 실험변수의 효과는 실험집단의 사후검사와 통제집단의 사후검사의 차이를 비교한다. 즉, 실험 개입(X)의 효과(E_x)는 실험집단에서의 종속변수의 점수(O_1)와 통제집단에서의 종속변수의 점수(O_2)를 비교해서 알 수 있다(O_1-O_2). 따라서 사전측정이 문제를 일으킬 수 있거나 불가능한 경우에 사용된다.

통제집단 사후검사설계는 통제집단 사전·사후검사설계와 거의 유사하고, 다만 사전검사가 생략되어 있다. 따라서 실험 개입과 테스트의 결합효과를 제거할 수 있다거나 시간과 비용이 절약되는 장점이 있는 반면에 사전검사가 없으므로 실험집단과 통제집단이 과연 동질적인 집단이었는지를 확인할 방법이 없다는 것이 단점이다.

(3) 솔로몬 4집단설계

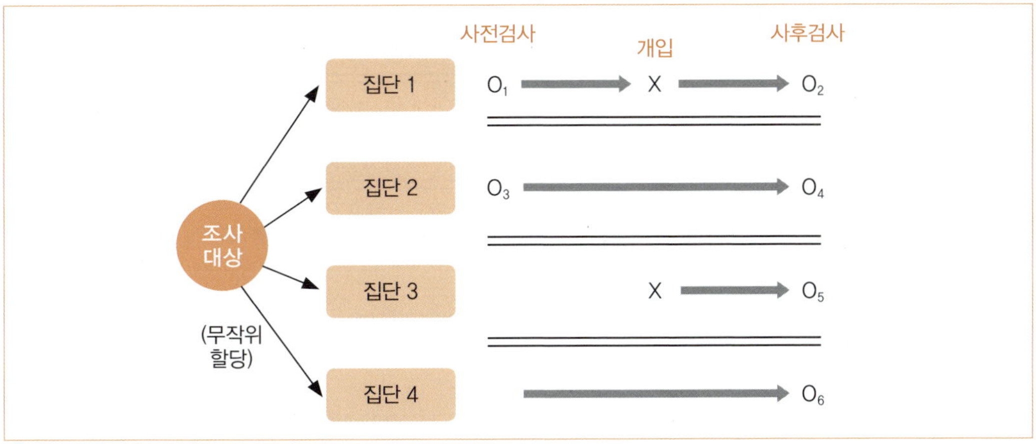

| 그림 9-6 | 솔로몬 4집단설계

솔로몬 4집단설계(Solomon four-group design)는 가장 강력한 실험설계 유형으로 통제집단 사전·사후검사설계와 통제집단 사후검사설계를 결합한 가장 이상적인 디자인이다. 우선 실험대상자를 4집단으로 무작위할당하고, 각각의 집단은 각기 다른 실험 경로를 거치게 된다. 집단 1은 사전검사를 치른 실험집단이며, 집단 2는 사전검사를 치른 통제집단, 집단 3은 사전검사가 없는 실험집단, 집단 4는 사전검사가 없는 통제집단의 성격을 가진다. 이들 네 집단 간에는 엄격한 통제가 가해지며, 각기 다른 실험 경로 이외에는 다른 모든 조건들은 동일하게 유지한다.

이 설계는 사전검사의 영향과 관련된 효과들을 제거할 수 있으므로, 즉 각 외생변수별로 효과의 분리가 가능하고 철저한 외생변수 통제가 가능하여 내적타당도와 외적타당도를 높일 수 있는 장점이 있다. 반면에 4개의 집단을 선별하고 통제하기가 어렵고 비용이 많이 들고 운영이 복잡하다는 단점이 있으며, 무작위로 할당된 4개의 집단이 동질적인 구성을 갖추기가 현실적으로 매우 어렵다. 따라서 이 설계는 논리적으로는 이상적이지만 노력에 비해 얻어지는 결과의 가치가 낮다는 이유로 잘 이용되지 않는다.

(4) 플라시보 통제집단설계

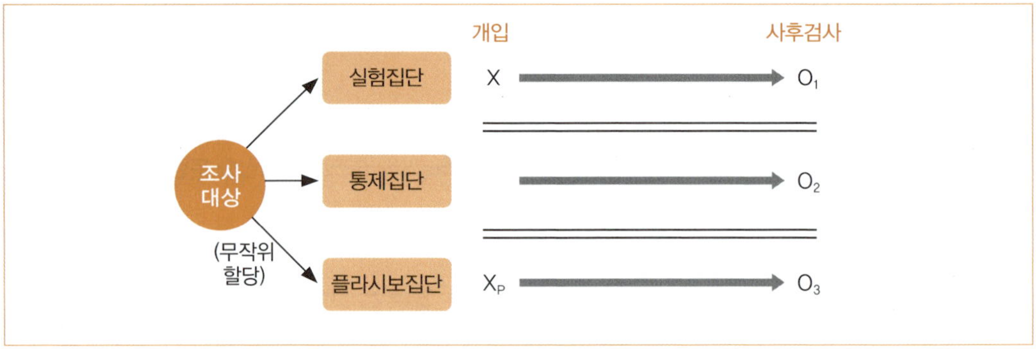

| 그림 9-7 | 플라시보 통제집단설계

플라시보 통제집단설계(placebo control group design)는 통제집단 사전·사후검사설계나 통제집단 사후검사설계에 플라시보 효과를 측정할 수 있는 한 집단을 추가로 배치하는 방식이다. 이 경우 실험 개입의 효과(E_x)는 (O_1−O_2)이고, 플라시보 효과(E_{xp})는 (O_3−O_2)가 된다. 따라서 플라시보 효과를 제거한 순수실험 개입의 효과(E_x−E_{xp})는 (O_1−O_2)−(O_3−O_2)가 된다. 이 방식은 플라시보 효과가 강하게 의심되는 실험연구들에서 많이 활용되는 방법이다.

(5) 요인설계

요인설계는 두 개 이상의 독립변수가 동시에 종속변수에 영향을 미치는 경우에 사용할 수 있는 설계 유형으로, 각 요인이 종속변수에 미치는 영향뿐만 아니라 독립변수 사이의 상호작용에 대한 정보도 얻을 수 있다. 설계방법은 우선 각 독립변수 분류항목의 결합 형태에 따른 수만큼의 실험집단을 설정한다. 즉, 독립변수의 속성에 따라 할당 행렬(quota matrix)을 만들고, 행렬의 각 범주에 따라 실험집단과 통제집단을 무작위로 할당하여 설정한 다음에 프로그램을 개입하고 사후검사를 통해 독립변수가 미치는 영향(주효과) 및 한 독립변수에 의해 다른 독립변수가 미치는 영향이 어떻게 달라지는가(상호작용효과)를 알 수 있다.

예를 들어, 청소년상담 프로그램의 상담 시기(주말 혹은 야간), 상담 방법(개별상담 혹은 집단

상담)에 따라 상담의 효과가 어떠한가를 검증하고자 할 때 네 범주의 할당행렬(주말 개별상담, 주말 집단상담, 야간 개별상담, 야간 집단상담)이 만들어진다. 조사대상자를 A~D의 4집단에 무작위로 할당하고, 각 집단에 대해 해당하는 상담 프로그램을 실시한 후에 사후검사를 통해 종속변수의 변화를 비교함으로써 개입의 효과를 파악한다.

〈표 9-3〉 요인설계 매트릭스

		상담방법	
		개별상담	집단상담
상담 시기	주말	집단 A	집단 C
	야간	집단 B	집단 D

4. 유사실험설계

1) 의 의

유사실험설계(quasi-experimental design)는 비록 순수실험설계와 같은 엄격한 통제집단을 갖추지는 못하지만, 대안적인 방법을 통해 마치 통제집단을 갖는 것과 같은 효과를 가능하게 해주는 설계이다. 즉, 무작위할당에 의하여 실험집단과 통제집단의 동등화를 꾀할 수 없을 때 사용하며 무작위할당에 의한 방법 대신에 다른 방법을 통하여 실험집단과 유사한 비교집단을 구성하려고 노력하는 설계이다. 준(準)실험설계라고도 한다.

2) 장단점

유사실험설계는 실제 상황에서 이루어지므로 독립변수의 강도가 강하게 나타나고, 매우 복잡한 사회적 요인이 작용하는 경우에도 사용할 수 있으며, 이론의 검증이나 실제적 문제해결에 이용될 수 있고, 융통성이 있으며, 다양한 문제해결에 적용될 수 있다는 장점이 있다. 반면에 현장 상황하에서는 대상의 무작위할당과 독립변수의 조작화가 어려운 경우가 많다거나 다른 변수들에 의해서 독립변수의 효과가 오염될 수 있고, 현장에서 실험이 불가능한 경우가 있다거나 정밀도가 낮은 단점이 있다.

3) 종 류

(1) 시계열설계

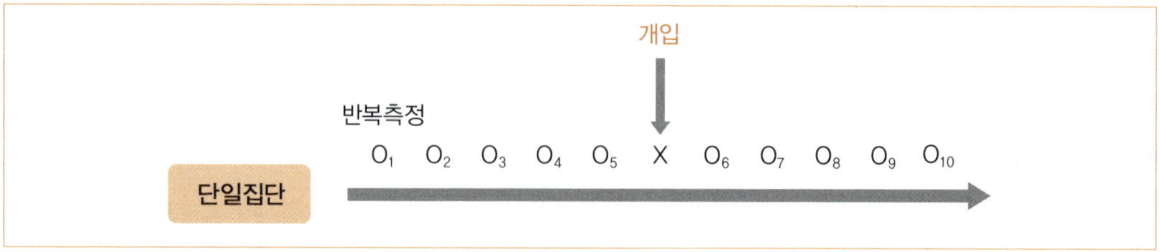

|그림 9-8| 시계열설계

시계열설계(time-series design)는 통제집단을 따로 갖지 않고 대신에 실험 개입으로 인한 효과를 확인하기 위해 필요한 비교의 대상을 동일집단 내의 시계열 자료들에서 도출한다. 실험 개입이 이루어지기 전(O_1~O_5)까지의 자료들을 통해 개입 이전의 상태를 확인할 수 있게 하며, 이는 곧 통제집단의 성격과 유사하다. 실험 개입 이후의 상태는 O_6~O_{10}으로 측정되는데, 이것은 실험집단과 유사하다. 시계열설계에서 실험 개입(X)의 효과를 추정하는 다양한 기법들은 모두가 O_6~O_{10}과 O_1~O_5의 차이를 검증하기 위한 것들이다.

이 설계는 원시실험설계에 비해 비교적 높은 내적타당도를 확보할 수 있다. 외부적인 사건들에 의한 영향을 통제하는 방법은 시계열 자료들을 통해 개입 이전의 특정 시점에서 변화가 일어나지 않았으며, 개입시점 직후에 변화가 발생하였음을 보여줌으로써 가능하다. 그러나 이러한 통제의 방법으로는 외부적인 설명들을 완전히 배제하는 데 한계가 있다. 즉, O_5와 O_6 사이에 우연히 개입된 사건들의 영향일 가능성은 여전히 배제되지 못한다. 또한 시계열설계는 외적타당도를 나타내는 데 있어서도 많은 취약점이 있다. 빈번한 조사로 인해 테스트효과나 도구효과가 강하게 나타날 수 있기 때문이다. 그럼에도 불구하고 통제집단을 갖지 않으면서도 통제집단의 효과를 낼 수 있는 장점 때문에 상당히 선호되는 설계이다.

따라서 시계열분석에서는 시계열이 지속적 경향, 계절적 변동, 주기적 파동, 불규칙적 진동 등 네 가지 구성요소를 가지고 있으며, 이들 구성요소를 식별하여 미래 상태를 예측하는 데 이용된다. ① 지속적 경향은 장기적으로 평탄하게 증가하거나 감소하는 것으로 종속변수가 선형형태를 보여주며, ② 계절적 변동은 1년 혹은 그보다 짧은 기간을 주기적으로 반복해서 나타나는 것이며, ③ 주기적 파동은 반복적으로 나타나는 주기가 수년간에 걸쳐 길어질 수 있는 것이며, ④ 불규칙적 진동은 규칙적인 방식이 없어 보이는 시계열상의 예측할 수 없는 변동을 말한다. 계절적 변동이나 주기적 파동, 불규칙적 진동은 종속변수가 비선형 형태를 보여준다.

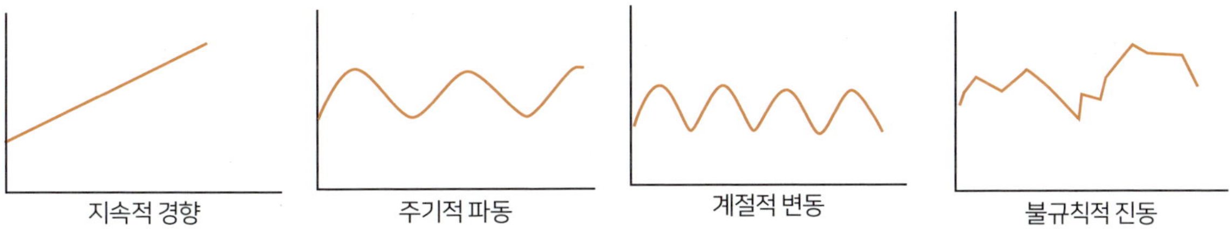

| 그림 9-9 | 시계열분석의 다양한 형태

(2) 비동일 통제집단 사전 · 사후검사설계

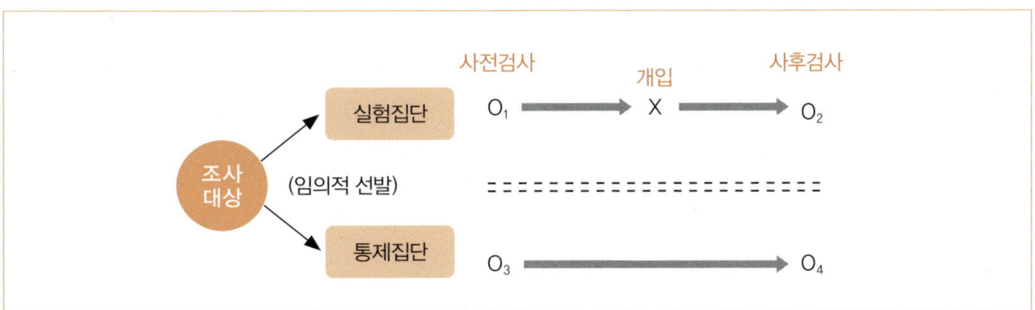

| 그림 9-10 | 비동일 통제집단 사전 · 사후검사설계

비동일 통제집단 사전·사후검사설계(non-equivalent control group design)는 통제집단을 가진다는 점에서는 순수실험설계와 유사하나 통제집단의 구성이 무작위할당이 아니라는 점에서 차이가 있다. 즉, 집단을 두 개로 나누어 실험집단에는 개입(X)을 하고 통제집단에는 개입을 하지 않은 후 사전·사후를 비교한다. 두 집단의 초기 상태가 동질적이지 않기 때문에 사전검사를 통해 파악된 동질성의 정도를 결과분석에 반영해야 한다.

따라서 짝짓기(matching) 등의 방법을 통하여 가능한 범위 내에서 실험집단과 유사한 비교집단을 구성하려고 노력한다. 그러나 두 집단이 동질적이지 못함으로 인해 표본상의 편중이라는 문제와 실험 개입에 따른 상호작용 문제가 발생할 수 있다. 이로 인해 종종 예상하지 못한 많은 오류들을 내포하고 있으며 이를 경험적으로 배제할 수 있는 방법도 마땅치 않으므로, 내적타당도를 저해하는 요소들이 많이 존재하게 된다. 그럼에도 불구하고 많은 연구들에서 이러한 디자인을 선택하게 되는 것은 실천적인 환경들에 쉽사리 적용될 수 있다는 장점 때문이다.

5. 원시실험설계

1) 의 의

원시실험설계(pre-experimental design)는 전(前)실험설계라고도 하며 인과적 추론의 세 가지 조건을 모두 갖추지 못한 설계이다. 순수실험설계와 유사실험설계를 제외한 인과관계의 추론방법이다. 연구자가 실험변수를 조작하기 어렵고 실험대상을 무작위화할 수 없는 실험설계이므로 엄격한 의미에서는 실험설계라 할 수 없다. 따라서 가설의 검증보다는 문제의 도출을 위하여 순수한 실험설계 전에 시험적으로 실시하는 탐색조사의 성격을 띠게 된다.

2) 종 류

(1) 일회검사 사례연구

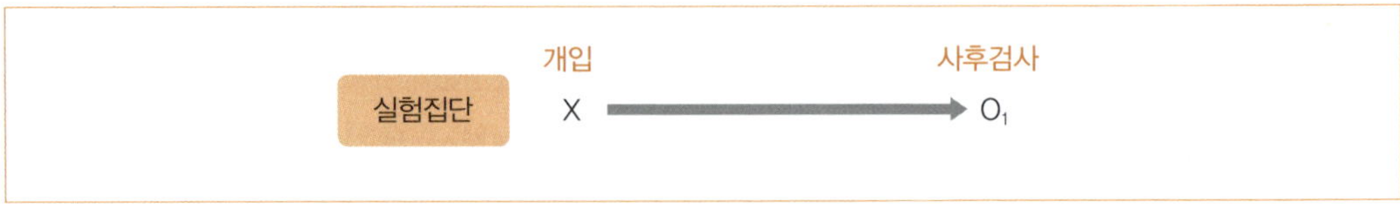

|그림 9-11| 일회검사 사례연구

일회검사 사례연구(one-shot case)는 실험변수에 노출된 하나의 집단에 대해 사후적으로 결과변수를 검사한다. 사전검사가 없어 실험의 순수한 효과를 측정했다고는 볼 수 없다. 외생변수의 통제도 불가능해 내적·외적타당성이 모두 결여되어 있다. 다만, 사후검사의 결과가 높은지 혹은 낮은지에 대해서는 직관적으로 판단하게 된다.

(2) 단일집단 사전 · 사후검사설계

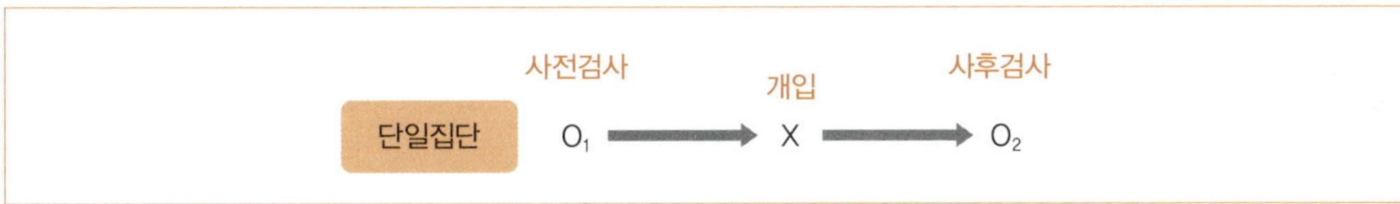

| 그림 9-12 | 단일집단 사전 · 사후검사설계

단일집단 사전·사후검사설계(one group pretest-posttest design)는 개입 전에 결과변수를 검사하고, 개입 후에 결과변수를 검사하여 두 결과 간의 차이로 개입의 효과를 측정한다. 따라서 외생변수의 통제가 불가능하다. 다만, 시간적인 우선성과 비교의 기준이 있으므로 개입(X)으로 인한 효과를 추정하는 데 필요한 최소한의 조건을 충족시킬 수 있다. 즉, 프로그램 실시 전에 비해서 실시 후에 얼마나 변화가 있었는지(O_2-O_1)를 통해 개입의 효과가 나름대로 추정될 수 있다.

(3) 고정집단 비교설계

고정집단 비교설계(static group comparison design)는 실험대상을 두 개의 집단으로 나누어 실험변수를 조작하는 집단과 그렇지 않은 집단으로 구분하여 사후검사결과의 차이로 개입의 효과를 측정하는 설계이다.

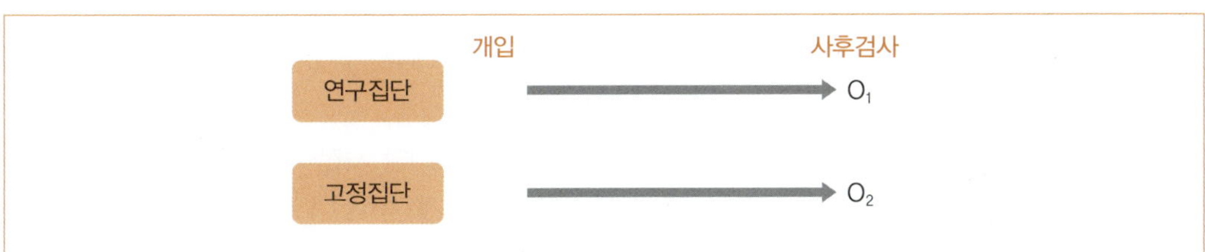

| 그림 9-13 | 고정집단 비교설계

무작위배정이나 매칭이 없어 내적타당성이 약하고 따라서 실험집단과 통제집단의 동등화가 불가능하다. 그러나 통제집단이 있으므로 우발적 사건이나 시험효과·측정수단의 변화·통계적 회귀 등을 제거할 수 있다. 실험의 간결성, 시간과 조사비의 절감으로 사회과학조사에서 많이 사용된다. 사후검사를 통해서 얻어진 자료들을 가지고 (O_2−O_1)을 산출해 내고 이를 근거로 개입(X)의 효과를 알아볼 수 있다.

요약

1. 조사설계는 연구의 틀을 설계하는 것으로, 조사설계의 핵심은 변수들 사이의 인과관계를 밝히는 것이다. 인과관계를 입증하는 논리는 일치법, 차이법, 잉여법, 공변법이 있고, 이 중에서 공변법에 의한 인과관계 추론을 위해서는 공변성, 시간적 선후관계, 외부설명의 배제(통제성)라는 요건이 갖추어져야 한다.
2. 조사설계는 내적타당도와 외적타당도가 높아야 한다. 내적타당도란 종속변수에서의 변화의 차이가 독립변수에 의한 것임을 의미하며, 저해요인으로는 외부사건, 성숙효과, 테스트효과, 도구효과, 통계적 회귀, 편향된 선발, 실험 도중 탈락, 인과적 시간순위, 개입효과의 확산 혹은 모방, 실험목적 예상, 보상, 보상적 대항 혹은 사기 저하 등이 있고, 해결하는 방법으로는 제거, 무작위할당, 짝짓기, 상쇄 등이 있다.
3. 조사설계의 외적타당도는 연구결과의 일반화를 의미하며, 연구표본·환경·절차 등의 대표성, 연구 반응성, 플라시보 효과 등과 관련되며, 무작위 표집, 계획적인 표집, 대표적인 사례만 표본 선정하는 방법을 통해 외적타당도를 확보할 수 있다.
4. 실험설계는 결과의 비교, 독립변수의 조작, 무작위할당을 갖추어야 하고, 이 세 가지 요건을 갖춘 정도에 따라 순수실험설계, 유사실험설계, 원시실험설계로 나뉜다.
5. 순수실험설계에는 통제집단 사전·사후검사설계, 통제집단 사후검사설계, 솔로몬 4집단설계, 플라시보 통제집단설계가 있고, 유사실험설계에는 시계열설계, 비동일 통제집단 사전·사후검사설계가 있으며, 원시실험설계에는 일회검사 사례연구, 단일집단 사전·사후검사설계, 고정집단 비교설계가 있다.

CHAPTER

10

단일사례설계

1. 단일사례설계의 개념

1) 의 의

단일사례설계(single case design)는 개인이나 가족 및 소집단을 대상으로 사회복지적 개입(intervention)이 어떤 효과가 있는지를 시계열설계의 논리를 적용하여 과학적으로 입증하는 방법이다. 개입은 문제에 직면한 클라이언트의 표적행동을 변화시키기 위한 심리치료나 상담 등과 같은 사회복지프로그램이나 실험자극을 의미한다. 대부분의 사회복지실천은 개입의 효과성을 과학적으로 입증하기 곤란하여 사회복지의 전문성에 상당한 의심을 받아왔고, 그럼에도 일반적인 조사방법론은 집단설계의 성격을 띠고 있기 때문에 개별 사례들을 진행하면서 각 사례에 대한 개입의 효과성을 확인해야 하는 사회복지실천에서는 활용하기 곤란하다. 이런 이유로 단일사례설계가 사회복지실천현장에서 각광을 받게 되었다.

단일사례설계는 1960년대 행동수정연구에서 시작되어 특수교육과 사회복지서비스 개입평가로 확대되어 왔다. 클라이언트의 문제 해결을 위한 사회복지사의 개입이 실제로 얼마나 효과가 있는지를 평가하는 것은 사회복지현장에 적용한 실천이론의 과학화라는 중요한 의미를 가지고 있다. 따라서 사회복지영역에서 실천지향적 자료의 필요성과 사회복지현장의 실증적 기반의 발전이라는 측면에서 단일사례연구의 중요성이 강조되고 있다. 단일사례설계를 사회복지실천에 적용하는 데에는 다음과 같은 목적이 있다(Bloom & Fisher, 1995).

- 시간 변화에 따른 사건과 사람의 변화를 점검하고 사례 상황을 사정하기 위해서
- 표적사건에 긍정적 혹은 부정적 변화가 일어났는지를 평가하기 위해서
- 실천가의 개입이 변화의 원인이 되었는지를 평가하기 위해서
- 실천가들의 개입 간의 효과를 비교하기 위해서

2) 특 징

단일사례설계는 단 하나의 사례를 대상으로 개입의 효과를 검정할 수 있고 또한 조사연구의 과정이 사회복지실천과정과 분리되지 않고 통합될 수 있다는 것이 중요한 특징이다

(Rubin & Babbie, 2010). 단일사례설계는 설계기법 측면에서 유사실험설계에 속하는 시계열설계를 단일대상에 적용한 것이라고 할 수 있다. 연구자에게 개입은 독립변수에 해당되고, 조사대상자의 표적행동의 변화는 종속변수에 해당한다.

기존의 조사설계는 실천과정 중에는 사용하기 어렵고 개입이 종료된 후에야 그 결과를 평가하게 된다. 그러나 단일사례설계는 개입이 계획되고 실행되는 모든 과정 속에서 개입의 효과성에 대한 지속적인 피드백을 제공해 줄 수 있으며 이러한 피드백을 통해 개입방법을 보다 효과적인 방법으로 수정 보완할 수 있다. 단일사례설계가 다른 조사설계와 비교할 때 가지는 특징은 다음과 같다.

- 단일사례로 개입의 효과를 평가한다.
- 개인이나 집단 모두 조사의 대상이 될 수 있다.
- 통제집단 없이 반복 측정하여 비교한다.
- 즉각적인 피드백을 받을 수 있어 개입의 수정이 가능하다.

3) 단일사례설계와 집단설계의 비교

단일사례설계와 집단설계는 조사대상의 규모에 따라 구분되지만 상호보완적인 관계이다. 집단설계는 확률표집을 이용하고 주로 가설 검증을 통해 이론의 일반화에 기여하지만, 단일사례설계는 가설 검증이나 이론의 일반화보다는 개인이나 소집단의 개별적인 속성을 깊이 있게 연구할 수 있다는 장점이 있다.

〈표 10-1〉 단일사례설계와 집단설계의 비교

단일사례설계	구 분	집단설계
개인, 가족, 소집단	연구대상	모집단으로부터 무작위 표본추출
표적행동에 대한 개입의 효과 확인	연구목적	가설 검증
하나의 사례를 반복 측정함으로써 실험집단과 통제집단 같은 집단 비교의 효과를 가짐	실험처치	실험집단과 통제집단으로 나누어 사전(O_1)과 사후(O_2)값을 비교하여 실험처치의 효과를 평가

2. 단일사례설계의 기본구조

1) 기초선 단계(A)

개입 전의 기초선(baseline) 단계는 연구자가 계획된 개입활동을 실시하기 전에 표적행동의 상태를 관찰하는 기간을 말하며 "A"로 표시한다. 기초선은 개입이 없는 상태에서 문제의 정도를 정확히 파악하고 개입으로 인하여 그러한 상태가 어떻게 변화되고 있는지를 알아보기 위해 설정한다. 기초선은 표적행동의 변화 양상에 따라 증가 또는 감소, 무변화, 동일 형태의 반복, 무경향의 다섯 가지 형태가 있다. 표적행동의 변화 양상이 일시적인 변화를 벗어나 다섯 가지 형태 중 어느 하나로 안정적인 유형을 보일 때까지 기초선 단계의 측정 횟수를 늘이는 것이 바람직하지만 신속한 개입의 필요성 등 현실적인 제약조건 때문에 기초선 연장이 불가능한 경우가 많다. 그러나 충분한 관찰이 이루어져 안정적인 유형을 보일수록 단일사례설계의 내적타당도가 높아지기 때문에 적어도 3회 이상의 측정이 바람직하다.

2) 개입 단계(B)

개입 단계는 표적행동에 대한 개입활동이 이루어지는 기간으로 "B"로 표시한다. 이 기간 동안 개입활동과 동시에 표적행동의 상태에 대한 관찰이 병행되어야 한다. 관찰의 횟수는 기초선과 같이 적어도 3회는 되어야 하고, 개입기간에 있어서 관찰의 횟수나 기간은 기초선과 같은 정도로 하는 것이 바람직하다.

3. 단일사례설계의 유형

1) AB설계

AB설계는 가장 단순한 형태의 단일사례설계로서 하나의 기초선 단계(A)와 개입 단계(B)로 구성한다. 즉, A단계에서는 아무런 개입 없이 표적행동의 변화를 관찰하다가 B단계에서

개입이 이루어지고 이후의 표적행동의 변화를 관찰한다. 이러한 설계는 순수실험설계 중 사후실험 통제집단설계의 논리에 해당하며, 가령 A단계의 자료수집은 통제집단의 역할에 해당하고, B단계의 자료수집은 실험집단의 의미를 가진다. |그림 10-1|에서 청소년 A에 대한 상담프로그램을 실시하기 전 4주간(관측점)에 출석일수(표적행동)를 측정해 보면 주 1~3일 등교하였지만(A단계), 상담프로그램이 진행된 이후에는 주 4~5일 꾸준히 등교하는 모습을 보이고 있다(B단계).

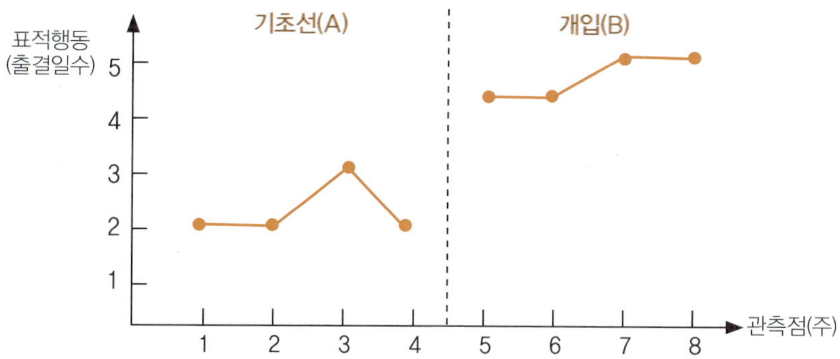

|그림 10-1| AB설계

AB설계의 단점은 단일사례설계가 무작위 할당과 통제집단을 사용하지 않기 때문에 내적타당도 저해요인을 통제하기 어렵다는 것이다. 즉, 다른 변수들이 통제되지 않는 상황에서 조사를 실시하므로 개입과 표적행동 변화의 인과관계를 신뢰하기 어렵다. 따라서 표적행동의 변화가 반드시 개입에 의한 것이라고 확신할 수 있는 정도가 낮다. 대표적인 문제로, ⓐ 내적타당성 저해요인 중 '외부사건'이 발생하여 클라이언트의 표적행동에 영향을 미쳤다면 이러한 문제를 해결하기 쉽지 않다. ⓑ 기초선 단계에서 측정된 표적행동의 변화가 안정적인 패턴이 아니라 지속적인 상승이나 하강과 같은 패턴을 보인다면 '성숙효과'를 의심할 수 있다. 다수의 대상자를 상대로 하는 복수기초선설계 같은 방식을 이용해야 한다.

2) ABA설계

ABA설계는 AB설계에 개입을 중단하는 A단계를 추가하여 '외부사건' 같은 AB설계의 단점을 보완하는 방식이다. 개입하지 않은 두 번째 A단계(기초선 2)에서 표적행동이 다시 악화되는 현상을 보인다면 B단계에서의 변화(개선)된 행동은 개입효과 때문이라는 확신을 높일 수 있다.

그러나 ABA설계는 ⓐ 개입 효과 측정을 위해 임의적으로 개입을 중단하는 것이므로 윤리적 문제가 발생하고, ⓑ 개입의 이월효과(carryover effect)가 발생할 수 있다. 만일 개입을 중단하더라도 개입효과가 지속되어 두 번째 기초선 단계(기초선 2)의 표적행동에 영향을 미친다면 이러한 표적행동의 변화는 개입의 중단 때문인지 또는 개입의 이월효과 때문인지 알 수 없다. 따라서 단일사례설계는 개입효과가 일시적이거나 변화 가능성이 많을 때 사용하는 것이 좋다.

3) ABAB설계

ABAB설계는 외부사건을 더 잘 통제하기 위해 ABA설계의 개입을 중단한 단계에서 다시 개입을 재개하는 B단계를 추가하는 방식이다. 이러한 방식을 통해 개입을 하지 않은 상태와 개입을 한 이후의 상태를 각각 두 번 관찰함으로써 개입이 변화를 일으켰다는 확신을 가질 수 있다. 그러나 이러한 설계도 역시 효과성 측정을 위해 개입을 두 번이나 중단해야 한다거나 첫 번째의 개입효과가 두 번째 A기간과 B기간에서도 계속해서 똑같이 지속된다면 무의미해진다.

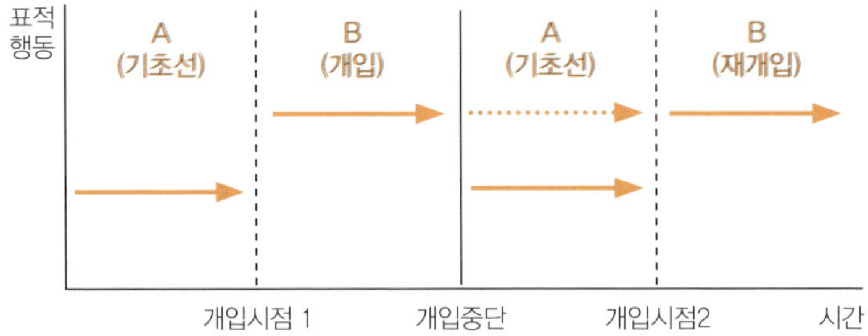

|그림 10-2| ABAB설계

4) BAB설계

BAB설계는 기초선 기간의 설정 없이 먼저 개입하고 그 다음에 개입을 중단하는 반전의 단계를 거쳐서 다시 개입하는 방식이다. 기초선을 설정할 시간적 여유가 없이 개입해야 하는 사례에 적당하다. 그러나 기초선 단계에서 개입 이외의 다른 요인(가령 성숙효과 등)이 변화를 일으킬 수도 있고, 개입의 효과가 지속적이어서 기초선과 같은 상태로 돌아갈 수 없는 경우도 생기게 되는 단점이 있다.

지금까지의 네 가지 설계법을 다음의 사례를 통해 비교해 보자(엄명용 외, 2016).

Example

김OO 씨는 네 살짜리 아들이 자기 마음대로 일이 되지 않으면 악을 쓰면서 울고 데굴데굴 구르는 등 매우 심하게 떼를 쓰는 버릇이 있어 양육의 어려움을 호소해 왔다. 아들이 너무 요구가 많고 거칠어서 김OO 씨는 아이에게 소리를 지르거나 매를 들게 되어 모자간에 관계가 악화되고 있다고 느끼고 있어 아이가 심하게 떼쓰는 버릇을 고치고 아들과 좀 더 친숙하고 다정한 관계를 회복할 수 있는 방법은 없는지 알고 싶어 하였다.

위의 상황에서 사회복지사는 어머니가 떼쓰는 아이에게 매를 들면서도 결국 항복하는 것이 문제이고, 또한 이러한 부정적 상호작용에도 불구하고 긍정적인 관계를 위한 양질의 시간이 없음에 주목하였다. 개입전략으로 아이의 요구가 정당하면 즉시 들어주고, 그렇지 못하면 끝까지 요구를 들어주지 않으며, 긍정적인 보상을 주기 위해 아이가 잠들기 전에 어머니가 반드시 동화책을 읽어주거나 이야기를 해주면서 시간을 보내도록 하였다. 이 사례에 대한 개입의 결과는 |그림 10-3|과 같다.

기초선(A)과 비교할 때 처음 4주간 개입이 이루어지는 동안(B) 아동의 떼쓰는 행동은 줄고 어머니가 잠자리에서 아동에게 동화를 들려준 횟수는 증가하였다. 그러나 개입이 중단된 2주간(A') 다시 역전되었다가 재차 개입이 시작된 4주간(B')에는 재차 떼쓰는 행동이 소멸하고 모자간 대화가 증가함을 볼 수 있다.

여기에서 ① 기초선A와 개입B로 이루어진 1주차와 2~4주차까지는 AB설계, ② 기초선A

와 개입B 그리고 개입 중단(A')된 6주차까지는 ABA설계, ③ 개입A의 2~4주차부터 개입 중단(A')된 6주차와 다시 개입 재개(B')된 7~10주차까지는 BAB설계, ④ 기초선(A)부터 개입(B)과 개입 중단(A') 및 개입 재개(B')된 모든 기간까지는 ABAB설계에 해당한다.

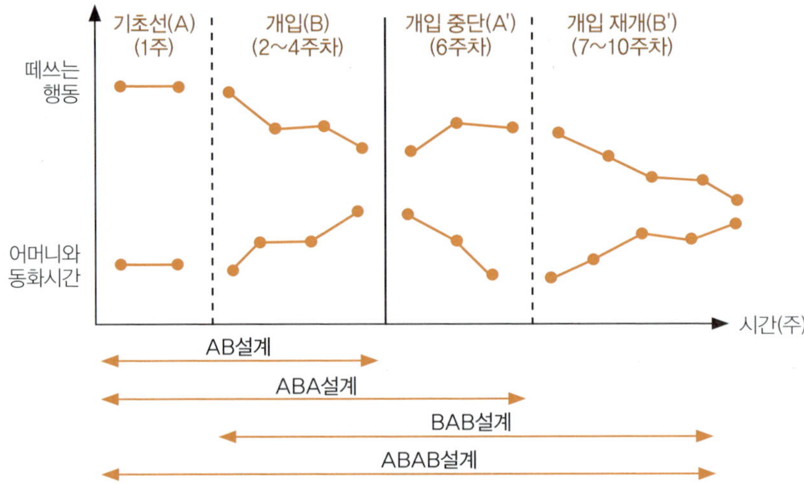

|그림 10-3| 단일사례설계 유형 예시

출처 : 엄명용 외(2016), p. 407 일부 수정.

5) ABCD설계

ABCD설계는 다중요소설계(multiple component design)라고도 하며, 하나의 기초선 단계에 대해서 다수의 각기 다른 개입방법들을 연속적으로 도입해 보는 방식이다. 만일 ABA설계나 ABAB설계에서 프로그램 개입을 하여도 효과가 나타나지 않을 경우에 개입을 중단하기보다는 새로운 개입방법(C와 D)을 시행하는 설계이다. |그림 10-4|에서 개입 1단계인 B와 개입 3단계인 D가 표적행동이 증가하는 효과가 있지만 증가폭을 보면 D가 가장 개입 효과가 큰 것을 알 수 있다.

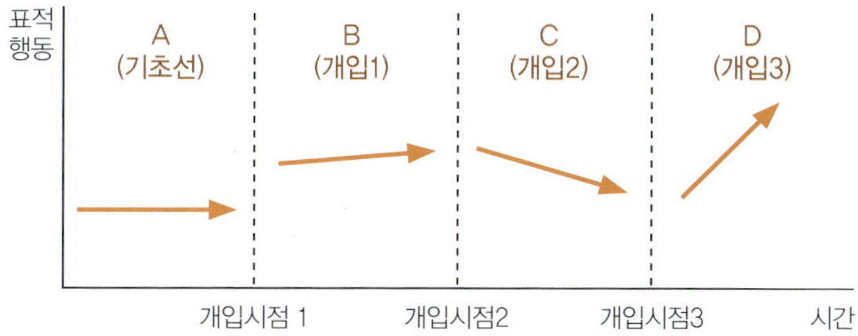

| 그림 10-4 | ABCD설계

이 방식은 서로 다른 사회복지 프로그램이나 실천방법에 대해 하나의 기초선만으로 개입 효과의 비교가 가능하기 때문에 사회복지실천가들이 흔히 사용하는 방법이다. 그러나 ⓐ 개입 효과가 다음 단계에 넘어와서 나타나는 이월효과가 여전히 나타날 수 있고, ⓑ 새로운 개입이 순차적으로 실시되기 때문에 개입의 순서가 표적행동에 영향을 미칠 수 있는 순서효과(order effect)가 나타날 수 있다. 순서효과를 제거하려면 ABDC, ACBD, ACDC 등과 같이 개입의 순서를 바꾸어 시행해 개입 효과를 비교해 봄으로써 해결할 수 있다.

6) 복수기초선설계

복수기초선설계는 하나의 동일한 개입방법(AB설계)을 다수의 대상이나 상황, 표적행동에 적용하여 시행한 다음에 유사한 결과가 나타나는지를 측정하여 개입의 효과를 파악하는 방법이다. 복수의 대상이나 상황에 동시에 또는 반복적으로 적용하여 같은 효과를 얻는다면 표적행동에 대한 개입효과를 추정하는 데 신뢰성을 높일 수 있다. 예를 들어, 친구를 폭행하는 비행청소년 A·B·C 3명에게 동일한 개입방법을 적용하여 비슷한 개입효과를 가져오는지를 파악할 수 있다. 기초선은 3개 이상 설정하는 것이 바람직하며 기초선의 개수가 많을수록 내적타당도는 증가하게 된다.

이 방법은 몇 개의 기본형 AB설계들로 구성되며, 둘 이상의 기초선을 설정하지만 개입을 중단하지 않고 둘 이상의 기초선을 동시에 시작한다는 특징이 있다. ABA설계나 ABAB설계 등에서 발생하는 인위적인 개입 중단이라는 윤리적인 문제를 개선하면서 또한 개입과 표적행동 변화 간의 인과관계를 보다 확실하게 추정할 수 있다. 복수기초선의 종류로는 복수대상자 기초선설계, 복수표적행동 기초선설계, 복수상황 기초선설계가 있다.

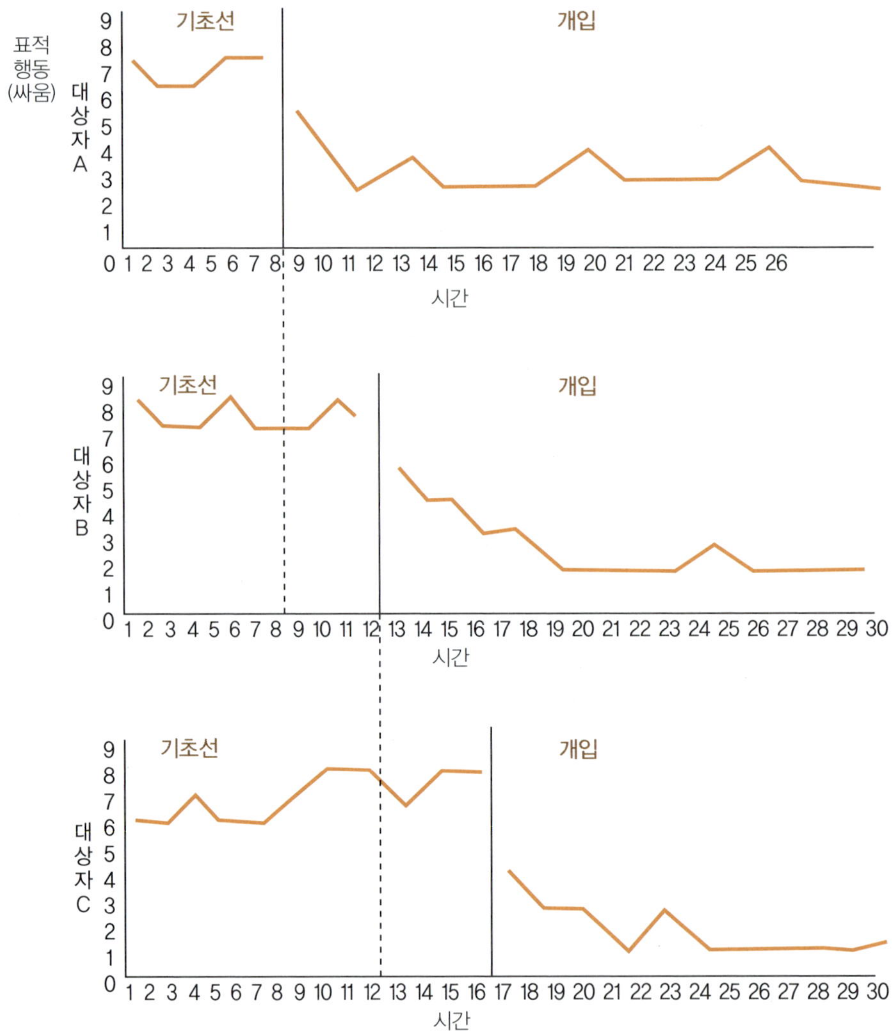

| 그림 10-5 | **복수대상자 기초선설계**

① **복수대상자 기초선설계** : 유사한 문제를 가지고 있는 복수의 대상자를 대상으로 동일

한 프로그램 개입을 실시한 후에 각각의 개입 효과를 측정하여 개입의 효과가 동일한 문제를 갖는 대상 모두에서 유사하게 나타나는지를 파악하는 설계이다. 사례에서 클라이언트 A·B·C 모두에서 친구 폭행이라는 표적행동의 변화가 현저하게 줄었다면 개입의 효과는 크다고 할 수 있다.

② **복수표적행동 기초선설계** : 동일한 클라이언트를 대상으로 복수의 표적행동을 기초선으로 설정하고 프로그램 개입을 실시한 후에 각각의 표적행동에 어떤 변화가 나타났는지를 측정하는 설계이다. 사례에서 비행청소년 A의 표적행동을 친구 폭행, 음주, 교사에게 욕설로 설정하였다면 프로그램 개입 이후에 세 가지 표적행동 모두에서 어떤 변화가 나타났는지를 측정하여 개입의 효과를 알 수 있다. 만일 세 가지 표적행동 모두가 줄었다면 개입이 다양한 문제행동을 감소시키는 효과가 있음을 확인할 수 있다. 따라서 이 방식을 사용하려면 문제행동 사이에 상호작용이 있으면 개입 효과를 정확히 파악할 수 없으므로 각각의 표적행동은 상호 독립적이어야 한다.

③ **복수상황 기초선설계** : 동일한 클라이언트를 대상으로 여러 다른 상황에서 프로그램 개입을 실시한 후에 복수의 상황에서도 유사한 개입 효과가 나타나는지를 측정하는 설계이다. 클라이언트의 친구 폭행 장소가 학교, 동네, 학원 등의 다양한 상황에서 표적행동의 변화가 동일한지를 파악하여, 만일 행동패턴이 장소에 상관없이 감소한다면 개입의 효과가 크다고 할 수 있다.

4. 측정 및 기록방법

1) 측정방법

단일사례설계에서 사용하는 측정방법으로는 다음의 세 가지가 있다(Zastrow, 1995).

① **직접관찰** : 직접관찰은 연구자가 클라이언트 표적행동의 발생빈도, 지속시간, 발생간격 등을 직접 관찰하여 평가하는 방식이다. 예를 들어, A종합사회복지관에서 방과후프

로그램으로 저소득층 초등학생을 대상으로 자존감 향상을 위한 멘토링을 6개월간 진행하고 그 효과를 평가하고자 할 경우에 직접관찰은 멘티인 아동이 멘토와 보내는 시간 동안에 부정적 언어로서 '욕'을 하는 빈도나 '감사하다, 미안하다' 등의 표현을 사용하는 빈도를 측정하여 멘토링 진행단계에 따라 비교하는 방식이다.

② **자기보고식 척도** : 자기보고식 척도는 클라이언트의 사고나 감정 등 내적인 상태에 대해 발생빈도와 강도 등을 클라이언트 자신이 숫자로 표시하게 하여 평가하는 방식으로, 위의 멘토링 사례에서 아동이 느끼는 분노, 억울함, 슬픔, 감사, 기쁨 등의 빈도와 정도를 아동이 직접 1에서 5까지의 리커트척도에 표시하게 하는 방식이다.

③ **표준화된 측정도구** : 표준화된 측정도구는 검사도구를 이용하는 방식으로, 아동의 자존감, 학업성적, 대인관계 불안을 프로그램 시작 전과 종료 후에 기존의 척도를 이용하여 설문지로 측정하여 서로 비교하는 방식이다.

2) 기록방법

단일사례설계에서 개입의 평가는 체계적인 기록과 기록자료들의 분석에 의하여 이루어진다. 이런 정보를 통하여 개입 이전, 진행 도중, 개입 이후에 있어서의 표적행동들에 변화가 있는지를 분석한다. 측정 및 기록방법에는 다음의 여섯 가지가 있다.

〈표 10-2〉 **단일사례설계의 측정 및 기록방법**

기록준거	방 법	행동 유형	정교성
간격 (interval)	• 일정 기간 동안 같은 간격으로 표적행동을 기록하는 방식 • 간격이 짧을수록 정확한 관찰이 될 수 있음	빈번히 나타나고, 변화가 많은 행동	정교
빈도 (frequency)	• 정해진 관찰기간 동안에 일어난 표적행동의 횟수를 기록하는 방식 • 간격보다 기록하기 쉬움	고빈도 혹은 저빈도 행동	정교하지 못함
지속기간 (duration)	• 관찰기간 동안에 일어난 모든 단위행동의 지속시간을 관찰하여 기록하는 방식 • 주로 빈도와 함께 관찰됨	존속기간이 측정 가능한 행동	정교하지 못함

기록준거	방 법	행동 유형	정교성
강도 (magnitude)	• 표적행동의 양, 수준 혹은 정도를 미리 설정된 척도에 따라 수치로 기록하는 방식	다양한 양상으로 나타나는 행동	비교적 정교
시점 체크 (spot-check)	• 구체적인 시간 간격마다 간헐적으로 표적행동을 관찰하는 방식	유지 존속되는 행동	조악
영구적 결과물 절차 (permanent product procedure)	• 표적행동에 의해 만들어진 결과물을 관찰하여 표적행동이 일어났음을 확인하는 방식 • 환경을 변화시키는 행동이나 기록이 남는 행위 등의 관찰에 적합	지속적 효과가 외부적으로 확인되는 행동	조악~보통

5. 개입의 평가

1) 시각적 변화분석

시각적 변화분석은 기초선과 개입을 그려놓은 그래프를 보면서 개입 이전과 개입 이후의 표적행동들의 변화를 비교하여 개입의 효과를 분석하는 방법이다. 변화는 파동, 경향, 수준을 고려하여 파악한다.

① **파동**(variability) : 관찰된 표적행동이 시간 경과에 따라 변화하는 정도를 말한다. 만일 파동이 크면 변화의 유형을 파악할 수 없으므로 기초선과 관찰수를 늘려야 하고, 파동이 작으면 개입의 효과를 확실히 알 수 있다.

② **경향**(trend) : 기초선의 변화 방향을 개입기간의 표적행동 변화의 방향과 연결시켜 검토한다. 각각의 기간에 점진적인 증진이나 감퇴가 일어날 수 있고, 이런 경향이 개입 중에 발생했다면 개입의 영향인지 불명확하다.

③ **수준**(level) : 관찰된 표적행동의 점수 위치이다. 기초선의 점수 수준과 개입기간의 점수 수준 사이에 차이가 클수록 개입효과에 대한 확신이 높아진다.

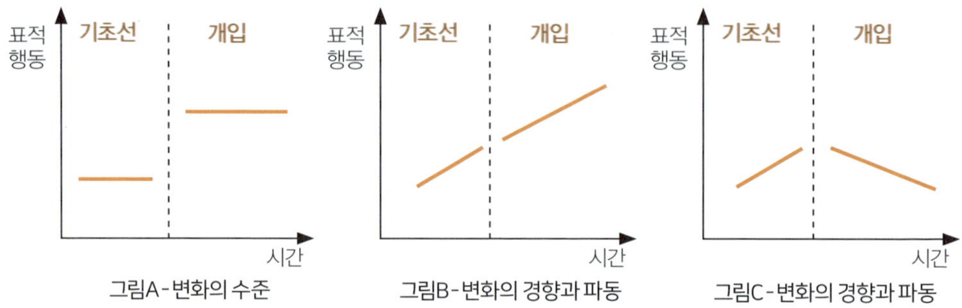

|그림 10-6| **단일사례설계의 시각적 변화분석**

|그림 10-6|의 시각적 변화분석 사례를 보면, 그림A의 경우 기초선 단계에 비해 개입 단계에서 표적행동에서 변화의 수준에 차이가 크게 발생했고 따라서 그 수준 차이가 개입 효과에 의한 것임을 알 수 있다. 그림 B와 C는 기초선 단계와 개입 단계의 변화의 파동이 안정적이기는 하지만 표적행동의 변화는 서로 다르다. 그림 B의 경우 개입 이후에도 표적행동이 지속적으로 증가하는 경향을 보이고 있는 반면에 그림 C의 경우에는 개입 이후에 표적행동이 지속적으로 감소하는 경향을 나타내고 있다.

2) 통계학적 분석

통계학적 분석은 시각적 변화분석을 보충하기 위한 것으로 자료들에서 나타나는 변화들이 통계학적으로 의미 있는 것인지를 분석하는 방법이다. 개입선에 나타나는 변화들이 과연 기초선의 가능성들에 근거해서 볼 때 우연히 나타날 수 있는 정도는 아닌지를 판단한다. 통계적 분석에는 다음의 평균비교와 경향성 접근의 두 방법이 있다.

① **평균비교** : 기초선에서 나타나는 관찰값들의 평균과 평균값을 비교하는 방법이다. 기초선을 기준으로 개입선의 평균이 기초선의 평균보다 어느 정도(보통 표준편차가 ±2 이상) 벗어나 있으면 통계학적으로 유의미하다(평균이 서로 다르다)고 본다.

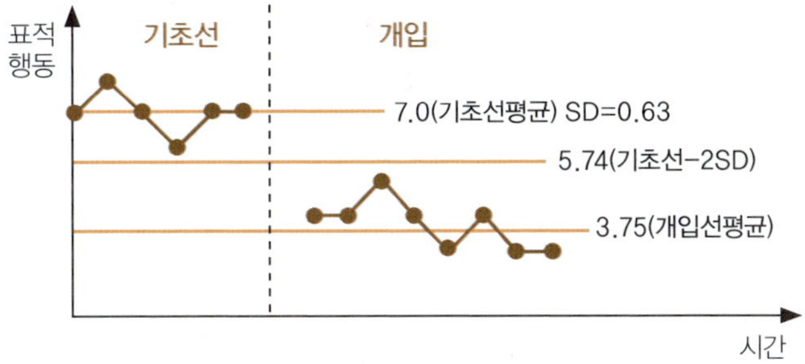

| 그림 10-7 | 평균비교법

② **경향선 접근** : 기초선(A)의 관찰점을 전반부와 후반부로 절반 나누어 전반부의 평균(7.3)과 후반부의 평균(6.5)을 구해 두 점을 잇는 직선을 그어 개입(B) 부분까지 연장하는 경향선(celeration)을 긋는다. 만일 개입 단계에서의 관찰점이 모두 경향선 아래에 있으면 그 개입은 효과적이라고 할 수 있다. 기초선이 불안정해 경사진 경우 사용한다. 평균비교는 기초선의 변화 폭만을 고려하지만 경향선은 경향(기울기)까지 고려한다.

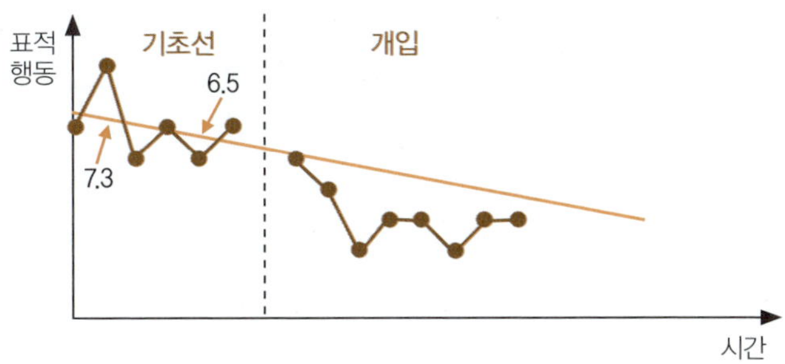

| 그림 10-8 | 경향선 접근법

3) 임상적 분석

개입 이후에 변화가 발생하였다면, 그러한 변화들이 과연 실질적인 문제에서 얼마만 한 비중을 갖는 변화인지를 판단하는 방법이다. 시각적으로나 통계학적으로 의미 있는 변화라고 해서 그것이 곧 변화의 크기에 대한 실질적인 중요성을 의미하지는 않는다. 가령 가출청소년에 대한 개입에서 가출 횟수가 7회에서 3회로 줄었다면 시각적으로나 통계적 분석에서는 의미가 있지만 제대로 개입의 서비스가 제공되었는지, 비용-효과성의 문제는 없는지 등을 실질적으로 분석해야 한다.

요약

1. 단일사례설계는 개인이나 가족 및 소집단을 대상으로 사회사업적 개입이 어떠한 효과를 가져오는지를 시계열설계의 논리를 적용해 과학적으로 입증하는 방법이다. 이 설계법은 단일사례로 개입의 효과를 측정할 수 있고, 통제집단 없이 반복 측정하여 비교하는 특징이 있다.
2. 단일사례설계는 개입 전의 단계(A, 기초선)와 개입 단계(B)라는 두 가지의 기본단계로 구성되어 있다. 기초선은 표적행동의 변화 양상에 따라 증가, 감소, 무변화, 반복, 무경향의 형태가 있다. 단일사례설계의 기본구조는 AB설계이고, 이 외에도 ABA설계, ABAB설계, BAB설계, ABCD설계, 복수기초선설계 등이 있다.
3. 단일사례설계에서 사용하는 측정방법으로는 직접관찰, 자기보고식 척도, 표준화된 측정도구가 있고, 기록방법에는 준거에 따라 간격, 빈도, 지속기간, 강도, 시점 체크, 영구적 결과물 절차 등이 있다.
4. 단일사례설계에서 개입의 평가는 시각적 변화분석, 통계학적 분석 그리고 임상적 분석이 있다. 시각적 변화분석은 파동, 경향, 수준을 고려해 파악하고, 통계학적 분석은 평균비교, 경향선 접근의 방법이 있다.

CHAPTER

11

욕구조사와 평가조사

1. 욕구조사

1) 의 의

사회복지서비스를 계획하고자 할 경우 우선 어디의 누가 어떤 서비스를 필요로 하는지를 정확히 측정해야만 한다. 따라서 욕구조사란 클라이언트가 당면한 문제나 필요한 욕구, 낮은 수준에 처해 있는 삶의 질, 사회복지 전문가적 필요성 등에 대하여 정확하게 사정하는 것(정무성, 2005), 즉 한정된 지역 안에서의 사람들의 욕구수준을 확인해 내고 이를 수량화하는 방법을 말한다. 이러한 욕구조사는 1970년대 석유파동을 겪으면서 복지국가 위기론이 대두되어 재정의 한계점이 드러나게 되자 지역사회의 주민이나 시민들의 욕구를 체계적으로 정확히 파악하여 보다 효율적이고 효과적인 서비스를 제공해야 한다는 사회적 압력이 높아지면서 발달하게 되었다. 물론 이러한 요청이 '욕구조사–기획–실천–평가'의 순환과정으로 통합되는 계기가 되었다.

2) 필요성

욕구조사를 실시하는 목적은 대상집단의 욕구를 충족시키고, 사회문제를 해결하고 예방하기 위한 정책대안과 프로그램을 개발하고 수정하며, 기관운영에 도움이 되는 기초자료를 제공하는 데 있다. 이를 보다 구체적으로 나타내면 다음과 같다(Gates, 1980; 채구묵, 2005).

- 욕구 유형을 파악함으로써 어떤 정책대안이나 프로그램이 필요한지 파악한다.
- 주민이 필요로 하는 서비스나 프로그램의 우선순위 혹은 상대적 중요성을 정한다.
- 프로그램 운영에 필요한 예산할당 기준을 마련한다.
- 프로그램의 평가에 필요한 기초자료를 마련한다.
- 지역사회 내 기관들 간의 중복방지 및 협동방안을 강구한다.
- 조직 내에서 기관의 정체성을 확인한다.

3) 욕구의 개념 및 유형

(1) 욕구의 개념

욕구(needs)는 유기체가 존재하기 위해 무엇인가 필요한 것을 구하는 본질적인 현상이다. 즉, 욕구란 무엇이 부족하여 그것을 필요로 하는 상태, 다시 말해 당연히 있어야 할 것(ought to be)과 현상(are) 사이에 존재하는 격차나 차이의 상태를 의미한다(박경일, 2008).

욕구 = 바람직한 상태 − 현재 상태

사회복지는 인간의 욕구불만 상태를 해결하거나 충족시켜 주기 위한 사회제도이므로, 결핍된 욕구의 파악은 매우 중요하다. 그러나 욕구는 탄력적이고 상대적이며, 정치사회적 환경변화에 따라 달라질 수 있으며, 자원의 정도나 기술발전에 따라 변화하는 특징이 있다(Kettner et al., 1999).

(2) 매슬로우의 욕구 유형

매슬로우(Maslow, 1954)는 인간에게 다섯 가지 욕구단계(needs hierarchy)가 있으며, 생존을 위한 욕구부터 자기성장과 발전을 위한 욕구 순으로 상향적으로 만족시키기를 원한다고 하였다. 욕구충족에 실패하면 역기능이 유발되며, 욕구를 충족시키면 역기능을 치유하고 높은 욕구충족으로 옮겨가는 특징이 있다(Weiner, 1980). 이 이론은 다양한 욕구 간에 우선순위를 정하는 데 도움이 주며, 또한 개별 욕구에 따른 사회복지 프로그램과 서비스를 구체화하는 데 도움을 준다.

〈표 11-1〉은 매슬로우(Maslow)의 욕구 유형에 따라 노인문제 해결과 노인이 갖는 욕구의 충족을 위한 전형적 사회복지 프로그램과 서비스는 어떤 것이 있는지를 보여주고, 특정 복지기관이 현시점에서 제공하고 있는 프로그램과 향후 필요한 프로그램과 서비스는 무엇인지를 보여준다(황성철, 2005).

〈표 11-1〉 욕구 유형에 따른 프로그램과 서비스 종류

욕구의 유형	특 징	전형적 프로그램/서비스	A복지기관의 프로그램/서비스	향후 필요한 프로그램/서비스
생리적 욕구 (physiological needs)	가장 기본적이고, 강하며, 분명한 것	• 식사배달서비스 • 가사서비스 • 가정간호서비스 • 의료서비스 • 이동목욕서비스 • 주거환경개선서비스	• 식사배달서비스 • 가사간병서비스 • 이동목욕서비스	• 가정간호서비스 • 주택개량서비스 • 병원의뢰서비스
안전의 욕구 (safety needs)	모든 개인이 확실하고, 잘 정돈되고, 조직화되고, 예측할 수 있는 환경 내에서 생활하고 싶음	• 노인의집 프로그램 • 집단노인거주 프로그램 • 안부전화점검 서비스 • 노인학대예방 서비스	• 노인 그룹홈 • 경로당 순회 지원서비스	• 재가노인 안부전화 서비스 • 노인학대예방 프로그램
사회적 욕구 (belongingness and love needs)	타인과의 애정관계를 형성하고 인생의 동반자와 가족이나 집단에 소속되고 싶음	• 노인여가선용 프로그램 • 노인학교 운영 프로그램 • 가정봉사원 정서 서비스	• 노인대학 운영 • 가정봉사원파견사업	• 노인건강교실 프로그램 • 노인노래교실 프로그램
존경의 욕구 (esteem needs)	자기존중과 다른 사람으로부터의 존경을 받으려고 함	• 심리사회상담 서비스 • 정신건강 프로그램 • 취업알선 프로그램	• 노인문제상담 서비스 • 노인건강강좌 프로그램	• 노년기적응 프로그램 • 노인취업 프로그램 • 노인자립작업장 운영
자아실현의 욕구(self-actualization need)	자신이 원하는 종류의 사람이 되고, 자기가 성취할 수 있는 모든 것(잠재적 능력)을 성취하려 함	• 서예, 미술 등 교육 프로그램 • 노인일자리 봉사활동	• 노인취미교실 운영	• 은빛자원봉사단 조직

출처 : 황성철(2005), p. 114.

(3) 브래드쇼의 욕구 유형

브래드쇼(Bradshow, 1977)는 욕구를 정의하는 데 있어서 가장 중요한 문제는 "누가 욕구의 기준을 정하는가"에 있다고 보고, 욕구 유형을 욕구인식의 기준에 따라 다음 네 가지를 제시하였다.

〈표 11-2〉 브래드쇼의 네 가지 욕구 유형

구분	진단	처방	장점	단점
규범적 욕구 (normative need)	전문가 판단으로 충족되지 않은 욕구 진단	전문가 판단으로 최선의 서비스 규정	• 기준설정으로 욕구를 갖는 집단의 규모 파악 용이 • 계량화와 측정 용이	• 전문가의 견해차에 따른 차이 발생 • 지식, 기술, 가치관 변화에 비탄력적
인지적 욕구 (felt need)	잠재적 클라이언트가 문제와 욕구를 진단	욕구를 갖는 당사자가 필요하다고 생각하는 서비스	• 당사자의 정확한 욕구 파악 용이 • 필요한 서비스 내용과 정도에 대한 정보	• 개인차 조정의 문제 • 조사는 대표성 문제 • 과대추정될 가능성이 있음
표현적 욕구 (expressed need)	잠재적 클라이언트가 직접 자신의 문제를 진단	수요로 나타난 서비스	• 수요에 따른 공급 규모 결정 • 대상자 확보에 용이	• 표현하지 않은 잠재적 클라이언트 무시 • 전달체계상 장애가 있는 클라이언트 배제
비교적 욕구 (comparative need)	전문가나 사회가 각종 사회지표의 비교로 진단	서비스 이용률 비교로 유사한 서비스 필요성 인정	• 각종 지표로 쉽사리 욕구의 규모와 내용 파악	• 유사 또는 비교집단의 욕구가 실제 욕구와는 다를 수 있음 • 비교집단 선정과 대표성 문제

출처 : 황성철(2005), p. 118.

4) 종 류

(1) 수혜자중심 욕구조사

수혜자중심(client-oriented) 욕구조사는, 예를 들어 아동이나 청소년, 노인, 장애인과 같이 특정 인구집단을 위하여 서비스나 프로그램을 제공하는 기관에 의하여 실시되는 조사이다. 이러한 조사는 우선 특정 인구집단을 규정하고 그 집단 내에서 빈번히 발생하는 문제를 발견하고, 이러한 문제를 해결하기 위하여 필요한 서비스의 수준을 산정하게 된다.

(2) 서비스중심 욕구조사

서비스중심(service-oriented) 욕구조사는 특정의 서비스를 제공하는 기관에서 실시하는 조사로서, 먼저 특정한 문제를 해결할 수 있는 서비스 기술을 보유하고 있다는 것을 전제로 한다. 가령 의료기술을 가진 기관이 이러한 서비스를 제공할 대상을 상대로 표적인구를 설정하고 이들로부터 필요한 서비스의 수준을 산정하는 방식이다.

(3) 지역사회중심 욕구조사

지역사회중심(community-based) 욕구조사는 수혜자중심 혹은 서비스중심의 욕구조사를 통합한 방식으로, 지역사회의 전반적인 문제를 확인하여 문제해결의 우선순위를 파악한 후에 서비스의 대상과 수준을 파악하는 조사이다. 다양하고 포괄적인 정보를 얻을 수 있지만 실시하는 데 어려움이 크다.

5) 자료수집 방법

(1) 공개토론회

공개토론회(community forum)는 지역사회에 거주하거나 활동하는 사람을 대상으로 모두 참여할 수 있는 공개적인 모임을 개최하여 이 모임에서 논의되는 지역사회의 욕구나 문제들을 파악하는 방법이다. 지역사회 주민들이 누구보다 자신들의 욕구나 문제를 잘 알고 있으므로 주민들의 직접적인 의견을 들어보는 데 의의가 있다. 이 방식은 적은 비용으로 광범위한 계층의 다양한 의견을 짧은 시간에 수집할 수 있고 좋은 홍보의 기회가 될 수 있다는 장점이 있지만, 관심 있는 소수만이 참석하여 표집의 편의현상이 나타나 표본의 대표성을 확보할 수 없다거나 설사 참석자라 하더라도 소수만이 의견을 발표한다는 단점이 있다(Reid & Smith, 1981).

(2) 주요 정보제공자 조사

주요 정보제공자(key informant) 조사는 지역사회의 주요 기관이나 단체의 대표자, 인접 직종의 전문직 종사자, 공직자, 자문위원 등과 같이 지역사회문제에 대해 직접적으로 잘 알고 있다고 생각되는 주요 정보제공자들로부터 의견을 수집하는 방법이다. 비용이 적게 들고 표본을 쉽게 선정할 수 있으며, 지역의 전반적인 문제를 쉽게 파악할 수 있다는 장점이 있지만, 선정과정이 인위적이어서 표집의 편의현상이 나타날 수 있고 이들의 의견이 일반주민과 다를 수 있다는 단점이 있다.

(3) 사회지표 조사

사회지표(social indicator) 조사는 사회적·경제적·인구학적 특성에 근거하여 지역사회의 욕구를 추정할 수 있다는 전제하에 일정한 지역이나 대상집단의 생활상태나 문제에 관한 공공기록 문서와 보고서에 기록된 각종 사회지표를 바탕으로 욕구를 분석하는 방법이다. 가장 대표적인 사회지표조사는 인구주택총조사이다.

Tip 인구주택총조사

인구주택총조사는 국가가 주관이 되어 통일된 기준에 따라 조사대상의 총수와 그 개별적 특성을 일일이 조사하는 전국적 규모의 통계조사이다. 우리나라의 모든 인구와 주택의 총수는 물론 개별 특성까지 파악하여 각종 경제·사회 발전계획의 수립 및 평가와 각종 학술연구, 민간부문의 경영계획수립에 활용하기 위해 실시된다. 총조사는 센서스(census)의 우리말이다. 근대적인 인구센서스는 1790년 미국에서 실시한 인구센서스가 최초이며, 우리나라는 1925년 첫 실시된 이후 매 5년마다 실시하여 2020년 제20차 조사가 실시되었다.

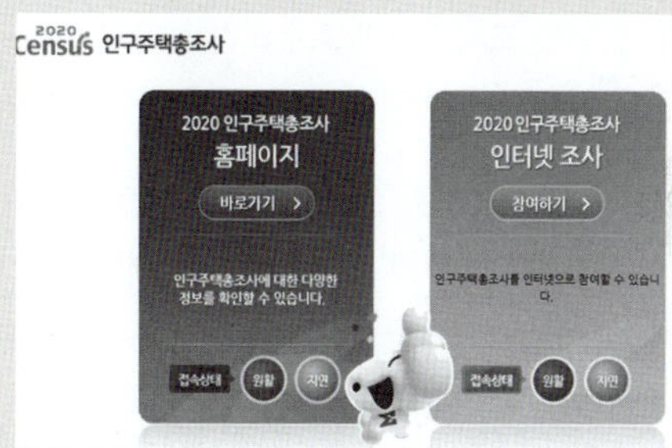

(4) 서베이 조사

서베이(survey) 조사는 일정 지역 내 일반주민 혹은 특정 표적집단의 욕구조사를 위해 이들을 대표할 수 있는 표본을 선정하고 이들에게 설문지나 면접을 실시하여 이 자료를 기초로 모집단 전체의 욕구와 문제를 추정하는 방식으로 가장 흔히 사용된다. 이 방식은 표본조사이므로 표본이 확률적 표집방법으로 추출되어 모집단을 대표할 수 있어야 하고, 조사척도가 신뢰도와 타당도를 갖추어야 한다.

(5) 델파이 조사

델파이(delphi) 조사는 어떤 문제에 대하여 전문가들의 합의점을 찾는 방법으로 응답이 무기명이고, 대면적인 회의에서와 같은 즉각적인 피드백을 통제하고 개인의 의견을 집단적 통계분석으로 처리하는 방식이다(Molnar & Kammerud, 1977). 이 방식은 희랍의 델파이신전 여사제들이 전국의 현인들로부터 의견을 청취하기 위하여 사자들을 보낸 일에서 유래된 것으로, 우선 일단의 전문가 또는 관련자들로부터 우편으로 의견이나 정보를 수집하고 그 결과를 분석한 후 그것을 다시 응답자들에게 보내어 의견을 묻는 식으로 만족스러운 결과를 얻을 때까지 계속한다.

Tip 델파이조사 절차

델파이조사는 ① 전문가집단의 선정과 조사대상자 파악, ② 1차 개방형 설문조사, ③ 2, 3, 4차 후속조사, ④ 합의된 조사결과와 소수의견 정리의 순서로 진행된다. 가령 강원도의 중장기 사회복지종합발전계획 수립을 위해 전문가 델파이조사를 한다면 절차는 다음과 같다.

- 1단계 : 전문가집단 선정과 조사대상자 파악

  우선 조사대상인 전문가집단을 대학의 사회복지학과 교수, 사회복지기관 및 시설의 대표, 사회복지직 공무원 등으로 규정하고, 이들 명부를 작성하여 무작위로 ○○○명을 선정하여 사전에 델파이조사에 대한 허락을 얻는다.

- 2단계 : 1차 개방형 설문조사

  강원도의 출산율('22년 기준 합계출산율 1.03명)은 매우 낮은 수준입니다. 이에 대처하기 위한 사회적 과제는 무엇인지 2가지를 제시하여 주십시오.

  1. ______________________________
  2. ______________________________

- 3단계 : 2차 후속설문조사

  다음은 저출산 문제에 대한 강원도의 대응 과제에 대한 전문가 ○○명의 응답 결과입니다. 귀하께서 동의하는 정도에 ∨표시를 해주십시오.

문 항	1차 델파이 결과(명, %)	동의 정도			
		전혀 동의 하지 않는다	동의하지 않는다	동의한다	전적으로 동의한다
① 여성의 고용환경 개선	45(37.5)				
② 이민자에 대한 복지혜택	32(26.7)				
③ 아동수당정책 필요	27(22.5)				
⋮	⋮				

- 4단계 : 조사결과의 정리

1. 저출산 문제에 대한 강원도의 대응관계		
대응관계	동의 정도(M, SD)	소수의견
① 여성의 고용환경 개선	45(37.5)	그 밖에 노인의 아동보호 크레딧제도 필요(2.88) 등이 있음
② 이민자에 대한 복지혜택	32(26.7)	
③ 아동수당정책 필요	27(22.5)	

(6) 서비스제공자 조사

프로그램의 운영자나 서비스의 제공자로부터 지역사회 주민이나 대상집단의 욕구에 관해 조사하는 방법이다. 약물중독자나 학대아동, 미혼모 등과 같이 사회적으로 드러내기 어려운 대상집단들에게 정보를 얻을 수 있으며, 이러한 문제에 대한 전문가들의 판단이나 견해까지 얻을 수 있는 장점이 있다.

(7) 2차 자료 분석

2차 자료(secondary data) 분석은 직접 수집한 자료는 아니지만 가령 지역사회 내 사회복지기관의 서비스 수혜자에 관련된 기록들을 검토하여 수혜자의 욕구를 파악하는 방법이다. 2차 자료는 주로 인테이크 자료, 면접기록표, 업무일지, 대기자명단 등이 활용되고, 이러한 자료들로부터 빈번한 사회문제, 문제의 경향, 서비스의 수요 등을 알 수 있다.

〈표 11-3〉 욕구조사의 방법 비교

조사유형	특 징	주요자료원	장 점	유의점
공개 토론회	일시에 광범위한 주민의 다양한 의견 수렴	참여주민	• 비용과 시간에서 효율적	• 소수자(이익집단) 의견에 편향될 수 있음 • 참여자의 대표성
주요 정보 제공자 조사	주요 정보제공자의 견해	전문가	• 문제의 원인과 대안 파악 • 조사대상자 확보 용이	• 조사대상자의 편향성 • 간접적 주민 욕구
사회지표 조사	인구총조사 같은 사회 지표 자료 이용	각종 사회지표	• 신속하고 저렴 • 변화추이 파악 가능	• 조사목적에 딱 맞는 자료 찾기 어려움
서베이 조사	지역주민을 대상으로 직접적 설문조사	지역주민	• 광범위한 주민의 직접적인 욕구 파악	• 많은 서베이 비용과 시간 • 표본의 대표성과 측정의 엄밀성
델파이 조사	전문가집단을 대상으로 합의에 의한 욕구 파악	전문가	• 전문가 합의에 의한 욕구 파악	• 반복조사로 인한 비용과 시간 소요 • 실제 욕구와 다를 수 있음
서비스 제공자 조사	서비스제공 기관을 통한 욕구조사	서비스 기관	• 전문가의 견해 반영	• 공급자 중심의 조사 위험성
2차 자료 분석	기존자료 분석을 통한 간접적 측정	2차 자료	• 자료수집과 분석 용이 • 신속하고 저렴	• 이용 가능한 자료 한정 • 실제 욕구와 다를 수 있음

주민공청회　　사회지표(통계청)　　각종 2차 자료　　서베이 조사

|그림 11-1| 욕구조사의 자료수집 방법

2. 평가조사

1) 의 의

평가조사란 어떤 개입기술이나 프로그램의 개선 또는 계속 수행 여부를 결정짓기 위해 개별적인 개입기술이나 프로그램이 그 목표하는 바를 어느 정도 달성하였는지를 측정하는 조사를 말한다. 즉, 조사방법론을 적용해 프로그램의 효과성을 측정하는 응용조사이다 (Tripodi, 1983). 평가의 대상에는 개인, 집단, 프로그램, 조직체 등이 모두 포함될 수 있지만, 특히 개인이나 집단에 대한 개입효과를 평가하는 조사를 단일사례연구조사(single-subject study)라 하고, 프로그램이나 조직체의 효과를 평가하는 조사를 평가조사라 부르는 것이 일반적이다. 평가조사의 특징은 다음과 같다.

- 효과성, 효율성, 노력성 등을 기준으로 진행결과를 체계적으로 분석하는 것이다.
- 프로그램 전반에 관한 결정을 하기 위한 총괄적인 정보수집 과정이다.
- 프로그램의 가치, 양과 질, 장단점을 체계적으로 분석하는 연구활동이다.

2) 필요성

① **정보제공** : 프로그램의 계획이나 운영에 필요한 정보제공을 피드백 받기 위함이다. 평가조사를 통해 프로그램을 중단할 것인지 혹은 축소·유지할 것인지를 결정할 정보를 제공받을 수 있고, 또한 프로그램 내용을 수정하거나 보다 효율적으로 운영하기 위한 정보도 제공된다.

② **기관운영의 책임성 확보** : 복지비용의 제한적 공급 때문에 프로그램 실시에 있어 효율성과 효과성이 요구되고, 따라서 평가조사를 통해 담당자로 하여금 책임성을 발휘하도록 자극제 역할을 하며 대외적으로도 기관의 활동을 증명하는 주요한 자료가 된다.

③ **이론형성에 기여** : 프로그램 실시를 통해 애초 설계에서 결과에 이르기까지의 인과경로를 검토하고 확인·검증하는 과정을 통해 타당성 있는 가설을 이론으로 발전시킬

수 있고, 그렇지 못한 경우 이론을 수정하는 데도 도움이 된다.

④ **프로그램 개발 지식과 정보 제공** : 프로그램의 기획이나 개발에 필요한 지식이나 정보를 획득할 수 있다.

⑤ **합리적인 자원 배분** : 평가결과에 따라 자원을 할당하여 합리적인 자원배분이 가능하다.

3) 종 류

| 그림 11-2 | **평가조사의 종류**

(1) 목적에 따른 분류

평가조사를 실시하는 목적에 따라 형성평가, 총괄평가, 통합평가로 나눌 수 있다. ⓐ 형성평가(formative evaluation)는 프로그램을 형성하는 데 초점을 맞춘 평가로서 프로그램의 개발이나 시행 중인 프로그램을 개선하기 위해 프로그램 실시 중에 이루어진다. ⓑ 총괄평가(summative evaluation)는 프로그램이 종료된 이후 행해지는 평가로서 평가결과를 성질이 비슷한 다른 프로그램이나 대상에 대하여 일반화시켜 계속 여부나 수정 여부 등의 총괄적인 의사결정에 활용된다. ⓒ 통합평가는 형성평가나 총괄평가를 통합한 평가로서 시행단계마다 나타나는 특성이나 문제에 융통성 있게 사용할 수 있다. 형성평가와 총괄평가를 비교하면 다음과 같다.

〈표 11-4〉 형성평가와 총괄평가 비교

형성평가	특 징	총괄평가
프로그램 수정, 보완 및 개발	목 적	프로그램 성과와 영향성 결정
기관책임자, 프로그램 관리자, 사회복지사	이해관계 당사자	기관책임자, 정부, 재원공급자, 클라이언트 집단
주로 내부평가자 활용 외부평가자의 자문	평가자	주로 외부평가자 활용 내부평가자의 원조와 지원
주로 진단을 위해서	자료수집의 목적	주로 의사결정을 위해서
공식적 때로는 비공식적	자료수집의 방법	공식적, 타당성과 신뢰성 중시
비교적 적음	표본의 수	대체로 많음
자주	자료수집 빈도	드물게
프로그램 개발을 위한 피드백 제공	조사결과의 용도	프로그램의 계속, 중단, 확대에 관한 종합적 판단

출처 : Worthen(1987), p. 17.

(2) 평가주체에 따른 분류

평가조사는 실시하는 주체에 따라 내부평가와 외부평가로 나눌 수 있다. ⓐ 내부평가(inside evaluation)는 프로그램을 결정·집행한 담당자들이나 혹은 사회복지조직 내의 다른 구성원이 행하는 평가이고, ⓑ 외부평가(outside evaluation)는 프로그램을 수행한 사회복지조직이 아닌 교수나 연구기관 등 외부의 제3자가 행하는 평가이다.

(3) 평가규범에 따른 분류

평가조사는 실시하는 평가규범에 따라 효과성평가, 효율성평가, 형평성평가로 나눌 수 있다. ⓐ 효과성평가(effectiveness evaluation)는 프로그램의 목표가 실제로 달성된 정도를 평가하는 것으로 프로그램을 시작할 때 목표한 것에 비해 프로그램 종료 후 실제 달성한 정도를 판단하는 방법이고, ⓑ 효율성평가(efficiency evaluation)는 투입과 산출의 비율, 즉 프로그램의 비용과 그 효과를 비교·평가하는 방법이다. ⓒ 형평성평가(equity evaluation)는 프로그램의 효과와 비용이 사회집단 간에 또는 지역 간에 공평하게 배분되었는지를 평가하는 방법이다.

(4) 자료형태와 조사방법에 따른 분류

평가조사는 평가를 위해 수집되는 자료의 형태와 조사방법에 따라 양적평가와 질적평가로 나눌 수 있다. ⓐ 양적평가(quantitative evaluation)는 자료가 계량화되어 연역적 방법으로 분석되며 주로 결과 내지 성과에 초점을 맞춘다. 반면에 ⓑ 질적평가(qualitative evaluation)는 자연스러운 상황에서 수량화되지 않은 자료를 수집해 귀납적으로 자료를 분석하며 주로 과정에 초점을 맞춘다.

4) 절 차

프로그램 평가조사는 사회복지조직의 프로그램을 특별한 목적으로 평가하는 것이므로 일반조사 절차와는 달리 매우 역동적이고 상호연관된 과업과 결정 상황들이 많다. 프로그램 평가조사는 일반적으로 다음과 같은 절차를 통해 이루어진다.

〈표 11-5〉 평가조사 절차

단 계	주 제	주요내용
1단계	평가목적 확인	평가 이유와 목적을 기록하고, 평가내용과 하위요소 결정
2단계	평가목표 진술	구체적인 평가목표 나열
3단계	평가설계 확인	평가목적에 부합되는 평가절차 선정
4단계	평가도구 선택	기존 측정도구 혹은 새로운 도구 개발 결정
5단계	평가자료 수집	평가자료 수집방법을 결정하고 실행
6단계	평가결과 분석	자료의 통계적 분석 내지 정리와 요약
7단계	평가결과 보고	분석결과를 일정한 형식으로 보고서 작성
8단계	평가결과 활용	평가결과를 실제적으로 이용

5) 평가 기준 및 요소

(1) 평가 기준

평가 기준이란 평가를 위한 준거 내지 척도를 의미하며, 따라서 프로그램의 성패를 판단하기 위해서 프로그램의 어느 측면을 평가의 초점 내지 대상으로 삼아야 할 것인가에 대한 기준이다. 트리포디(Tripodi, 1983)와 패티(Patti, 1983)는 노력성, 효과성, 효율성의 세 가지를 제시하였고, 베넷과 바이싱거(Bennett & Weisinger, 1977)는 노력성, 효과성, 효율성, 서비스의 질 등 네 가지를 제시하였으며, 요크(York, 1982)는 노력성, 효과성, 효율성, 서비스의 질, 과정, 영향, 형평성의 일곱 가지를 제시하였다. 자세한 평가 기준을 프로그램 평가의 대상이 되는 요소를 중심으로 살펴보면 다음과 같다.

〈표 11-6〉 **평가 기준**

기 준	정 의	평가요소의 예
노력성 (effort)	프로그램 활동의 양	• 프로그램의 투입요소와 이의 전환과정 • 단위활동 수 • 이용자 수 • 전문지식과 기술의 소유와 활용 정도(전문인력 수) • 프로그램 예산 및 자원 • 프로그램 기간 및 하위 활동들의 단위기간 • 프로그램 활동에 대한 전문인력 투입시간 등
효과성 (efficiency)	프로그램 목표의 달성 정도	• 목표 달성과 프로그램 노력과의 인과관계 • 이용자의 인지적·감정적 변화 • 이용자의 행동상 변화 • 이용자의 사회적 변화 등
효율성 (effectiveness)	산출대비 비용 정도	• 서비스 단위 산출당 소요비용 • 프로그램 노력(노력의 평가요소들)에 대한 비용 • 프로그램 결과(효과성의 평가요소들)에 대한 비용 등
영 향 (impact)	사회문제나 이용자 변화에 미친 영향	• 프로그램 노력과 사회적 지표변화 간의 관계 • 위기집단과 표적집단 내에서의 변화 정도 • 사회지표상의 변화에 대한 실증적 기대 정도 등
서비스의 질 (quality)	프로그램의 전문성	• 프로그램 제공자의 전문성 • 서비스 인력의 전문자격 소유 여부와 정도 • 프로그램에서 활용하고 있는 전문지식과 기술의 정도 등
과 정 (process)	프로그램 결과의 경로	• 프로그램 운영상의 매개체 • 세부목표(수단적 목표)들의 달성 정도와 연계성 • 세부목표와 프로그램 결과 사이의 영향 정도의 차이 등
형평성 (equity)	프로그램 배분의 공평성	• 프로그램의 접근성 • 대상집단에게 동일한 접근기회가 주어지는지 여부와 그 정도 • 프로그램 활동이 지역 내에 균등하게 배분되는 정도 등

출처 : 한동우(2000). p. 88.

(2) 진행과정에 따른 평가요소

프로그램은 투입(inputs), 전환(throughputs), 산출(outputs), 성과(outcomes)의 과정으로 진행된다. 투입은 프로그램 목표달성을 위해 소요되는 자원을 의미하며, 전환은 서비스의 전달과정, 즉 목적달성을 위해 투입되는 자원을 활용하여 프로그램을 진행시키는 과정을 의미하고, 산출은 프로그램 활동을 통해 얻어진 직접적인 산물을 의미하며, 성과는 이용자가 프로그램 참여를 통해 성취한 삶의 질 측면에서의 변화를 의미한다(채구묵, 2005). 각 과정별 주요 평가요소를 살펴보면 다음과 같다.

투입(inputs)	전환(throughputs)	산출(outputs)	성과(outcomes)
프로그램에 투여되거나 프로그램에 의해 소비된 자원 •이용자 •직원, 봉사자 •시설 •장비, 소모품 프로그램에 작용하는 기제 •법, 규정, 규칙 등	임무를 수행하기 위하여 프로그램에서 투입으로 활동하는 것 •상담 •직업훈련 •치료 및 교육 •보호 •청소년 대인관계 지도 •사회적응훈련 •재가서비스 •정보제공 및 의뢰 등	프로그램 활동의 직접적 산물(량) •상담 수 •서비스에 참여한 참여자 수 •취업인원 •서비스 시간 •분배된 교육적 자료의 수 •지도한 집단 수 등	프로그램 활동 중, 이후의 참여자들이 얻은 이익 •새로운 지식 •향상된 기술 •태도 및 가치변화 •행동의 수정 •향상된 조건 •변화된 지위

| 그림 11-3 | 프로그램 평가요소

출처 : 정무성 · 정진모(2001), p. 199.

6) 서비스 만족도조사

서비스 만족도조사는 사회복지 프로그램이 시행되어 서비스가 제공되는 과정에서 클라이언트의 다양한 기대가 어느 정도 충족되고 있는지에 관해 서비스 소비자의 관점에서 서비스의 질을 평가하는 방법이다(황성철, 2005). 1997년 사회복지사업법이 개정되어 모든 사회복지시설은 매 3년마다 평가를 받게 됨에 따라 거의 모든 시설평가에서 클라이언트 만족도조사가 포함되는 추세이다.

그러나 흔히 어떤 형태의 만족도조사이건 대부분 만족한다는 결과가 보고되는 이른바 불패신화가 있다. 이러한 결과는 사실 서비스에 만족하기보다는 클라이언트 입장에서는 서비스제공 자체에 감사하기 때문이며, 특히 사회복지사와 우호적인 관계가 성립되어 의도적으로 긍정적인 평가를 받도록 할 수 있다. 또한 만족도 조사는 프로그램이 종료한 후에 실시되므로 종료시점까지 프로그램을 지속한 클라이언트라면 그야말로 성공적인 클라이언트이기 때문에 당연히 평가도 긍정적일 수밖에 없다(Gerber & Prince, 1999).

따라서 서비스 만족도조사는 서비스의 목표달성 여부, 이용편의성, 접근용이성, 지속성과 계속성, 사회복지사의 직무수행능력 및 도움 정도 등 다양한 차원에서 조사되어야 한다. 또한 계량화된 설문조사는 질적조사보다 높은 결과를 유도하는 경향이 있으므로 다양한 조사방법이 사용되어야 하며, 프로그램의 초기단계, 진행단계, 종결단계 등 다양한 시점에서 조사되어야 한다. 그리고 타당하고 신뢰도가 검증된 조사도구를 사용하는 것이 바람직하다.

요약

1. 욕구조사란 한정된 지역 내의 사람들의 욕구수준을 확인해 수량화하는 방법으로, 수혜자중심 욕구조사, 서비스중심 욕구조사, 지역사회중심 욕구조사 등이 있다.
2. 욕구조사의 자료수집 방법으로는 공개토론회, 주요 정보제공자 조사, 사회지표 조사, 서베이 조사, 델파이 조사, 서비스제공자 조사, 2차 자료 분석 등이 있다. 델파이조사는 일단의 전문가에게 의견이나 정보를 수집해 분석하고, 그것을 다시 응답자에게 보내 합의된 결과를 얻을 때까지 의견 묻기를 반복한다.
3. 평가조사는 조사방법론을 적용해 프로그램의 효과성을 측정하는 것으로, 목적에 따라 형성평가와 총괄평가, 주체에 따라 내부평가와 외부평가, 규범에 따라 효과성평가, 효율성평가, 형평성평가, 자료형태 등에 따라 양적평가와 질적평가가 있다.
4. 평가조사의 기준으로는 노력성, 효과성, 효율성, 영향, 서비스의 질, 과정, 형평성 등이 있다.
5. 서비스 만족도조사는 사회복지 프로그램에 대한 클라이언트의 관점에서 서비스의 질을 평가하는 것으로, 프로그램의 진행과정에 따라 다양한 요소들을 평가할 수 있다.

CHAPTER

12

자료분석의 기초

1. 통계분석의 예비절차

1) 원자료의 사전처리

자료분석은 많은 양의 측정결과(설문지)로부터 정보를 도출하는 과정으로서, 결국 원자료에서 유용한 정보와 통찰을 얻어내기 위해 사용할 수 있는 일련의 통계적 기법들을 적용하는 일이다. 그러나 연구자는 본격적인 통계분석에 들어가기에 앞서 원자료에 대한 정확한 편집과 적절한 기호화 작업을 통해 분석을 위한 준비를 마쳐야 한다.

수집된 원자료(raw data)는 통계분석에 앞서 편집(editing)과 부호화(coding) 등의 사전처리 절차를 거쳐야 한다. 편집은 수집된 원자료에 있어서 최소한의 품질수준을 확보하기 위해 응답의 누락, 애매함, 착오를 찾아내는 과정으로서 1차적으로는 현장조사원과 현장감독자가 담당한다. 그러나 자료분석을 직접 담당하는 사람도 자료분석에 앞서서 수집된 자료들을 검토해야 하므로 편집은 두 단계로 이루어진다.

1단계의 편집은 즉석에서 눈에 띄는 응답누락과 부정확한 응답을 탐지해 내고 정확한 응답을 요구하기 위해 현장에서 이루어지는 현장편집(field editing)이다. 이러한 현장편집은 현장조사원을 통제하고 지시, 절차, 특정한 질문에 대한 현장조사원들의 오해를 없애는 데 대단히 유용하므로, 설문지가 수집되는 현장에서 수행된다.

2단계의 편집은 주로 애매하거나 누락된 응답을 어떻게 처리할 것인가를 판단하는 일과 관련하여 사무실에서 수행된다(office editing). 이 단계에서는 이미 현장조사로부터 많은 시간이 경과하였으므로 응답자에게 정확한 응답을 다시 요구하는 일이 불가능하기 때문에 주로 부정확하고 불완전한 응답의 처리방법을 다룬다. 구체적인 편집방법은 다음과 같다.

① **판독하기 애매한 경우** : 애매하게 응답하거나 선택형 질문에 중간을 체크함으로써 판독하기가 애매(ambiguity)한 경우에는 우선 현장조사자를 통해 그러한 기록을 수정하거나 혹은 다른 질문들로부터 적당한 응답을 추론하여 판단할 수 있다. 만일 적절한 응답을 판단해 낼 수 없다면 무응답(missing data)으로 처리해야 한다.

② **특정 질문에 응답누락한 경우** : 고의든 아니든 특정 질문에 응답누락(omission)한 경우

에는 우선 응답자가 누락한 것인지 아니면 현장조사자가 누락한 것인지를 확인하고, 그러나 응답자가 설문지를 이해하지 못했다거나 협조하지 않아 누락된 것이 분명하다면 전체 설문지를 분석에서 배제할 수 있다. 그러나 어떤 응답자들은 민감한 일부 문항(소득, 연령, 체중 등)은 무시하면서 다른 질문에는 충실히 협조하기도 하므로 나머지 문항의 진실성을 보아 해당 문항만 무응답(missing data)으로 처리할 수 있다.

③ **응답들이 일관되지 못한 경우** : 예를 들어, 직업이 의사인 응답자가 고졸 이하의 학력을 응답하거나, 또는 월평균 20만 원 정도로 신용카드를 사용한다는 응답자가 신용카드를 소지하지 않는다고 응답하는 등 두 개 이상의 질문에 대해 응답이 일관되지 못한 경우(inconsistencies)에는 현장에서 비일관성을 해결하도록 요구하거나 무응답으로 처리하거나 아니면 아예 전체 설문지를 분석에서 배제하는 것이 좋다.

④ **부정확하게 응답한 경우** : 예를 들어, 사회복지직공무원이 연간 총소득을 50만 원으로 응답하거나, 태도나 이미지 질문항목, 특히 표준화된 척도에서 모두 "동의"나 "보통이다"(혹은 모두 반대 등)라고 응답한 경우라면, 많은 질문항목에 대한 반발감이나 피곤감으로 무성의하게 응답한 것이라고 할 수 있으므로 현장에서 정확한 응답을 요구하거나 전체적으로 응답의 진실성을 신뢰할 수 없다면 아예 설문지를 분석에서 배제하는 것이 좋다.

⑤ **부적절한 응답자가 포함된 경우** : 예를 들어, 조사대상이 여성인데 남성이 응답자에 포함되어 있는 등 부적절한 응답자가 표본에 포함되어 있다면 역시 편집과정에서 배제해야 한다.

2) 부호화

부호화(coding)란 수집된 자료의 통계분석을 위해 각 응답들에 숫자 등의 기호를 부여하는 과정을 말한다. 주로 숫자가 사용되므로 폐쇄형 질문은 애초 부여된 숫자가 그대로 사용되어 매우 단순하다(예 ① 남자, ② 여자). 반면에 개방형 질문의 경우 다음의 사항에 유의하여 숫자를 부여한다.

① 응답범주를 나눌 경우에는 정보가 상실되지 않도록 가능한 한 세분화하는 것이 바람직하다. 일단 입력된 자료는 필요에 따라 통합할 수는 있지만, 그 반대는 불가능하다.
② 수집된 전체 응답을 상호배타적인 집단으로 분류하고, 또한 모든 응답을 포괄할 수 있어야 한다. 즉, 모든 응답들은 단 하나의 범주에만 들어가야 하며, 모든 응답이 반드시 한 범주에는 해당하여야 한다. 따라서 필요하다면 '기타' 또는 '모르겠음'의 응답범주를 포함해야 한다.
③ 특별한 기호나 문자보다는 수치를 사용한다.
④ 응답범주는 가급적 동일한 간격을 사용하는 것이 좋다.

• 설문지 사례

1. 귀하의 성별은? ① 남 ② 여
2. 귀하의 연령은? 만 ( )세
3. 귀하의 학력은? ① 초졸 ② 중졸 ③ 고졸 ④ 대졸 이상
4. 귀하의 사회복지사 자격등급은? ① 1급 ② 2급 ③ 3급

⋮

• 코드북 사례

변수이름	변수설명	문항번호	자릿수	위 치	변수종류	변수값
사례번호	–	–	3	1~3	–	–
성 별	성별	1	1	4	명목	① 남, ② 여
연 령	연령	2	2	5~6	비례	만 1~99세
학 력	교육수준	3	1	7	서열	① 초졸, ② 중졸, ③ 고졸, ④ 대졸 이상, ⑤ 무응답
자격등급	사회복지사 자격등급	4	1	8	명목	① 1급, ② 2급, ③ 3급
⋮						

입력과정에서 설문응답자가 응답하지 않은 변수값이나 관찰되지 않은 변수값을 무응답(missing data)이라 하며, 무응답이 많은 데이터는 분석결과에 치명적인 영향을 미칠 수 있으므로 무응답 자료의 분포를 확인하고 적절하게 처리해야 하며, 어느 정도 오차가 발생할 것

을 감수해야 한다. 무응답을 처리하는 방법은 다음과 같다.

① 무응답이 많은 사례 혹은 변수를 제거한다(제거법).
② 무응답치를 해당 변수의 평균값으로 대치한다(평균치삽입법).
③ 평균값이 아닌 무응답된 원래의 값을 추정하여 삽입한다(평가치추정법).

3) 가설 내용에 따른 통계분석

연구자는 수집된 자료를 분석하기 전에 혹은 설문지를 구성할 때부터 어떤 통계기법을 적용하여 가설을 검증할 것인지를 염두에 두어야 한다. 가설 내용에 따른 통계분석기법을 대략적으로 살펴보면 다음과 같다.

우선 수집된 자료의 분석에 있어 가장 기초적인 단계는 표본의 특성을 파악하는 것이다. 즉, 분석에 이용되고 있는 표본들의 기본적인 특성들, 즉 분야별 빈도수나 비율 등을 알아야 한다(빈도분석). 그리고 설문지가 조사하고자 하는 내용을 충분히 반영하고 있는지 혹은 응답자가 설문지 내용을 이해하고 일관성 있게 응답하였는지를 검증하기 위한 타당성과 신뢰성을 평가하여야 한다(요인분석과 신뢰도분석). 이러한 기초적 분석이 이루어지면 다음으로 설정된 연구가설을 검증하기 위해 먼저 자료의 특성, 변수의 수 및 가설 내용에 따라 다음과 같이 분류하여 적절한 분석기법을 적용할 수 있다.

(1) 차이를 검증할 경우

연구가설의 내용이 집단 간 또는 변수 간의 평균의 차이를 검증하는 것이라면 가장 기본적인 분석기법은 t-검정이다. 이는 두 집단 간 하나의 검정변수에 대한 평균의 차이를 검정하는 데 이용되며 검정변수는 등간이나 비율측정이어야 하며 집단변수는 명목변수이어야 한다. 그리고 세 집단 간 하나의 검정변수에 대한 평균의 차이를 검정하는 데 이용되는 것이 분산분석이며, 이 경우 검정변수는 등간이나 비율측정이어야 하며 집단변수는 명목변수이어야 한다.

(2) 상호관련성을 검증할 경우

변수들 간의 상호관련성을 검증할 경우에는 상관분석을 이용한다. 즉, 한 변수가 다른 변수와 관련성이 있다면 어느 정도 그리고 어떤 방향으로 관련성이 있는지를 알 수 있다. 여기서 만일 특정 변수를 통제한 두 변수 간의 순수한 관련성 정도를 파악하기 위해서는 편상관분석을 이용한다.

(3) 인과관계를 검증할 경우

변수들 간의 상호관련성을 검증하면서 이들 간의 인과관계(causality)를 검증하고자 할 경우 회귀분석을 이용할 수 있다. 즉, 변수들 중 하나를 종속변수로 나머지를 독립변수로 하여 이들 변수들이 서로 상관관계를 가질 때 독립변수가 변화함에 종속변수가 어떻게 변화하는가를 규명하는 방법이다. 독립변수가 하나이면 단순회귀분석, 2개 이상이면 다중회귀분석이라 한다. 회귀분석을 이용하면 이외에도 독립변수의 상대적인 중요도 및 예측력을 알 수 있다.

(4) 기타

이 외에도 응답자를 대상으로 어떤 속성에 대한 평가를 고려하여 이를 집단으로 분류하거나 어떤 속성별 자극에 대한 대상의 이미지 등을 분석하고자 할 때에는 군집분석이나 다차원척도법이 이용될 수 있다.

〈표 12-1〉 **분석목적별 통계분석기법**

분석목적	분석기법
기술통계분석	빈도분석, 기술분석, 교차분석
변수 간 관계분석	상관분석, 회귀분석, *t* 검정, 분산분석
집단화 분석기법	요인분석, 군집분석

2. 통계학 기초

1) 통계학의 분류

(1) 기술통계와 추론통계

통계학적 분석은 크게 기술통계와 추론통계로 나눈다. ⓐ 기술통계(descriptive statistics)란 주어진 자료를 토대로 개별 변수들에 대한 묘사와, 그러한 변수들 간에 나타나는 다양한 관계들에 대한 분석을 목적으로 하는 통계방법이다. 즉, 자료를 도표로 나타내는 방법뿐만 아니라 어떤 숫자들이 전체자료를 가장 잘 요약해 주는가를 연구하며 평균이나 분산 등의 개념이 사용된다. 그리고 ⓑ 추론통계(inferential statistics)란 연구자료가 모집단의 일부인 표본이라는 점을 감안하여, 표본에서 나타나는 분석 결과들이 과연 모집단의 성격을 어느 정도 반영할 수 있는지 등에 대한 분석을 목적으로 한다. 즉, 알지 못하는 모집단에 대하여 알고 있는 표본집단의 자료를 가지고 추론하는 것으로 추론과정에서 발생하기 마련인 불확실성의 정도를 확률적 표현으로 나타내는 것이다.

(2) 모수통계와 비모수통계

자료의 유형이 정성적 자료(nonmetric)인지 혹은 정량적 자료(metric)인지에 따라 모수통계와 비모수통계로 나누어진다. ⓐ 모수통계(parametric statistics)란 모집단의 특성이 정상분포를 이루고 있을 것이라는 가정하에 표본의 자료로부터 모집단의 특성을 추정하는 것을 말한다. 측정치의 연속성 및 등간격성(선형성), 모집단의 어떤 특성의 정규분포성, 변량의 동질성의 조건을 가지고 있어야 하며 정량적 자료를 분석하는 데 이용된다. 반면에 ⓑ 비모수통계(nonparametric statistics)란 모집단의 특성의 분포에 대한 어떤 가정을 하지 않은 상태에서 모집단의 특성을 추정하는 것을 말한다. 선형성, 정규분포성 등의 조건이 없어도 된다. 다만, 가설검증력이 덜 정밀하며 주로 정성적 자료를 분석하는 데 이용된다.

(3) 단변량통계와 다변량통계

통계분석기법은 분석대상인 변수의 수에 따라 단변량통계와 다변량통계로 분류될 수 있다. ⓐ 단변량통계(univariate statistics)는 하나의 변수만을 분석하는 통계로서 표본대상의 각각에 대한 단일측정이나 각각에 대한 여러 측정의 경우에 적합하지만 각 변수는 개별적으로 분석된다. 반면에 ⓑ 다변량통계(multivariate statistics)는 둘 이상의 변수를 동시에 분석한다.

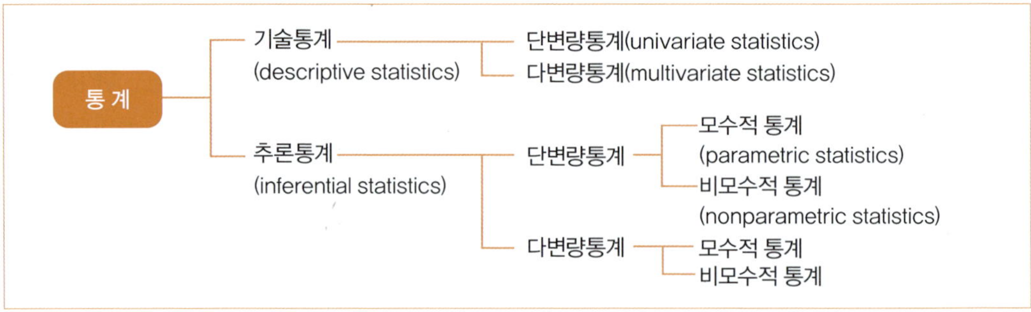

2) 기초통계

(1) 도수분포표

도수분포표(frequency table)는 계급, 도수 및 상대도수로 구성되어 있다. 계급이란 자료의 전체 범위를 몇 개의 소집단으로 나눈 것이고, 도수는 각 계급에 속하는 자료의 수를 의미하며, 누적도수는 계급의 상한보다 같거나 작은 경우의 도수를 의미한다. 또한 상대도수는 도수를 전체 자료로 나눈 비율(또는 퍼센트)을 의미하며, 상대누적도수는 누적도수를 전체 자료로 나눈 비율을 의미한다.

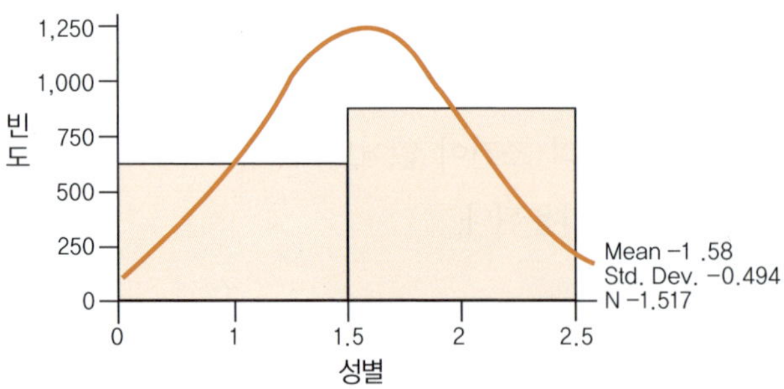

| 그림 12-1 | **성별변수의 히스토그램**

① **히스토그램**(Histogram) : 히스토그램은 데이터의 범위를 몇 개의 구간으로 나누어, 그 구간 내에 존재하는 데이터의 수[도수, 또는 빈도(frequency)라 함]를 그래프로 표시한 것이다. 히스토그램을 통해서 자료의 중심위치, 퍼진 정도, 분포의 형태와 이상값(Outlier)의 유무를 시각적으로 파악할 수 있다.

② **줄기와 잎 그림**(Stem and Leaf Display) : 줄기와 잎 그림은 히스토그램에 비해 원래 자료값을 얻을 수 있다는 점과 자료를 크기 순으로 나열하기 쉽다는 장점이 있다. 또한 줄기와 잎 그림을 보면 자료가 어떤 형태의 분포를 나타내는지를 알 수 있다. 하지만 줄기와 잎 그림은 가장 적절한 줄기의 개수가 결정되어야 하는데 상황에 따라 달라지므로 일률적으로 정할 수 없고, 자료의 크기가 클 때는 손으로 작성하기 어렵다.

```
Frequency  Stem & Leaf

  22.00     1 .  8999
 106.00     2 .  00001111222333333344444
 151.00     2 .  555555666667777888888888999999
 153.00     3 .  000000011111222222333333344444
 199.00     3 .  555555555666666666777777788888888899999999
 169.00     4 .  0000000111111222222233333333444444
 138.00     4 .  555555666666777777888899999
 105.00     5 .  000011111222233334444
  91.00     5 .  555566777788888999
  76.00     6 .  000112223333444
  82.00     6 .  5556666778889999
  81.00     7 .  0011122223333444
  66.00     7 .  5556667778889
  31.00     8 .  0112234
  25.00     8 .  56789

•Stem width : 10
•Each leaf : 5 case(s)
```

| 그림 12-2 | 응답자 연령에 대한 줄기와 잎

③ **상자수염 그림**(Box and Whisker Plot) : 상자수염 그림은 두 개 이상의 집단의 상대적 비교를 위해서 각 집단의 제일 큰 값과 제일 작은 값, 즉 극단값(extreme values)과 중앙값(median) 및 사분위수(quartiles)를 그래프로 나타낸다. 상자수염 그림은 전체 데이터로부터 대표치가 되는 중위수의 양쪽에 두 개의 사분위수를 양끝으로 하는 직사각형의 상자를 그리고, 상자의 양쪽에 이상치를 제외한 최대 및 최소값을 잇는 수염을 직선으로 그려줌으로써 전체적 분포의 양상을 쉽게 파악할 수 있다.

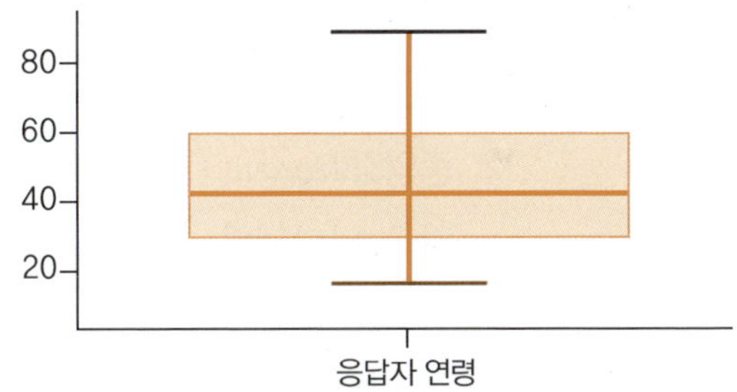

| 그림 12-3 | 응답자 연령에 대한 상자수염

(2) 기초통계량

① **평균**(Mean) : 자료의 합을 관측치 개수 n으로 나눈 것이다. n개의 자료를 $X_1, X_2, \cdots X_n$이라 하고 평균을 $\overline{X}$ 라고 할 때, 평균은 다음과 같이 표현된다. 평균은 무게의 중심을 나타내는 것과 같아서 전체 자료 중 몇 개가 나머지와 동떨어져 있을 때, 이들 중 아주 크거나 작은 값에 크게 영향을 받는 단점이 있다. 그러나 평균은 통계적 추

론에서 가장 중요한 역할을 한다.

$$\overline{X} = \frac{X_1 + X_2 + \cdots + X_n}{n} = \frac{1}{n}\sum_{i=1}^{n} X_i$$

Tip 평균의 함정

- 18대 국회의원 299명의 평균재산을 계산해 보면, 평균보다 많은 의원은 소수에 불과하다. 그 이유는 정○○ 의원 혼자의 재산이 3조 6,044억 원이기 때문이다(2008. 3. 기준). 즉, 한 명이 나머지 298명의 재산을 평균 120억 원가량 높여 놓았다. 이와 같이 극단값을 가질 경우 평균의 심각한 왜곡이 발생할 수 있고, 이 경우 극단값을 제외하고 평균을 산정해야 한다.
- 여름날 개울가에 놀러간 아이들이 경고판에 적혀 있는 '평균수심 1m'라는 내용을 보고 자신만만하게 수영을 하다 익사한 사건이 발생했다. 자신들의 키가 130cm 이상이었으므로 안심하고 수영을 했지만, 깊은 곳은 2m가 넘기 때문이다. 경고판에는 평균수심이 아니라 최대수심을 적어야 한다(백순근, 2004).

② **중앙값(Median)** : 전체 자료의 관찰치 값을 크기 순으로 나열했을 때 중앙에 위치하는 값을 나타낸다. 즉, 자료의 값을 크기 순서대로 나열했을 때 중앙에 있는 값이 전체 자료의 중심 성향을 나타내는 대표값이다. 이러한 중앙값은 평균에 비해 쉽게 구해지는 장점이 있으며, 몇 개의 아주 크거나 작은 숫자에는 비교적 덜 민감하여 평균소득, 평균임금 등에 적합하게 쓸 수 있다.

③ **최빈값(Mode)** : 전체 자료 중 가장 빈도수가 많이 나타나는 관찰치를 나타낸다. 자료가 도수분포표로 정리되었다면 가장 많은 빈도수를 나타내는 계급구간의 중간값(midpoint value)이 최빈값이 된다. 이러한 최빈값은 중앙값과 같이 몇 개의 특이하게 크거나 작은 값에는 영향을 받지 않는 장점을 지니고 있으나 기술통계 이 외에는 거의 사용되지 않는다.

④ **분산(Variance)** : 평균을 중심으로 자료의 흩어진 정도가 어느 정도인지를 측정하는것

이다. 이때, 모집단에서 분산을 모분산(population variance)이라 하고 표본에서 분산을 표본분산(sample variance)이라 한다.

⑤ **표준편차(Standard Deviation)** : 단위를 갖는 흩어진 정도를 구하기 위해 분산에 제곱근을 취한 것이 모표준편차(population standard deviation)와 표본표준편차(sample standard deviation)이다.

⑥ **범위(Range)** : 전체 자료의 최대값과 최소값의 차이를 나타낸다. 일반적으로 범위는 자료의 퍼짐을 나타내지만 평균과 마찬가지로 자료에 이상값이 존재하는 경우 크게 영향을 받는 단점이 있다.

⑦ **사분위범위(Interquartile Range)** : 범위는 계산하기 간편하나 이상값이 있을 경우 올바른 산포의 측도가 되지 못한다. 또한 범위는 극단값 이외의 자료들의 산포를 측정할 수 없는 단점이 있다. 이런 단점을 일부 보안한 것이 사분위범위이다. 사분위수의 제1사분위수와 제3사분위수의 차이를 사분위범위라고 한다.

⑧ **왜도(Skewness)와 첨도(Kurtosis)** : 왜도는 자료의 분포모양이 어떻게 치우쳐 있는지를 나타내는 척도이다. 왜도의 값이 0이면 집단의 분포가 대칭꼴이다. 왜도의 값이 0보다 크면 자료의 분포모양이 좌측으로 치우쳤다는 것을 의미하고, 왜도의 값이 0보다 작으면 자료의 분포모양이 우측으로 치우쳤다는 것을 의미한다. 첨도는 자료의 분포모양이 중간 위치에서 뾰족한 정도를 나타내는 척도이다. 첨도의 값은 뾰족할수록 크다. 첨도의 값이 0이면 집단의 분포가 표준정규분포와 뾰족한 정도이다. 첨도의 값이 0보다 크면 표준정규분포보다 뾰족한 정도를 의미하고, 0보다 작으면 표준정규분포보다 납작한 정도를 의미한다. 자료가 정규분포가 되려면 왜도는 절대값 3 미만, 첨도는 10 미만이어야 한다(Kline, 2005).

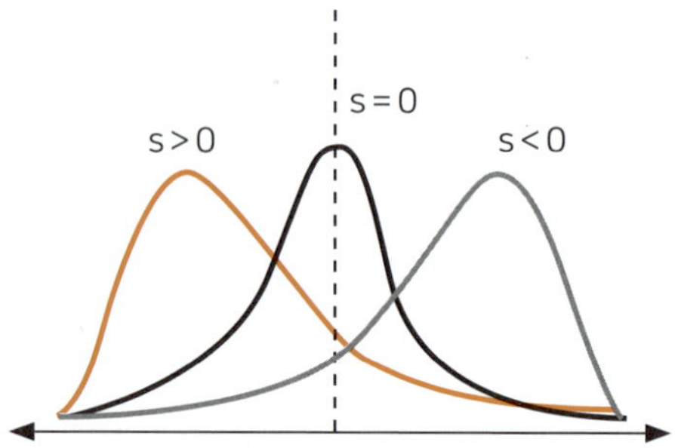

| 그림 12-4 | 왜도

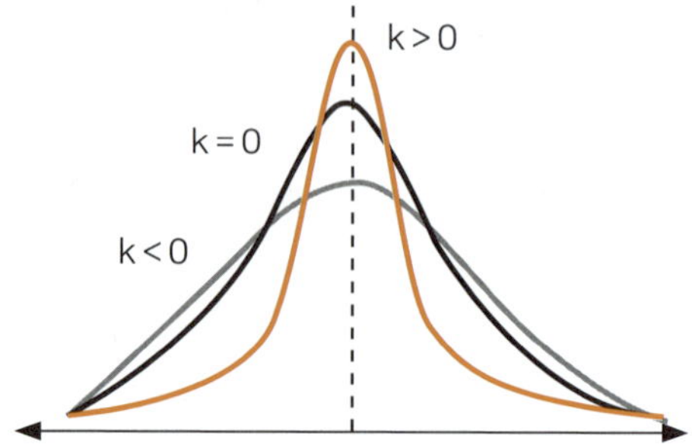

| 그림 12-5 | 첨도

3. SPSS 통계프로그램

SPSS 통계프로그램(Statistical Package for the Social Science)은 사회과학의 광범위한 분야에 대한 통계분석을 목적으로 1975년 시카고대학의 National Opinion Research Center의 연구원 노먼 니(Norman Nie) 외 3명이 개발한 통계패키지이다. 강력한 통계량 분석과 데이터 관리 시스템을 그래픽 환경으로 제공하며 쉬운 메뉴와 단순한 대화상자를 통해 각 사용자에 적합한 작업을 수행할 수 있고, 마우스로 가리키고 누르기만 해도 대부분의 작업을 실행할 수 있다. SPSS는 데이터편집기, 출력문서, 명령문입력기, 스크립터제작기 등으로 이루어져 있다.

1) 화면 구성

SPSS는 기본적으로 3개의 작업창을 사용한다. ① 데이터편집기(Data Editor)는 |그림 12-6|과 같이 기본화면으로 데이터를 입력하거나 수정할 수 있다. 저장한 파일의 확장자는 .sav이다. ② 명령문편집기(Syntax Editor)는 SPSS의 명령문을 만들고 실행할 수 있는 창이고, ③ 뷰어 창(Viewer)은 각 메뉴의 대화상자를 통해 명령을 실행하거나 명령을 실행한 SPSS의 출력결과물을 보여주는 창이다. 가장 기본적인 데이터편집기의 데이터시트는 |그림 12-6|과 같이 다양한 메뉴로 구성되어 있다. 가장 위쪽부터 차례로 살펴보면,

①은 파일이름이 표시된다. 현재는 불러온 파일이 없어 '제목없음'으로 표시되어 있다.

②는 메인메뉴로 SPSS를 사용하기 위해 필요한 중요한 메뉴들이 있으며, 각 메인메뉴의 하위메뉴를 통해 SPSS가 실행된다.

③ 도구모음은 메뉴호출 없이 사용할 수 있는 바로실행 기능키이다.

④ 데이터 사례로 SPSS가 자체적으로 부여하는 일련번호이며,

⑤ 데이터필드는 개별 데이터가 차지하는 각 변수의 값을 입력한다.

⑥ 데이터 보기는 새로운 데이터를 기록하거나 기존 데이터를 볼 수 있는 탭이고,

⑦ 변수 보기는 새 변수를 정의하거나 기존 데이터의 변수를 볼 수 있는 탭이다.

⑧ 상태표시줄은 SPSS 프로세서의 작동상태를 표시하고,

⑨ 변수에서는 데이터 미입력 상태일때는 '변수'로 표시되고, 데이터가 입력되고 데이터 보기에서 변수이름이 지정되면 변수명으로 자동 생성된다.

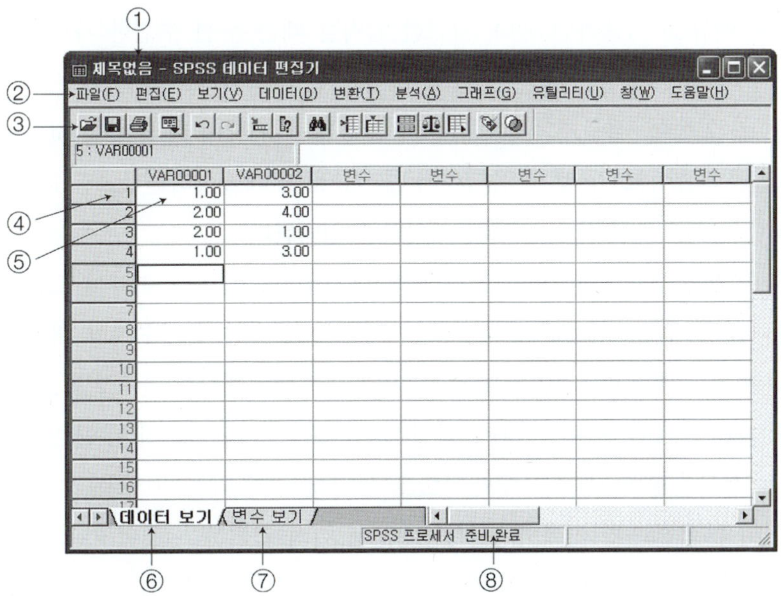

|그림 12-6| SPSS 초기화면

2) 메뉴상자와 대화상자

SPSS는 메뉴방식이므로 사용하고자 하는 분석기법을 메뉴에서 선택할 수 있다. 프로그램 메뉴들은 파일(F), 편집(E), 보기(V), 데이터(D), 변환(T), 분석(A), 그래프(G), 유틸리티(U), 창(W), 도움말(H)의 10가지의 메뉴로 구성되어 있다. 또한 SPSS는 사용자의 편리를 위하여 여러 도구 및 단축키를 제공하고 있다. 특히 자주 사용되고 있는 기능들은 메뉴방식에서 이용할 필요 없이 화면상에 표시되어 있는 도구모음 대화상자를 이용하면 편리하다.

3) 자료 입력과 변수 정의

SPSS 프로그램을 작동하여 데이터편집기 화면이 나오면 수집된 자료의 편집과 코딩이 이미 끝난 데이터를 편집기 창에서 입력해야 한다. 이때 데이터편집기 화면에서는 각각의 메뉴가 소개되는데, 새로운 데이터 파일을 작성하거나 저장 및 작성된 데이터 파일을 불러오기 위해서는 파일 메뉴를 이용하면 된다. 자료를 입력할 때는 우선 수집한 자료를 확인한 후에 고유번호를 할당하고, 데이터편집기에 가로 열에는 변수를, 세로 행에는 케이스(응답값)를 각각 입력한다. 예를 들어, 설문지의 1번 문항이 성별, 2번 문항이 학력이고, 첫 번째 응답자가 ① 남자, ③ 전문대졸이고, 두 번째 응답자가 ② 여자, ④ 대졸이라면 |그림 12-6|과 같이 입력하고, 이러한 방식으로 설문지 전체의 데이터를 입력한다.

각 변수에 대한 정의를 하고자 할 경우에는 변수이름에 커서를 위치시키고 그냥 더블 클릭하거나 아니면 주메뉴의 〈데이터〉와 〈변수 정의〉를 선택하여 변수정의 대화상자를 연다. 가령 첫 질문(혹은 첫 항목)이 성별에 관한 데이터라면 변수이름(V)을 “성별”로 지정해 주고, 변수의 유형, 자리수, 소수점 이하 자리, 설명, 값, 결측값 등을 지정해 주면 된다.

변수설명은 설문문항의 내용을 구체적으로 설명해 주기 때문에 활용 시에 편리하고, 변수값 설명 역시 분석결과를 이해하기 쉽기 때문에 미리 입력하는 것이 바람직하다. 예를 들어, 학력이 1로만 나타난다면 1이 의미하는 것이 무엇인지 알 수 없으므로 불편하다. 설문지 두 번째 문항인 학력 변수에 대한 변수값을 입력할 경우 우선 변수값(U) 상자 안에 1을 입력하고 변수값 설명(E) 상자 안에 ‘중졸’이라고 입력한 후에 추가(A) 버튼을 누른다. 그러면 해당내용이 오른쪽 상자 안에 "1=중졸"이라고 옮겨진다. 이런 방식으로 변수값 4까지 입력한다.

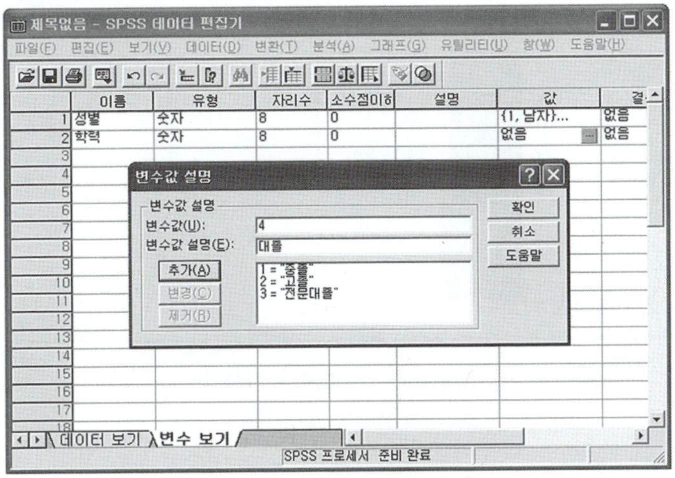

| 그림 12-7 | **변수 정의 대화상자**

4) 추가·삭제·복사

변수나 케이스를 추가·삭제·복사하는 방법은 비슷하다. 변수 중에 현재의 성별과 학력 사이에 거주지라는 변수를 추가하고자 할 경우 추가하고자 하는 열의 우측 열의 셀(학력)에 커서를 옮겨 선택한다. 그러면 학력변수의 열부분이 블록 설정된다. 그런 다음에 메뉴에서 데이터(D)를 선택한 후 변수삽입(V)을 선택하면 하나의 새로운 열이 공란으로 추가되며 학력변수가 뒤로 밀린다. 그리고 그 열에는 var00003이라는 새로운 셀이 나타나는데 여기에 새로운 변수이름과 데이터를 입력한다.

삽입과 동일하게 어느 변수를 삭제하고자 할 경우에는 삭제하고자 하는 변수명을 마우스로 선택하면 블록이 설정되고 편집(E), 지우기(E) 순으로 선택하면 삭제된다.

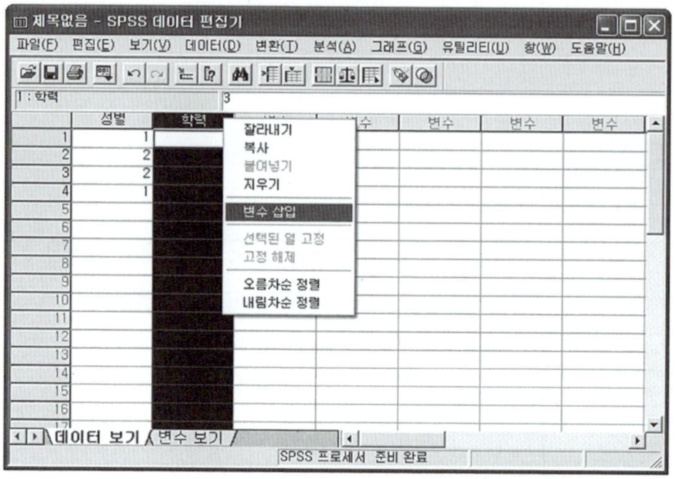

|그림 12-8| 변수 추가하기

5) 데이터 변환

변수값 코딩을 변경할 경우에는 주메뉴의 〈변환〉과 〈코딩변경〉을 선택한다. 그러면 같은 변수로 변환하는 방법과 새로운 변수로 변환하는 방법을 선택할 수 있다. 같은 변수로 코딩을 변경하고자 할 경우 '같은 변수로 코딩변경' 대화상자를 열어 변경할 변수를 변수(V) 상자 안으로 ▶를 이용하여 옮기고, 대화상자에서 기존값 및 새로운 값(O) 버튼을 누르면 같은 변수로 코딩변경 : 기존값 및 새로운 값 대화상자가 열린다. 여기서 새로운 변수값을 만들기 위해서 가령 기존 변수값 1을 새로운 값에서는 5로, 기존 변수값 2를 새로운 값 4로 입력하면 새로운 변수값을 만들 수 있다.

예를 들어, 자아존중감척도(RSE)의 경우 3·5·8·9·10번 문항은 부정형 질문이므로 역코딩해서 데이터의 변환을 해야 한다. 이 경우 긍정형의 질문에서 '항상 그렇다'가 5점이면 부정형의 질문에서 '항상 그렇다'는 1점으로 바꾸어 주어야 한다.

연구자는 필요에 따라 원자료를 연구목적에 따라 적합하게 이용할 수 있도록 데이터를 변환할 필요가 있다. SPSS에서는 통계분석을 위한 범주들을 분류하는 작업에서부터 복잡한 수식과 조건문에 따라 새로운 변수들을 생성할 수도 있다.

우선 변수들의 데이터를 변환하여 새로운 변수값을 계산하고자 할 경우 주메뉴의 〈변환〉과

〈변수 계산〉을 선택하여 변수계산 대화상자를 연다. 대상변수(T) 상자에 새로 만들어질 변수명을 입력하고 숫자표현식(E) 상자를 이용하여 새로운 변수값을 계산하기 위한 표현식을 만들어야 한다. 직접 상자 안에 마우스를 이용하여 식을 만들거나 혹은 숫자표현식(E)란에 직접 식을 작성할 수도 있다.

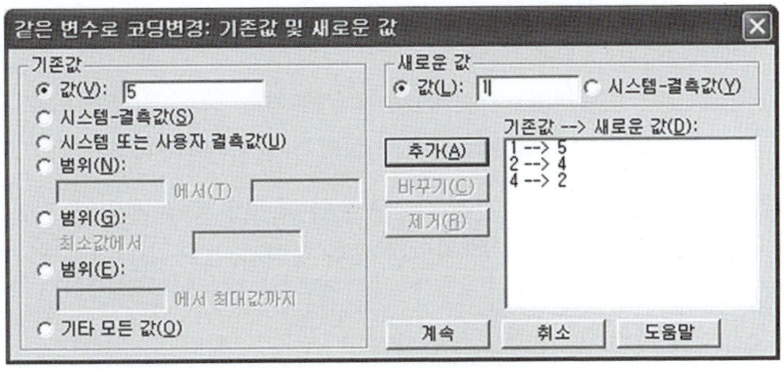

| 그림 12-9 | 코딩 변경

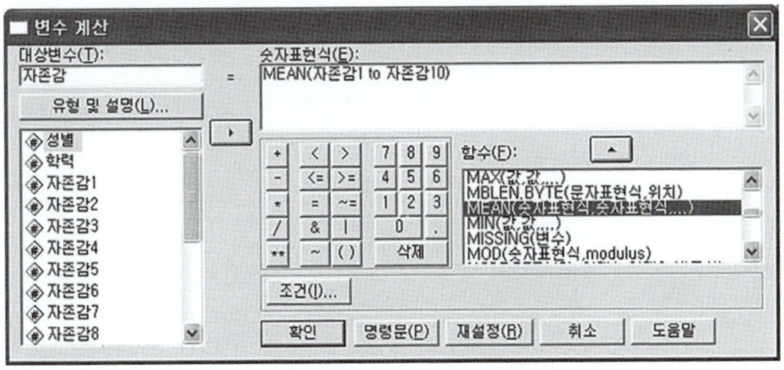

| 그림 12-10 | 변수 계산

요약

1. 자료분석은 측정결과로부터 유용한 정보를 도출하는 과정으로 일련의 통계적인 기법들이 사용된다. 원자료는 편집과 부호 등의 사전처리를 해야 한다. 편집과정에서 보완할 내용은 판독하기 애매한 경우, 특정 질문에 응답누락한 경우, 응답이 일관되지 못한 경우, 부정확하게 응답하거나 부적절한 응답자가 포함된 경우 등이 있다.
2. 부호화는 응답에 기호(수치)를 부여하는 과정으로, 전체 응답을 상호배타적인 집단으로 분류하고 모든 응답을 포괄해야 한다. 응답을 범주로 나누더라도 자료의 정보가 상실되지 않도록 해야 한다.
3. 수집된 자료에 오차가 없도록 해야 하고, 만일 있더라도 별도의 유추를 통해 메워서 분포의 차질이없도록 해야 한다. 무응답을 처리하는 방법으로는 사례나 변수를 제거하거나, 평균값으로 대치하거나, 원래의 값을 추정하여 삽입하는 방법이 있다.
4. 설문지를 구성할 때부터 어떤 통계기법을 통해 가설 검증을 할 것인지 계획해 두어야 한다. 연구가설이 집단 간 또는 변수 간의 평균의 차이를 검증하는 것이라면 t-검증 혹은 분산분석이 사용되고, 변수 간의 상호관련성 검증은 상관분석, 그리고 인관관계 검증은 회귀분석 등이 사용된다.
5. 통계에는 기술통계와 추론통계, 모수통계와 비모수통계, 단변량통계와 다변량통계 등이 있다.

CHAPTER

13

질적연구방법

1. 질적연구방법의 의의

1) 의 의

질적연구방법(qualitative research method)이란 연구문제를 이해하려는 목적으로 비교적 적은 수의 표본을 대상으로 구조화되지 않은 자료를 바탕으로 진행되는 연구방법을 말한다. 오늘날의 조사연구 대부분은 논리실증주의 전통에 따르고 있고 이러한 접근은 주로 양적(quantitative)연구방법에 의존하고 있지만, 양적연구방법으로는 발견하거나 분석하기 어려운 문제를 효과적으로 관찰하고 분석하며, 복잡한 사회현상을 심층적으로 규명하고 해석하기 위한 연구방법이 질적연구방법이다. 이러한 질적연구방법의 장점 때문에 사회복지현장의 비전과 실천가의 일상적 고뇌를 휴리스틱(heuristic, 자가발견적) 하게 담아낼 수 있는 최상의 질그릇이라 표현하였다(정혜숙 · 심우찬, 2017).

양적연구방법은 수량화된 자료를 통계분석하여 결과가 나타나지만 질적연구방법은 연구문제에 대한 이해를 목적으로 진행된다. 따라서 연구주제가 결정되면 양적연구를 하기 전에 질적연구를 먼저 진행하여 연구주제를 이해하는 것이 일반적이다. 또한 양적연구방법의 결과를 보다 적절하게 해석하기 위해서 질적연구방법을 진행하기도 한다. 따라서 질적연구방법과 양적연구방법은 완전히 별개의 상호배타적인 연구방법이 아니며, 서로의 단점을 보완하는 수단으로 발전하고 있고 서로 결합해 가는 추세이다. 질적연구가 필요한 경우는 다음과 같다(Padgett, 1998).

- 잘 알려지지 않은 주제에 대한 탐구적 접근을 하고자 하는 경우
- 민감하고 정서적으로 깊이 있는 주제를 연구하는 경우
- 실제로 어떤 삶을 살고 있는 사람들의 시각으로부터 '살아 있는 경험'에 대한 이해를 얻음과 동시에 그들의 삶으로부터 어떤 의미를 도출하고자 하는 경우
- 프로그램과 개입이라는 블랙박스의 내면을 이해하고자 하는 경우
- 양적연구를 하는 연구자로서 자료수집이나 연구를 통해 발견한 내용을 설명하는 데 있어 난관에 부딪힌 경우
- 연구와 적극적 행동을 하나로 묶고자 하는 경우

2) 특 징

① **주관적 세상** : 자연적인 환경으로부터 직접적으로 자료를 수집하며, 연구의 주된 도구는 연구자 자신이다. 따라서 질적연구자들은 그들이 관심을 가지고 있는 연구대상이 생활하거나 활동하는 현장에 직접 들어가서 자료를 수집하고 조사자와 조사대상자의 주관적인 인지나 느낌, 해석 등을 모두 정당한 자료로 간주한다.

② **다양한 자료** : 자료는 계량화된 숫자가 아니라 말이나 그림 형태를 띠고 있고, 연구보고서는 구체적인 방법으로 기술하기 위해 면접내용기록이나 현장노트, 사진, 비디오테이프, 메모, 개인적 소품 등과 같은 다양한 자료를 직접 인용한다.

③ **과정에 대한 관심** : 결과나 산물보다는 결과에 이르는 과정에 관심을 기울인다.

④ **절차의 유연성** : 조사에 필요한 절차나 단계들을 사전에 엄격하게 결정하지 않고, 조사연구자들은 그것들에 구애받지 않고 상황에 따라 적절한 방법들을 현장에서 채택한다.

⑤ **귀납적 방법** : 양적연구방법은 이론에서 출발하여 그것을 경험적으로 검증하는 연역법을 주로 사용하지만 질적연구방법은 경험들을 수집하면서 그것을 근거로 잠정적인 이론에 도달하는 귀납법을 선호한다.

⑥ **일반화의 한계** : 양적연구방법도 일반화의 어려움은 있지만 특히 질적연구방법은 대부분 특정 집단에 관련된 경험들을 심층적으로 연구하므로 비록 그 집단에 대해서는 가장 적절한 설명이 될 수는 있지만 모든 집단에까지 확대하기에는 어려움이 있다.

3) 양적연구방법과의 비교

질적연구방법과 양적연구방법은 어떤 현상이나 사건을 체계적으로 조사하고 탐구하는 과학적 조사방법이기는 하지만 그 방법이 달라 적합한 상황이나 연구기법에는 서로 차이가 있다. 가령 질적연구방법은 기초가 되는 원인에 대한 이해를 주목적으로 하지만 양적연구방법은 발견된 사실을 가령 인과관계와 같이 일반적인 상황으로 확장하는 데 그 목적이 있다. 또한 표본과 관련하여 질적연구방법은 적은 수의 표본을 대상으로 하지만 양적연구방법은 최소 수백명 이상의 대표성을 갖는 많은 수의 표본을 대상으로 하며, 자료수집 방법이 질적

연구방법은 구조화되어 있지 않지만 양적연구방법은 잘 구조화되어 있다. 따라서 질적연구방법은 산술적 통계분석을 잘 사용하지 않고, 반면에 양적연구방법은 통계분석을 주로 사용한다.

〈표 13-1〉 **양적연구와 질적연구 비교**

양적연구	특 성	질적연구
양	연구의 초점	질(본성, 본질)
논리실증주의, 행동주의	이론적 근거	현상학, 해석학, 자연주의
객관적 실재 기계론적 관점, 외부자적 관점	기본 가정	구성된 실재 인간의 의도 중시, 내부자적 관점
이론검증, 객관적 실체 규명	목 적	이론 개발, 실상의 구성
사전 결정, 미시적, 명세적, 구조화	연구 설계	즉각적, 점진적, 거시적, 융통성
인간행동의 규칙성, 안정성 중시	주안점	인간행동의 가변성, 역동성 중시
연역법	연구방법	귀납법
큼	표 본	작음
확률표집	표 집	비확률표집
실험적, 상관적 가설과 이론이 선행	절 차	분석적, 문화기술적 가설과 기초 이론의 발견
측정, 설문지, 척도, 검사 구조화된 면접과 관찰	도구 · 자료원	현장 기록, 문서, 테이프, 사진 문화기술적 면접과 관찰
가능	조사결과의 일반화	곤란
양적, 수량화, 가설검증	자료분석	기술적, 언어화, 패턴 탐색
객관적, 통계적 보고서	결과 보고	해석적, 이야기체 보고서

2. 질적연구방법의 종류

1) 근거이론

근거이론(grounded theory)은 'grounded(기초를 둔, 근거를 둔)'라는 말뜻에서 알 수 있듯이,

수집된 자료를 근거로 하여 이론의 체계, 과정, 실행 혹은 실질적인 주제에 관한 상호작용 등을 설명하는 이론을 개발하는 연구방법이다. 선험적인 가정으로부터 연역적 추론을 거쳐 만들어진 이론들과는 달리 경험적인 세계의 관찰에 근거하여 만들어진 이론이며, 따라서 기초이론 혹은 현실기반이론이라고도 부른다. 근거이론은 글레이저(Glaser)와 스트라우스(A. Straus)가 저술한 『근거이론의 발견(The Discovery of Grounded Theory, 1967)』을 통해 널리 알려졌다.

근거이론의 목적은 사람이나 사건, 현상들에 대한 이론을 발전시키는 데 있다. 양적연구방법의 연역적 방법과는 달리 자료들로부터 이론을 도출하는 데 주된 관심을 가지므로 기존의 이론적 기반이 갖추어지지 않은 분야이거나 혹은 비록 기존의 이론은 있지만 수정되거나 명확화되어야 할 필요성이 있는 분야를 연구하는 데 적합하다. 근거이론에 의한 연구과정은 우선 연구자가 연구 주제에 적합한 대상자를 의도적으로 선택하여 현장을 방문해 인터뷰를 실시하고, 수집된 자료(녹취록)는 다음의 3단계로 진행된다(Straus & Cobin, 1998).

① **개방코딩(open coding)** : 개방코딩은 면접 자료를 검토하고 비교해 밝히고자 하는 어떤 현상에 대한 개념을 형성하고 범주(categories)를 만드는 과정이다. 자료를 의미단위로 간략화하며, 연구자의 분석력을 자료에 적용하는 과정이다. 연구자는 더 이상 새로운 범주를 발견할 수 없는 포화에 이를 때까지 자료수집과 자료분석을 지속적으로 비교(constant comparison)한다.

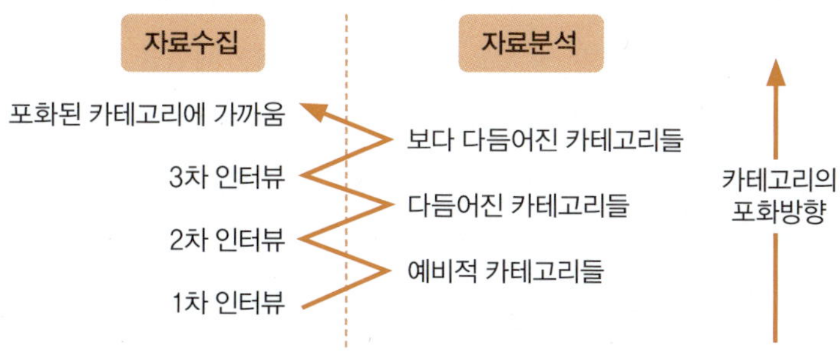

| 그림 13-1 | 지속적 비교의 과정

② **축코딩(axial coding)** : 개방코딩을 바탕으로 축코딩을 한다. 축코딩은 개방코딩으로 만

들어진 범주들을 패러다임이라는 틀에 맞게 연결시키는 과정이다. 중심범주를 축으로 하위범주를 연결시키므로 축코딩이라 하며, 범주 사이의 관계와 연결에 초점을 둔다.

③ **선택코딩**(selective coding) : 선택코딩은 개방코딩과 축코딩에서 생성된 범주들을 통합해 '이야기 줄거리(story line)'로 서술하는 과정이다. 이 과정을 통해 궁극적으로 하나의 이론을 생성하게 된다.

〈표 13-2〉 근거이론의 장단점

장 점	단 점
• 체계적이고 자세한 분석틀을 제공한다. • 분석을 일찍 시작한다. • 주장을 뒷받침할 충분한 자료를 제시한다. • 자료수집과 분석과정이 지속적으로 상호작용한다. • 반복적인 과정을 묘사하는 데 유용하다.	• 초심자는 코딩과정에서 압도된다. • 개방코딩 시간이 너무 오래 소요된다. • 더 큰 개념이나 범주로 상향하는 데 어려움이 있다. • 주로 거대이론 생성에는 한계가 있다.

2) 문화기술지

문화기술지(ethnography)는 민족 또는 문화집단을 뜻하는 그리스어 'ethnos'와 묘사를 뜻하는 'graphia'가 합쳐진 용어로서, 직역하면 어떠한 민족의 생활상을 생생하게 묘사한 글을 의미한다. 즉, 연구자가 현지에 몸소 들어가 장기간 체류하면서 현지 언어로 의사소통하고 현지인들의 일상생활에 다양한 방식으로 참여관찰하는 체험을 근간으로 행해지는 연구방법이다(Hammersley & Atkinson, 1995). 이 방법은 낯선 문화에 대한 탐구와 이해를 위해 인류학에서 등장했지만, 현지연구의 대상이 민족, 종족의 이해에서 점차 문화, 사회, 집단, 가족 등으로 옮겨지면서 민속지학보다는 문화기술지로 번역되고 있다.

문화기술지는 구성주의 혹은 해석주의라 불리는 인식론에 바탕을 두고 있으며, 세부적으로는 ⓐ 부분적으로 쪼개어서는 제대로 이해할 수 없다는 총체적 관점, ⓑ 자연적인 맥락 속에서만 온전하게 파악할 수 있다는 자연주의적 관점, ⓒ 각 사회를 그 문화 내부의 고유한 기준으로 설명하고자 하는 문화상대주의 관점에 바탕을 두고 있다. 따라서 문화기술지

연구자는 실험이나 조사를 통해 객관적으로 가정된 질서의 진위를 입증하는 일이 아니라, 한 인간집단이 어떤 질서 속에서 생활하고 있는가, 왜 그러한 질서체제를 구성하게 되었는가를 이해하는 것이 중요하다.

문화기술지에 의한 연구절차는 ① 일정한 집단에서 공유하는 행동, 신념 또는 언어 양태에 대하여 조사문제를 선정하고, ② 그 연구문제에 대한 조사를 실시할 수 있는 문화적 집단을 선정하고, ③ 6개월에서 1년 정도의 장기간 참여관찰과 면접을 통해 자료를 수집하면서, ④ 수집된 자료에서 문화적 집단이 공유하는 행동, 신념 또는 언어의 형태를 분석한다(최성재, 2005).

3) 내러티브 연구

내러티브(narrative)란 이야기를 뜻한다. 짧은 일화(story)가 아니라 긴 시간에 걸쳐 일어나는 삶에 대한 사건들을 정리한 형태를 말한다. 인간은 이야기를 말하고, 말한 이야기대로 사는 존재이다. 그리고 서로 이야기를 통해서 자신들이 가지고 있는 경험들을 자유롭게 공유한다. 내러티브 연구는 이야기를 통해 인간의 경험을 탐구하는 연구방법으로, 내러티브를 연구의 데이터로 사용한다. 내러티브는 방법일 수도 있고 연구하는 현상일 수도 있다.

내러티브 연구는 개인의 경험을 탐색하고, 그러한 경험들이 구성되고, 형성되며, 표현되고, 실행되는 범위 내에서 더 광범위한 사회적·문화적·제도적 내러티브들을 탐색한다. 또한 다른 사람들의 삶의 이야기를 살고, 이야기하고, 다시 이야기하고, 다시 살아낼 때, 이 과정은 일련의 성찰적 순환과정을 거치게 되는데, 이 과정을 통해 내러티브 연구자들은 탐구된 경험을 넓히고 변형시키는 방법들을 찾는다(Clandinn & Connelly, 2000). 내러티브 연구는 연구의 독자에게 연구참여자가 경험한 사건에 대한 시간적 특성, 개인적-사회적 의미, 물리적 환경에 대한 보다 생생한 이해를 가능케 하는 방법이다.

연구절차는 우선 한두 사람에 초점을 맞추어 그들의 이야기를 수집함으로써 자료를 모으고, 개별적인 경험들을 보고하고, 이러한 경험들의 의미를 연대기적으로 나열하거나 생애주기 단계를 사용하는 것으로 구성된다. 따라서 내러티브 연구는 ⓐ 시간적 순서에 의해 일어난 사건에 대한 연구, ⓑ 한 개인의 삶의 변화와 관련된 연구, ⓒ 연구참여자의 경험과 관련된 다양한 맥락에 관심이 있는 연구 등에 적합하다.

4) 현상학적 연구

현상학적 연구(phenomenological research)는 현상의 본질에 대한 탐구로서, 하나의 개념이나 현상에 대해 여러 개인들, 즉 모든 연구참여자들이 경험하면서 공통적으로 갖게 된 의미를 기술하는 데 초점을 둔 질적연구방법이다. 내러티브 연구가 단일한 개인의 삶을 보고한 것과는 다르다. 이 방법은 현상학이라는 철학 사조에 바탕을 두고 있다. 현상학(phenomenology)은 어떤 상황에 처한 인간 경험의 본질과 의미를 밝히는 철학 유형으로, 독일의 철학자인 후설(E. Husserl, 1859~1938)에 의해 발전되었다.

현상학적 연구는 인간이 인지하는 현상을 있는 그대로 드러내는 것을 통해 사물의 본질을 탐구하고자 하는 노력이다. 인간은 삶 속에서 다양한 대상들에 대한 의식을 갖게 되는데, 이러한 다양한 의식들의 본질적 구조를 파악하는 것이 현상학적 연구이다(이인남, 2005). 즉, 연구참여자의 주관적 경험에 관심을 갖는 것이 아니라, 인간적 경험의 본질이 무엇인가 하는 물음에 대한 답을 추구한다. 이를 위해 선입견과 편견적 견해를 배제한다. 현상학적 연구는 현상이 되게 하는 것 그리고 이것이 없으면 현상이 될 수 없는 현상의 근본적 성질을 탐구하며, 이를 위해 연구참여자들의 체험(lived experience)의 의미, 구조, 본질을 탐구한다(Van Manen, 1997).

현상학은 후설이 창안한 기술적 현상학과 하이데거가 창안한 해석학적 현상학으로 나누어진다. ⓐ 기술적 현상학은 실제에 깊이 있게 관여함을 통해 진정한 의미에 도달하는 것으로, 과학적 연구의 대상이어야만 하는 인간 의식에 의해 감지된 현상의 경험을 평가한다. 기술적 현상학의 중요한 가정 중의 하나는 개인적 편견, 억측, 가정을 괄호치기하면서 배제하는 것이다. 괄호치기가 통찰을 통해 생생한 경험의 공통적 특징을 얻도록 돕는다고 하였다. 후설은 이러한 특징을 보편적 본질이라 하였고 현상의 진정한 본질을 대표한다고 하였다.

연구절차는 자료수집, 분석, 보고서 작성으로 진행되어 다른 연구방법과 크게 다르지는 않지만, 현상학적 연구가 추구하는 존재의 본질에 대한 탐구 목적은 연구의 모든 과정에 영향을 미친다.

5) 사례연구

사례연구(case study research)는 하나의 사건, 현상 혹은 사회적인 단위에 대한 집중적이고 전체적인 설명과 분석을 하는 연구방법이다(Merriam, 1988). 여기서 사례란 연구자의 관심을 끄는 특정한 인물, 집단, 프로그램, 사회적인 현상, 조직이나 기관 등이 모두 해당된다. 사례연구를 통해 얻은 지식은 매우 생생하고 직접적이며 구체적인 내용을 담고 있으며, 더욱 맥락적이다. 따라서 사례연구는 ⓐ 하나 또는 복수의 사례가 가지고 있는 복잡성을 충분하게 이해하고자 할 때, ⓑ 특정한 사례에 대한 깊은 이해와 사례가 갖는 의미를 얻고자 할 때, ⓒ 어떠한 현상의 변화과정을 살펴볼 때 적절한 연구방법이다.

사례연구는 실험연구나 조사연구와는 달리 자료수집이나 분석과 관련한 방법적인 제한은 없다. 연구자가 가지고 있는 연구문제의 특성과 연구대상이 되는 사례가 가지고 있는 특성, 맥락 등을 고려하여 최선의 방법이라고 판단되는 것이라면 어떠한 방법이라도 사례연구를 위한 자료수집활동에 적용될 수 있다.

〈표 13-3〉 다섯 가지 질적연구접근의 특성 비교

특 성	근거이론	문화기술지	내러티브 연구	현상학	사례연구
초 점	현장에서 나온 자료를 근거로 이론을 개발	문화공유집단을 기술하고 해석	개인의 인생을 탐색	경험의 본질을 이해	단일 사례나 여러 사례에 대한 심층 기술과 분석을 전개
설계에 가장 적합한 문제 유형	연구참여자의 관점에서 근거이론을 개발하고자 할 때	문화의 공유된 패턴을 기술하고 해석하고자 할 때	개인적인 경험에 대한 이야기를 말하고자 할 때	체험한 현상의 본질을 기술하고자 할 때	단일 사례나 여러 사례에 대한 깊은 이해를 제공하고자 할 때
학문 배경	사회학	인류학, 사회학	인류학, 문헌정보학, 역사학, 심리학, 사회학을 포함한 인문학	철학, 심리학, 교육	심리학, 법학, 정치학, 의학
분석 단위	많은 개인들이 관여하는 과정, 행동, 상호작용을 연구	같은 문화를 공유하는 집단을 연구	한 명 이상의 개인들을 연구	경험을 공유해 온 여러 개인을 연구	사건, 프로그램, 활동, 한 명 이상의 개인을 연구

특 성	근거이론	문화기술지	내러티브 연구	현상학	사례연구
자료수집 형식	주로 20~60명 정도의 개인들과 면접	주로 관찰과 면접을 활용하지만 현장에서 오랜 시간을 보내면서 다른 자료원들을 수집	주로 면접과 문서 활용	주로 개별면접이지만, 문서와 관찰, 예술작품도 활용될 수 있음	면접, 관찰, 문서, 인공물과 같은 다양한 자료원을 활용
자료분석 전략	개방코딩, 축코딩, 선택코딩	문화공유집단에 대한 기술, 집단에 대한 주제	이야기, '재구성한' 이야기, 주제 전개, 종종 연대기 사용	의미 있는 진술, 의미 단위, 텍스트에 근거한 기술, 구조적 기술, '본질'에 대한 기술	사례에 대한 기술, 사례에 대한 주제, 사례 간 주제
보고서	하나의 도형으로 설명되는 이론을 창출	문화공유집단이 생활하는 방식을 기술	개인의 인생 이야기에 대한 내러티브 전개	경험의 '본질'을 기술	하나 이상의 사례에 대한 상세한 분석을 전개

6) 실행연구

실행연구(action research)는 집단구성원을 연구과정에 참여시켜서 사회집단의 변화를 유도하는 방법이다. 실행연구의 목적은 클라이언트의 삶을 향상시키는 변화이며, 이를 통해 전문인으로서의 삶 또한 향상시킬 수 있다고 본다. 실행연구는 전통적인 연구방법과는 상당히 다른 측면이 있다. 객관성이나 이론 정립보다는 실천의 개선에 관심을 가지며, 반성적 실천의 자기순환과정을 강조하는 점에서 실천 분야의 모든 사람들에게 적합한 연구방법이다.

실행연구는 레윈(K. Lewin, 1934)이 사회집단의 실제적인 문제를 해결하는 접근방법을 묘사하기 위해 처음 사용한 것으로, 그는 "공통적으로 가지고 있는 사적인 문제를 해결하기 위해 협동연구에 참여한 모든 사람들이 반성적 사고, 논의, 의사결정, 그리고 실행의 힘을 개발하도록 보장하는 과정"이라 하였다. 실행연구는 사회문제를 보다 잘 이해하고 협동적인 노력을 통해서 집단구성원들의 진정한 변화와 개선을 유도하는 데 초점을 맞추는 귀납적이고 실제적인 연구방법의 하나이다.

실행연구의 절차는 3국면 6단계로 구분된다. 첫 번째 기획(planning) 국면은 ① 문제의 확인 및 이해, ② 문제와 개입프로그램의 규정, ③ 성과 측정방법의 개발이 포함되고, 두 번째 실행(action) 국면에서는 ④ 실행계획의 집행, 그리고 세 번째 성찰(reflection) 국면에서는 ⑤ 평가, ⑥ 집단과 조직 변화의 성찰 단계로 진행된다.

그동안 실행연구는 교육학 등에서 활발히 수행되고 사회복지학에서는 매우 드물게 진행되었지만, 현장의 사회복지사들이 주체가 되어 그들이 당면한 현장의 고민들을 연구로 풀어내고 즉시 적용과 개선을 도모할 수 있다는 점에서 그 어떤 연구방법보다도 사회복지학에 매우 효과적인 연구방법이 될 가능성이 높다(김미옥, 2009).

3. 질적자료의 분석과정

질적연구에서 자료의 분석과정은 학자마다 다르게 제시되고 있다. 마일스와 휴버만(Miles & Huberman, 1984)은 자료의 감소, 자료의 배열, 그리고 결론 도출의 3단계로 설명하였고, 크레스웰(Creswell, 2009)은 6단계로 설명하기도 하였다. 다양한 분석과정이 제시되고 있지만 일반적으로 질적자료의 분석과정은 다음의 3단계로 진행된다(김윤옥 외, 2009).

1) 전사과정

전사(transcribing)란 자료를 기록하고 저장하는 작업을 말한다. 주록 인터뷰 녹음 자료 등을 분석과 해석을 위해 전산화된 한글문서로 옮겨 적는 과정을 말한다. 전사과정을 통해 녹음자료나 관찰기록 등을 보관하기 편하고 편집을 자유롭게 할 수 있도록 효과적인 자료관리가 가능하며 또한 전사과정 자체가 연구자의 현장경험과 생각을 정리할 수 있는 분석의 과정이 되기도 한다. 연구보조원이 전사작업을 보조하기도 하지만 현장성을 재생할 수도 있고 전사과정에서 분석의 아이디어를 찾을 수도 있으므로 연구자가 직접 하는 것이 바람직하다. 전사가 끝나면 오탈자 등 맞춤법을 맞추고 원문에서 생략된 내용을 보완한다. 특히 데이터 보호에 신경을 써서 백업파일을 만들거나 출력본을 만들어 두어야 한다.

2) 코딩과정

질적연구에서 코딩(coding)은 정보에 의미를 부여하기 전에 자료를 텍스트 조각으로 조직하는 과정이다. 이는 전사된 자료를 읽으면서 텍스트의 특정 부분이 어떤 특정한 주제나 이슈를 언급하고 있다고 느낄 때 연구문제나 연구자 자신의 이론적 관점에 근거하여 그 텍스트의 특정한 부분을 가장 잘 설명해 주는 주제로서 이름을 부여하는 과정을 말한다(김윤옥 외, 2009). 즉, 질적자료에서 어떤 의미를 찾아내고 핵심주제로 발전시켜 나가는 과정이며, 이런 코딩과정을 거쳐 찾아낸 의미를 코드(code)라고 한다.

코딩하는 방법은 두 종류가 있다. ⓐ 기술적 코드는 수집된 자료들을 군집화하여 특정한 속성을 부여하는 방식으로 주로 데이터를 요약하는 방식이다. ⓑ 패턴 코드는 떠오르는 주제나 윤곽 또는 설명을 확인하는 보다 더 설명적이고 추론적인 방식으로 단순한 요약들을 더 작은 수의 단위, 주제 또는 구성들로 묶어내는 방식이다. 따라서 패턴 코드는 많은 양의 데이터를 보다 의미 있는 분석 단위로 줄여주면서 연구자가 보다 자료분석에 집중할 수 있다는 장점이 있다. 코딩과 재코딩은 범주가 포화상태에 이르고 충분한 규모의 규칙성이 발견될 때까지 지속된다.

3) 범주화과정

범주화과정은 전사된 자료를 계속해서 읽으면서 자료 속에 내재된 주제를 찾아가고, 수집된 자료를 주제별로 구분하여 체계화하는 과정을 말한다. 연구자는 이러한 과정을 통해 원래의 자료들이 특정한 개념이나 범주 또는 주제들로 특정화하거나 발전시켜 나갈 수 있다.

범주화 작업에는 ⓐ 코드들을 출현 빈도수를 계산하여 높은 순서에 따라 서열을 정하는 방법, ⓑ 규칙적인 패턴을 찾아내는 방법, ⓒ 동일한 현상을 한 개의 새로운 단위로 묶는 방법, ⓓ 상황을 잘 설득할 수 있게 은유를 개발하는 방법, ⓔ 인과관계를 구성하는 방법 등이 있다(김윤옥 외, 2009). 연구자는 범주화과정에서 상상력과 창의성을 발휘하여 범주화된 자료 사이의 관계를 해석하고 주제를 개념화시킨다(Feldman, 1995). 그러나 질적자료를 통한 연구자의 주관적인 분석과 이해가 정말로 현장과 자료를 설명하는 데 과학적으로 적합한지 여부 등은 동료 연구자의 의견을 구하는 등의 방법을 통해 보다 분석의 타당도를 높여나가야 한다.

4. 질적연구자의 자세와 연구의 엄격성

1) 질적연구자의 자세

질적연구자는 실제로 자료를 수집하고 분석하는 주요 도구이다(Merrian, 1994). 이러한 중요성을 메이슨(Mason, 1996)은 질적연구자는 연구가 이루어지는 현장의 맥락을 전략적으로 생각하고 행동하는 수행자라고 하였고, 패짓(Padgett, 2001)은 질적연구가 지적 탐구를 위한 항해라면 연구자는 곧 선장이나 항법사라고 비유하였다. 이와 같이 질적연구자는 능동적, 창의적, 즉흥적으로 현장에서 참여하여 질문하고 관찰하는 과정을 통해 연구에 필요한 자료를 만들어 낸다. 질적연구자가 고려해야 할 내용은 다음과 같다(김은경, 1996).

① **주관성**(subjectivity) : 질적연구는 기본적으로 연구자와 참여자 모두의 주관적인 인지와 편견을 인정하는 연구방법이다. 여기서 주관성은 연구자 자신의 인식을 의미하는 것으로, 이러한 주관성이 연구를 통해 이야기하고자 하는 줄거리가 되고, 연구자의 시각과 통찰을 바탕으로 한다.

② **사회적 관계 속으로 들어가기**(involvement in social relations) : 질적연구에서는 행동이 일어나는 장소가 필수적이고, 그 장소 내에서 연구 상황과 참여자들이 선정되어야 한다. 따라서 질적연구자는 사회적 관계 속으로 들어가기를 통한 새로운 관계맺음에 익숙해야 하고, 그 과정에서 성숙함과 자기 절제가 필요하다. 관계맺음은 연구의 사회적 상황, 연구문제의 사회적 맥락과의 관계까지 포함한다.

③ **몰입**(commitment) : 지속적으로 반복되는 연구활동(면접하기, 기록하기, 관찰하기)은 일종의 소진을 야기한다. 또한 현장조사로 진행되는 질적연구의 특성상 관찰과 면접에 연구자 개인생활의 상당 부분이 희생되기도 한다. 그럼에도 연구자는 연구활동에 지속적

으로 몰입해야 한다.

④ **관점 유지하기**(maintaing perspective) : 질적연구자는 연구결과의 객관성을 위해 관점 유지하기가 필요하다. 연구자의 주관성과 헌신이 지나치면 산출자료에 과장이 있게 되어 객관성을 떨어뜨리게 된다. 이를 방지하기 위해 지속적으로 연구의 관점을 점검하고 유지해야 한다. 특히 질적연구자에게는 폭넓은 시각과 분별력을 갖게 하는 데 필요한 독창적인 통찰력이 중요시된다.

⑤ **경계 내 돌기**(boundary spinning) : 경계 내 돌기란 연구집단 안에서와 집단 바깥에서 의사소통하는 기술을 말한다. 자신의 연구 기획물에 개입되거나 침입해 들어오는 갖가지 다양한 문화 속에 적극적으로 참여해야 한다. 즉, 연구와 관련된 정책결정자들, 자금지원단체 등과 관련해 이들의 행동, 목적, 신념 등에 친숙해지는 능력이 요구된다.

2) 신뢰성 저해요인

질적연구의 신뢰성을 저해하는 요인을 살펴보면 다음과 같다(Lincoln & Guba, 1985).

① **연구대상의 반응성**(reactivity) : 연구자의 존재 그 자체로 말미암아 연구대상에서 나타날 수 있는 왜곡됨을 말한다. 연구자가 연구대상에게 영향을 미치기 때문에 발생한다.

② **연구자의 편견**(research bias) : 연구자가 자신의 관찰과 해석을 자신이 가진 선입견이나 주관을 통해 보고자 한다면 신뢰할 만한 연구결과를 얻기 어렵다. 또한 연구자가 연구대상이나 현상에 너무 몰입하거나 완전히 소외되는 극단적인 상황이 되어도 오류의 가능성이 있으므로 스스로 통제할 수 있어야 한다.

③ **연구대상의 편견** : 연구대상이 경우에 따라 연구에 지나치게 협조적이어서 연구자가 듣고 싶어 하는 답을 알아서 제시해 주기도 하고, 이와는 반대로 사생활 보호 등을 위해 의도적으로 정보를 감추거나 거짓말을 할 수도 있다.

3) 연구의 엄격성 기준

질적연구방법의 엄격성에 관해 링컨과 구바(Lincoln & Guba, 1985)는 사실적 가치, 적용성,

일관성, 중립성이라는 네 가지 기준을 제시하여 연구의 결과와 결과 해석을 신뢰할 수 있도록 하였다.

① **사실적 가치**(truth value) : 연구참여자의 경험이 일반적인 진실에 근접하였는지를 의미한다. 이를 위해 연구참여자는 오랫동안 연구주제와 관련된 경험을 한 자 중에서 선발되어야 하고, 면담에 앞서 연구의 목적을 충분히 설명하여 연구과정에서의 부담을 줄여야 한다. 또한 연구 과정에서 취소나 번복이 가능하다는 것과 녹음에 대한 승낙, 연구참여자에 대한 비밀보장 등 연구 과정에서 자발적 참여 등에 대해 설명하고 서면으로 연구동의서를 받아야 하며, 신뢰관계 형성에 노력함으로써 경험에 대한 사실적 진술을 도모하여야 한다. 또한 연구결과 일차적으로 도출된 의미와 주제에 대해 연구참여자를 통해 사실적 가치를 확인받는 것도 필요하다.

② **적용성**(applicability) : 연구결과가 연구 상황 이외에서 얼마나 유용하게 사용될 수 있는지 가늠하는 것이다. 연구참여자들에게서 녹취된 진술과 도출된 의미들이 공통적으며 반복적으로 나타나는지 확인할 필요가 있고, 연구결과를 연구참여자들과 유사한 경력을 지닌 비연구참여자들에게 제시하여 그들의 경험과 비교하여 확인하는 절차를 거칠 수도 있다.

③ **일관성**(consistency) : 일관성은 연구과정에서의 전문성을 통해 높일 수 있다. 연구자들은 가능하면 사회복지학을 전공하고 질적연구방법에 대한 전문적 경험과 대학원 이상의 학위를 가진 복수의 연구진을 구성하는 것이 좋다. 또한 관련분야 연구경험이 있는 전문가에게 자문을 통해 연구자들이 가질 수 있는 편견을 통제할 수도 있다.

④ **중립성**(neutrality) : 모든 편견으로부터의 해방을 의미한다. 현상학적 연구를 위해 연구참여자의 입장에서 경험한 현상에 대해 몰입하고, 연구참여자의 세계 속으로 들어가고자 모든 세부적인 내용에 심사숙고 하여야 한다. 심층면접 과정에서 보여준 행동과 표정들을 연구노트에 기입하여, 상황에서의 의미를 탐구하고자 노력하여야 한다. 연구자들의 편견을 배제하고자 연구자들의 기술을 녹취하고, 녹취록을 반복해서 읽고, 연구참여자들의 생생한 경험을 보존하기 위해 노력하여야 한다.

4) 연구의 엄격성을 높이기 위한 전략

질적연구의 엄격성이란 질적연구를 통해 얻은 결과와 결과해석을 신뢰할 수 있는 정도를 말한다. 질적연구의 엄격성을 높일 수 있는 전략으로는 다음의 여섯 가지가 있다(Padgett, 1998).

① **장기간에 걸친 관계형성**(prolonged engagement) : 연구자와 연구대상 간의 장기간에 걸친 관계형성은 연구대상의 반응성과 연구자의 편견을 줄이는 데 도움이 된다. 그리고 연구대상들이 어떤 사실을 숨기거나 거짓말을 하는 것을 막아주기도 한다. 그러나 장기간의 관계형성은 연구자가 지나치게 몰입해 객관적 관찰과 해석을 위한 거리감을 잃기도 하고 편견을 가질 수도 있다.

② **다원화**(triangulation) : 삼각측량과 같이 정해진 혹은 고정된 하나의 점 또는 사항에 대해서 포괄적인 이해를 얻고자 다양한 자원을 활용한다. 이론 다원화, 연구방법 다원화, 관찰자 다원화, 자료 다원화, 학제간 다원화 등의 방법이 있다.

③ **동료집단의 조언 및 지지**(peer support group) : 동료지지집단은 연구자가 편견에 빠지지 않게 하는 감시기제로서의 역할을 하며, 또한 연구자에게 연구의 전 과정에 걸쳐 정직성을 유지할 수 있게 하는 역할을 한다.

④ **연구대상을 통한 재확인**(member check) : 연구자가 수시로 연구현장을 다시 찾아가서 자신의 연구가 올바른 방향으로 나아가고 있는지를 연구대상을 통해 확인하는 방법이다. 연구자의 편견을 줄일 수 있다.

⑤ **예외적 사례분석**(negative case) : 예외적인 사례분석을 통해 연구자가 자료분석 과정에서 스스로에게 자기 자신의 결점을 찾아내는 역할을 부여하기도 한다.

⑥ **감사자료 남기기**(audit trail) : 연구자는 다른 사람이 자신의 연구결과를 살펴볼 수 있도록 자료수집 및 분석의 모든 과정을 기록으로 남기고 이를 공개함으로써 연구의 엄격성뿐만 아니라 연구를 재현할 수 있는 능력(reproducibility)을 높여준다.

〈표 13-4〉 연구의 엄격성을 높이기 위한 전략

	신뢰성 저해요인		
	연구대상의 반응성	연구자의 편견	연구대상의 편견
① 장기간에 걸친 관계형성	+	−	+
② 다원화	+	+	+
③ 동료집단의 조언 및 지지	0	+	0
④ 연구대상을 통한 재확인	+	+	+
⑤ 예외적 사례분석	0	+	0
⑥ 감사자료 남기기	0	+	0

주 : + 저해요인 감소에 긍정적 영향, − 저해요인 감소에 부정적 영향, 0 아무런 영향 없음

5. 질적연구의 한계와 양적연구와의 통합

1) 질적연구의 한계

질적연구는 많은 장점에도 불구하고 연구결과의 신뢰도, 타당도, 일반화 가능성 측면에서 한계를 안고 있다. 질적연구가 갖는 한계를 살펴보면 다음과 같다(Bryman, 1988; Padgett, 2001).

(1) 해석의 문제

질적연구는 사회현상에 대한 연구대상자의 해석을 탐구하는 것이다. 그러나 타인의 인지를 연구자가 동일하게 인지했는지, 실제로 연구자가 연구대상자 관점에서 설명을 했는지 등을 확인하기 어렵다. 이러한 문제에 대한 대안은 우선 사건의 순서, 대화, 현장기록 등의 원자료를 자세하게 기술함으로써 연구대상자가 이것을 어떻게 이해하는가에 대한 해석을 드러내는 것이고, 또는 연구자가 연구결과를 대상자에게 제시하여 응답자의 타당화를 실시할 수 있다.

(2) 이론과 연구의 문제

질적연구에서 이론은 현장연구과정에서 도출되고, 현장경험 내에서 정련되고 검증되며, 점차적으로 자료수집의 마지막 단계에서 정교화되는 분석적 귀납법이 사용된다. 그러나 연구자가 연구과정의 마지막까지 자신이 알고 있는 이론이나 개념을 보류할 수 있는지 혹은 완전히 중립적인 방식으로 연구를 수행할 수 있는지가 문제된다.

(3) 일반화 문제

인간은 독특성을 지닌 다양하면서 복잡한 존재이며, 또한 자연적 장면들도 복합성과 독특성을 가지고 있다. 또한 시간의 변화나 경과에 따라 연구결과가 달라지기도 한다. 따라서 이러한 이유로 질적연구의 결과를 일반화하기 어렵다. 이런 한계를 극복하고 일반화를 강화하기 위해 삼각검증법(triangulation)을 사용한다. 이것은 다양한 자료수집 방법, 다양한 원천의 자료, 둘 이상의 연구진을 구성하는 방법을 말한다.

2) 양적연구와의 통합

연구결과가 양적연구 혹은 질적연구 중 어느 한 방법에 의해 입증되기보다는 동시에 두 연구방법에 의해 입증되었다면 그 연구결과는 더욱 신뢰할 수 있을 것이다. 양적연구도 일정한 한계가 있고, 질적연구 역시 그렇다. 통합연구방법이란 질적 접근과 양적 접근을 단일 연구나 다국면연구의 방법론으로 통합한 연구를 말한다. 최근에는 두 가지 연구방법을 혼합한 연구방법 사용이 증가하고 있는 추세이다. 통합방법설계에는 다음의 다섯 가지 방법이 있다(Creswell, 1995).

① **순차적 연구**(sequential studies) : 연구자가 먼저 질적연구를 수행하고, 그 다음에 양적연구를 수행하거나, 혹은 그 역의 순서를 따르는 방식이다.

② **병렬적/동시적 연구**(parallel/simultaneous studies) : 연구자가 질적·양적 연구를 동시에 수행하는 방식이다.

③ **등위설계**(equivalent status designs) : 연구 중인 현상을 이해하기 위해 질적·양적 연구

를 거의 대등하게 수행하는 방식이다.

④ **주-부 패러다임 혼합연구**(dominant-less dominant studies) : 연구자가 단일 주 패러다임 내에서 연구를 수행하되, 전반적인 연구의 하위요소로 대안적 설계를 적용시키는 방식이다.

⑤ **다층접근방법을 사용한 설계**(design with multilevel use of approaches) : 연구자가 전체자료에 대해 여러 수준별로 상이한 유형의 방법을 사용한 설계이다. 예를 들어, 사회복지종사자 수준에서는 자료를 양적으로 분석하고, 사회복지기관 단위에서는 질적분석을 하며, 다시 지역단위에서는 양적으로 분석할 수 있다.

사회복지분야 통합연구방법 동향을 분석한 연구에 의하면 2000년부터 지속적으로 통합연구가 증가 추세를 보이며, 특히 성인, 전문가 및 실무자 중심의 복합대상 연구가 가장 많고, 연구 유형에서는 실태와 인식 및 경험 등의 내용을 다루고 있다. 통합연구설계 방법은 양적연구에서 질적연구를 순서적으로 진행한 순차적 설명설계를 주로 활용하였고, 결론의 혼합 유형으로는 상호보완적 혼합이 주로 사용된 것으로 나타났다(선미정 외, 2018).

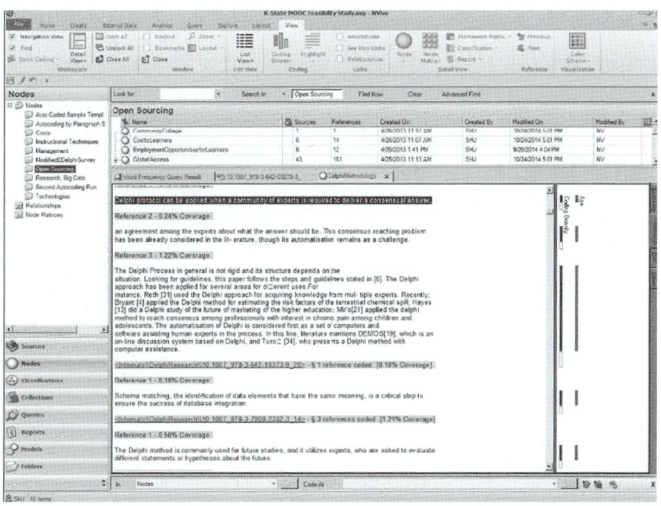

|그림 13-2| 질적연구 소프트웨어 NVivo

요약

1. 질적연구방법은 비교적 적은 수의 표본을 대상으로 구조화되지 않은 자료를 바탕으로 진행되는 연구방법이다. 따라서 주관적 세상, 다양한 자료, 과정에 대한 관심, 절차의 유연성, 귀납적 방법, 일반화의 한계 등의 특징이 있다.
2. 양적연구방법은 많은 수의 표본을 대상으로 잘 구조화된 산술적 통계방법을 통한 인과관계 규명 등이 목적이지만 질적연구방법은 현상학과 해석학 등을 이론적 근거로 귀납적 방법을 통해 원인이나 본질에 대한 이해를 목적으로 한다.
3. 질적연구방법의 종류로는 근거이론, 문화기술지, 내러티브연구, 현상학적 연구, 사례연구, 실행연구, 포커스그룹인터뷰 등이 있다.
4. 질적연구자의 자세로는 주관성, 사회적 관계 속으로 들어가기, 헌신, 관점 유지하기, 경계 내 돌기 등이 있고, 질적연구방법의 엄격성 기준으로는 사실적 가치, 적용성, 일관성, 중립성이 있다.
5. 질적연구는 연구결과의 신뢰도, 타당도, 일반화 가능성 측면에서 한계를 안고 있다. 질적연구의 엄격성을 높이기 위해서는 장기간에 걸쳐 관계를 형성하고, 다양한 자원을 활용하고, 동료집단의 조언과 지지를 받고, 연구대상을 통해 재확인하고, 예외적 사례를 분석하고, 감사자료를 남기는 방법 등이 있다.
6. 통합연구방법이란 질적 접근과 양적 접근을 단일연구나 다국면연구의 방법론으로 통합한 연구를 말하며, 순차적 연구, 병렬적/동시적 연구, 등위설계, 주-부 패러다임 혼합연구, 다층접근방법을 사용한 설계 등이 있다.

CHAPTER

14

조사보고와 연구윤리

1. 조사보고

1) 의 의

조사보고는 연구결과의 기록물을 말한다. 사회복지조사의 궁극적인 목표는 사회복지의 과학적 지식을 구축하거나 과학적 지식을 구축하는 데 기여하는 것이고, 따라서 조사연구의 결과는 관심 있는 많은 사람들에게 공개되어야 한다. 조사결과는 서면으로 작성하여 보고하거나 발표하는 것이 원칙이고, 사회복지조사의 전 과정을 정리하며 마무리 짓는 마지막 단계이다. 조사보고의 목적은 연구자 자신이 연구한 조사문제와 그 문제를 해결하기 위하여 사용한 조사방법, 그리고 연구결과와 그로부터 얻어진 결론 등을 다른 사람들에게 알려주는 데 있다.

2) 조사보고의 유형

(1) 학술지 논문

가장 대표적인 조사보고 방식은 학술지에 논문을 게재하는 것이다. 학술단체(학회)는 학술지를 정기적으로 발행하는데, 논문 심사규정과 작성규정을 마련해 두고 있다. 투고된 논문은 보통 3인의 익명 심사를 거쳐 게재 여부가 결정된다. 따라서 연구방법에 오류가 있거나 학술적 가치가 떨어지는 논문은 배제되고, 학술적 완성도가 높은 논문들이 출판된다. 국내에서는 한국연구재단에서 모든 학술지를 평가하여 우수등재, 등재, 등재후보, 미등재로 등급을 나눈다.

(2) 학위논문

일부 석사과정 학생이나 모든 박사과정 학생은 학위취득 요건으로 학위논문 작성이 필수적이다. 모든 대학은 학위논문 작성지침과 심사규정을 제정해 두고 있다. 석사학위논문은 3인, 박사학위논문은 5인의 심사위원으로 심사위원회를 구성하여 심사를 진행하고, 인준된 모든 석·박사학위 논문은 의무적으로 국회도서관과 국립중앙도서관에 제출하여야 한다.

(3) 학회 발표

학술단체(학회)의 학술대회에서 구두 또는 포스터 등의 형태로 연구결과를 발표한다. 구두 발표는 연구자가 연구결과를 발표하고 토론자의 토론과 청중의 질의 응답 순으로 진행된다. 포스터 발표는 지정 게시판에 연구결과를 요약하여 게시하고 청중으로부터 자유롭게 질의 응답을 받는다. 연구자는 동료 연구자의 지적과 토론에 경청하는 자세를 가져야 한다.

(4) 단행본 조사보고서

발주처로부터 연구용역을 의뢰받아 진행된 조사연구는 연구결과를 단행본 형태의 조사보고서를 제작하여 납품한다. 일반적으로 논문은 축약된 형태로 기술되어 사용된 설문지 등이 생략되지만, 조사보고서는 분량의 제한이 없이 최대한 풍부하게 연구결과를 포함하므로 설문지 등이 부록으로 제시된다.

3) 조사보고의 일반 원칙

사회과학 분야의 학회나 대학원은 대부분이 논문형식에 관해 미국심리학회(APA : American Psychology Association)가 제정한 출판지침서(publication manual) 양식을 따르도록 요구하고 있다. 이 지침서에 의하면 논문 서술은 다음의 네 가지 원칙을 따라야 한다.

(1) 아이디어의 순서적 표현

문제를 제기하는 서론에서부터 결론에 이르기까지 단어, 개념, 주제의 발전, 연구과정과 결과 획득에 대한 서술, 그리고 결론을 독자들이 이해하기 쉽도록 순서적으로 서술해야 한다. 따라서 다음 형식에서 보는 바와 같이 일반적으로 요구되는 일정한 형식을 따르는 것이 좋다.

(2) 자연스러운 표현

혼란을 일으킬 수 있는 창의적 표현은 자제하고 논리적으로 자연스럽게 서술해야 한다.

연구논문의 목적은 과학적 사실을 전달하는 것이므로 문학적 표현을 사용하거나 기대하지 않은 내용을 추가하거나 필요한 내용을 생략해서는 안 된다. 주제, 시제, 연구대상의 표현에 있어 갑작스러운 변화가 나타난다면 독자들에게 혼돈을 줄 수 있다.

(3) 경제적 표현

산만한 표현은 삼가고 중복적인 서술은 피한다. 보고서는 이를 이용할 사람들이 필요로 하는 모든 정보를 빠짐없이 포함하고 있어야 하지만(포괄성), 또한 그것들이 최소한의 함축된 내용들로 구성되어 간결하게 정보를 전달해야 한다(효율성). 포괄성과 효율성은 종종 충돌하지만 어느 정도의 내용들을 포괄하면서 효율적으로 포함시킬지 여부는 조사결과에 대한 이용자들의 관심과 활용 정도에 따라 결정된다.

(4) 정확성과 명료성

오류가 없는 보고서 작성은 매우 중요하다. 사소한 오류들(예 오·탈자, 비문, 잘못 기입된 수치 등)도 허용되지 않는다. 자료수집과정의 타당성과 수집된 자료의 질, 자료처리 및 분석과정의 적절성 등이 정확성을 판단하는 기준이 된다. 그리고 보고서의 내용이 분명하고 뜻이 잘 전달되도록 단어 선택 및 표현방법이 명확해야 한다. 간결하고 짧은 문장으로 능동태 형식의 직설적인 표현이 좋다. 무엇보다 보고서가 명확하려면 작성자가 스스로 보고서 내용에 대해 올바른 논리 및 이해를 갖추고 그것을 명확한 문장으로 표현할 수 있어야 한다.

4) 조사보고의 형식과 내용

조사보고의 형식은 일반적으로 사회조사의 절차를 그대로 서술하는 방식으로 전개되며, 통일된 규정이나 절차는 없지만 일반적으로 다음의 형식과 순서대로 작성된다.

Ⅰ. 서론
  1. 연구 필요성
  2. 연구 목적
Ⅱ. 이론적 배경
  1. 배경 이론
  2. 선행연구 분석
  3. 가설 설정
Ⅲ. 연구방법
  1. 연구모형
  2. 조사대상 및 자료 수집방법
  3. 측정도구
  4. 분석방법
Ⅳ. 연구결과
  1. 자료분석 결과
  2. 분석결과의 해석
Ⅴ. 결론 및 논의
  1. 결과 요약
  2. 이론적 및 실천적 함의
  3. 연구의 제한점 및 후속연구를 위한 제언

※ 참고문헌
※ 부록(설문지 등)

(1) 제목과 초록

제목은 조사연구의 내용을 제공하고, 기억하기 쉬우며, 독립변수와 종속변수, 연구대상, 연구설계, 연구결과에 대한 단서 같은 중요한 세부 사항들을 포함하고 있어야 한다. 그러면서 간결하게 축약하여 표현한다(12단어 이내). 초록은 독자에게 전체적인 연구내용을 간명하게 제공하는 개요 같은 부분으로, 초록을 읽고 전체 내용을 읽을 것인지를 결정한다. 초록에는 본문에 담지 않은 정보를 포함하지 않는다.

(2) 서론 및 이론적 배경

우선 연구하고자 하는 문제가 무엇이고 왜 이러한 문제를 연구하려는지 분명히 밝혀야 한다. 연구문제는 의문문 형식으로 제시되는 것이 바람직하다. 연구문제와 연구목적이 서술되고 나면 연구문제에 관련된 이론들을 서술하고 연구문제에 관해서 현재까지 어떤 연구들이 있었는지를 제시해야 한다. 연구문제와 선행연구의 검토에 근거하여 연구문제를 구체적으로 만들고 연구문제에 대한 잠정적인 해답이 될 수 있는 가설을 제시해야 한다. 가설은 조사의 구체적인 내용을 제시하는 것이므로 이론적 및 조작적 수준에서 개념을 정의해야 한다. 필요에 따라 서론과 이론적 배경은 같은 장에 기술하기도 한다.

(3) 연구방법

연구방법은 연구문제에 대한 해답을 얻기 위하여 실제로 어떠한 것을 하였는지를 알려주는 부분이다. 여기서는 우선 어떠한 논리적인 구조로서 자료를 수집할 것인가의 조사설계에 관한 사항을 설명하고, 자료수집의 대상이 되는 표본을 얼마만 한 크기로 어떻게 추출했는지를 설명해야 한다. 그리고 어떠한 방법으로 자료를 수집하였는지를 서술하고, 주요한 변수들이 어떻게 측정되었는지 등도 같이 설명되어야 한다. 가설검증을 위해 어떤 통계분석이 사용되었는지, 그리고 자료수집 시기가 구체적으로 언제인지 서술한다.

(4) 연구결과

자료의 분석 결과를 표나 그림으로 제시하여 설명하고, 이러한 결과는 가설을 긍정(채택)하는지 혹은 부정(기각)하는지, 또는 조사문제에 대한 적절한 해답이 되는지 등을 설명해야 한다. 자료를 통계적으로 분석하여 제시할 경우에는 적절한 양식으로 그리고 필요한 부수적 통계값 등을 함께 제시하여야 한다.

(5) 결론 및 논의

자료분석의 결과를 제시한 다음에 이 결과는 기존 이론체계를 지지하는지 그리고 기존 이론체계에 다른 새로운 지식을 추가하는지 등도 검토하고, 조사결과와 기존 지식체계를 지지하지 않는다면 그 이유 등을 다른 이론 등과 관련하여 추정해 보는 것도 중요하다. 그리고 연구결과는 정책의 방향에 어떠한 시사점을 주고 있는지, 그리고 임상적 실제에 어떠한 시사점을 제공하는지 등도 서술할 필요가 있다. 끝부분에 조사의 제한점 등을 솔직하게 서술하고 후속연구에서 검토되어야 할 점 등을 제시한다.

5) 고려 사항

(1) 보고대상

보고서의 초안을 작성하기 전에 보고의 대상, 즉 누가 보고서를 읽을 것인지를 고려하여야 한다. 만약 보고대상이 해당 분야의 전문가들이라면 그들이 기존 지식을 가지고 있다고 가정하고 그 가정을 구체적으로 설명하기보다는 요약할 수 있다. 그러나 일반인을 대상으로 한다면 이론적인 배경이나 선행연구 등을 비교적 상세히 설명해야 하고 내용 역시 기술적이고 전문적인 용어보다는 쉽고 평이한 용어로 기술해야 한다.

(2) 형식과 길이

결과보고서의 형식과 길이는 다양하다. 논문 형태로 학술지 등에 발표되기도 하고, 연구후원자를 위해 보고서를 제출하기도 하고 책으로 출판하기도 한다. 미완성논문이나 특수연구논문을 제외하고 연구조사보고서 형식을 취할 경우 다양한 형태와 길이를 취할 수 있지만 반드시 연구조사의 후원자가 후원한 이유를 염두에 두어야 한다. 학술지에 발표되는 논문은 그 학술지에서 요구하는 분량과 형식이 정해져 있고, 따라서 책이 일반적인 조사보고서의 형태이다.

(3) 보고 목적

사회복지조사는 여러 목적으로 수행되므로 보고서를 준비하면서 그 목적을 염두에 두어야 한다. 가령 탐색적 성격의 조사연구라면 결론에는 임시성과 불안전성이 내재되어 있을 것이고, 그렇다면 연구자는 독자에게 연구의 탐색적 목적을 분명하게 지적하고 이 연구조사의 단점도 언급해야 한다. 반면에 기술적 성격의 조사연구라면 표본에만 적용되는 기술과 모집단으로 추론할 수 있는 기술을 주의 깊게 구분해야 하고, 추론적 기술을 사용하려면 그 기술에 있을 수 있는 오차의 범위를 어느 정도 지적해 주어야 한다.

6) 인용과 참고문헌

(1) 인용의 의의

연구자가 학술논문이나 각종 보고서 등의 학술적 글쓰기를 할 때 타인의 아이디어나 글을 사용하면서 적절한 인용 부호와 정확한 출처를 밝히는 것이 인용이다. 즉, 인용은 타인의 저작물을 합법적인 절차를 통해 자신의 저작물에 사용하는 것이다. 적절한 인용 방법을 사용하지 않으면 표절에 해당할 수 있다. 표절 의혹을 받지 않을 뿐만 아니라 타인의 연구성과를 존중하는 차원에서 자신이 인용한 저작물에 대해서는 반드시 명확하게 출처를 표기해야 한다.

(2) 인용 방법

① **직접 인용** : 인용 부호를 사용해서 타인의 원문을 그대로 가져다 쓰는 것으로, 큰 따옴표로 인용문을 표시하고 출처를 표시해야 한다. 만약 분량이 3~4줄 이상으로 길 경우에는 행을 바꾸고 좌우 여백을 두거나 글자 크기 및 글자체를 바꾸어 인용된 문단임을 나타낸 후에 출처를 표시한다.

② **간접 인용** : 다른 사람의 생각을 자기 글의 목적에 맞도록 원문의 의미를 훼손하지 않고 자신의 문장으로 바꾸어 쓴 것으로, 따옴표 등의 문장 부호를 사용하지는 않고 '~의 견해에 의하면'과 같이 인용한 부문이 명확히 드러나도록 표시한다.

(3) 참고문헌

논문이나 단행본의 본문에서 활용된 자신 또는 타인의 저작물에 대해서는 반드시 참고문헌에서 그 서지정보를 밝혀야 한다. 참고문헌을 표기하는 방식으로는 일반적으로 시카고방식과 APA방식이 있다.

① **시카고방식** : 시카고대학출판부 양식으로 인문학과 예술 분야에서 주로 사용된다. 본문에서는 각주나 미주로 표기하고, 참고문헌에서 책은 저자명, 제목, 발행지: 출판사명, 발행연도 순으로 표기하고, 논문은 저자명, "제목", 학술지명 권호, (발행연도): 인용페이지 순으로 표기한다.

② **APA방식** : 미국심리학회 양식으로 사회과학과 이공계에서 주로 사용된다. 본문에는 (저자, 연도) 형식으로 표기하고, 참고문헌 목록에 책은 저자명, (발행연도), 제목, 발행지: 출판사명 순으로 표기하고, 논문은 연구자명, (발행연도), 논문명, 발행단체명, 권호, 수록면수 순으로 표기한다.

실제로는 각 학회마다 요구하는 형식이 지정되어 있으므로 논문 작성 전에 반드시 이를 확인해야 한다. 참고로 한국사회복지학회 논문투고규정 중 참고문헌 작성 요령은 다음과 같다.

(1) **단행본** : 저자명, 발행연도, 『도서명』, 소재지: 발행처.

- 신섭중, 2001, 『한국사회복지정책론』, 서울: 대학출판사.
- Wilensky, H. 1975. The Welfare State and Equality. Berkeley: University of California Press.

(2) **번역서** : 번역자명, 역서 발행연도, 『번역서명』, 원저자명, 원서발행연도, 원서명, 소재지: 발행처

- 조흥식 · 정선욱 · 김진숙 · 권지성 역, 2005, 『질적연구방법론』, Creswell, J. W., 1994, Qualitative Inquiry and Research Design, 서울: 학지사.

(3) **논문** : 저자명, 발행연도, "논문제목", 학술지명, 권수(호수): 논문 페이지.

- 최옥채, 2012, "한국사회복지학 비평-형성 초기 1세대의 개론서의 역사주의 관점 중심으로", 『한국사회복지학』, 64(3): 231-256.
- Baldry, A. D., and Winkel, F. W., 2003. "Direct and vicarious victimization at school and at home as risk factors suicidal cognition among Italian adolescents", Journal of Adolescence, 26: 703-716.

(4) **학위논문** : 저자명, 발행연도, "논문제목", OO대학교 OO학위논문.

- 권태연 : 2010, "우울수준과 음주행위 간의 종단적 상호관계에 관한 연구", 서울대학교 박사학위논문.

2. 연구윤리

1) 의 의

연구윤리(research ethics)는 적절한 윤리적 원칙, 관계 법령, 기관의 규정, 그리고 인간대상 연구를 관장하는 과학적 표준지침에 맞게 연구를 계획하고 설계하며 수행하고 보고하는 것을 의미한다. 연구윤리를 준수한다는 것은 곧 연구 진실성(research integrity)을 준수하는 것

으로도 간주된다.

과학의 논리에 의한 사회복지조사의 연구절차가 행정적·윤리적·정치적·법률적으로 반드시 실행 가능한 것은 아니다. 윤리는 "어느 집단의 행위표준과 일치하는 것"이며, 그 아이디어가 도덕적 절대성을 찾는 데 기준은 집단 구성원의 합의문제이다. 따라서 집단이 다르면 행동강령도 다르므로 사회복지조사에서는 그 사회가 무엇을 윤리적으로 생각하고 있는가를 알고 있어야 한다.

2) 연구윤리의 역사

역사적으로 윤리문제로 악명 높은 사례로는 ⓐ 유대인 대학살 기간 나치의 의료실험과, ⓑ 미국의 터스키기 매독연구(Tuskegee syphilis study), ⓒ 일본군 제731부대가 저지른 '생체실험'을 들 수 있다. 종전 이후 1946년 뉘른베르크 전범재판이 열려 독일군 의사 등 23명이 기소되어 7명이 사형, 9명은 무기징역의 판결을 받았다. 재판부는 판결문에서 '허용 가능한 의학실험'이라는 제목을 붙여 인체실험에 대한 10개 항의 뉘른베르크 강령을 제시하였다.

터스키기 매독연구는 미국정부 공중의료서비스국이 1932년부터 1972년까지 앨라배마 주에서 가난한 흑인남성을 대상으로 동의 없이 실시한 매독 생체실험연구다. 무료로 매독을 치료한다고 거짓말을 하면서 척수에 주사침을 찔러 척수액을 채취하는 고통스러운 척수천자(spinal taps)를 정기적으로 실시하였다. 심지어 치료약인 페니실린이 개발된 이후에도 약을 제공하거나 알려주지 않은 채 병의 진전 연구만 계속하였다. 매독균을 주사 맞은 399명 중 28명은 매독으로, 100명은 합병증으로 사망했고, 40명의 부인이 감염되었으며 19명의 신생아가 선천성 매독으로 태어났다. 그럼에도 연구자들은 페니실린 때문에 매독환자를 연구할 마지막 기회로만 생각했다. 그러나 통제집단이 없는 등 연구방법론상의 하자와 몰래 치료받은 피험자들이 있어서 실제로 연구결과는 쓸모없었다. 이 연구는 1972년 뉴욕타임스에 의해 밝혀져 비로소 중단되었고, 이후 1974년에 조사연구법(National Research Act)이 제정되었으며 이어 기관윤리위원회(IRB : Institutional Research Board)가 설립되었다(Royse, 2004).

Tuskegee 매독연구보고서

Tip 뉘른베르크 강령

① 실험대상자의 자발적 동의는 필수적이다(이하 생략).

② 실험은 다른 수단이나 방법에 의해서는 얻을 수 없는 사회적 이익을 위해 유익한 결과를 낳을 수 있는 것이어야 하며, 성질상 무작위로 행해지거나 불필요한 것이어서는 안 된다.

③ 실험은 기대되는 결과가 당해 실험의 실행을 정당화할 수 있도록 동물 실험의 결과와 연구대상이 되는 질병의 자연발생사 및 기타 문제에 관한 지식에 근거하여 계획해야 한다.

④ 실험을 할 때는 모든 불필요한 신체적·정신적 고통과 침해를 피해야 한다.

⑤ 사망이나 장애를 초래할 것이라고 예상할 만한 이유가 있는 실험의 경우에는 의료진 자신도 피험자로 참여하는 경우를 제외하고는 시행되어서는 안 된다.

⑥ 실험에서 무릅써야 할 위험의 정도가 그 실험으로 해결될 수 있는 문제의 인도주의적 중요성보다 커서는 안 된다.

⑦ 상해, 불구, 사망의 어떠한 일말의 가능성으로부터도 실험대상자를 보호하기 위하여 적절한 준비와 적당한 시설을 갖추어야 한다.

⑧ 실험은 과학적으로 자격을 갖춘 자에 의해서만 행해져야 한다. 실험을 시행하고 이에 참여하는 사람에게는 실험의 모든 단계를 통하여 최고도의 기술과 주의가 요구된다.

⑨ 실험이 진행되는 동안 실험대상자는 실험의 계속이 불가능하다고 보이는 신체적·정신적 상태에 이르게 된 경우 실험을 자유로이 종료시킬 수 있어야 한다.

읽어보기 스탠포드 감옥실험(Stanford prison experiment)

1971년 미국 스탠포드대학 짐바르도(P. Zimbardo) 교수는 '감옥 같은 억압된 환경 속에서 사람들은 어떻게 행동하는가?'라는 주제로 지극히 평범한 대학 졸업 이상 24명의 지원자를 대상으로 감옥 상황을 연출한 대학 지하실험실에서 무작위할당으로 절반은 죄수, 절반은 교도관의 역할을 하면서 2주 동안 관찰하는 실험을 하였다. 일당은 당시로는 파격적인 15달러였다. 실험이 시작되고 곧 교도관 역할을 맡은 참가자들이 매우 폭력적인 태도로 죄수를 구타하고 학대하기 시작하였고, 이들로부터 반복적인 구타를 당한 죄수 역할의 참가자들이 심한 불안과 우울을 보여 결국 6일 만에 중단되었다. 놀라운 점은 죄수 역할의 참가자가 정신발작으로 실려 나오기도 했지만 어느 누구도 중단을 말하지 않았다는 점이고, 중단 역시 실험을 구경하러 온 동료가 참혹한 광경을 목격하고 기겁해서야 중단되었다.

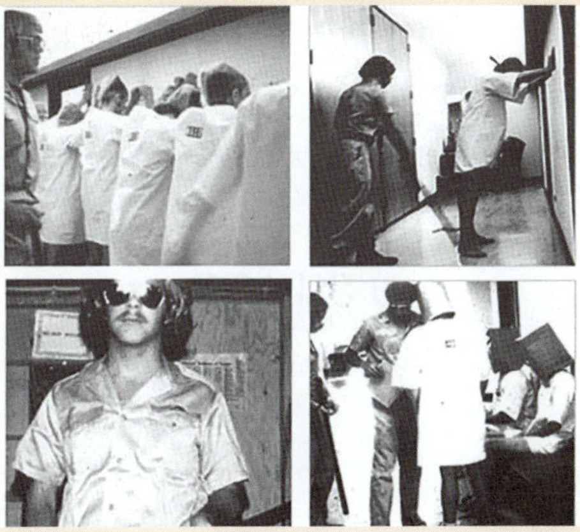

⑩ 실험이 진행되는 동안 당해 과학자는 그에게 요구되는 선의, 고도의 기술 및 주의력으로 판단해 볼 때, 실험의 계속이 실험대상자에게 상해, 장애 또는 죽음을 야기하리라고 믿을 만한 상당한 이유가 있는 경우에는 어느 단계에서든 실험을 중지할 준비가 되어 있어야 한다.

3) 벨몬트 보고서와 윤리원칙

터스키기 매독연구로 인한 논쟁의 결과 1979년 벨몬트 보고서(Belmont Report)가 발표되어 인간대상연구에 적용될 다음의 세 가지 윤리원칙이 수립되었다.

(1) 인간 존중의 원칙

모든 인간은 자율성을 갖춘 존재로 존중받아야 하며, 어떤 목적을 위한 수단으로 사용해서는 안 됨을 의미한다. 연구대상자는 정보를 이해하고 처리할 수 있는 능력을 가지고 있으며, 다른 사람으로부터 강요나 부당한 영향 없이 스스로 연구 참여를 결정할 수 있는 자유를 가지고 있을 때 완전한 자율성을 가진다고 할 수 있다. 자율성이 제한된 사람들은 추가적인 보호를 받아야 한다. 이 원칙으로부터 파생된 규정으로는 '충분한 정보'에 의한 '고지된 동의'를 받아야 한다는 것과 사생활 존중 등이 있다.

(2) 선행의 원칙

연구대상자에게 해를 입히지 말고 연구대상자의 이익을 우선해야 한다. 연구를 수행하면서 혹시나 연구로부터 생길지도 모르는 위해를 최소화하고 이익을 최대화하기 위해 연구계획 시점부터 숙고해야 한다. 위험과 이익의 평가는 연구대상자에게 발생할 수 있는 위험과 이익을 분석하여 평가하는 것으로, 연구 시작 전부터 연구수행 중에도 지속적으로 모니터링하고 평가해야 한다. 위험 대 이익의 비율이 적절하지 않은 연구는 금지된다.

(3) 정의의 원칙

연구에서 파생되는 부담과 이익이 동등하게 분배될 수 있도록 연구를 설계하고 연구대상자를 공정하게 대우할 것을 요구한다. 연구대상자의 선정이 공정한 절차를 거쳐야 하고, 그 결과가 공정해야 한다는 도덕적 요구사항으로 적용될 수 있다. 행정적 편의나 사회경제적 조건으로 인해 조종하기 쉽다는 이유로 취약한 연구대상자를 연구에 참여시키려는 불공정한 행위와 위험으로부터 취약한 연구대상자를 보호하여야 한다.

우리나라 「생명윤리 및 안전에 관한 법률」(이하 생명윤리법)에 의하면 조사연구에서 지켜져야 할 윤리적 기본 원칙은 다음과 같다(법 제3조).

- 생명윤리법에서 규율하는 행위들은 인간의 존엄과 가치를 침해하는 방식으로 하여서는 아니 되며, 연구대상자 등의 인권과 복지는 우선적으로 고려되어야 한다.
- 연구대상자 등의 자율성은 존중되어야 하며, 연구대상자 등의 자발적인 동의는 충분한 정보에 근거하여야 한다.
- 연구대상자 등의 사생활은 보호되어야 하며, 사생활을 침해할 수 있는 개인정보는 당사자가 동의하거나 법률에 특별한 규정이 있는 경우를 제외하고는 비밀로서 보호되어야 한다.
- 연구대상자 등의 안전은 충분히 고려되어야 하며, 위험은 최소화되어야 한다.
- 취약한 환경에 있는 개인이나 집단은 특별히 보호되어야 한다.

4) 생명윤리법 개정과 인간대상연구

우리나라에서도 체세포 복제와 유전자 조작 등의 연구가 활성화되면서 생명윤리에 관한 관심이 집중되었고, 그 결과 2004년에 「생명윤리 및 안전에 관한 법률」이 제정되었다. 제정 당시에는 배아 및 유전자 등 생명과학기술 분야에 한정되었으나 법 개정을 통해 "인간대상연구"로 확대되어 2013년부터는 설문조사 역시 연구계획을 기관윤리위원회(IRB)의 사전 심의를 받아야 하고, 연구대상자에게는 서면동의를 받아야 하며, 안전대책 수립 및 기록·보관 의무가 신설되는 등 연구윤리가 강화되었다.

인간대상연구란 ⓐ 사람을 대상으로 물리적으로 개입하거나 ⓑ 의사소통, 대인접촉 등의 상호작용을 통하여 수행하는 연구 또는 ⓒ 개인을 식별할 수 있는 정보를 이용하는 연구를 말한다(법 제2조). 따라서 관찰법이나 면접법, 설문지를 이용한 사회복지조사는 모두 이 법의 적용을 받는다.

다만, 연구대상자를 직접 대면하더라도 연구대상자들이 불특정하며 민감정보(사상·신념, 노동조합·정당의 가입·탈퇴, 정치적 견해, 건강, 성생활 등에 관한 정보 등)를 수집하거나 기록하지 않는 연구는 심의를 면제받을 수 있다. 그러나 이런 요건에 해당한다 하더라도 불치병에 걸린 사람, 집단수용시설에 수용되어 있는 사람, 실업자, 빈곤자, 응급 상황에 처한 환자, 소수인종, 부랑인, 노숙자, 난민, 미성년자 및 자유의지에 따른 동의를 할 수 없는 피험자 등은 이른바 '취약한 환경에 있는 피험자(Vulnerable Subjects)'라 하여 심의면제가 허용되지 않는다(시행규칙 제13조). 결과적으로 대부분의 사회복지조사는 기관윤리위원회(IRB)의 심의를 받아야 한다. 특히 연구대상이 아동인 경우 대리인의 서면동의 면제조차 허용되지 않는다.

5) 윤리적 이슈

(1) 자발적 참여와 고지된 동의

사회복지 조사연구는 반드시 참여자의 동의하에 진행되어야 하고, 어느 누구도 참여를 강요받아서는 안 되며, 모든 참여자들은 그들이 연구에 참여하고 있음을 알고 있어야 하고, 참여자들에게 모든 연구결과를 알려주어야 한다. 조사연구에의 참여는 응답자의 일상생활을 방해받게 되고 경우에 따라서는 자신의 개인적인 정보를 드러낼 것을 요구받기 때문이다.

고지된 동의(informed consent)는 ⓐ 연구참여자가 스스로 동의할 수 있을 만큼 충분한 정보(full information)가 제공되어야 하고, ⓑ 조건이 없고 무언의 불안이 없는 자유로운 상태에서 스스로 결정해야 하며(voluntariness), ⓒ 동의를 하는 연구참여자에게 스스로 결정할 수 있을 만큼의 능력(competence)이 있어야 한다. 우리나라 생명윤리법에 의하면 누구든지 충분한 설명을 들은 후 이에 관한 동의 여부를 결정할 권리를 가지며, 연구자는 인간대상연구를 하기 전에 연구대상자로부터 다음의 내용이 포함된 서면동의를 받아야 한다(제16조).

- 연구의 목적
- 연구대상자의 참여 기간, 절차 및 방법

- 연구대상자에게 예상되는 위험 및 이득
- 개인정보 보호에 관한 사항
- 연구 참여에 따른 손실에 대한 보상
- 개인정보 제공에 관한 사항
- 동의의 철회에 관한 사항
- 그 밖에 기관위원회가 필요하다고 인정하는 사항

동의는 일정한 형식을 요구한다. ⓐ 무언의 동의보다는 언어적 표현의 직접적 동의여야 하고, ⓑ 구두동의보다는 가능하면 서면동의여야 하고, ⓒ 과거동의보다는 현재동의여야 하고, ⓓ 현재동의가 미래동의를 포함하지 않는다. ⓔ 가령 '맞고 할래? 그냥 할래?' 같은 강제된 동의는 동의가 아니다.

자발적 참여와 고지된 동의 규범은 이론상으로는 맞지만 실제로는 적용하기 어려운 면이 많다. 경우에 따라서는 연구대상자들에게 실험 사실을 숨겨야 할 경우도 있을 수 있고, 자발적인 참여자들만을 대상으로 실시된 실험은 표집에 있어 왜곡을 가져와 결과를 일반화하기에 어려운 점이 있다. 하지만 자발적 참여와 고지에 입각한 동의 규범을 지키는 것이 불가능하다는 사실 그 자체가 위반을 정당화시켜 주지는 못한다.

(2) 참여자에게 피해 주지 않기

자발적인 참여자라 할지라도 연구되는 사람들에게 피해를 주면 안 된다. 대부분의 조사연구는 개인의 신상정보가 노출될 위험이 있고, 응답자가 싫은 기억을 떠올려 옛날의 상처를 심각하게 재현할 위험도 있을 수 있으며, 설문지 응답이나 인터뷰 등에 참여자의 시간이나 에너지를 빼앗기기도 하고, 많은 경우 응답자의 내면적인 태도나 생각을 묻게 되어 개인의 프라이버시를 침해할 수도 있다. 이러한 요인들은 비록 사회문제 해결을 통한 사회복지의 증진이라는 대명제 아래 진행되는 조사연구라 하여 정당화될 수는 없고, 따라서 최대한 조사연구에 참여하는 응답자에게 피해를 주지 않도록 해야 한다.

연구자로서 개인의 신상이나 사생활을 보호하는 것은 의무이며 사생활 보호는 기본적인 인권의 하나이다. 만일 연구를 위해 한쪽 면만 보이는 거울(일방경, one-way mirror)이나 숨겨진 녹음장치와 같이 사생활을 위협하는 도구나 방법들이 불가피하게 사용될 경우에는 연구대상자에게 분명히 알려 동의를 얻어야 한다.

(3) 익명성과 비밀보장

익명성(anonymity)이란 조사연구의 응답자들이 자신의 신원을 밝히지 않고 응답할 수 있도록 하는 것을 의미하고, 비밀보장(confidentiality)이란 조사연구자가 응답자의 신원을 알고 있다 하더라도 이를 공개하지 않는 것을 의미한다. 이러한 익명성과 비밀성은 조사연구에서 반드시 보장되어야 할 중요한 원칙이고, 또한 응답률을 높이는 요인이 되기도 한다. 그러나 익명성을 보장하다 보면 응답자와 비응답자의 성격을 파악하기 어렵게 되고 따라서 비응답자를 포함한 모집단에 대한 연구결과를 일반화하기 어렵다. 또한 비밀성의 보장은 자료의 신뢰성 여부를 둘러싼 공방을 불러일으키기도 한다.

경우에 따라서는 사회복지실천과 같이 조사연구에서도 윤리적 고려가 비밀보장을 준수하지 못할 수도 있다. 가령 면접조사 중 대상자가 학대받는 아동일 수도 있고, 응답자가 자신 또는 타인을 심각하게 해칠 절박한 위험에 놓여 있음을 알게 될 수도 있다. 그렇다면 타라소프(Tarasoff) 원칙에 따라 오히려 적절한 기관에 알리는 등의 합리적 조치를 취하는 것이 오히려 직업적·법적 책임이다.

Tip 킨제이 보고서와 타라소프(Tarasoff) 사건

- 킨제이 보고서(Kinsey sex study)가 발표되자 FBI는 연구참가자의 개인 정보를 요구했으나 킨제이 연구소는 비밀보장을 이유로 거절했다. 미국은 1989년 자료원에 대한 비밀 보호를 위해 자료원 보호에 관한 규정을 제정하였다(Neuman, 1991).
- 캘리포니아대학 코웰기념병원에서 무어(L. Moore)에게 정신과 상담을 받던 UC Berkeley 대학원생 포다르(P. Poddar)는 상담 과정에서 여자 친구인 타라소프(T. Tarasoff)를 죽일 계획이라고 알렸고, 실제로 1969년 10월 27일에 살해하는 사건이 발생했다. 당시 무어는 대학경찰에 알려 잠시 보호관찰을 했지만 포웰슨(H. Powelson) 과장은 그러하지 말라고 하여 아무도 타라소프와 그 가족에게 위험을 알리지 않았다. 이에 소송이 제기되어 주 최고법원은 합리적 조치를 취하는 등의 예고된 피해자의 보호의무가 있음을 판결하였다.

(4) 연구대상자를 속이는 것

관찰법과 같이 경우에 따라서는 솔직한 대답과 일상적인 행동을 관찰하기 위해 연구의 목적이나 방법을 숨기거나 달리 말하는 것이 보다 효과적일 수도 있다. 연구대상자가 자신이 연구대상자임을 알게 되면 호손 효과(Hawthorne effect)와 같은 부자연스러운 반응을 보일 수 있다. 연구를 목적으로 한다 하더라도 연구대상자를 속이는 것은 윤리적 문제가 발생한다. 연구대상자가 조금이라도 피해를 입을 여지가 있다면 허용될 수 없고, 불가피하게 연구대상자를 속여야 한다면 연구가 끝난 후에라도 그 이유를 충분히 설명해야 한다.

(5) 치료의 거부

조사를 수행하는 사회복지사가 실험집단과의 비교를 위해 서비스가 필요한 통제집단에게 인위적으로 서비스를 제공하지 않는 것도 윤리적인 문제를 야기한다. 대기자를 통제집단으로 활용하거나, 혹은 새로이 개발된 프로그램의 평가조사라면 기존의 프로그램 대상자를 통제집단으로 활용하는 방법들이 사용될 수 있다.

(6) 보상

조사대상자에게 금전적 보상(돈)을 지불하는 것이 윤리적인가 아니면 지불하지 않는 것이 윤리적인가 하는 논쟁이 있다. 조사대상자의 시간과 정보를 활용하다는 측면에서 보면 대가를 지불하는 것이 합리적이라고 할 수 있지만, 보상이 너무 과도하면 어떤 조사대상자는 돈을 위해 적당히 정보를 꾸며낼 수 있으므로 과도한 보상은 피하는 것이 바람직하다.

(7) 중단할 수 있는 권리

연구대상이 원한다면 언제든지 연구에 참여하는 것을 중단할 수 있는 권리가 존중되어야 한다. 이는 윤리적인 측면이 침해되고 있다고 느낄 때 연구대상 자신을 방어할 수 있도록 마련된 조치이다. 설문지에 응답하지 않는 것도 이러한 권리에 기초한 것이라 볼 수 있다. 중단할 수 있는 권리는 사전에 그리고 중간에 계속해서 고지되어야 한다.

6) 해결방법

(1) 연구자의 자체 판단 및 전문가 조언

일차적으로는 연구자 본인이 자신의 윤리적 기준에 비추어 그 문제를 검토하고 분석해 본다. 그러나 개인의 가치 기준이 저마다 차이가 있기 때문에 이것이 최선의 방법은 아니다. 따라서 연구조사의 성질에 따라 성직자나 변호사, 사회복지실천가, 정신의학자, 연구방법론자 혹은 그 밖의 많은 전문가들로부터 조언을 구하여야 한다.

(2) 기관윤리위원회

기관윤리위원회(IRB : Institutional Review Board)는 인간을 대상으로 하는 연구에 대해 연구대상자의 권리와 복지를 보호하기 위해 공식적으로 구성된 심의위원회이다. IRB는 연구자의 연구계획과 연구에 사용될 연구재료(설문문항, 실험자극 등)가 연구윤리에 저촉되는지 여부를 검토한 후 연구허가를 내주는 역할을 한다. 관련 분야 전문가로 구성된 IRB 심사를 통해 윤리적 문제를 해결할 수 있다. 우리나라 생명윤리법에 의하면 대학, 전문연구기관, 의료기관 등은 반드시 연구윤리위원회를 설치해야 하고, 연구윤리위원회는 남성과 여성이 포함된 사회적·윤리적 타당성을 평가할 수 있는 경험과 지식을 갖춘 사람 1명 이상과 그 기관에 종사하지 아니하는 사람 1명 이상이 포함된 5명 이상으로 구성하며, 심의사항은 다음과 같다.

- 연구계획서의 윤리적·과학적 타당성
- 연구대상자 등으로부터 적법한 절차에 따라 동의를 받았는지 여부
- 연구대상자 등의 안전에 관한 사항
- 연구대상자 등의 개인정보 보호 대책
- 그 밖에 생명윤리 및 안전에 관한 사항

(3) 기존 윤리기준 참고

미국을 비롯한 조사연구의 선진국들은 이미 이러한 문제들에 대해 상당히 오랫동안 논의

하여 왔고, 나름대로 신뢰할 만한 윤리 기준을 제시하고 있다. 미국의사회(AMA), 미국심리학회(APA) 등 많은 조직들이 윤리 기준을 발행하고 있다. 우리나라의 사회복지사 윤리강령 역시 참고할 부분이 많다.

Tip 한국사회복지사 윤리강령(2. 전문성 개발을 위한 노력)

2) 지식기반의 실천 증진

가. 사회복지사는 사회복지 실천 과정에서 평가와 연구 조사를 함으로써, 사회복지 실천의 지식 기반 형성에 기여하고, 궁극적으로 사회복지 실천의 질적 향상을 위해 노력한다.

나. 사회복지사는 평가나 연구 조사를 할 때, 연구 참여자의 권리를 보장하기 위해, 연구 관련 사항을 충분히 안내하고 자발적인 동의를 얻어야 한다.

다. 사회복지사는 연구 과정에서 얻은 정보를 비밀 보장의 원칙에서 다루며, 비밀 보장의 한계, 비밀 보장을 위한 조치, 조사자료 폐기 등을 연구 참여자에게 알려야 한다.

라. 사회복지사는 평가나 연구 조사를 할 때, 연구 참여자의 보호와 이익, 존엄성, 자기결정권, 자발적 동의, 비밀 보장 등을 고려하며, 「생명윤리 및 안전에 관한 법률」 등 관련 법령과 규정에 따라 연구윤리를 준수한다.

3. 연구부정행위

1) 의 의

연구부정행위란 연구개발 과제의 제안, 수행, 결과 보고 및 발표 등에서 이루어진 위조, 변조, 표절, 부당한 저자 표시, 부당한 중복게재, 연구부정행위에 대한 조사 방해 행위, 그 밖에 학문분야에서 통상적으로 용인되는 범위를 심각하게 벗어나는 행위를 말한다. 줄기세포에 관한 논문 데이터를 조작한 이른바 황우석 사건과 빈번히 드러나는 논문표절 때문에 연구부정행위에 관심이 높아져 기준이 엄격해지고 있는 추세이다. 표절이나 연구결과의 위·

변조, 논문대필 등은 연구부정행위일 뿐만 아니라 심각한 범죄행위에 해당한다.

교육부는 교육부훈령 제263호로 「연구윤리 확보를 위한 지침」(2018. 7. 17)을 시행하고 있다. 이 지침은 학위논문 발표와 정부의 지원을 받지 않는 연구활동 등 일체의 학술활동에 적용되며, 대학과 연구기관 및 학술단체 등을 모두 포괄하여 적용된다. 연구과정에 직접 참여하고 있는 석·박사 과정에 재학 중인 대학원생들도 연구자의 범위에 포함된다.

2) 연구부정행위 유형

(1) 위조

존재하지 않는 연구 원자료 또는 연구자료, 연구결과 등을 허위로 만들거나 기록 또는 보고하는 행위를 말한다. 즉, 위조는 애초부터 없었던 자료(data)를 마치 실제로 존재하는 것처럼 허위로 만들어 내는 행위이다. 예를 들어, 당초 인터뷰조사나 설문조사를 실시하지 않았음에도 마치 실시한 것처럼 논문을 작성했다면 위조에 해당하고, 실제로는 50명을 대상으로 설문조사를 실시하고 300명을 조사한 것으로 자료를 조작했다면 다음의 변조에 해당한다.

(2) 변조

연구 재료·장비·과정 등을 인위적으로 조작하거나 연구 원자료 또는 연구자료를 임의로 변형·삭제함으로써 연구 내용 또는 결과를 왜곡하는 행위를 말한다. 위조가 애초부터 없던 자료라면 변조는 실제로 존재하는 자료(data)를 본인의 원하는 결과를 도출하거나 그럴듯하게 보여주기 주해 인위적으로 조작(변경)하는 행위이다.

(3) 표절

일반적 지식이 아닌 타인의 독창적인 아이디어 또는 창작물을 적절한 출시 없이 활용함으로써, 제3자에게 자신의 창작물인 것처럼 인식하게 하는 행위를 말한다. 표절(plagiarism)은 라틴어의 유괴(to kidnap)에서 유래된 말로서, 단순한 실수나 착오가 아니라 학문적 도덕성을 속이고 특히 개인의 저작물에 대한 권리(저작권)를 침해한다는 측면에서 사회적 비난

가능성이 높은 중대한 범죄행위에 해당한다.

미국 등에서는 논문표절을 심각한 범죄행위로 인식하고 있다. 표절은 타인의 연구내용을 쓴다는 개념에서는 인용과 비슷한 것 같지만 큰 차이가 있다. 표절은 타인의 연구내용을 이용하면서 마치 자신의 독창적인 저작물인 것처럼 출처를 밝히지 않는 것이고, 따라서 표절과 인용을 구별하는 가장 핵심적인 요소는 출처와 저작자 표기의 기재 여부이다. 표절의 구체적인 유형은 다음과 같다.

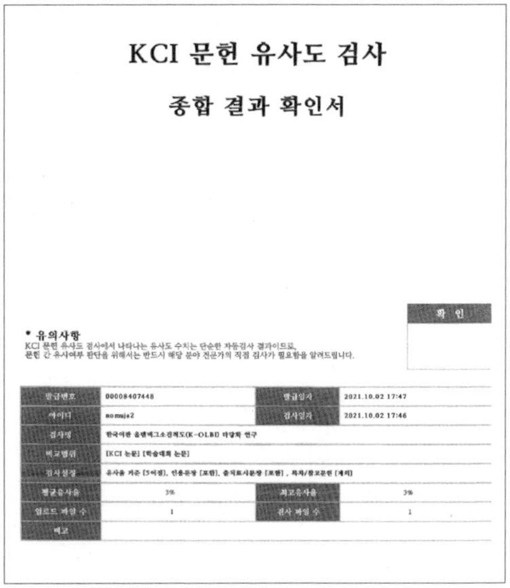
KCI 문헌 유사도 검사

종합 결과 확인서

확 인

* 유의사항
KCI 문헌 유사도 검사에서 나타나는 유사도 수치는 단순한 자동검사 결과이므로,
문헌 간 유사여부 판단을 위해서는 반드시 해당 분야 전문가의 직접 검사가 필요함을 알려드립니다.

발급번호	00008407448	발급일자	2021.10.02 17:47
아이디	nomujs2	검사일자	2021.10.02 17:46
검사명	한국어판 올덴버그소진척도(K-OLBI) 타당화 연구		
비교범위	[KCI 논문] [학술대회 논문]		
검사설정	유사율 기준 [5어절], 인용문장 [포함], 출처표시문장 [포함], 목차/참고문헌 [제외]		
평균유사율	3%	최고유사율	3%
업로드 파일 수	1	검사 파일 수	1
비고			

- 타인의 연구내용 전부 또는 일부를 출처를 표시하지 않고 그대로 활용하는 경우(텍스트 표절)
- 타인의 저작물의 단어·문장구조를 일부 변형하여 사용하면서 출처표시를 하지 않은 경우(모자이크 표절)
- 타인의 독창적인 생각 등을 활용하면서 출처를 표시하지 않은 경우(아이디어 표절)
- 타인의 저작물을 번역하여 활용하면서 출처를 표시하지 않은 경우(인용 표절)

(4) 부당한 저자 표시

연구내용 또는 결과에 대하여 공헌 또는 기여를 한 사람에게 정당한 이유 없이 저자 자격을 부여하지 않거나, 공헌 또는 기여를 하지 않은 사람에게 감사의 표시 또는 예우 등을 이유로 저자 자격을 부여하는 행위를 말한다. 예를 들어, 지도교수가 지도학생의 학위논문을 학술지 등에 게재할 경우 지도교수가 중요한 아이디어를 제공했고 많은 부분에서 논문지도를 했더라도 교수 단독으로 게재하는 것은 연구부정행위에 해당한다. 구체적인 유형은 다음과 같다.

- 연구내용 또는 결과에 대한 공헌 또는 기여가 없음에도 저자 자격을 부여하는 경우
- 연구내용 또는 결과에 대한 공헌 또는 기여가 있음에도 저자 자격을 부여하지 않는 경우
- 지도학생의 학위논문을 학술지 등에 지도교수의 단독 명의로 게재·발표하는 경우

부당한 저자 표시와 관련해 추가적으로 고려해야 할 것은 저자의 위치 내지 지위이다. 가령 제1저자는 해당 연구에 가장 기여도가 큰 것으로 간주되는 연구책임자(seniority)이어야 하며, 교신저자 역시 단순히 심사과정에서 행정적인 연락을 주고받는 역할이 아니라 연구책임자와 동일한 수준이어야 한다.

(5) 부당한 중복게재

연구자가 자신의 이전 연구결과와 동일 또는 실질적으로 유사한 저작물을 출처표시 없이 게재한 후, 연구비를 수령하거나 별도의 연구업적으로 인정받는 경우 등 부당한 이익을 얻는 행위를 말한다. 연구자는 자신의 이전 연구성과를 활용하여 심화 내지 확대한 후속연구를 하게 되므로 이전 연구결과를 활용하는 것 자체가 문제되지는 않고, 문제는 이 경우 출처를 명확하게 밝혀야 한다는 것이다. 예를 들어, 학술대회에서 발표하였던 원고를 수정하여 학술지에 게재하면서 학술대회에서 발표한 사실을 밝힌다면 중복게재에 해당하지 않는다.

(6) 연구부정행위에 대한 조사 방해 행위

본인 또는 타인이 부정행위에 대한 조사를 고의로 방해하거나 제보자에게 위해를 가하는 행위를 말한다.

3) 연구부정행위 검증

연구부정행위에 대한 제보가 있으면 대학 등의 연구기관은 자체적으로 검증원칙에 따라 반드시 이를 검증하여야 한다. 그리고 연구부정행위 여부를 입증할 책임은 해당 연구기관의 조사위원회에 있다. 그러나 연구부정행위를 저지른 피조사자가 자료 제출을 거부하거나 고의로 자료를 훼손하는 경우에는 오히려 결백을 입증할 책임이 피조사자에게 있다. 검증은 일반적으로 예비조사, 본조사 및 판정의 단계를 거친다.

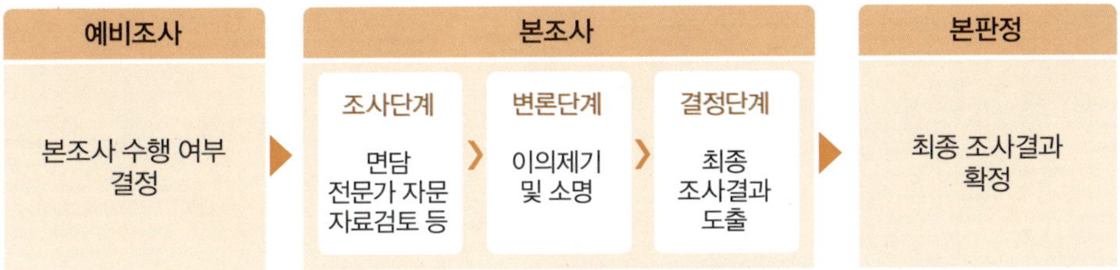

| 그림 14-1 | **연구부정행위 검증단계**

4) 연구부정행위 조치

검증 결과 연구부정행위로 판정되면 소속대학 등은 연구결과물의 철회, 공개 사과, 제재, 징계 등의 적절한 조치를 취하여야 한다. 특히 제재의 경우 공정성과 객관성을 확보하기 위해 연구부정행위의 정도와 재제 조치 사이에 적절한 비례성이 유지되어야 한다. 즉, 부정행위의 정도가 심하면 재제 역시 엄하게 받아야 한다. 그리고 대학은 조사결과를 교육부장관에게 제출하여야 하며, 교육부는 연구부정행위자에 대한 징계 요구, 연구비 회수, 연구개발 사업 참여 제한 등의 조치를 취하게 된다.

요약

1. 조사보고는 연구자가 사용한 연구방법과 결론 등을 다른 사람에게 알리는 것이 목적이므로 아이디어의 순서적 표현, 자연스러운 표현, 경제적 표현, 정확성과 명료성의 원칙에 따라 작성되어야 한다. 또한 조사보고서를 작성할 때는 보고 대상, 형식과 길이, 보고 목적 등을 고려해야 한다.
2. 조사보고서는 일반적으로 서론, 이론적 배경, 연구방법, 연구결과, 결론 및 논의의 순으로 작성되고, 부수적으로 참고문헌과 부록이 첨부된다.
3. 사회복지조사는 윤리적 문제에 민감해야 한다. 특히 자발적인 참여와 고지된 동의에 기반해야 하고, 참여자에게 피해를 주지 않아야 하며, 익명성과 비밀을 보장해야 하고, 대상자를 속이지 않아야 한다. 생명윤리법 개정으로 인간대상연구는 사전에 기관윤리위원회(IRB)의 사전 심의를 받아야 한다.
4. 연구부정행위는 심각한 범죄행위에 해당한다. 연구부정행위의 유형으로는 위조, 변조, 표절, 부당한 논문 저자표시, 중복게재 등이 있다. 특히 출처를 표시하지 않은 인용은 표절에 해당한다. 연구부정행위로 판정되면 징계 등의 조치를 받게 된다.

APPENDIX

부록

부록 1 SPSS 통계프로그램 사용법

1. 빈도분석

빈도분석(frequency analysis)은 변수값들의 분포 특성과 도수분포표의 산출을 위해 이용되는 통계기법이다. 한 변수의 변수값들이 자료에서 어떤 분포를 보이는지를 빈도로 나타낸 것이므로 통계분석의 가장 기본이 된다. 빈도분석에서 원자료의 분포 특성을 통계량이라 하며, 도수분포표와 중심화 경향치, 산포도로 구성되어 있다. 빈도분석에서 도수분포표는 빈도나 상대적 빈도, 누적빈도 등으로 구성되어 있고, 중심화 경향치는 최빈값, 중앙값, 산술평균 등으로 구성되어 있으며, 산포도는 범위, 평균편차, 분산, 표준편차 등으로 구성된다. 이러한 특성치들은 바 차트(bar chart)나 히스토그램(histogram)으로 그래픽 처리하여 나타낼 수 있다.

■ SPSS 사용법

빈도분석을 하려면 통계분석(A) 메뉴에서 〈기술통계량(E)〉과 〈빈도분석(F)〉을 선택 클릭하여 빈도분석 대화상자를 연다.

통계분석(A) ▶ 기술통계량(E) ▶ 빈도분석(F)

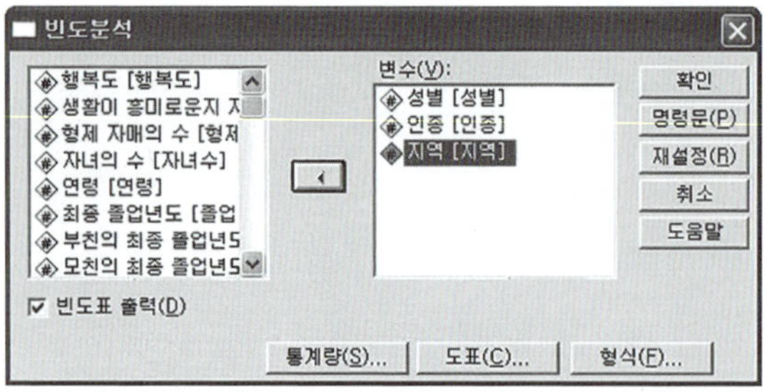

|그림 1| 빈도분석 대화상자

빈도분석 대화상자에서 왼쪽의 변수란에서 분석하고자 하는 변수를 클릭한 후 ▶를 클릭하면 오른쪽 변수의 공란으로 이동한다. 만일 변수를 잘못 선택하였다면 잘못 선택한 변수를 클릭한 후 ◀를 클릭하면 이전 상태로 복귀된다.

옵션은 통계량과 도표, 형식이 있고, 이 중 필요한 것을 골라 ∨ 표시한다. 예를 들어, SPSS 프로그램에 내장되어 있는 데이터 파일 중 [1991 U.S. General Social Survey.sav] 파일을 열어 전체 변수 중 성별, 인종, 지역이라는 변수들에 대해 빈도분석을 실시할 경우 다음과 같이 이를 선택하고 옵션을 지정한 후 '확인'란을 선택 클릭하면 결과창이 나타나 분석결과를 알 수 있다.

기술통계량

	N	범위	평균	표준편차	분산	왜 도		첨 도	
	통계량	통계량	통계량	통계량	통계량	통계량	표준오차	통계량	표준오차
연령 유효수	1514 1514	71	45.63	17.808	17.140	.524	.063	-.786	.126

|그림 2| **기술통계 결과**

■ 보고서 작성

조사대상자의 성별 및 인종 분포를 살펴본 결과, 다음의 〈표 1〉에서 보는 바와 같이 성별로는 남자가 636명(41.9%), 여자가 881명(58.1%)로 여자가 더 많은 것으로 나타났다. 또한 인종별로는 백인이 1,264명(83.3%), 흑인이 201명(13.4%), 기타가 49명(3.2%)으로 나타나 백인이 다수를 차지하고 있다.

〈표 1〉 조사대상자의 인구사회학적 특성 (명, %)

구 분		빈 도	백분율
성별	남자	636	41.9
	여자	881	58.1
인종	백인	1264	83.3
	흑인	204	13.4
	기타	49	3.2

2. 기술통계분석

기술통계분석(descriptives analysis)은 측정단위가 서로 다른 변수들, 예를 들어 근무시간과 급여액, 우울증과 자살 등의 통계량이나 표준화값을 계산하는 데 이용한다. 기술통계분석의 결과는 빈도분석의 결과와 거의 유사하지만 표준화값을 변수로 저장하여 이를 이용할 수 있다는 점에서 다르다. 빈도분석은 이산적인 자료(discrete data)를 다루는 데 이용되는 반면에, 기술통계분석은 연속적인 자료(continuous data)를 다룬다는 점에서 다소 차이가 있다.

■ SPSS 사용법

기술통계분석을 하려면 통계분석(A) 메뉴에서 〈기술통계량(E)〉과 〈기술통계(D)〉를 선택 클릭하여 대화상자를 연다.

통계분석(A) ▶ 기술통계량(E) ▶ 기술통계(D)

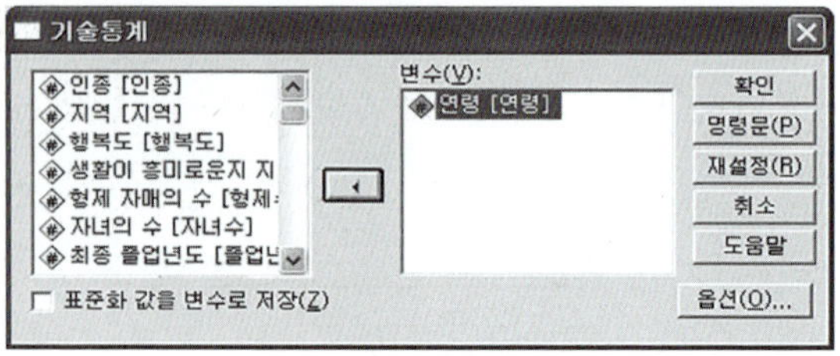

| 그림 3 | 기술통계 대화상자

기술통계분석 대화상자에서 왼쪽 변수란에서 분석하고자 하는 변수를 클릭한 후 ▶를 클릭하면 오른쪽 변수의 공란으로 이동한다. 나머지 방법은 빈도분석과 동일하고, 다만 옵션이 하나만 있고 그 내용으로 평균과 산포도, 분포, 출력 순서 등이 있다.

■ 보고서 작성

조사대상자의 연령에 대한 기술통계를 분석한 결과, 다음 〈표 2〉에서 보는 같이 전체 응답자 1,514명의 평균 연령은 45.63세(표준편차 17.81)로 나타났다. 최소 응답자는 18세이고, 최대 응답자는 89세이다.

〈표 2〉 기술통계 분석

	n	최소값	최대값	범위	평균	표준편차
연령	1514	18	89	71	45.63	17.81

3. 신뢰도분석

신뢰도분석(reliability analysis)은 측정항목의 타당성 검증을 통한 하나의 개념에 대해 응답자들이 다시 측정하였을 경우 시간이나 상황에 따라 영향을 받지 않고 유사한 결과를 나타내는 일관성을 검증하는 통계기법이다. 즉, 신뢰성이란 측정도구의 정확성이나 정밀성을 나타내는 것으로서 의존 가능성, 안정성, 일치성, 예측 가능성, 그리고 정확성과 동일한 의미를 가진다. 신뢰도분석은 동일한 개념을 독립된 측정방법으로 측정한 경우 결과가 비슷하게 나타나야 한다는 것을 전제로 한다.

■ SPSS 사용법

신뢰도분석을 하려면 통계분석(A) 메뉴에서 〈척도화분석(A)〉과 〈신뢰도분석(R)〉을 선택 클릭하여 대화상자를 연다.

통계분석(A) ▶ 척도화분석(A) ▶ 신뢰도분석(R)

신뢰도분석 대화상자에서 왼쪽 변수란에서 신뢰도분석을 하고자 하는 변수들을 선택한 후 ▶를 클릭하면 오른쪽의 항목(I)란의 공란으로 이동한다. 옵션으로는 통계량이 있다.

결과 출력물에서 ① 기술통계량에서는 평균, 표준편차 및 응답자의 수가 나타나고, ② 상관행렬에서는 각 변수(문항)들 간의 상관행렬이 제시된다. ③ 신뢰도분석-척도에서는 우선 전체 평균과 분산 그리고 표준편차가 제시되고, 각 항목에 대해 첫 번째 열은 어떤 특정 항목이 척도로부터 제외될 때 그 척도에 대한 평균값을 의미한다. 척도의 나머지 변수와 개별 변수 간의 관련성을 '제곱다중상관관계'를 통해 알 수 있다. 즉, 다른 변수들로부터 구한 점수를 토대로 특정 변수에 관한 피어슨의 점수를 예측할 수 있다. 알파(α)값은 0~1 사이의 값을 가지는데, 탐색적 연구는 알파(α)값이 .60, 기초연구는 .80, 중요한 결정이 요구되는 응용연구는 .90 이상이면 충분하고(Nunnally, 1978), 또한 조직단위의 분석 수준에서도 알파값이 .60 이상이면 측정항목의 신뢰도에는 별 문제가 없는 것으로 간주된다(Van De Ven & Ferry, 1980).

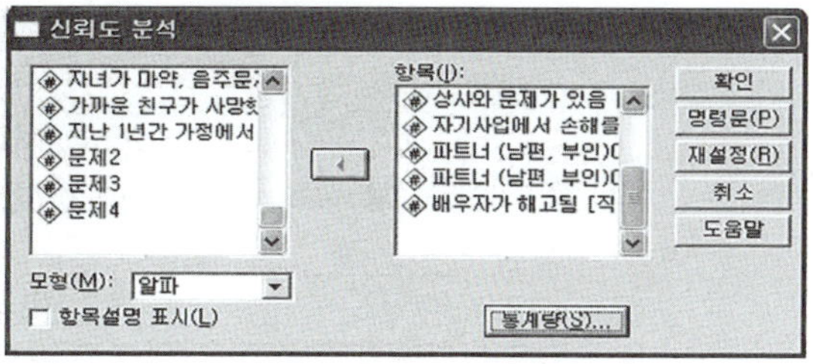

|그림 4| 신뢰도분석 대화상자

신뢰도 통계량

Cronbach's α	항목 수
.574	9

항목 총계 통계량

Cronbach's α	항목이 삭제된 경우 척도평균	항목이 삭제된 경우 척도분산	수정된 항목-전체 상관관계	항목이 삭제된 경우 Cronbach's α
실업상태이거나 한 달 이상 직장을 찾고 있는 중	15.67	.600	.276	.544
강등되었거나 더 나쁜 직위로 이동됨	15.64	.643	.340	.530
감봉되었거나 단축근무하게 됨	15.67	.591	.289	.540
승진에서 제외됨	15.65	.642	.251	.550
상사와 문제가 있음	15.65	.620	.300	.536
자기사업에서 손해를 보거나 이익이 줄어듦	15.63	.700	.177	.567
파트너(남편, 부인)가 해고됨	15.64	.658	.289	.543
파트너(남편, 부인)가 감봉됨	15.66	.621	.243	.554
배우자가 해고됨	15.67	.605	.275	.544

|그림 5| 신뢰도분석 결과

분석 결과 |그림 5|에서 보는 바와 같이, 전체 9문항의 신뢰도값은 Cronbach's α=.57로 나와 내적일관성 측면에서 신뢰할 수 없는 것으로 나타났다. 신뢰성을 저해하는 항목을 삭제하면 알파값은 높아진다.

신뢰도분석에서는 알파계수뿐만 아니라 반분계수, 동형계수, Guttman계수 등이 있다. 반분계수는 척도를 두 부분으로 나누고 부분 간 상관관계를 계산한 값이며, 동형계수는 모든 항목들의 분산이 동일하다는 가정에서 최대우도 신뢰성을 계산한 값이며, Guttman계수는 참된 신뢰성의 값과 같거나 그보다 적은 6개의 계수를 산출한 값이다.

■ 보고서 작성

전체 9문항으로 구성된 직장만족도의 신뢰도를 검증한 결과, 다음 〈표 3〉에서 보는 바와 같이 신뢰도계수 크론바하 알파(Cronbach's α)가 .57로 나타나 일반적인 기준인 .60에 미치지 못해 내적 일관성 측면에서 신뢰할 수 없는 것으로 나타났다.

〈표 3〉 신뢰도 분석결과

변수명	문항 수	Cronbach's α
직장만족도(X_1~X_9)	9	.57

4. 교차분석

교차분석(crosstabs)은 명목측정과 서열측정을 통하여 수집된 범주형 변수(categorical variables)들을 분석하는 통계기법으로 대표적인 방법이 카이자승(x^2)검정이다. 한 변수의 범주를 다른 변수의 범주에 따라 빈도를 교차분류하는 교차표 또는 분할표를 작성함으로써 두 변수 간의 독립성과 관련성을 분석할 수 있다. 예를 들어, 자원봉사 횟수라는 특정 변수에 대해 인구통계학적 변수(성별이나 연령, 학력, 소득, 종교 등)의 독립성이나 관련성을 규명하고자 할 경우에 이용된다.

어떤 두 변수가 각각 m 및 n개의 범주를 갖는다면 교차표는 $(m \times n)$개의 셀을 이룬다. 이들 두 변수가 갖는 빈도분포에 의하여 $(m \times n)$개의 각 셀에 두 변수가 결합된 기대빈도를 구하고 실제 측정된 빈도와 비교함으로써 두 변수가 상호 독립적인지 아니면 관련성을 갖는지를 판단할 수 있다. 이러한 이론적인 빈도와 실제빈도의 차이를 이용하여 독립성 혹은 관련성의 여부를 판단하는 방법 중 가장 많이 이용되는 것이 바로 카이자승(x^2)검정이다. 이론적인 빈도와 실제 측정된 빈도 간의 차이가 크면 x^2값이 커진다. 결과해석은 변수 간의 교차표를 구하고, 이들 교차표의 값들이 갖는 카이자승값과 자유도, 양쪽 검정의 점근유의확률을 구하여 이때 P값이 유의수준 .05보다 작으면 유의하다고 보아 두 변수 간의 상호관련성이 있다는 연구가설을 채택하게 된다.

■ SPSS 사용법

교차분석을 하려면 통계분석(A) 메뉴에서 〈기술통계량(E)〉과 〈교차분석(C)〉을 선택 클릭하여 대화상자를 연다.

통계분석(A) ▶ 기술통계량(E) ▶ 교차분석(C)

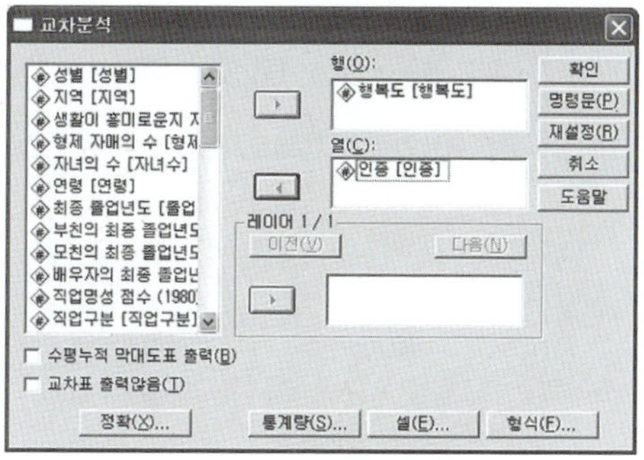

|그림 6| 교차분석 대화상자

교차분석 대화상자에서 왼쪽 변수란에서 교차분석하고자 하는 두 변수를 행과 열로 구분하여 선택한 후 ▶를 클릭하면 오른쪽 행과 열의 공란으로 이동한다. 옵션으로는 정확(X), 통계량(S), 셀(E), 형식(F)이 있는데, 이 중 정확(X)한 검정에서는 점근적 검정을, 통계량에서는 카이제곱 등을 선택한다. 결과 출력물에는 케이스 요약 처리, 교차표, 카이제곱검정이 있다. 우선 카이제곱검정표 밑에 있는 결과를 보아 "0셀(.01%)은(는) 5보다 작은 기대 빈도를 가지는 셀입니다. 최소 기대빈도는 5.16입니다"를 보아야 한다. 여기서 보다 작은 기대빈도를 가진 셀이 20%를 넘지 않아야 한다. 다음으로 교차표를 보면 인종 간 행복도의 비율(%)에 차이가 있고, 이 값의 카이제곱값(24.797)이 유의확률 $p<.05$보다 작으므로(.000) 인종에 따라 행복도가 다르다고 할 수 있다.

행복도×인종 교차표

			인종			전체
			백인	흑인	기타	
행복도	매우 행복	빈도 인종의 %	409 32.6%	46 22.9%	12 25.5%	467 31.1%
	행복한 편	빈도 인종의 %	730 58.1%	116 57.7%	26 55.3%	872 58.0%
	불행한 편	빈도 인종의 %	117 9.3%	39 19.4%	9 19.1%	165 11.0%
전체		빈도 인종의 %	1256 100.0%	201 100.0%	47 100.0%	1504 100.0%

카이제곱검정

	값	자유도	점근유의확률(양측검정)
Person 카이제곱	24.797[a]	4	.000
우도비	22.446	4	.000
선형대선형결합	16.982	1	.000
유효케이스수	15.4		

a. 0셀(.0%)은(는) 5보다 작은 기대 빈도를 가지는 셀입니다. 최소 기대빈도는 5.16입니다.

|그림 7| 교차분석 결과

■ 보고서 작성

인종과 행복도 간의 교차분석을 실시한 결과, 다음의 〈표 4〉에서 보는 바와 같이 피어슨(Pearson)의 카이제곱 값(x^2)=24.80($p<.001$)로 나타나 두 변수인 인종과 행복도는 상호관련성이 있는 것으로 나타났다. 즉, 백인이 흑인이나 기타 인종에 비해 행복도가 높다고 할 수 있다.

〈표 4〉 인종과 행복도 간의 교차분석 결과 (명)

		인종			x^2
		백인	흑인	기타	
행복도	매우 행복	409(32.6%)	46(22.9%)	12(25.5%)	24.80**
	행복한 편	730(58.1%)	116(57.7%)	26(55.3%)	
	불행한 편	117(9.3%)	39(19.4%)	9(19.1%)	

5. *t*-검정

t-검정은 차이검정이라고도 하는 것으로, 하나의 검정변수에 대해 두 집단 간의 평균의 차이가 통계적으로 유의한지를 파악할 때 사용하는 통계기법이다. 일반적으로 두 집단의 평균을 비교하는 방법은 *t*-검정과 *Z*-검정이 있는데, 이 중 *Z*-검정은 모집단의 분산을 알고 있는 경우에 이용되지만 두 모집단의 분산을 알고 있는 경우는 사실상 드물기 때문에 *t*-검정을 이용한다. 예를 들어, 실업률에 남성과 여성의 차이가 있는가? 혹은 결혼만족도에 학력수준의 높고 낮음에 따라 차이가 있는가? 등을 알고자 할 때 사용한다.

t-검정은 각 표본의 분산과 두 표본을 합한 전체 집단의 분산을 이용하여 평균의 차이가 어느 정도 유의한가를 검정한다. 따라서 두 집단 간의 평균의 차이를 검정하기 위해 *t*값을 계산한다. *t*값은 비교대상집단의 평균, 표준편차, 표본수로 구할 수 있다. *t*-검정은 독립표본 *t*-검정과 쌍표본(혹은 대응표본) *t*-검정의 두 방법이 있다. 전자는 두 집단의 평균을 비교하는 것이고, 후자는 동일표본 혹은 동일집단에서의 두 변수 간의 평균의 차이를 비교하는 것이다.

■ SPSS 사용법

t-검정을 하려면 통계분석(A) 메뉴에서 〈평균비교(M)〉와 〈독립표본 T검정(T)〉을 선택 클릭하여 대화상자를 연다.

통계분석(A) ▶ 평균비교(M) ▶ 독립표본 T검정(T)

|그림 8| 독립표본 t-검정 대화상자

t-검정 대화상자의 왼쪽 변수란에서 분석하고자 하는 변수들을 검정변수(T)와 집단변수(G)로 구별하여 선택한 후 ▶를 클릭하면 오른쪽의 각각의 공란으로 이동한다. 집단정의는 집단의 변수값으로 하면 되고, 옵션의 신뢰구간은 95%가 기본값으로 설정되어 있다.

t-검정결과에서는 ① 집단통계량과 ② 독립표본 *t*-검정결과가 제시된다. 집단통계량에서는 두 집단의 표본의 수, 평균 표준편차 등이 제시되고, 검정결과에서는 우선 Levene의 등분산 검정과 평균의 동질성에 대한 검정결과가 각각 출력된다.

t-검정은 우선 두 집단 간 분산의 동질성 여부를 알아야 한다. 이를 확인하기 위해서는 Levene의 등분산검정, 즉 *F*값을 이용한다. *F*값의 확률치인 유의확률이 정해진 기준치보다 클 경우, 즉 $p>.05$이면 두 집단의분산이 유의하지 않기 때문에 등분산이 가정됨을 이용하고, $p<.05$이면 두 집단의 분산이 유의하기 때문에 등분산이 가정되지 않음을 이용한다. 두 집단간 평균의 동질성에 대한 *t*-검정에서는 *t*값, 자유도, 유의확률, 평균치, 차이의 표준오차 등이 제시되지만 일반적으로 *t*값과 유의확률만 이용한다.

집단통계량

	성별	N	평균	표준편차	평균의 표준오차
최종졸업연도	남자	633	13.23	3.143	.125
	여자	877	12.63	2.839	.096

독립표본 검정

성별		Levene의 분산검정		평균의 동일성에 대한 *t*-검정						
		F	유의확률	*t*	자유	유의확률(양쪽)	평균차	차이의 표준오차	차이의 95% 신뢰구간 하한	차이의 95% 신뢰구간 상한
최종졸업연도	등분산이 가정됨	11.23	.001	3.89	1508	.000	.60	.155	.298	.906
	등분산이 가정되지 않음			3.82	1276	.000	.60	.157	.293	.911

|그림 9| 독립표본 t-검정 결과

■ 보고서 작성

성별에 따른 최종졸업연도의 차이를 검증한 결과, 다음의 〈표 5〉에서 보는 바와 같이 남성은 평균 13.23년, 여성은 12.63년이고, t=3.82(p<.001)로 나타나 두 집단 간에는 유의한 수준에서 차이가 있는 것으로 나타났다. 따라서 조사대상자의 경우 남성이 여성에 비해 최종졸업연도가 더 높음으로써 학력수준이 더 높다고 할 수 있다.

〈표 5〉 성별에 따른 최종졸업연도 차이 분석

	n	평균	표준편차	t
남성	633	13.23	3.14	3.82**
여성	877	12.63	2.84	

*** p<.001

6. 분산분석

분산분석(ANOVA : ANalysis Of VAriance)은 두 집단 또는 그 이상 간 하나의 검정변수에 대한 평균의 차이가 통계적으로 유의한가를 검정하는 통계기법이다. 분산분석을 이용함으로써 표본들이 동일한 평균을 가진 모집단에서 추출되었는지의 여부를 추정할 수 있다. 예를 들어, 슈퍼바이저의 슈퍼비전 유형(집단변수:명목측정)에 따라 사회복지사의 업무수행도(검정변수:비율측정 또는 등간측정)에 차이가 나는가를 알고자 할 때 이용할 수 있다.

분산분석은 각 표본이 서로 독립적이어야 하고, 각 표본들이 정규분포를 이루고 있어야만 적용 가능하다. 기본적으로 분산분석은 전체 모집단 분산의 두 개의 다른 추정치를 비교하여 알 수 있다. 따라서 표본 간 분산으로부터 모집단 분산의 추정치를 결정하고(이를 집단간 분산이라 한다), 표본내 분산으로부터 모집단 분산의 두 번째 추정치를 결정한 다음에(이를 집단내 분산이라 한다), 두 추정치를 비교한 후 이 값을 F-값이라 하는데(따라서 분산분석을 F-검정이라고도 한다), 이 값이 임계치보다 작으면 귀무가설을 받아들이며 대립가설을 기각한다.

분산분석은 집단변수(실험변수, 요인변수)의 수와 검정변수(결과변수)의 수 및 외생변수(통제변수)의 수 등에 따라 여러 기법으로 분류될 수 있다.

① 일원배치 분산분석(One-Way ANOVA) : 두 집단 또는 그 이상 간 하나의 검정(종속)변수에 대해 평균의 차이가 통계적으로 유의한지를 검정하는 기법이다. 이 방식은 종속변수와 독립변수가 모두 하나이어야 한다.

② 이원배치 분산분석(Two-Way ANOVA) : 두 집단 또는 그 이상 간 하나의 검정변수에 대해 평균의 차

이를 검정한다는 측면에서는 일원배치 분산분석과 유사하지만, 독립변수가 2개이며 이들 독립변수와 종속변수 간의 상호작용 효과를 검정할 수 있는 기법이다.

③ 다변량 분산분석(MANOVA : Multivariate ANalysis Of VAriance) : 분산분석을 확장한 기법으로 두 집단 또는 그 이상 간 두 개의 검정변수에 대한 평균(벡터)의 차이가 통계적으로 유의한가를 검정하는 기법이다.

■ SPSS 사용법

일원배치 분산분석을 하려면 통계분석(A) 메뉴에서 〈평균비교(M)〉와 〈일원배치 분산분석(O)〉을 선택 클릭하여 대화상자를 연다.

통계분석(A) ▶ 평균비교(M) ▶ 일원배치 분산분석(O)

분산분석 대화상자의 왼쪽 변수란에서 분석하고자 하는 변수들을 종속변수(E)와 요인(F)으로 구별하여 선택한 후 ▶를 클릭하면 오른쪽의 각각의 공란으로 이동한다. 옵션으로는 대비(C), 사후분석(H), 옵션(O)이 있다. 대비에서는 다항식을, 사후분석에서는 Scheffe를 선택한다.

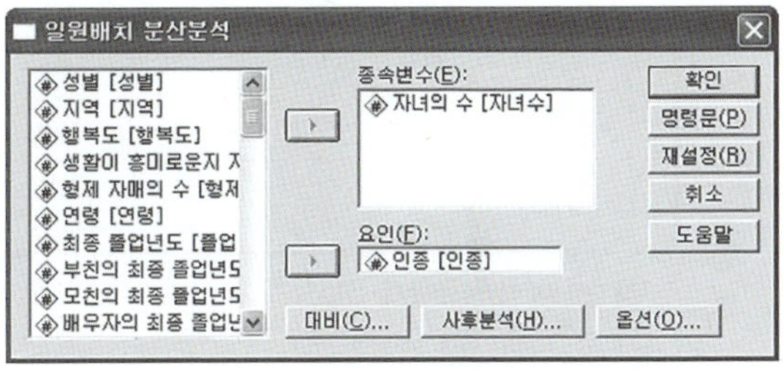

|그림 10| 일원배치 분산분석 대화상자

결과 출력물에서 ① 기술통계량과 ② 분산의 동질성에 대한 검정값이 제시되고, ③ 분산분석 결과가 제시된다. 분산분석표에서는 *F*값, 유의확률, 제곱합, 자유도, 평균제곱 등이 집단간 및 집단내 통계량이 제시된다. 이 중 분산분석의 결과는 집단간 및 집단내 통계량을 나타내고 있는 분산분석표에서 각종 통계량 중에서 *F*값과 유의확률을 이용하여 연구가설의 채택 여부를 결정하게 된다. 즉, 집단간 제곱합을 자유도로 나눌 때 평균제곱이 되고, *F*값은 집단 간 평균제곱을 집단내 평균제곱으로 나눔으로써 구할 수 있다. 유의확률 $p<.05$이면 귀무가설을 기각하게 된다. ④ 사후검정-다중비교에서는 전체 집단 간 평균의 차이가 존재하며 등분산을 가정하였을 때, 가령 Scheffe를 이용한 사후검정(Post Hoc Tests) 결과를 알 수 있다. 사후검정은 집단 간의 차이가 존재할 때 정확하게 어떤 집단에서 그 차이가 존재하는지를 좀 더 구체적으로 확인하는 과정이다. 표본집단의 케이스 수가 다를 때는 주로 Scheffe를, 그리고 케이스 수가 동일하다면 Duncan을 주로 이용한다.

자녀의 수

기술통계

	N	평균	표준편차	표준오차	평균에 대한 95% 신뢰구간		최소값	최대값
					하한값	상한값		
백인	1259	1.83	1.707	.048	1.74	1.92	0	8
흑인	201	2.27	2.005	.141	1.99	2.55	0	8
기타	49	2.20	1.989	.284	1.63	2.78	0	8
합계	1509	1.90	1.765	.045	1.81	1.99	0	8

자녀의 수

분산분석

	제곱합	자유도	평균제곱	F	유의확률
집단-간	38.753	2	19.377	6.265	.002
집단-내	4657.535	1506	3.093		
합계	4696.288	1508			

종속변수 : 자녀의 수
Scheffe

다중비교

(I) 인종	(J) 인종	평균차(I-J)	표준오차	유의확률	95% 신뢰구간	
					하한값	상한값
백인	흑인	-.444*	.134	.004	-.77	-.12
	기타	-.374	.256	.344	-1.00	.25
흑인	백인	.444*	.134	.004	.12	.77
	기타	.070	.280	.970	-.62	.76
기타	백인	.374	.256	.344	-.25	1.00
	흑인	-070	.280	.970	-.76	.62

* .05 수준에서 평균차가 큽니다.

| 그림 11 | 분산분석 결과

■ 보고서 작성

인종에 따른 자녀 수의 차이를 분석한 결과, 다음의 〈표 6〉에서 보는 바와 같이 백인은 평균 1.83명, 흑인은 2.27명, 기타는 2.20명이고, F=.6.27(p<.001)로 나타나 세 집단 간에 유의한 수준에서 차이가 나는 것으로 나타났다. 다만, Scheffe검증을 통한 사후검증 결과 백인과 흑인 사이에서만 유의한 차이가 있었고, 흑인과 기타, 백인과 기타 사이에서는 차이가 없는 것으로 나타났다. 따라서 조사대상자의 경우 흑인이 백인이나 기타 인종에 비해 자녀가 가장 많음을 알 수 있다.

〈표 6〉 인종에 따른 자녀 수의 차이 분석

	n	평 균	표준편차	*F*
백인	1259	1.83^{a}	1.71	6.27***
흑인	201	2.27^{b}	2.01	
기타	49	1.90^{a}	1.77	

*** $p<.001$
주) a, b는 사후검증값으로 문자가 다른 집단 간에 차이가 있음

7. 상관분석

상관분석(correlation analysis)은 변수들 간의 관련성이나 방향성의 정도를 검증하고자 할 때 이용하는 통계기법으로, 어떤 변수(예 자아존중감)가 다른 변수(예 주부우울증)와 관련성이 있다면 어느 정도(r)로 그리고 어떤 방향(±)으로 관련성이 있는지를 알고자 할 때 이용한다. 예를 들어, 학력과 임금수준, 자아존중감과 주부우울증, 성별과 자원봉사 횟수 등을 분석하고자 할 경우에 이용된다.

상관분석은 산포도(scatter diagram) 상에서 두 변수의 값들이 어떻게 분포되어 있는가를 파악하여 변수들 간의 관련성을 측정한다. 관련성은 두 변수들 간의 공분산 및 피어슨의 상관계수를 구하는 것으로, 관측된 자료들이 좌표상에서 정(+)의 기울기를 가지며 완전한 직선에 가까울 때 상관계수 $r=+1.00$이, 반대로 부(−)의 기울기를 가지며 완전한 직선에 가까울 때 상관계수 $r=-1.00$이 된다. 즉, 상관계수 r은 $-1\leq r\geq +1$의 절대값을 가진다. 두 변수 간의 상관계수의 절대값이 1.00이면 완전 상관관계, .80이면 매우 높은 상관관계, .80~.60이면 높은 상관관계, .60~.40이면 보통의 상관관계, .40 이하이면 낮은 상관관계로 분명히 상관관계는 있으나 수준이 낮아 보통 가설을 기각하는 수준이다.

① 단순상관분석 : 두 변수 X와 Y 간의 상관관계를 분석하는 방법
② 다중상관분석 : 가령 Y가 X_1, X_2, X_3의 관계와 같이 둘 또는 두 개 이상의 변수들이 어느 한 변수와 갖는 관계의 정도를 분석하는 방법
③ 편상관분석 : 가령 어떤 두 변수가 다른 변수의 영향을 공통으로 받을 때 이러한 제3변수를 통제한 상태에서 두 변수의 상관관계를 분석하는 방법
④ 부분상관분석:두 변수 중 한 변수에서만 제3변수의 영향을 제거한 후 두 변수를 측정하는 방법

■ SPSS 사용법

상관분석 중 단순상관분석을 하려면 통계분석(A) 메뉴에서 〈상관분석(C)〉과 〈이변량상관계수(B)〉를 선택하여 클릭하여 대화상자를 연다.

통계분석(A) ▶ 상관분석(C) ▶ 이변량상관계수(B)

상관분석 대화상자에서 왼쪽 변수란에서 상관분석을 하고자 하는 두 변수를 선택한 후 ▶를 클릭하면 오른쪽 공란으로 이동한다. 상관계수는 피어슨의 r계수, 켄달의 타우-b계수, 스피어만의 rho계수 등이 있는데 산정방식이 각각 다르다. 이 중 가장 많이 사용되는 것이 피어슨의 r계수(적률상관계수라고도 한다)이다.

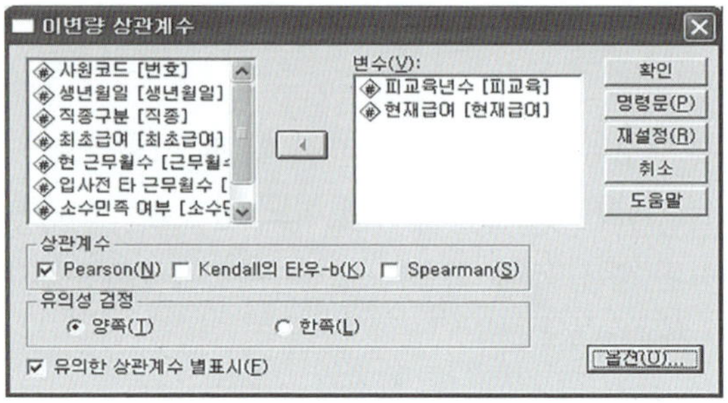

| 그림 12 | 상관분석 대화상자

피교육년수와 현재급여 간의 상관관계를 분석한 결과창을 보면 그 도표에서 상관계수 r=.661이고, 0.01 수준(양쪽)에서 유의하다는 것을 알 수 있다. 따라서 두 변수는 높은 상관관계를 가지고 있다고 할 수 있다.

상관계수

		피교육년수	현재급여
피교육년수	Pearson 상관계수 유의확률(양쪽) N	1 474	.661** .000 474
현재급여	Pearson 상관계수 유의확률(양쪽) N	.661*** .000 .474	1 474

**. 상관계수는 0.01 수준(양쪽)에서 유의합니다.

| 그림 13 | 상관분석 결과

■ 보고서 작성

피교육년수와 현재급여 간의 상관관계를 분석한 결과, 다음의 〈표 7〉에서 보는 바와 같이 두 변수 간의 피어슨(Pearson)의 r = .66(p<.01)로 나타났다. 따라서 두 변수 간에는 높은 상관관계가 있으므로 피교육년수가 길면 길수록 현재 급여 역시 높다고 할 수 있다

〈표 7〉 피교육년수와 현재급여 간의 상관관계 분석

	피교육년수	현재급여
피교육년수	1.	
현재급여	.66**	1.

** p<.01

8. 회귀분석

회귀분석(regression analysis)은 변수들 중 하나를 종속변수로, 나머지를 독립변수로 하여 이들 변수들이 서로 상관관계를 가질 때 독립변수가 변화함에 따라 종속변수가 어떻게 변화하는가를 규명하는 통계기법

이다. 예를 들어 이혼에 영향을 미칠 수 있는 변수들, 가령 성격차이, 고부갈등, 경제적 어려움, 가정폭력 등을 대입하여 과연 이러한 독립변수들이 이혼이라는 종속변수에 영향을 미치는지, 미친다면 얼마만큼 영향을 미치는지를 알 수 있다. 회귀분석에서 사용되는 데이터 척도의 경우는 일반적으로 독립변수와 종속변수 모두 등간측정이거나 비율측정이어야 한다. 만일 독립변수가 명목측정이거나 범주형척도라면 반드시 더미변수(dummy variable)를 이용한 회귀분석을 이용하여야 하고, 로지스틱 회귀분석(logistic regression)은 종속변수가 이변량(가령 성별, 흡연 여부, 주택보유 여부 등)이어야 한다.

회귀분석은 독립변수들과 종속변수가 선형의 관계에 있다는 가정하에 종속변수를 예측할 수 있는 회귀방정식을 도출하는 것이다. 즉, 독립변수와 종속변수에 관한 자료를 이용하여 모수(일차방정식에서 상수항과 기울기의 값)를 추정하는 것이다. 회귀방정식을 도출할 때 보통 최소자승법(MLS : Method of Least Squares)을 이용하여 종속변수의 실제 관측치와 회귀방정식으로 추정된 값의 차이인 잔차(residual)가 최소화되도록 모수를 추정한다.

■ SPSS 사용법

회귀분석을 하려면 통계분석(A) 메뉴에서 〈회귀분석(R)〉과 〈선형(L)〉을 선택 클릭하여 대화상자를 연다.

통계분석(A) ▶ 회귀분석(R) ▶ 선형(L)

회귀분석 대화상자에서 왼쪽 변수란에서 분석하고자 하는 종속변수와 독립변수를 구분하여 선택한 후 ▶를 클릭하면 오른쪽의 공란으로 이동한다. 옵션으로는 가중최소제곱(W), 통계량(S), 도표(L), 저장(A), 옵션(O)이 있다.

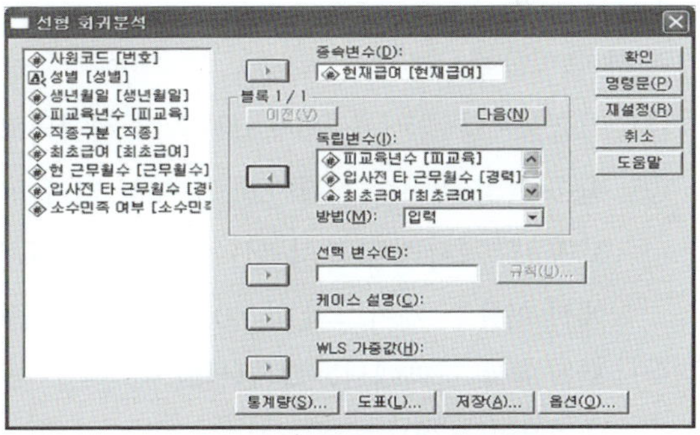

| 그림 14 | 회귀분석 대화상자

모형요약[b]

모 형	R	R^2	수정된 R^2	추정값의 표준오차	Durbin Watson
1	.895[a]	.802	.800	7,631.917	1.832

a. 예측값 : (상수), 최초급여, 입사전 타 근무월수, 피교육년수
b. 종속변수 : 현재급여

분산분석[b]

모 형		제곱합	자유도	평균제곱	F	유의확률
1	선형회귀분석	1.105E+11	3	3.685E+10	632.607	.000[a]
	잔차	2.738E+10	470	58246157		
	합계	1.379E+11	473			

a. 예측값 : (상수), 최초급여, 입사전 타 근무월수, 피교육년수
b. 종속변수 : 현재급여

계수[a]

모 형		비표준화 계수		표준화계수	t	유의확률	공선성 통계량	
		B	표준오차	베타			공차한계	VIF
1	(상수)	−3661.517	1935.490		−1.892	0.59		
	피교육년수	735.956	168.689	.124	4.363	.000	.520	1.923
	입사전 타 근무월수	−16.730	3.605	−.102	−4.641	.000	.866	1.154
	최초급여	1.749	.060	.806	29.198	.000	.554	1.804

a. 종속변수:현재급여

|그림 15| **회귀분석 결과**

결과 출력물에서는 우선

① 기술통계량(평균, 표준편차, 표본수)이 제시되고,

② 변수 간의 피어슨 상관관계, 방향성 및 유의확률값이 제시된다.

③ 모형요약에서는 표본회귀선에 대한 적합도 및 유의도 검정을 할 수 있다. 가령 R^2이 .802라면 통계학에서 이용된 케이스의 약 80.2%가 표본회귀선에 의해 적합하다고 할 수 있다.

④ 분산분석 결과에서는 회귀선의 기울기가 0이라는 귀무가설을 검정한 결과로서 *F*통계량을 이용하여 회귀선의 유의도를 검정할 수 있다. 그리고 분산분석을 통해 표본회귀식으로 설명되는 부분과 설명되지 않는 부분을 알 수 있다. 따라서 회귀식의 유의성은 *F*통계량에 대한 유의확률을 통하여 결정된다.

⑤ 계수에서는 회귀계수가 제시된다. 모수 추정에 의한 결과로 기울기에 대한 추정치를 의미한다. 계수는 비표준화계수(B)와 표준화계수(β)가 있으며, 표준화계수인 베타계수는 두 변수 모두 Z-score로 표

현될 때 최소자승선의 기울기가 되고 또한 두 변수 간의 상관계수를 의미한다. *t*는 회귀방정식의 기울기(회귀계수)에 대한 검정통계량을 의미한다.

⑥ 이 외에 전차통계량에서 최소값, 최대값, 평균, 표준편차 등이 나타난다.

■ 보고서 작성

현재 급여에 영향을 미치는 변수를 분석하기 위해 입력방식(enter method)으로 다중회귀분석을 실시한 결과, 다음 〈표 8〉에서 보는 바와 같이 *t* 값에 대한 유의확률값이 유의수준 .05 기준으로 볼 때 현재 급여에는 피교육년수(β=.12***), 입사전 타 근무월수(β=−.10***), 그리고 최초급여(β=.81***)가 영향을 미치는 것으로 나타났다(F=632.61***). 즉, 최초급여가 가장 큰 영향을 미치고, 다음으로 피교육년수가 영향을 미치고, 그리고 입사전 타 근무월수는 부(−)적 영향을 미친다. 따라서 최초 급여가 많고 학력수준이 높을수록 현재 급여가 많지만, 입사전 타 근무월수는 오히려 부정적인 영향을 미친다. 회귀모형에서 독립변수들의 분산팽창계수(VIF)가 1.90 미만으로 다중공선성의 문제는 없으며, Durbin Watson 역시 1.83으로 오차항들 간의 자기상관의 문제는 나타나지 않았다. 다중회귀분석모형의 R^2 은 .80으로 나타났다.

〈표 8〉 현재 급여에 대한 다중회귀분석 결과

	비표준화계수		표준화계수	*t*	VIF
	B	표준오차	β		
(상수)	−3661.52	1935.49		−1.89	
피교육년수	735.96	168.69	.12	4.36***	1.92
입사전 타 근무월수	−16.73	3.61	−.10	−4.64***	1.15
최초급여	1.75	.06	.81	29.20***	1.80
R^2(수정된 R^2)	.80(.80)				
Durbin Watson	1.83				
F	636.61***				

*** p<.001

부록 2 기출문제

주관식은 행정고시 조사방법론, 단답형은 청소년지도사 1급 연구방법론 문제이다. 객관식 중 [회차]는 사회복지사 1급, [연도, 급수]는 공무원시험, [연도 청지]는 청소년지도사 1급, [연도 조사]는 사회조사분석사 기출문제이다. 자세한 기출문제는 저자의 블로그(https://blog.naver.com/nomu119)를 참조하기 바란다.

주관식

1. 다음 제시문을 읽고 물음에 답하시오. (22)

> 코로나19로 인해 관광산업은 심각한 타격을 입고 있으며, 관광 분야의 일자리 수도 빠른 속도로 줄어들고 있다. 이러한 상황에서 관광산업에 종사하는 근로자 1,200명을 선정하여 그들이 인식하는 고용불안정성이 자신의 삶의 질에 어떠한 영향을 미치는지에 대한 조사를 실시하고, 그 결과를 바탕으로 관광산업 종사자들을 위한 심리지원 프로그램을 개발하고자 한다.

1) 본 연구를 수행하는 과정에서 연구자는 근로자의 삶의 질을 측정하기 위해 20개의 문항으로 구성된 삶의 질 척도를 개발하였다. 이 척도의 타당성을 확인하기 위한 방법에 대해 서술하시오.
2) 연구자는 본 연구에 필요한 자료를 수집하기 위해 설문지를 사용하고자 한다. 이를 위한 조사방법으로 면접조사, 우편조사, 전화조사, 인터넷조사 방법이 갖는 각각의 장단점과 단점을 보완할 수 있는 방안을 제시하시오.

2. 최근 국민 행복에 대한 정책적 관심이 높아지고 있으며, 일부 국제기구들은 국가 간 행복 수준을 발표하고 있다. 국민 행복을 측정하기 위해서는 건강, 가족, 교육 등 여러 영역에서의 실제 상태를 측정하고 객관적 지표(고용률, 주요 질병 유병률 등)들을 종합하는 객관적 방법과 국민 개개인이 주관적으로 느끼는 만족도와 정서 경험을 설문조사를 통하여 측정하는 주관적 방법이 있다. (20)

1) 국민 행복을 측정하는 방법으로 위에서 언급한 객관적 방법과 주관적 방법의 장단점을 신뢰도와 타당도의 관점에서 설명하시오.
2) 객관적 방법을 통하여 국민 행복을 나타내는 종합지수(composite index)를 작성하고자 할 때, 방법론적 관점에서 고려해야 할 사항에 대해 기술하시오.

3. 다음 제시문을 읽고 물음에 답하시오. (19)

> 한국의 교육문제는 수십 년간 논쟁의 대상이었다. 유치원에서부터 초 · 중 · 고등학생들은 대학 입시를 위한 교육에 치중한다. 대학은 한국인의 인생을 결정짓는 절대적인 요소로 인식된 지 오래다. 현재의 교육문제 해결에는 국민의 교육에 관한 인식 변화가 매우 중요하다. 이에 따라 정부는 교육문제에 대한 각 가정의 인식을 알아보기 위해 서울지역 가정을 대상으로 조사를 수행하기로 하였다.

1) 단순무작위 표본추출방법(simple random sampling method)을 적용하여 자료 수집을 완료하는 과정을 제시하시오.
2) 단순무작위 표본추출방법의 대안으로서 군집 표본추출방법(cluster sampling method)의 장점과 단점을 설명하시오.

4. 최근 한국사회에서는 세대 간의 대립과 갈등이 심각한 사회문제로 인식되고 있다. 대표적인 사례로 지하철에서 교통약자석을 둘러싼 다툼이 언론에 보도되기도 했다. 지하철에는 여러 세대가 공존하기 때문에 이러한 세대 간 갈등이 더욱 첨예하게 드러난다. 정부는 지하철 내 교통약자석 이용에 대한 세대 간 갈등 현황과 원인을 규명하기 위한 조사를 시행하려고 한다. 다음 물음에 답하시오. (18)

1) 이 조사를 질적방법을 이용하여 수행할 때, 가능한 자료수집 방법을 제안하시오.
2) 이 조사를 양적방법을 이용하여 수행할 때, 가능한 자료수집 방법을 제안하시오.
3) 1)과 2)에서 제안한 방법을 이용한 자료수집 과정에서 고려해야 하는 조사윤리에 대해 기술하시오.

5. 최근 여성들의 경력단절이 심각한 사회적 이슈가 됨에 따라 정부에서는 경력단절여성의 재취업지원프로그램을 운영해 왔다. 기획재정부는 이 프로그램의 효과 여부에 따라 관련 예산의 증액과 감액을 결정하고자 한다. 이를 위해 지난 3년간 실시한 프로그램의 효과에 대한 정책평가연구를 의뢰하였다. 다음 물음에 답하시오. (18)

1) 연구 결과에 따르면 3년간의 경력단절여성 재취업지원프로그램 운영 후 경력단절여성들의 실업률이 더 높아진 것을 확인하였다. 이에 근거하여 이 프로그램의 효과가 마이너스(−)라고 결론을 내렸다. 이 결론이 가지고 있는 문제점들을 제시하시오.
2) 귀하가 이 프로그램의 성과를 입증할 수 있는 연구설계를 할 때, 내적타당도를 제고할 수 있는 방안과 그 이유를 제시하시오.

6. 사회과학 연구에서는 추상적 요소인 개념을 측정하는 경우가 대부분이다. '사회적 배제'(social exclusion)라는 개념을 조작적으로 네 가지 차원인 '경제적 배제', '정보의 배제', '차별', '정치적 참여의 배제'로 이해할 때, 이 개념 측정의 적절성을 판단할 수 있는 기준인 타당도에 대해서 기술하시오. (18)

7. 시민들이 공익적 사회활동에 적극적으로 참여하게 하는 것은 우리 사회의 과제이며 정부의 정책 효율성을 높이기 위해서도 필요하다. 정부는 시민의 '사회 참여도'에 영향을 미치는 요인을 조사하여 시민의 공익적 사회활동 참여를 증진시키기 위한 정책을 입안하는 데 활용하고자 한다. 선행 연구를 검토하여 시민의 공익적 사회 참여 관련 요인을 다음과 같이 선정하였다. 물음에 답하시오. (17)

성별, 나이, 교육수준, 소득, 직업, 결혼상태, 종교, 부 또는 모의 교육수준, 부 또는 모의 소득, 부 또는 모의 직업

1) 다양한 차원을 고려하여 '사회 참여도'를 조작적으로 정의하고, 비율척도를 사용한 측정도구를 제시하시오.
2) 〈보기〉에 제시된 요인들을 이용하여 선행변수를 포함한 가설을 세우고, 그 근거를 논하시오.

8. **정부는 국민들의 통일의식을 파악하기 위해 서베이(survey)를 실시하고자 한다. 선행연구에 따르면 통일의 필요성에 대한 인식은 세대별로 차이를 보이고, 통일비용 부담에 대한 수용 정도는 소득수준에 따라 차이를 보이는 것으로 나타났다. 이러한 선행연구 결과를 바탕으로 조사 대상을 선정하고자 한다. 다음 물음에 답하시오.** (17)

1) 표집틀(표본추출 프레임)의 요건을 고려하여, 확률표집(probability sampling) 방법으로 조사 대상을 선정하는 절차를 구체적으로 논하시오.
2) 이 연구에서 적절한 표본의 크기를 결정하기 위해 고려해야 할 요인들에 대해 논하시오.

9. **최근 1인 가구가 빠르게 증가하여 전체 가구의 27%에 육박하고 있다. 정부에서는 1인 가구의 생활실태를 알아보기 위해 설문조사를 실시하고자 한다. 설문조사는 전국적으로 실시하며, 1인 가구원과 1인 가구가 아닌 가구원을 비교하기 위해 각각 700명씩 조사할 예정이다. 다음 물음에 답하시오.** (16)

1) 모집단 전체의 특성을 파악하기 위한 광역시·도, 시·군·구, 읍·면·동 세 단계에 걸친 다단계 확률표집(확률표본추출)의 과정을 기술하시오. [단, 최종 가구단위 표본 추출을 위해서는 체계적 표집(systematic sampling) 방법을 사용한다]
2) 주관적 삶의 질과 사회적 고립의 정도를 중심으로 1인 가구 가구원과 1인 가구가 아닌 가구원의 생활실태를 비교하려고 할 때, 연구문제, 연구가설, 주요 개념의 조작적 정의를 제시하시오.

10. **전국의 시·군·구 지역에서 '1인당 지역총생산'(GRDP per capita)과 주민의 '평균수명'(출생 시 기대여명)을 측정한 자료를 분석한 결과, 1인당 지역총생산이 높을수록 주민의 평균수명이 긴 것으로 나타났다. 이 결과를 바탕으로, 연구자는 가구원 1인당 소득수준이 높을수록 개인의 평균수명이 길다는 결론을 내렸다. 다음 물음에 답하시오.** (15)

1) 이 연구에서 관찰단위(unit of observation)와 분석단위(unit of analysis)는 무엇인지 기술하시오.
2) 관찰단위와 분석단위를 고려하여, 이 연구 결과에서 발생 가능한 오류의 유형을 제시하고, 그것이 왜 오류가 될 수 있는지 설명하시오.

단답형

1. 연역법은 가설 – 조작화 – 관찰 – 검증의 순서로 접근하며 일반적인 것으로부터 특수한 것을 추론해 내는 방법이다. 반면, "소크라테스는 죽었다. 다른 사람들도 죽었다. 모든 사람은 죽는다"와 같이 특수한 사실을 전제로 하여 일반적인 진리 또는 원리로서의 결론을 내리는 방법은 ( )이라 한다. (22) [귀납법]

2. 청소년의 학업 노력은 학업 성적에 영향을 미친다. 최근 연구 결과, 이 두 변인 간의 관계는 지식 수준에 따라 달라지는 것으로 나타났다. 이와 같이 두 변인 간의 관계가 제3의 변인의 수준에 따라 달라질 때 제3의 변인을 무엇이라 하는지 쓰시오. (22) [조절변수]

3. 조사대상 모집단을 상호 독립적이고 포괄적인 소집단으로 나눈 후 각 소집단들로부터 표본을 무작위로 추출하는 방법은? (21) [층화표집]

4. 어떤 구성개념(construct)의 값을 측정도구를 이용하여 측정한 경우, 반드시 실제 값(true value)을 제대로 측정하였다고 할 수 없다. 측정 값에는 두 가지 유형의 오류(error)가 포함될 수 있기 때문이다. 이들 중에서 측정도구 자체가 잘못됨으로써 발생하는 오류는 ( )이다. 이 오류가 작을수록 측정의 타당성은 높다. (21) [체계적 오차]

5. 연구자는 청소년의 스마트폰 중독에 대해 조사하고자 한다. 우선 스마트폰 중독의 개념 및 하위 구성요인, 중독유발요소, 예방법 등을 살펴보기 위해 비대면으로 관련 전문가 15명에게 ( )을/를 사용하였다. ( )은/는 관련 전문가들로부터 의견을 수집 및 분석하고, 그 결과를 동일 대상자들에게 보내어 합의를 얻을 때까지 반복적으로 의견을 물어보는 방법이다. (21) [델파이 조사]

6. 다음에서 Y는 A의 '어떤 타당도'인가? (20) [판별타당도]

연구자는 새로운 우울척도 A를 개발하는 과정에서 A의 타당도를 확인하기 위해 기존에 많이 사용되고 있는 우울척도 B와의 상관(X) 및 지능척도 C와의 상관(Y)을 산출하였다. 이를 통해 X는 높게 나타나고, Y는 상대적으로 낮게 나타나는지를 확인하고자 하였다.

7. 다음에서 설명하는 신뢰도 추정방법은? (20) [재검사 신뢰도]

동일한 검사를 동일한 집단에 일정 기간을 두고 두 번 실시하여 두 검사점수 간의 상관 계수를 산출하여 신뢰도를 추정하는 방법이다.

8. ( )은(는) 연구문제에 대해 연구자가 가지는 잠정적인 결론을 말한다. 또한 이론의 내용을 검증하거나 어떤 현상을 예측하고자 이론으로부터 도출된 관찰 가능한 명제를 말한다. (19) [가설]

9. ( )은(는) 연구결과에서 나타나는 변화가 독립변수의 변화에 의한 것임을 확신할 수 있는 정도를 의미하는 것으로서, 실험에서 나타난 종속변수의 변화가 실험설계의 의도와는 달리 독립변수가 아니라 다른 요인에 의한 변화 가능성을 따져보는 것이라 할 수 있다. 외부의 우연한 사건이나 시간의 경과 등이 ( )에 영향을 미칠 수 있다. (19) [내적타당도]

10. ( )척도는 태도의 연속선상에서 개인의 태도가 어느 위치에 있는지를 파악하기 위한 것으로, 측정하려는 정의적 특징을 여러 단계로 분류하여 척도를 구성하며 주로 5점척도가 사용된다. (19) [리커트]

11. ( )은(는) 한 개인이 살아온 이야기 속에서 표현된 경험들에 대하여 분석하고 이해하는 연구방법이다. 자료수집의 가장 기본적인 형태인 면접을 통해서뿐만 아니라 관찰, 문서, 사진, 기타 질적 자료원 등과 같은 다양한 형태의 자료를 통해서 수집된다. (19) [내러티브 연구]

12. 신뢰도를 측정하는 방법으로는 검사-재검사법, 추상성이 높고 복잡한 개념을 측정하기 위하여 여러 개의 문항을 두 개의 세트로 무작위로 나눈 후에 이 두 개의 문항 세트 간에 상관계수를 알아보는 (ㄱ), 문항 상호 간에 어느 정도 일관성을 가지고 있는가를 측정하는 (ㄴ) 등이 있다. (19) [ㄱ 반분법, ㄴ 내적일관성법]

13. ( )은(는) 표본조사에서 모집단의 개별 구성요소들에 관한 정보를 모아 정리해 놓은 목록(list)으로 표집 시 표본단위에 관한 중요한 단서를 제공해 준다. (18) [표집틀]

14. ( )은(는) 연구 특성에 맞는 소수의 표본을 선정한 후 이들로부터 얻은 정보를 토대로 다음 연구대상을 확보하고 점차 표본의 범위를 넓혀가는 표집방식으로, 모집단에 대한 사전지식이 없을 경우 주로 사용한다. (18) [눈덩이 표집]

15. (ㄱ)가설은 연구자가 연구문제에 대한 잠정적인 해답의 형태로 표현한 진술문을 말하고, (ㄴ)가설은 (ㄱ)가설에서 명시된 것을 부정하거나 기각하기 위해 설정한 것이다. 연구자는 (ㄴ)가설을 기각하고 (ㄱ)가설을 채택함으로써 연구목적을 달성하려 한다. (18) [ㄱ 연구, 대립, ㄴ 영, 귀무]

객관식

제1장 사회복지조사의 개념

1. 과학적 연구방법의 특징이 아닌 것은? [21조사]

① 논리성 ② 인과성
③ 주관성 ④ 경험적 검증 가능성

2. 실증주의의 특징과 가장 거리가 먼 것은? [20회]

① 이론의 재검증
② 객관적 조사
③ 사회현상의 주관적 의미에 대한 해석
④ 보편적이고 적용 가능한 통계적 분석도구
⑤ 연구결과의 일반화

3. 사회복지실무자에게 사회복지조사방법론의 지식이 필요한 이유로 옳지 않은 것은? [10회]

① 지역주민의 복지욕구 분석
② 클라이언트에 관한 임상적 자료의 체계적 수집
③ 조사대상에 대한 비윤리적 행위의 예방
④ 사회복지실무자의 정치적 민감도 제고

4. 양적 조사방법에 관한 설명으로 옳은 것은? [20회]

① 자료수집을 완료한 후 가설을 설정해야 한다.
② 자료수집 방법은 조사 설계에 포함할 수 없다.
③ 연구가설은 독립변수와 종속변수는 관계가 없다고 설정한다.
④ 개념적 정의는 측정 가능성을 전제로 하지 않는다.
⑤ 사회과학에서 이론은 직접검증을 원칙으로 한다.

5. 다음 설명에 해당하는 조사방법은? [15, 9급]

> 일정 기간 동안 동일한 응답자에게 동일한 주제에 대해 시차를 두고 반복하여 행하는 조사

① 패널(panel) 조사
② 설문(survey) 조사
③ 횡단(cross sectional) 조사
④ 추이(trend) 조사

6. 다음 중 탐색적 연구를 하기 위한 방법으로 가장 적합한 것은? [21조사]

① 횡단연구 ② 유사실험설계
③ 시계열연구 ④ 사례연구

7. 연구질문에 대한 연역적 탐구방법의 과정으로 옳은 것은? [10회]

① 이론적 이해 → 가설 → 조작화 → 측정 → 가설검증
② 이론적 이해 → 조작화 → 측정 → 가설 → 가설검증
③ 관찰 → 잠정적 결론 → 일반화
④ 관찰 → 유형의 발견 → 잠정적 결론

8. 다음에서 설명하는 조사는? [19회]

> 기초연금의 노인 빈곤 감소효과를 알아보기 위해 동일한 노인을 표본으로 10년간 매년 조사한다.

① 전수조사 ② 추세조사
③ 패널조사 ④ 탐색적 조사
⑤ 횡단적 조사

정답 1.③ 2.③ 3.④ 4.④ 5.① 6.④ 7.① 8.③

제2장 **사회복지조사의 기초**

9. 소득수준과 출산력의 관계를 알아볼 때, 개별사례를 바탕으로 어떤 일반적 유형을 찾아내는 방법은? [20조사]

① 연역적 방법 ② 귀납적 방법
③ 참여관찰법 ④ 질문지법

10. 가설에 관한 설명으로 옳지 않은 것은? [19회]

① 가설이란 둘 이상의 변수들 간의 관계를 예측하는 진술이다.
② 영가설은 독립변수가 종속변수에 영향을 미치지 않는다고 가정한다.
③ 연구가설은 이론으로부터 도출된다.
④ 가설은 경험적으로 검증할 수 있어야 한다.
⑤ 가설은 방향성을 가져야 한다.

11. 영가설(null hypothesis)에 관한 설명으로 옳은 것은? [18회]

① 변수 간의 관계가 존재한다는 가설이다.
② 변수 간 관계없음이 검증된 가설이다.
③ 조사자가 검증하고자 하는 가설이다.
④ 영가설에 대한 반증가설이 연구가설이다.
⑤ 변수 간 관계가 우연임을 말하는 가설이다.

12. 가정폭력이 피해 여성의 우울증에 미치는 영향은 여성이 맺고 있는 사회적 네트워크의 수준에 따라 달라진다는 연구 결과가 발표되었다. 이 연구에서 존재하지 않는 변수는? [18회]

① 독립변수 ② 매개변수 ③ 종속변수
④ 조절변수 ⑤ 내생변수

13. 변수에 관한 설명으로 옳지 않은 것은? [18회]

① 직접 관찰할 수 있는 것들만 측정한 것이다.
② 경험적으로 측정할 수 있는 개념이다.
③ 조작적 정의의 결과물이다.
④ 두 개 이상의 속성을 가져야만 한다.
⑤ 연속형 또는 비연속형으로 측정될 수 있다.

14. 연구문제(research question)의 서술에 관한 설명으로 옳은 것은? [17회]

① 주로 평서문 형태로 서술되어야 한다.
② 다루는 범위가 넓게 서술되어야 한다.
③ 연구결과의 함의에 맞추어 서술되어야 한다.
④ 연구의 관심이나 의문의 대상이 서술되어야 한다.
⑤ 정(+)의 관계로 서술되어야 한다.

15. 개념의 조작화 과정에 관한 설명으로 옳은 것은? [15회]

① 조작적 정의 명목적 정의 측정의 순서로 이루어진다.
② 조작적 정의는 개념에 대한 사전적 정의이다.
③ 변수를 조작적으로 정의하는 방법은 한정되어 있다.
④ 조작화 과정의 최종 산물은 수량화이다.
⑤ 질적 조사에서 중요한 과정이다.

16. 두 변수 간의 사실적인 관계를 약화시키거나 소멸시켜 버리는 검정변수는? [10조사]

① 선행변수 ② 매개변수
③ 억제변수 ④ 왜곡변수

정답 9. ② 10. ⑤ 11. ⑤ 12. ② 13. ① 14. ④ 15. ④ 16. ③

제3장 사회복지조사의 과정

17. 사회복지 조사연구의 과정을 순서대로 바르게 나열한 것은? [20, 9급]

ㄱ. 조사설계	ㄴ. 문제설정	ㄷ. 자료처리 및 분석
ㄹ. 자료수집	ㅁ. 결과해석 및 보고서 작성	

① ㄱ→ㄴ→ㄷ→ㄹ→ㅁ ② ㄱ→ㄴ→ㄹ→ㄷ→ㅁ
③ ㄴ→ㄱ→ㄹ→ㄷ→ㅁ ④ ㄴ→ㄱ→ㄷ→ㄹ→ㅁ

18. 사회복지조사를 위한 수행단계로 옳은 것은? [19회]
① 문제설정 → 가설설정 → 조사설계 → 자료수집 → 자료분석 → 보고서작성
② 문제설정 → 가설설정 → 자료수집 → 자료분석 → 조사설계 → 보고서작성
③ 가설설정 → 문제설정 → 자료수집 → 조사설계 → 자료분석 → 보고서작성
④ 가설설정 → 문제설정 → 자료수집 → 자료분석 → 조사설계 → 보고서작성
⑤ 가설설정 → 문제설정 → 조사설계 → 자료수집 → 자료분석 → 보고서작성

19. 17개 시·도의 69개 사회복지기관에서 근무하는 사회복지사 396명을 대상으로 근무기관의 규모별 직무만족도를 설문조사할 때 독립변수와 종속변수의 관찰단위를 순서대로 옳게 짝지은 것은? [20회]
① 개인 – 개인 ② 기관 – 개인
③ 지역사회 – 개인 ④ 지역사회 – 기관
⑤ 개인 – 지역사회

20. 개인수준의 분석단위에서 도출된 결과를 집단수준으로 확대 해석할 때 나타날 수 있는 오류는? [21조사]
① 분석오류 ② 생태학적 오류
③ 집단주의적 오류 ④ 개인주의적 오류

21. 다음 조사 주제 중 분석 단위가 나머지 셋과 가장 다를 것으로 생각되는 주제는? [17조사]
① 가구소득 조사
② 가구당 자동차 보유현황 조사
③ 대학생의 연령 조사
④ 슈퍼마켓의 종업원 수 조사

제4장 측정과 척도

22. 사람, 사건, 상태, 또는 대상에게 미리 정해놓은 일정한 규칙에 따라서 숫자를 부여하는 것은 무엇인가? [21조사]
① 측정 ② 척도
③ 개념 ④ 가설

23. 측정의 4등급 – 사례 – 가능한 통계분석의 연결이 옳지 않은 것은? [18회]
① 명목등급 – 베이비붐세대 여부 – 백분율
② 서열등급 – 학점(A, B, C....) – 최빈치
③ 등간등급 – 온도(°C) – 중위수
④ 비율등급 – 시험점수(0~100점) – 산술평균
⑤ 명목등급 – 성별, 현재 흡연 여부 – 교차분석

24. 측정수준과 그에 대한 예시를 옳게 짝 지은 것은? [20, 9급]
① 명목척도–학점, 몸무게
② 서열척도–결혼 여부, 성별
③ 등간척도–토익(TOEIC) 점수, 지능지수(IQ)
④ 비율척도–학년, 온도

정답 17. ④ 18. ① 19. ① 20. ④ 21. ③ 22. ① 23. ④ 24. ③

25. 다음 중 비율측정에 해당하는 것만을 모두 고르면? [19, 9급]

> ㄱ. 명목, 서열, 등간측정의 특성을 모두 가진다.
> ㄴ. 절대영점을 가지고 있다.
> ㄷ. 사칙연산(+, −, ×, ÷)이 불가능하다.
> ㄹ. 온도, 지능지수(IQ)가 해당한다.

① ㄱ, ㄴ ② ㄱ, ㄷ
③ ㄴ, ㄹ ④ ㄷ, ㄹ

26. 척도 유형에 관한 설명으로 옳지 않은 것은? [20회]
① 리커트척도(Likert scale)는 문항 간 내적 일관성이 중요하다.
② 거트만척도(Guttman scale)는 누적 척도이다.
③ 서스톤척도(Thurstone scale)의 장점은 개발의 용이성이다.
④ 보가더스척도(Borgadus scale)는 사회집단 간의 심리적 거리감을 측정하는 데 적절하다.
⑤ 의미분화척도(semantic differential scale)의 문항은 한 쌍의 대조되는 형용사를 사용한다.

27. 측정의 수준에 관한 설명으로 틀린 것은? [21조사]
① 비율측정은 절대영점이 존재한다.
② 등간측정은 측정단위 간 등간성이 유지된다.
③ 서열측정과 등간측정은 등수, 서열관계를 알 수 있다.
④ 등간측정은 측정치 간의 유의미한 비율계산이 가능하다.

28. 리커트(Likert) 척도에 관한 설명으로 옳은 것은? [11회]
① 비율척도이다.
② 개별 문항의 중요도는 동등하지 않다.
③ 단일 문항으로 측정하는 장점이 있다.
④ 척도나 지수 개발에 용이하다.

29. 관련 문항 간의 높은 상관관계를 전제로 하며, 각 응답 문항을 일률적으로 점수화하여 전체 문항들의 평점을 총화하는 방식으로 척도값을 산출하는 것은? [13조사]
① 서스톤척도 ② 리커트척도
③ 보가더스척도 ④ 거트만척도

제5장 신뢰도와 타당도

30. 정책평가를 위한 측정도구의 타당성과 신뢰성에 대한 설명으로 옳지 않은 것은? [20, 9급]
① 타당성은 없지만 신뢰성이 높은 측정도구가 있을 수 있다.
② 신뢰성이 없지만 타당성이 높은 측정도구는 있을 수 없다.
③ 신뢰성은 측정도구의 타당성을 담보할 수 있는 충분조건이다.
④ 타당성이 없는 측정도구는 제1종 오류를 범하는 원인이 될 수 있다.

31. 사회복지조사에서 조사도구가 측정하고자 의도하였던 개념을 정확히 측정하는지를 나타내는 것은? [16, 9급]
① 신뢰도 ② 타당도
③ 자유도 ④ 산포도

32. 평가의 신뢰도를 높이는 방법과 거리가 먼 것은? [08, 9급·교육]
① 시험의 문항수를 늘린다.
② 문항의 변별도를 높인다.
③ 시험에 포함될 내용 범위를 넓힌다.
④ 문항의 난이도를 너무 어렵거나 쉽지 않게 적절한 수준으로 조정한다.

정답 25.① 26.③ 27.④ 28.④ 29.② 30.③ 31.② 32.③

33. "채용시험 성적이 우수한 사람이 근무성적도 높게 나타나야 한다"는 것은 시험의 효용성 측정기준 중 어디에 해당하는가? [07, 9급·행정]

① 타당도 ② 신뢰도
③ 객관도 ④ 난이도

34. 신뢰도에 관한 설명으로 옳은 것을 모두 고른 것은?

ㄱ. 재검사법, 반분법은 신뢰도를 평가하는 방법이다.
ㄴ. 신뢰도는 타당도의 필요충분조건이다.
ㄷ. 측정할 때마다 실제보다 5g 더 높게 측정되는 저울은 신뢰도가 있다.

① ㄱ ② ㄴ ③ ㄱ, ㄴ
④ ㄱ, ㄷ ⑤ ㄱ, ㄴ, ㄷ

35. 신뢰도를 측정하는 방법으로 틀린 것은? [21조사]

① 반분법 ② 내용검사법
③ 검사-재검사법 ④ 복수양식법

36. 조사결과의 타당성을 확보하기 위한 방법과 가장 거리가 먼 것은? [15조사]

① 통계적 통제 ② 짝짓기(matching)
③ 난선화(randomization) ④ 표본크기의 최소화

37. 용수철이 고장 난 체중계가 있어서 체중을 잴 때마다 항상 실제와 다르게 체중이 일정하게 나타난다면, 이 체중계의 타당도와 신뢰도는? [21조사]

① 신뢰도와 타당도 모두 높다.
② 신뢰도와 타당도 모두 낮다.
③ 신뢰도는 높고 타당도는 낮다.
④ 신뢰도는 낮고 타당도는 높다.

38. 측정오차의 발생원인과 가장 거리가 먼 것은? [10조사]

① 통계분석기법
② 측정방법 자체의 문제
③ 측정시점에 따른 대상자의 변화
④ 측정시점의 환경요인

제6장 **자료수집**

39. 사회복지조사에서 활용하는 자료수집의 방법에 대한 설명으로 옳지 않은 것은? [20, 9급]

① 델파이 방법은 일반인들의 폭넓은 의견 수렴에 유리하다.
② 우편설문 방법은 민감한 질문에 대한 익명성 보장에 유리하다.
③ 대면 면접 방법은 심층탐구(probing)를 수행하는 데 유리하다.
④ 관찰 방법은 조사대상자의 비언어적 행동 자료를 추출하는 데 유리하다.

40. 2차 자료 분석에 관한 설명으로 옳은 것을 모두 고른 것은? [19회]

ㄱ. 비관여적 방법이다.
ㄴ. 관찰대상에 대한 연구자의 영향이 크다.
ㄷ. 통계적 기법으로 자료의 결측값을 대체할 수 없다.
ㄹ. 신뢰도와 타당도에 관한 문제는 발생하지 않는다.

① ㄱ ② ㄱ, ㄷ ③ ㄱ, ㄷ, ㄹ
④ ㄴ, ㄷ, ㄹ ⑤ ㄱ, ㄴ, ㄷ, ㄹ

정답 33. ① 34. ④ 35. ② 36. ③ 37. ③ 38. ① 39. ① 40. ①

41. 자료수집방법에 관한 설명으로 옳은 것은? [20회]
① 질문의 유형과 형태를 결정할 때 조사대상자의 응답능력을 고려할 필요가 있다.
② 설문문항 작성 시 이중질문(double-barreled question)을 넣어야 한다.
③ 비참여관찰법은 연구자가 관찰대상과 상호작용을 유지하는 것이 중요하다.
④ 설문지에서 질문 순서는 무작위 배치를 원칙으로 한다.
⑤ 우편조사는 프로빙(probing) 기술이 중요하다.

42. 대인면접에 비해 우편설문이 갖는 장점은? [17회]
① 질문 과정의 유연성 증대
② 동일 표집조건 시 비용의 절감
③ 높은 응답률
④ 응답환경의 통제 용이
⑤ 심층규명 증대

43. 면접법에 관한 설명으로 옳은 것은? [18청지]
① 구조화 면접을 통해 수집되는 자료는 비구조화 면접에 비해 신뢰도가 낮다.
② 심층면접법에서는 집단면접을 통하여 양적 자료를 수집한다.
③ 초점집단면접에서 초점집단의 참여자 수는 적을수록 좋다.
④ 비구조화 면접은 구조화 면접에 비해 타당도가 높은 자료를 수집할 수 있다.
⑤ 반구조화 면접은 질문목록이 기재된 면접지침 대신에 면접조사표를 사용한다.

44. 관찰법에 관한 설명으로 옳지 않은 것은? [17회]
① 행위가 일어나는 현장에서 즉시 자료수집이 가능하다.
② 관찰자의 주관성이 개입될 수 있다.
③ 비언어적 상황에 대한 자료수집이 가능하다.
④ 서베이에 비해 자료의 계량화가 쉽다.
⑤ 질적연구나 탐색적 연구에 사용하기 용이하다.

45. 내용분석(content analysis)에 관한 설명으로 옳은 것은? [16회]
① 내용분석의 결과를 양적분석에 사용할 수 있다.
② 주제를 기록단위로 할 때가 단어를 기록단위로 할 때보다 자료수집 양이 많다.
③ 하나의 단락 안에 두 개 이상의 주제가 들어 있는 경우 단락을 기록단위로 한다.
④ 기록단위가 맥락단위보다 상위단위다.
⑤ 자료 유형화를 위한 범주가 설정되면 기록단위는 필요치 않다.

46. 내용분석의 장점이 아닌 것은? [9회]
① 정보제공자의 반응성이 높다.
② 비용과 시간을 절감할 수 있다.
③ 장기간의 종단연구가 가능하다.
④ 필요한 경우 재조사가 가능하다.

제7장 설문지법

47. 설문지 작성에 관한 내용으로 옳지 않은 것은? [19회]
① 개연성 질문(contingency questions)은 사고의 흐름에 따라 배치한다.
② 고정반응(response set)을 예방하기 위해 유사질문들은 분리하여 배치한다.
③ 민감한 주제나 주관식 질문은 설문지의 뒷부분에 배치한다.
④ 명목측정을 위한 질문은 단일차원성의 원칙을 지켜 내용을 구성한다.
⑤ 신뢰도 측정을 위한 질문들은 가능한 한 서로 가깝게 배치한다.

정답 41. ① 42. ② 43. ④ 44. ④ 45. ① 46. ① 47. ⑤

48. 어떤 대학의 학생생활지도연구소에서는 해마다 신입생에 대한 인성검사를 실시하고 있다. 이 경우 시간과 비용 면에서 효율적으로 조사를 하는 데 가장 적합하다고 생각되는 조사양식은? [21조사]

① 우편조사
② 대면적인 면접조사
③ 자기기입식 집단설문조사
④ 개별적으로 접근되는 질문지 조사

49. A대학교는 전체 재학생 중 5백 명을 선정하여 취업욕구 조사를 하고자 한다. 비용 부담이 가장 적고 절차가 간편한 자료수집방법은? [18회]

① 우편조사　② 방문조사　③ 전화조사
④ 온라인조사　⑤ 면접조사

50. 질문지에 사용되는 질문이나 진술을 작성하는 원칙과 가장 거리가 먼 것은? [21조사]

① 항목들이 명확해야 한다.
② 질문항목들은 되도록 짧아야 한다.
③ 편견에 치우친 항목과 용어를 지양한다.
④ 부정어가 포함된 질문을 반드시 포함한다.

51. 복잡한 현상에 대한 응답유형을 알아보기 위해 탐색적 예비조사(pilot study)에 적합한 질문형식은? [13조사]

① 개방형 질문　② 폐쇄형 질문
③ 부호화 질문　④ 범주형 질문

52. 설문지 회수율을 높이는 노력으로 적절하지 않은 것은? [13조사]

① 독촉편지를 보내거나 독촉전화를 한다.
② 겉표지에 설문내용의 중요성을 부각시켜 응답자가 인식하게 한다.
③ 개인신상에 민감한 질문들을 가능한 한 줄인다.
④ 폐쇄형 질문의 수를 가능한 한 줄인다.

53. 다음 중 질문지 작성의 원칙이 아닌 것은? [17조사]

① 명확성　② 부연설명
③ 가치중립성　④ 규범적 응답의 억제

제8장 표집

54. 오후 2시부터 4시 사이 서울 강남역을 지나는 행인들 중 접근이 쉬운 사람을 대상으로 신제품에 대한 의견을 물어보는 경우 이에 해당하는 표집방법은? [21조사]

① 판단표집　② 편의표집
③ 층화표집　④ 군집표집

55. 다음 조사연구에서 활용한 표본추출 방법은? [21, 9급]

모집단에서 다수의 하위집단을 먼저 무작위 추출한 뒤, 하위집단별로 최종 자료수집의 표본 단위를 무작위로 추출하였다.

① 유의표집법　② 집락표집법
③ 할당표집법　④ 체계표집법

56. 확률표집방법에 해당하는 것만을 모두 고른 것은? [17, 9급]

ㄱ. 단순무작위표집	ㄴ. 체계적표집	ㄷ. 집락표집
ㄹ. 할당표집	ㅁ. 층화표집	

① ㄱ, ㄴ, ㄷ　② ㄴ, ㄹ, ㅁ
③ ㄱ, ㄴ, ㄷ, ㅁ　④ ㄱ, ㄷ, ㄹ, ㅁ

57. 확률표집에 관한 설명으로 옳지 않은 것은? [18회]

① 무작위추출방식으로 표본을 추출한다.
② 의식적이거나 무의식적인 편향(bias)을 방지할 수 있다.
③ 모집단의 규모와 특성을 알 때 사용할 수 있다.
④ 표본오차를 추정할 수 있다.
⑤ 질적 연구에서 주로 사용된다.

정답 48.③ 49.④ 50.④ 51.① 52.④ 53.② 54.② 55.② 56.③ 57.⑤

58. 초·중·고등학생의 행복도를 조사하기 위해 모집단에서 차지하는 비율에 맞춰 조사대상자를 표집하고자 한다. 이때 적절하게 사용할 수 있는 비확률표집방법은? [17회]

① 층화표집 ② 체계표집 ③ 할당표집
④ 눈덩이표집 ⑤ 편의표집

59. 표집오차(sampling error)에 관한 설명으로 옳지 않은 것은? [16회]

① 표본의 통계치와 모수 간의 차이를 의미한다.
② 일반적으로 표본규모가 클수록 감소한다.
③ 표본의 선정과정에서 발생하는 오차이다.
④ 모집단의 크기에 비례한다.
⑤ 모집단의 동질성에 영향을 받는다.

60. 다음 중 표본의 크기를 결정하는 요인과 가장 거리가 먼 것은? [20조사]

① 조사목적 ② 조사비용
③ 분석기법 ④ 집단별 통계치의 필요성

61. A대학 경상학부의 학생들을 대상으로 학과 만족도를 조사하려고 한다. 남학생이 800명, 여학생 200명일 때 층화를 성별에 따라 남자 80%, 여자 20%가 되게 표집하는 방법은? [20조사]

① 비례층화표집 ② 단순무작위표집
③ 할당표집 ④ 집락표집

62. 일반적으로 표본추출과정에서 가장 마지막에 이루어지는 것은? [16조사]

① 표본프레임의 결정 ② 표본추출방법의 결정
③ 모집단의 확정 ④ 표본크기의 결정

63. A대학에서 학생들을 대상으로 사회조사를 할 때, 전체 학생들의 전공별 분포와 표본에 추출된 학생들의 전공별 분포가 일치하도록 표본추출을 하고 싶을 때 가장 적합한 방법은? [17조사]

① 층화표집 ② 체계적 표집
③ 군집표집 ④ 유의표집

제9장 **조사설계**

64. 사회복지 이론을 과학적 조사방법을 통해 구성할 때, 두 변수 간 인과관계의 확인을 위해 필요한 3가지 경험 조건에 해당되지 않는 것은? [11복지]

① 연속성(continuity) ② 공변성(covariation)
③ 시간적 우선성 ④ 통제(외부설명의 배제)

65. 외적타당도를 저해하는 요인으로 옳은 것은? [19회]

① 실험대상의 탈락 ② 외부사건(history)
③ 통계적 회귀 ④ 개입의 확산 또는 모방
⑤ 연구 참여자의 반응성

66. 실험설계에서 무작위할당으로 예방할 수 있는 문제는? [17회]

① 낮은 응답률 ② 과다한 연구비용
③ 과다한 표본추출오차 ④ 연구 일정의 지연
⑤ 우연한 사건의 영향

67. 실험설계를 사전실험설계, 순수실험설계, 유사실험설계, 사후실험설계로 구분할 때 유사실험설계에 해당하는 것은? [21조사]

① 단일집단 사후측정설계
② 집단비교설계
③ 솔로몬 4집단설계
④ 비동질 통제집단설계

정답 58. ③ 59. ④ 60. ③ 61. ① 62. ④ 63. ① 64. ① 65. ⑤ 66. ⑤ 67. ④

68. 다음 사례의 내적타당도 저해요인은? [11회]

> 사전검사에서 우울점수가 지나치게 높은 5명의 노인을 선정하여 우울감소 프로그램을 제공한 후 동일한 도구로 사후검사를 실시하였더니 이들의 우울점수가 낮아졌다.

① 후광효과 ② 통계적 회귀
③ 실험대상 변동 ④ 도구효과

69. 정책평가의 내적타당성을 저해하는 요소로 볼 수 없는 것은? [07행정]

① 성숙효과 ② 무작위배정
③ 도구효과 ④ 역사효과

70. 단일집단 사후측정설계에 관한 설명으로 옳은 것은? [20조사]

① 외적타당도가 높다.
② 실험적 처치를 필요로 하지 않는다.
③ 인과관계를 규명하는 데 취약한 설계이다.
④ 외생변수를 쉽게 통제할 수 있다.

제10장 단일사례설계

71. 단일사례조사에 대한 설명으로 옳지 않은 것은? [18복지]

① 사회복지실천에서 단일사례조사는 개입 전과 후를 비교하여 그 효과를 증명하는 데 활용된다.
② 단일사례조사 결과 분석 방법 가운데 경향선 접근은 기초선이 안정적일 때 사용한다.
③ 시각적 분석은 기초선단계와 개입단계에 그려진 그래프를 보면서 개입변화 여부를 확인하는 방식이다.
④ 단일사례조사에서 표적행동은 개입에 따라 변화가 기대되는 대상으로서 종속변수가 된다.

72. 다음 글에서 사용하는 단일사례연구설계의 유형은? [21복지]

> 응급상황에 놓여 개입이 우선적으로 필요한 클라이언트에게 개입을 먼저 시작한 후, 개입의 효과를 확인하기 위해 개입을 중단하고, 다시 개입하는 연구설계 방법이다.

① AB ② ABAB
③ BAB ④ 복수기초선설계

73. 단일사례설계에 관한 설명으로 옳지 않은 것은? [17회]

① 기초선 국면과 개입 국면이 있다.
② 연구대상과 개입방법은 여러 개가 될 수 없다.
③ 조사연구 과정과 실천 과정의 통합이 가능하다.
④ 경향과 변화를 파악하도록 반복 관찰한다.
⑤ 통계적 원리를 적용하여 분석할 수 있다.

74. 단일사례연구에 관한 설명으로 옳지 않은 것은? [16회]

① 개인과 집단뿐만 아니라 조직이나 지역사회도 연구대상이 될 수 있다.
② 외적타당도가 높다.
③ 개입효과에 대한 즉각적인 피드백이 가능하다.
④ 조사연구 과정과 실천 과정이 통합될 수 있다.
⑤ 반복측정으로 통제집단 효과를 볼 수 있다.

정답 68. ② 69. ② 70. ③ 71. ② 72. ③ 73. ② 74. ②

제11장 욕구조사와 평가조사

75. 지역사회 복지욕구조사를 위한 자료수집방법에 대한 설명으로 옳지 않은 것은? [22복지]

① 초점집단인터뷰는 지역사회문제와 관련된 소규모 사람들이 한 공간에서 자유롭게 의견을 제시하게 하는 방법이다.
② 델파이기법은 지역사회문제와 관련한 전문가들을 대상으로 익명적으로 의견을 수렴하고 견해의 합치를 이끌어 내기 위해 설문의 과정을 반복하는 방법이다.
③ 서베이는 지역사회 구성원을 대상으로 설문지를 작성하여 우편이나 이메일, 직접 면접조사방법 등을 통하여 자료를 수집하는 방법이다.
④ 사회지표분석은 지역사회를 대표하는 사람들을 초대하여 지역사회문제에 대한 설명을 요청하고 이에 대한 의견을 나누는 방법이다.

76. 욕구조사를 위한 자료수집 방법에 관한 설명으로 옳지 않은 것은? [17회]

① 지역의 통반장을 통해 자료를 수집한다.
② 지역사회 공청회를 통해 자료를 수집한다.
③ 지역주민에게 서베이를 실시한다.
④ 정부기관에서 발표하는 사회지표를 활용한다.

77. 프로그램 평가연구에 관한 설명으로 옳지 않은 것은? [15회]

① 종속변수는 프로그램이다.
② 유사실험설계를 사용하여 효과를 측정할 수 있다.
③ 외생변수에 대한 고려가 필요하다.
④ 투입된 비용에 대한 효과를 평가할 수 있다.
⑤ 결과를 해석할 때 정치적 관점이 개입될 수 있다.

78. 대규모 설문조사와 비교하여 주요정보제공자를 활용한 욕구조사에 관한 설명으로 옳지 않은 것은? [10회]

① 표본추출이 용이하다.
② 표본의 대표성이 높다.
③ 비용이 적게 든다.
④ 양적 정보뿐만 아니라 질적 정보도 파악할 수 있다.

79. 지역사회보장계획을 수립하기 위해 포함될 수 있는 조사를 모두 고른 것은? [18회]

ㄱ. 자치단체장의 정책공약 관련 자료의 내용분석
ㄴ. 지역주민의 욕구파악을 위한 서베이
ㄷ. 복지 전문가 대상 초점집단면접
ㄹ. 질적자료수집을 위한 구청 업무담당자와의 심층면접

① ㄱ ② ㄴ, ㄹ ③ ㄱ, ㄴ, ㄹ
④ ㄴ, ㄷ, ㄹ ⑤ ㄱ, ㄴ, ㄷ, ㄹ

80. 프로그램 평가연구에 관한 설명으로 옳지 않은 것은? [17회]

① 종속변수는 프로그램이다.
② 유사실험설계를 사용하여 효과를 측정할 수 있다.
③ 외생변수에 대한 고려가 필요하다.
④ 투입된 비용에 대한 효과를 평가할 수 있다.
⑤ 결과를 해석할 때 정치적 관점이 개입될 수 있다.

제12장 자료분석의 기초

81. 정규분포에 관한 설명으로 옳지 않은 것은? [15회]

① 표본의 사례수와 무관하게 표집분포(sampling distribution)는 정규분포를 따른다.
② 표준정규분포의 평균은 0이고 분산과 표준편차는 동일하다.
③ 정규분포의 모양은 평균과 표준편차에 의해 결정된다.
④ 최빈값과 중위수는 같다.
⑤ 정규분포곡선은 좌우대칭이며 종 모양이다.

정답 75. ④ 76. ⑤ 77. ① 78. ② 79. ⑤ 80. ① 81. ①

82. 변수값이 집중경향치를 중심으로 흩어져 있는 정도를 알려주는 수치가 아닌 것은? [15회]
① 분산(variance)
② 사분편차(interquartile range)
③ 상관계수(correlation coefficient)
④ 표준편차(standard deviation)
⑤ 범위(range)

83. 다음 통계량 중 그 성격이 다른 것은? [21조사]
① 분산　② 최빈값
③ 평균　④ 중앙값

84. 자료의 분포에 대한 대푯값으로 평균(mean) 대신 중앙값(median)을 사용하는 이유로 가장 적합한 것은? [20조사]
① 자료의 크기가 큰 경우 평균은 계산이 어렵다.
② 편차의 총합은 항상 0이다.
③ 평균은 음수가 나올 수 있다.
④ 평균은 중앙값보다 극단적인 관측값에 의해 영향을 받는 정도가 심하다.

85. 다음 중 분석대상에서 제외되어야 할 설문지가 아닌 것은? [12조사]
① 설문지의 많은 부분에 대한 응답이 없는 경우
② 설문지의 페이지가 뒤죽박죽으로 섞여 있는 경우
③ 설문지의 대부분에 한 번호만을 응답한 경우
④ 설문지의 일부가 분실된 경우

86. 자료에 대한 통계분석방법 결정 시 가장 중요하게 고려해야 할 측정의 요소는? [12조사]
① 신뢰도　② 타당도　③ 측정방법　④ 측정수준

제13장 질적연구방법

87. 질적연구에 대한 설명으로 옳은 것은? [18복지]
① 과학적 실증주의(positivism)를 기반으로 한다.
② 인과관계의 법칙과 작용을 밝혀내며 가치중립적이다.
③ 귀납적 논리방법이 대부분 사용된다.
④ 주로 이론을 바탕으로 가설을 도출한 다음에 가설을 검증한다.

88. 질적연구에 관한 설명으로 옳지 않은 것은? [19회]
① 풍부하고 자세한 사실의 발견이 가능하다.
② 문제에 대한 통찰력을 제공한다.
③ 연구참여자의 상황적 맥락 안에서 이루어진다.
④ 다른 연구자들이 재연하기 용이하다.
⑤ 현상에 대해 심층적으로 기술한다.

89. 다음 중 질적연구와 가장 거리가 먼 것은? [20회]
① 문화기술지(ethnography)연구
② 심층사례연구
③ 사회지표조사
④ 근거이론연구
⑤ 내러티브(narrative)연구

90. 질적연구의 엄격성(rigor)을 높이는 전략을 모두 고른 것은? [17회]

ㄱ. 장기적 관여(prolonged engagement)를 위한 노력 ㄴ. 연구자의 원주민화(going native)를 경계하는 노력 ㄷ. 해석에 적합하지 않은 부정적인 사례(negative case) 찾기 ㄹ. 내부자적(emic) 시각을 유지하기 위해 완전관찰자 역할 지향

① ㄱ, ㄴ, ㄷ　② ㄱ, ㄷ　③ ㄴ, ㄹ
④ ㄹ　⑤ ㄱ, ㄴ, ㄷ, ㄹ

정답 82. ③ 83. ① 84. ④ 85. ② 86. ④ 87. ③ 88. ④ 89. ③ 90. ①

91. 질적연구에 대한 설명으로 옳은 것은? [18지방]
① 과학적 실증주의(positivism)를 기반으로 한다.
② 인과관계의 법칙과 작용을 밝혀내며 가치중립적이다.
③ 귀납적 논리방법이 대부분 사용된다.
④ 주로 이론을 바탕으로 가설을 도출한 다음에 가설을 검증한다.

92. 초점집단면접(focus group interview)에 관한 설명으로 틀린 것은? [13조사]
① 자료의 통계적 분석이 어렵다.
② 높은 유연성과 타당도를 가진다.
③ 개인면접보다 통제하기가 수월하다.
④ 실제 상황에 대한 구체적인 정보를 얻을 수 있다.

93. 혼합연구방법론에 관한 설명으로 옳지 않은 것은? [16회]
① 질적연구 결과와 양적연구 결과는 일치해야 한다.
② 양적연구와 질적연구에 대한 전문적 지식이 모두 필요하다.
③ 연구에 따라 양적연구와 질적연구의 상대적 비중이 상이할 수 있다.
④ 질적연구의 결과에 기반하여 양적연구를 시작할 수 있다.
⑤ 상충되는 패러다임들도 수용할 수 있어야 한다.

94. 양적연구와 비교한 질적연구의 특성으로 옳지 않은 것은? [17회]
① 연구자의 역할이 더 중요하다.
② 소수의 사례를 깊이 있게 관찰할 수 있다.
③ 연구결과의 일반화가 목표가 아니다.
④ 일반적으로 신뢰도가 더 높다.
⑤ 귀납적 추론의 경향이 더 강하다.

제14장 조사보고와 연구윤리

95. 결과보고서 작성기준으로 볼 수 없는 것은?
① 포괄성　　② 추상성
③ 명확성　　④ 효율성

96. 연구윤리에 부합하는 사회복지조사로 옳은 것은? [19회]
① 연구참여자가 평소와 다른 행동을 하지 않도록 연구자의 신분을 숨기고 자료를 수집하였다.
② 연구결과의 확산을 위해 연구참여자의 신분을 다른 연구기관에 동의 없이 공개하였다.
③ 연구결과에 영향을 미치지 않도록 연구참여자에게 일어날 수 있는 이익을 미리 알리지 않았다.
④ 연구 참여 여부를 성적평가와 연계하여 연구참여자의 참여동기를 높였다.
⑤ 연구참여자에게 연구과정에서 발생할 수 있는 고통을 미리 알리고 사전 동의를 구하였다.

97. 사회복지조사의 연구윤리에 관한 설명으로 옳은 것을 모두 고른 것은? [17회]

> ㄱ. 연구대상을 관찰하기에 앞서 그들의 동의를 구해야 한다.
> ㄴ. 연구로부터 얻을 수 있는 사회적 이익이 비용을 초과해야만 한다.
> ㄷ. 조사과정에서 드러난 문제점과 실패도 모두 보고해야 한다.
> ㄹ. 비밀성이 보장되면 익명성도 보장된다.

① ㄱ　　② ㄴ　　③ ㄱ, ㄷ
④ ㄱ, ㄷ, ㄹ　　⑤ ㄱ, ㄴ, ㄷ, ㄹ

정답 91. ③ 92. ③ 93. ① 94. ④ 95. ② 96. ⑤ 97. ③

98. 조사윤리를 준수하기 위한 일반적 활동으로 볼 수 없는 것은? [16회]

① 조사 참여자의 익명성을 보장하였다.
② 조사 참여를 통해 받을 혜택을 조사 후에 알려주었다.
③ 정신장애인을 대상으로 한 연구에서 연구대상과 보호자로부터 동의를 구했다.
④ 조사 과정 중 본인이 원하면 언제라도 중단할 수 있음을 알려주었다.
⑤ 연구결과의 활용계획에 대해 알려주었다.

99. 연구자가 연구 참여자에 대하여 지켜야 할 연구윤리로 옳은 것은? [17청지]

① 연구참여에 관한 암묵적 동의
② 연구참여자의 참여중단 권리 보장
③ 개인정보의 사적 사용 가능성 고지
④ 연구방법상 은폐 필요의 경우 연구자의 가치 정당화
⑤ 연구목적을 숨길 경우 연구완료 후 비밀유지

100. 조사연구의 윤리에 관한 설명으로 옳지 않은 것은? [9회]

① 조사대상자의 익명성을 보장한다.
② 수집된 정보에 대하여 비밀을 유지한다.
③ 동료집단 조언을 통해 편견을 방지한다.
④ 긍정적 연구결과를 유도하는 질문 문항으로 구성한다.

정답 98. ② 99. ② 100. ④

| 참고문헌 |

강영걸 · 박성복(2008). 사회복지조사론. 학현사.

강현두 · 박은희(1985). 사회조사 응답카테고리에 관한 연구. 신문학보, 19, 29-42.

강현숙(1984). 재활강화 교육이 편마비 환자의 자가간호수행에 미치는 영향에 관한 실증적 연구. 연세대학교 대학원 박사학위논문.

경희대학교 사회과학연구원(2000). 조사방법론. 한언.

고종욱 · 류 철(2004). SPSS 10.0과 경영조사방법의 이해. 현학사.

교육과학기술부(2011). 연구윤리 확보를 위한 지침.

김 구(2008). 사회과학 연구조사 방법론의 이해 : 양적연구와 질적연구의 접근. 비앤엠북스.

김경동 · 이온죽 · 김여진(2009). 사회조사연구방법론(개정판). 박영사.

김기원(2001). 사회복지조사론. 나눔의집.

김명식(2013). 연구윤리와 학습윤리. 연암서가.

김미옥(2009). 사회복지학에서의 실행연구(Action Research) 적용과 유용성. 한국사회복지학, 61(3), 179-204.

김아영(2000). 관찰연구법. 교육과학사.

김영종(2007). 사회복지조사론 : 이해와 활용. 학지사.

김윤옥 · 박성미 · 박소영 · 손 미 · 신경숙 · 이은화 · 정명화 · 허승희 · 황희숙(2009). 질적연구 실천방법. 교육과학사.

김종천(1999). 사회복지조사론. 대학출판사.

김태성 · 김기덕 · 이채원 · 홍백의(2005). 사회복지조사론. 청목출판사.

김해동(1998). 조사방법론. 법문사.

김환철 · 최희순(2007). 사회복지조사방법론. 대왕사.

남궁근(2017). 행정조사방법론(제5판). 법문사.

백순근(2004). 학위논문 작성을 위한 교육연구 및 통계분석. 교육과학사.

백욱현(2006). 면접법. 교육과학사.

선미정 · 정원미 · 장정은 · 전종설(2018). 사회복지분야 혼합연구 동향 분석. 한국사회복지학, 70(2), 275-298.

성태제(2002). 타당도와 신뢰도. 학지사.

성태제 · 시기자(2014). 연구방법론(제2판). 학지사.

양병화(2013). 조사와 통계분석. 학지사.

오승환(2001). 저소득 결손가족 청소년의 적응 결정요인. 서울대학교 대학원 박사학위논문.

우수명(2002). TP 사회복지조사. 인간과 복지.

이산 외(2016). 한국판 역학연구 우울척도 개정판(K-CESD-R)의 표준화 연구. 정신신체의학, 24(1), 83-93.

이상균(1999). 학교에서의 또래폭력에 영향을 미치는 요인. 서울대학교 대학원 박사학위논문.

이순묵(2002). 사회과학을 위한 측정의 원리. 학지사.

이윤로 · 유시순(2009). 사회복지사를 위한 SPSS. 학지사.

이익섭 · 이윤로(2004). 사회복지조사방법의 이해. 학지사.

이인남(2005). 현상학과 질적연구방법. 철학과 현상학적 연구, 24, 91-121.

이인재 · 이선우 · 류진석(1997). 사회복지통계분석. 나남출판.

이종환(2008). SPSS를 이용한 조사방법 및 통계분석의 이해와 적용. 공동체.

이준형(2006). 조사방법론(전정판). 대영문화사.

이학식 · 김 영(1997). 연구디자인이 Cronbach's α계수에 미치는 영향. 마케팅연구, 12(1), 209-221.

___________(2002). SPSS 10.0 매뉴얼. 법문사.

장용진(2003). 프레젠테이션. 청림출판.

정충영 · 최이규(2002). SPSSWIN을 이용한 통계분석. 무역경영사.

정혜숙 · 심우찬(2017). 국내 사회복지질적연구논문 심사의 발전적 방향에 관한 탐색. 사회복지연구, 48(1), 55-89.

조성심 · 윤호순 · 권지성(2015). 사회복지전담공무원의 클라이언트 관계경험에 관한 현상학적 연구. 한국사회복지학, 67(1), 109-142.

채구묵(2005). 사회복지조사방법론. 양서원.

채서일(2009). 사회과학조사방법론(제3판). 비엔엠북스.

최 훈 · 신중섭(2007). 연구 부정행위와 연구 규범. 과학철학, 10, 103-126.

최성재(2005). 사회복지자료분석론. 나남출판.

최성재 · 남기민(2006). 사회복지행정론. 나남출판.

최일섭 · 김성한 · 정순둘(2001). 사회복지조사론. 도서출판 동인.

최혜영(1995). 사회사업가의 Burnout에 영향을 미치는 요인연구 : 복지관, 병원을 중심으로. 연세대학교 대학원 석사학위논문.

한국연구재단(2015). 연구윤리 확보를 위한 지침 해설서.

___________(2020). 2020년도 인문사회분야 학술지원사업 중견연구자지원사업 신청요강.

한동우(2000). 사회복지프로그램 평가의 방향과 실천. 2000년 추계학술대회 및 워크숍 자료. 한국사회복지행정학회.

함승준(2000). 사회조사방법론. 대영문화사.

홍두승 · 설동훈(2012). 사회조사분석(제4판). 다산출판사.

황성동(2015). 알기 쉬운 사회복지조사방법론(제2판). 학지사.

황성철(2005). 사회복지 프로그램 개발과 평가. 공동체.

American Psychological Association(2001). *Publication manual of the American Psychological Association*. Washington, DC : APA.

Babbie, E. R.(2007). *The Practice of social research*(11th ed.). Belmont, CA : Wadsworth Publishing Co.

Bailey, C. A.(1996). *A guide to field research*. Thousand Oaks, CA : Pine Forge.

Bailey, K. D.(1994). *Methods of social research*(4th ed.). NY : The Free Press.

Bradshow, J.(1977). The concept of social need. In N. Gilbert & H. Specht(Eds.), *Planning for social welfare*(pp. 190-296). Englewood Cliff, NJ : Prentice-Hall.

Campbell, D. T., & Fiske, D. W.(1959). Convergent Validity by the Multitrait multimethod Matrix. *Psychological Bulletin, 54*, 81-105.

Campbell, D. T., & Stanley, J. C.(1963). *Experimental and quasi-Experimental Design for Research*. Boston : Houghton Mifflin Company.

Creswell, J. W.(1998). *Qualitative inquiry and research design : Choosing among five traditions*. Sage Publication. 조흥식 · 정선욱 · 김진숙 · 권지성 공역(2005). 질적연구방법론 : 다섯 가지 전통. 학지사.

Creswell, J. W., & Clark, V. L. P.(2007). *Designing and conducting mixed methods research*. Sage.

Cronbach, L. J.(1951). Coefficient alpha and the internal structure of tests. *Psychometrika, 75*, 297-334.

Denzin, N. K., & Lincoln, Y. S.(1994). Entering the field qualitative research. In N. K. Debzin & Y. S. Lincoln(Eds.), *Handbook of Qualitative*(pp. 1-17). Thousand Oakes, CA : Sage Publications.

Dilman, D. A., Christensen, J. A., Carperten, E. H., & Brooks, R. M.(1974). Increasing mail ques-tionnaire response : A four state comparison. *American Sociological Review, 39*, 751-760.

Dooley, D.(2001). *Social research methods*. Upper Sadler River, NJ : Prentice-Hall.

Durkheim, E.(1966). *Suicide : a study in sociology*. NY : The Free Press.

Eaton W. W., Muntaner C., Smith C., Tien A., & Ybarra, M.(2004). Center for Epidemiologic Studies Depression Scale : Review and revision(CESD and CESD-R). In Maruish M. E.(Ed.), *The Use of Psychological Testing for Treatment Planning and Outcomes Assessment*(3rd ed.)(pp. 363-377). Mahwah, NJ : Lawrence Erlbaum.

Faul, F., Erdfelder, E., Buchner, A., & Lang, A. G.(2009). Statistical power analyses using G*Power 3.1 : Tests for correlation and regression analyses. *Behavior Research Methods, 41*, 1149-1160.

Fischer, J.(1978). *Effective casework practice*. NY : MaGraw-Hill.

Galtung, J.(1967). *Theory and methods of social research*. London : George Allen & Urwin Ltd.

Gerber, G. J., & Prince, P. N.(1999). Measuring client satisfaction with assertive community treat. *Psychiatric Service, 50*, 546-550.

Glaser, B. G., & Straus, A. L.(1967). *The discovery of grounded theory : Strategies for qualitative research*. NY : Aldine Publishing Company.

Greenwood, E.(1957). Social Work Research : A Decade of Reappraisal. *Social Service Review, 3*.

Holsti, O. R.(1969). Content analysis. In G. Lindzey & E. Aronson(Eds.), *Handbook of social psychology*. Reading, MA : Addison-Wesley.

Homans, G. C.(1964). Contemporary theory in sociology. In R. E. L. Faris(Ed.), *Handbook of modern sociology*(pp. 945-954). Chicago : Rand McNally.

Husserl, E.(1970). trans D Carr. *Logical investigations*. New York : Humanities Press.

Kerlinger, F. N.(1986). *Foundations of behavioral research*(3rd ed.). NY : Holt, Rinehart and Winston.

Kline, R. B.(2005). *Principles and practice of structural equation modeling*. NY : Guilford Press.

Krueger, R. A.(1994). *Focus group : a practice guide for applied research*. Thousand Oakes, CA : Sage Publications.

Kuhn, T.(1970). *The structure of science revolutions*(2nd ed.). Chicago : University of Chicago Press.

Lewin, K.(1948). *Resolving social conflicts*. New York : Harper Collins.

Lincoln, Y. S., & Guba, E.(1985). *Naturalistic inquiry*. Newbury Park, CA : Sage.

Lohr, S. L.(1999). *Sampling : Design and analysis*. Pacific Grove, CA : Duxbury Press.

Marlow, C.(2005). *Research methods for generalist social work*(4th ed.). Belmont, CA : Brooks, Cole-Thompson Learning.

Maslach, C., & S. E. Jackson(1981). The Measurement of Experienced Burnout. *Journal of Occupational Behavior*, *2*, 91-113.

Maslow, A. H.(1954). *Motivation and personality*. NY : Harper & Row.

McGaw, D., & Watson, G.(1976). *Political and social inquiry*. New York : John Wiley.

Merton, R. K.(1957). *Social theory and social structure*. NY : Pree Press.

Miller, D. C.(1991). *Handbook of research design social measurement*. Newbury Park, CA : Sage Publications.

Molnar, D., & Kammerud, M.(1977). Problem analysis : The delphi technique. In N. Gilbert & H. Specht(Eds.), *Planning for Social Welfare*(pp. 324-332). Englewood Cliffs, NJ : Prentice-Hall.

Moustakas, C.(1994). *Phenomenological research methods*. Thousand Oaks, CA : Sage.

Nachmias, D., & Nachmias, C.(2000). *Research methods in the social science*. NY : Worth Publishers.

Neuman, W. L.(2000). *Social research methods : Qualitative and quantitative approaches*(4th ed.). Boston : Allyn and Bacon.

Nunnally, J. C.(1978). *Psychometric theory*. McGraw-Hill.

Ott, W.(1978). *Environmental indices : Theory and practice*. Ann Arbor Science Publishers Inc. MI : Ann Arbor.

Padgett, D. K.(1998). *Qualitative methods in social work research : Challenge and reward*. Sage Publications, Inc.

Patti, R.(1983). *Social welfare administration : managing social program in a developmental context*. Englewood Cliffs, NJ : Prentice-Hall.

Patton, M. Q.(1984). *How to use qualitative methods in evaluation*. Newburry Park, CAL : Sage Publications. Inc.

Payne, S. L.(1951). *The art of asking question*. Princeton NJ : Princeton University Press.

Peter, M. K., Mononey, R. M., & Martine, L. L.(1999). *Designing and managing programs : An effectiveness-based approach*(2nd ed.). CA : Sage.

Peterson, A. R.(1984). Asking the age question : A research note. *Public Opinion Quarterly*, *48*, 379-383.

Polansky, N. A.(1960). *Social work research*. The University of Chicago Press.

Polster, R. A., & Lynch, M. A.(1981). Single subject design. In R. M. Grinnell(Eds.), *Social work research and evaluation*(pp. 373-418). Itasca, IL : F. E. Peacock.

Popper, K.(1934). *The Logic of Scientific Discovery*. Routledge publishers.

Radloff, L. S.(1977). The CES-D scale : a self-report depression scale for research in the general population. *Applied Psychological Measurement*, *1*, 385-401.

Reid, W. J., & Smith, A. D.(1981). *Research in social work*. NY : Columbia University Press.

Robinson, W. S.(1950). Ecological Correlations and the Behavior of Individuals. *American sociological review*, *15*, 351-357.

Rosenberg, M.(1965). *Society and the adolescent self-image*. Princeton, NJ : Princeton University Press.

____________(1968). *The logic of survey analysis*. New York : Basic Books.

____________(1986). *Conceiving the self*(revised eds.). Malabar, FL : Krieger Publishing Company.

Royse, D.(2004). *Research methods in social work*(4th ed.). Belmont, CA : Brooks, Cole-Thompson Learning.

Rubin, A., & Babbie, E.(2010). *Research methods for social work*(7th ed.). Belmont, CA : Brooks.

Smith, W. T.(1987). That which we call welfare by any other name would smell sweeter : An analysis of the impact of question wording on response patters. *Public Opinion Quarterly*, *51*, 75-83.

Strauss, A., & Corbin, J.(1998). *Basics of qualitative research : Grounded theory procedures and techniques*. Thousand Oakes, CA : Sage Publications.

Tripodi, T.(1983). *Evaluation research for social workers*. Englewood Cliffs, NJ : Prentice-Hall.

Turner, J. H.(1998). *The structure of sociological theory*. Cincinnati, OH : Wadsworth.

Van De Ven, A. H., & Ferry, D. L.(1980). *Measuring and Assessing Organization*. New York : Wiley.

Van Manen, J.(1990). *Researching lived experience: Human science for an action sensitive pedagogy*. Albany : State University of New York Press.

Van Manen, M.(1997). Phenomenological pedagogy and the question of meaning. In D. Vandenberg(Ed.), *Phenomenology & education discourse*(pp. 41-68). Johannesburg, South Africa : Heinemann.

Wallace, W.(1971). *The Logic of Science in Sociology*. Chicago : Aldine-Atherton

Warwick, D. P., & Lininger, C. A.(1975). *The sample survey : Theory and practice*. New York : MaGraw-Hill.

Weiner, B.(1980). *Human motivation*. NY : Holt Co.

Wimmer, R. D., & Dominick, J. R.(2006). *Mass media research : An introduction*(8th ed.). Cengage Wadsworth.

Worthen, B. R.(1987). *Program valuation : Alternative approaches and practical guidelines*. NY : Longman.

York, R. O.(1982). *Human service planning : concepts, tools and methods*. Chapel Hill, North Carolina : The University of North Carolina Press.

Zeller, R. A., & Carmines, E. G.(1980). *Measurement in the social science*. London : Cambridge University Press.

| 찾아보기 |

저/자/약/력

강종수
(jskang@kangwon.ac.kr)

대구대학교 산업복지학과 및 동 대학원 졸업
부산대학교 대학원 사회복지학과 졸업(사회복지학박사)

전) 노무법인 정평(J&P) 대표공인노무사, 경남 · 강원사회복지공동모금회 배분부위원장
보건복지부 지역사회보장계획 컨설팅위원, 사회복지시설평가 위원
공무원시험 5급 · 9급 및 사회복지사1급 출제위원
한국연구재단 평가위원, 워싱턴대학교 교환교수
현) 강원대학교 사회복지학과 교수, 한국노동법률원 대표공인노무사
강원지방노동위원회 공익위원, 한국사회복지행정학회 이사

〈주요 저서 및 논문〉

『산업복지론』(2022, 양서원), 『사회복지행정의 이해(제2판)』(2019, 학지사), 『한국 사회복지법 강의(제5판)』(2015, 학지사), 『제2기 · 제3기 강원도 지역사회복지계획』(2010, 2014, 강원도), "한국판 올덴버그소진척도(K-OLBI) 타당화 연구"(2023, 인문사회21), "수퍼비전이 사회복지사 이직 의사에 미치는 영향 및 조직몰입과 소진의 다중매개효과"(2023, 인문사회21), "Relationship among Job Burnout, Organizational Commitment and Organizational Citizenship Behavior in Social Workers using Structural Equation Modeling"(2012, IJoC) 외 다수

저자의 블로그(강교수의 복지인마을 : https://blog.naver.com/nomu119)를 방문하시면 다양한 임상척도와 기출문제, 학습자료 등을 보실 수 있고, 노동상담을 받을 수 있습니다.

[제4판]
사회복지조사론

| 저자 | 강종수

| 1판 1쇄 | 발행 2009년 7월 10일
| 1판 8쇄 | 발행 2013년 2월 10일
| 2판 1쇄 | 발행 2013년 8월 10일
| 2판 7쇄 | 발행 2017년 7월 10일
| 3판 1쇄 | 발행 2019년 2월 10일
| 3판 3쇄 | 발행 2021년 8월 10일
| 4판 1쇄 | 발행 2023년 7월 20일
| 4판 2쇄 | 발행 2024년 2월 26일
| 4판 3쇄 | 발행 2025년 1월 10일
| 4판 4쇄 | 발행 2026년 1월 20일

| 발행인 | 김동훈
| 발행처 | **공동체**

| 주소 | 경기도 고양시 일산동구 호수로 358-39, 동문타워 1차 905호(백석동)
| 전화 | 031)814-3000(대표)
| 팩스 | 031)814-3100
| 홈페이지 | www.compub.co.kr
| 전자우편 | compub@naver.com
| 출판등록 | 2005년 10월 6일
| 등록번호 | 제396-2005-36호

| ISBN | 979-11-6725-413-9
정가 20,000원